人生第一课

中国家教经典要义

主　编　任运昌　副主编　杨荣涛

人民出版社

责任编辑：翟金明
封面设计：汪　莹

图书在版编目(CIP)数据

人生第一课：中国家教经典要义 / 任运昌主编；杨荣涛副主编. -- 北京：人民出版社，2025.8. -- ISBN 978－7－01－027225－2

Ⅰ. G78

中国国家版本馆 CIP 数据核字第 2025XQ6442 号

人生第一课：中国家教经典要义
RENSHENG DIYIKE:ZHONGGUO JIAJIAO JINGDIAN YAOYI

任运昌 主编　杨荣涛 副主编

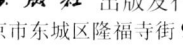出版发行
(100706　北京市东城区隆福寺街99号)

北京建宏印刷有限公司印刷　新华书店经销
2025 年 8 月第 1 版　2025 年 8 月北京第 1 次印刷
开本:710 毫米×1000 毫米 1/16　印张:24
字数:486 千字
ISBN 978－7－01－027225－2　定价:98.00 元

邮购地址 100706　北京市东城区隆福寺街 99 号
人民东方图书销售中心　电话 (010)65250042　65289539

版权所有·侵权必究
凡购买本社图书,如有印制质量问题,我社负责调换。
服务电话:(010)65250042

目 录

前 言 ……………………………………………………… 1

1 人之行,莫大于孝
　　——孔子《孝经》要义 ………………………………… 1
2 凡学之道
　　——乐正克《学记》要义 ……………………………… 11
3 君子之行
　　——诸葛亮《诫子书》要义 …………………………… 20
4 人无志,非人也
　　——嵇康《家诫》要义 ………………………………… 29
5 虽不能尔,至心尚之
　　——陶渊明《与子俨等疏》要义 ……………………… 38
6 人生在世,会当有业
　　——颜之推《颜氏家训》要义 ………………………… 47
7 崇善以广德,则业泰身安
　　——李世民《帝范》要义 ……………………………… 58
8 言行皆当无愧于圣贤
　　——钱镠、钱文选《钱氏家训》要义 ………………… 66
9 夫爱之,当教之使成人
　　——司马光《家范》要义 ……………………………… 73
10 学乃身之宝
　　——汪洙《神童诗》要义 ……………………………… 83

1

11	汝曹切勿坠家风		
	——陆游《放翁家训》要义		92
12	教人和家之要术		
	——袁采《袁氏世范》要义		103
13	教之道,贵以专		
	——《三字经》要义		114
14	命由我作		
	——袁了凡《了凡四训》要义		124
15	读书亲贤		
	——高攀龙《高氏家训》要义		134
16	打扫光明一片地		
	——吴麟徵《家诫要言》要义		144
17	为善则流芳百世		
	——程登吉《幼学琼林》要义		155
18	教子要有义方		
	——朱用纯《朱子治家格言》要义		164
19	严以教之		
	——蒋伊《蒋氏家训》要义		173
20	人之居家立身		
	——张英《聪训斋语》要义		182
21	圣与贤,可驯致		
	——李毓秀《弟子规》要义		192
22	世人各有本分		
	——石成金《传家宝全集》要义		200
23	第一要明理做个好人		
	——郑板桥《郑板桥家书》要义		213
24	父母爱子,无微不至		
	——林则徐《林则徐家书》要义		226
25	当有正大光明气象		
	——《围炉夜话》要义		236

26	惟以勤俭谦三字为主	
	——曾国藩《曾国藩家书》要义	250
27	上以报国,下以振家	
	——胡林翼《胡林翼家书》要义	261
28	务实学之君子	
	——左宗棠《左宗棠家书》要义	272
29	为人第一须留心	
	——林纾《林纾家书》要义	284
30	表里心身并治,不宜有偏	
	——严复《严复家书》要义	294
31	天地间堂堂的一个人	
	——梁启超《梁启超家书》要义	307
32	做成个好家庭的样子	
	——朱庆澜《家庭教育》要义	318
33	觉醒的父母	
	——鲁迅《我们现在怎样做父亲》要义	328
34	博爱存心,和光映面	
	——陶行知《陶行知家书》要义	339
35	做父母的不得不事事谨慎	
	——陈鹤琴《家庭教育》要义	349
36	学问第一,艺术第一,真理第一	
	——傅雷《傅雷家书》要义	357

后 记 370

前　言

"天下之本在国,国之本在家,家之本在身"①,身之本在教。家国一体,系于兴衰;齐家修身,攸关性命。"不论时代发生多大变化,不论生活格局发生多大变化,我们都要重视家庭建设,注重家庭、注重家教、注重家风"②。

党的十八大以来,习近平总书记围绕家庭家教家风建设发表了系列重要论述:"家庭是人生的第一个课堂……家长特别是父母对子女的影响很大……要重言传、重身教,教知识、育品德,身体力行、耳濡目染,帮助孩子扣好人生的第一粒扣子,迈好人生的第一个台阶。"③"家长是孩子的第一任老师,要给孩子讲好'人生第一课',帮助扣好人生第一粒扣子。"④

习近平总书记还特别指出,家庭家教家风建设必须与中华优秀传统文化的创造性转化和创新性发展结合起来。他强调:"尊老爱幼、妻贤夫安,母慈子孝、兄友弟恭,耕读传家、勤俭持家,知书达礼、遵纪守法,家和万事兴等中华民族传统家庭美德,铭记在中国人的心灵中,融入中国人的血脉中,是支撑中华民族生生不息、薪火相传的重要精神力量,是家庭文明建设的宝贵精神财富。"⑤"要发扬中华民族孝亲敬老的传统美德,引导人们自觉承担家庭责任、树立良好家风"⑥。"要

---

① 《孟子·离娄上》。
② 习近平:《在2015年春节团拜会上的讲话》,《人民日报》2015年2月18日。
③ 习近平:《在会见第一届全国文明家庭代表时的讲话》,载《论党的宣传思想工作》,中央文献出版社2020年版,第282—283页。
④ 习近平:《加强党对教育工作的全面领导是办好教育的根本保证》,载《论坚持党对一切工作的领导》,中央文献出版社2019年版,第280页。
⑤ 习近平:《在会见第一届全国文明家庭代表时的讲话》,载《论党的宣传思想工作》,中央文献出版社2020年版,第280页。
⑥ 习近平:《加大力度推进深度贫困地区脱贫攻坚》,载《习近平谈治国理政》第二卷,外文出版社2017年版,第90页。

让中华民族文化基因在广大青少年心中生根发芽。"[1]

在中国共产党百年华诞的重大时刻和"两个一百年"历史交汇的关键节点，以习近平同志为核心的党中央旗帜鲜明地提出，发展当代中国马克思主义、21世纪马克思主义，必须同中华优秀传统文化相结合。推动中华优秀传统文化创造性转化、创新性发展是社会主义文化强国建设的重要任务和系统工程。从中华优秀传统文化中汲取智慧力量，是新时代家庭教育坚持守正创新的重要方面。

为学习贯彻习近平总书记关于家庭教育和中华优秀传统文化的重要论述精神，全面促进新时代家庭教育把马克思主义人学理论同中华优秀传统文化的传承创新结合起来，更好地为广大儿童青少年讲好"人生第一课"，我们编写了这本系统性、普适性和针对性较强的《人生第一课：中国家教经典要义》。

本书共36章，摘录并择要阐释中国历代家庭教育经典名著36部（篇），其时间跨度上至先秦、两汉，下至民国、现代，其体裁类别以历代家训（家范、家诫）、家书为主，也有儿童启蒙教材、儒家典籍，以及教育专论等。书中还引证摘录了《易经》家人卦的卦辞爻辞、周公撰写的中国第一篇家训《诫伯禽》、习近平总书记2001年写给父亲习仲勋的拜寿信，以及历代名人的50余部（篇）家教名著。[2] 这些经典言简意赅，都历经岁月淘洗，流传广、影响大，既是中华优秀传统文化宝库中的璀璨明珠，又是博大精深的中华优秀传统文化的重要载体，集中呈现了中华传统家文化的核心内涵与思想精粹，堪称家庭教育经典名著的代表，具有教育启迪意义和文化传承价值。

这80余部经典与家庭教育促进法所列未成年人道德品质、身体素质、生活技能、文化修养、行为习惯等家庭教育重点内容较好对应，能够激励和鼓舞广大儿童青少年及其家长与新时代脉搏同频共振。本书摘录、阐释这些经典，始终以马克思主义为指导，并结合新时代我国教育发展实际情况，取其精华、去其糟粕，力求"古为今用"，努力促进中华优秀传统文化在家庭教育领域进行创造性转化、创新性发展。

中华优秀传统文化具有独一无二的理念、智慧、气度和神韵，富含着讲仁爱、

---

[1] 习近平：《人民有信仰，民族有希望，国家有力量》，载《论党的宣传思想工作》，中央文献出版社2020年版，第133页。

[2] 这部分经典主要放在全书正文脚注中，供广大读者参考阅读或深入研读。

重民本、守诚信、崇正义、尚和合、求大同的强大精神基因。本书系统汇集中华优秀家庭教育经典的思想精粹和宝贵经验，希望尽可能较好推动中国传统家庭优良伦理体系的延续与创新发展，持续促进新时代家庭教育价值体系的优化，为此，本书力求呈现三方面特色。

一是紧密对接党和国家相关政策落地执行，以及广大民众迫切希望提高家庭教育质量的需求。党的十八大以来习近平总书记关于家庭家教家风建设的重要论述，引领新时代家庭教育深度变革和全面优化。义务教育阶段学生"双减"政策持续实施，家庭教育促进法正式颁发，国家二孩、三孩政策全面推行，儿童青少年家庭教育面临着新的巨大需求。本书全面参考援引相关法律的立法理念与核心条文，紧密衔接对应中央系列政策文件，充分挖掘提炼经典核心要义，努力疏导和缓解当前全社会，尤其是中小学、幼儿园家长当中普遍存在的教育焦虑，为全面提高新时代儿童青少年家庭教育质量提供策略与路径建议。本书对原著明显错误，或有悖于现行政策，或落后于时代，或可能引起较大争议的内容，原则上不予介绍。也建议读者本着批判继承的原则，对原著受时代局限而出现的谬误与偏差保持必要的警醒。

二是追求"明道"与"笃行"紧密结合，既探究理论，又关怀实践，力避家庭教育理论书籍的枯燥艰深与心灵鸡汤式读物的纷繁浅薄，尽可能让广大读者能读、爱读，且读有所获。本书风格介于理论书籍与通俗读物之间，择要提取了经典名著关于未成年人家庭教育的思想理念、目标内容、策略路径、方法举措等精华，内容鲜活而深刻，形式活泼而不失典雅，既能充分涵养读者思想，有效提高文化素质，又可切实为读者的家庭教育实践及相关工作提供参考。全书部分内容侧重于帮助读者"明道"，增强文化自信，主动传承和创新中华民族宝贵的家庭教育思想与经验。而更多内容侧重于帮助读者"笃行"，提升家庭教育责任感，强化家庭教育实践能力，对众多行之有效的传统家庭教育路径与方法能够加深认识，并在躬行不辍的同时探索创新。

三是系统创新编写体例，较好遵循读者学习的逻辑理路。本书每章主要安排一部经典的系统学习和相关经典的参照研学，各章相对独立。编写体例方面，每章包括"家教要言""作者简介""经典概览""原著选段""家教指南""注释拓展"[1]等

---

[1] "注释拓展"见于本书脚注，未列入正文，为行文简洁，栏目名称从略。

6个栏目,构筑起了具有一定理论张力的阐释框架。

"家教要言"栏目精选原著中与未成年人家庭教育密切相关的格言警句,帮助读者了解原著家教思想精髓,建议读者熟读深思,背诵积累,并积极践行。

"作者简介"栏目主要介绍原著作者姓名、生卒,及主要事迹、思想、成就与影响等。建议读者浏览了解,以便系统认知经典要义,也可深度拓展研读相关资料,对自己感兴趣的历史名人系统了解,充分理解和践行他们的思想理念,努力汲取他们的精神力量和教育智慧。

"经典概览"栏目主要介绍原著权威版本、写作时间,及写作背景与目的、基本纲目与内容、重要观点与评价、重要成就与影响等。建议读者细心关注,以避免"盲人摸象",对博大精深的经典既能看到"树木",又能看到"森林"。

"原著选段"栏目精选原著与未成年人家庭教育紧密相关的精粹片段。建议读者读原著,悟原理,深度研读,并针对自己体悟深刻的内容撰写学习笔记,或反复诵读记忆。

"家教指南"栏目基于家庭教育实践需要,对经典名著与未成年人家庭教育关系最为密切,且最有价值的内容进行阐释介绍,并适当引入西方家庭教育经典或名家的思想精粹,以及当前未成年人家庭教育的典型案例,积极回应当前家庭教育热点、难点与焦点问题的解决。建议读者参考经典全文和原著作者的情况,结合当前家庭教育的困惑及自己的实际,知人论世,系统梳理,切己体察,笃学求实,躬行不辍。

"注释拓展"栏目除一般书籍常见内容之外,还摘录了50余部(篇)家教经典的部分精华,供读者根据自己的个性化需要跟踪阅读,拓展研修。

但愿各位读者能够借助每章6个栏目搭建的解释结构和对话平台,主动探究,与原典作者和本书编者展开积极对话,结合实际情况深刻把握每一部(篇)名著的思想精华,并不断优化自己中华优秀传统文化,尤其是家庭文化方面的核心素养。

本书主要读者是中小学、幼儿园家长和教师,高等师范院校本专科学生,以及相关理论与实践工作者。广大中小学、幼儿园在使用本书开展家长学校专题教学和基于校本研修的教师职后培训过程中,要注意引导家长和教师触及心灵,较好把握原典思想,避免急功近利,以大幅度改进甚至重塑他们的教育理念,全面提高其家庭教育素养。当然,家长和教师也要自主探究,合作研讨,在家校协

前言

同共育实践活动中互相学习,杜绝坐而论道。

高等师范院校在相关通识课程或专业课程的教学中,可以组织本专科师范专业学生深度自学研修,并立足于系统提升中华传统教育文化自信,厚植师范生爱国、爱生、爱教情怀的高度,着力培养其自学自教能力。师范生还可借助本书展开研究性项目学习,实现"学以致用"与"用以促学"的融合。

本书也适合学前幼儿、小学生与父母家长共同开展亲子阅读使用。初、高中学生则完全可以独立阅读。儿童青少年直接阅读本书,可以深入学习中华优秀传统文化,加深对传统家庭美德和当前家庭教育的认知,并为自己的健康快乐成长汲取营养,为"修身、齐家、治国、平天下"[①]等人生大义的追求奠定基础。

我国新时代家庭教育,人人都深感任重道远。鉴于我们的时间和水平有限,本书不足与错漏之处在所难免。敬请各位专家和广大读者不吝批评,多多指正!

本书编写组
2025 年 5 月 23 日

[①] 对此,《大学》提供了很好的目标与路径参考:欲治其国者,先齐其家。欲齐其家者,先修其身。欲修其身者,先正其心。欲正其心者,先诚其意。欲诚其意者,先致其知。致知在格物。物格而后知至,知至而后意诚,意诚而后心正,心正而后身修,身修而后家齐,家齐而后国治,国治而后天下平。自天子以至于庶人,一是皆以修身为本。

1 人之行,莫大于孝

——孔子《孝经》①要义

● **家教要言**

"孝,德之本也,教之所由生也。"

"在上不骄,高而不危;制节谨度②,满而不溢。"

"非法不言,非道不行,口无择言,身无择行③。"

"孝,天之经也,地之义也,民之行④也。"

"人之行,莫大于孝。"

"教民亲爱,莫善于孝;教民礼顺⑤,莫善于悌⑥。"

"是以行成于内⑦,而名立于后世矣。"

"生事爱敬,死事哀戚。⑧"

● **作者简介**

对于《孝经》的作者与成书情况,代表性观点有:孔子所作;孔子所言由曾子所录;孔子嫡孙子思所作;孔门七十子之徒遗书;孟子门人所著;汉儒所作;曾子弟子编录;曾子弟子乐正子春及其再传弟子整理,并经历数代贤人编撰,逐渐成书。

《孝经》作者,最有影响和共识的传统说法是孔子。孔子(前551—前479),

---

① 本章原典引文主要参考《孝经 忠经》,张景、张松辉译注,中华书局 2022 年版。
② 制节谨度:节约俭省,行为举止谨慎而合乎法度。
③ 口无择言,身无择行:无须为怎样的言与行而拘谨选择,说话做事都很自由。
④ 民之行:民众自然而然应该遵循的行为准则。
⑤ 礼顺:守礼仪,懂得长幼尊卑之序。
⑥ 悌(tì):敬爱兄长,尊敬长辈、上级。
⑦ 行成于内:君子在家内养成孝、悌、理等德行。
⑧ 生事爱敬,死事哀戚:父母在生时怀着敬爱之情侍奉,去世后怀着哀伤之情办理后事。

1

名丘,字仲尼,春秋末期鲁国人。中国伟大的思想家和教育家,儒家学派创始人,与西方圣哲柏拉图、亚里士多德等齐名。相传孔子融六经之精华,写出了《孝经》这部不朽名著。

从东汉起就有大量典籍记录孔子作《孝经》,并论述这部经典的特殊重要价值。班固《汉书·艺文志》记载:"《孝经》者,孔子为曾子陈孝道也。"班固还在《白虎通义·德论》中说:"(孔子)已作《春秋》,后作《孝经》,何欤?专制政于《孝经》也。"后世也有许多学者赞成这种观点,如汉末经学家郑玄在《六艺论》中提道:"孔子以六艺题目不同,指意殊别,恐道离散,后世莫知根源,故作《孝经》以总汇之。"《隋书·阮籍志》承接了郑玄的观点:"孔子既叙六经,题目不同,指意差别,恐斯道散,故作《孝经》以总会之,明其枝流虽分,本萌于孝者也。"以上两段话都认为孔子作《孝经》是为了汇总六经。此外,与郑玄同时代的经学家何休在《公羊解诂·序》中也讲:"昔者孔子有云:吾志在《春秋》,行在《孝经》。此二学者,圣人之极致,治世之要务也。"可见,何休也认为《孝经》出自孔子。

● **经典概览**

我国儒学十三经总计60万字,而其中《孝经》字数只有1800多字,只占十三经的1/300,却被无数儒家先贤推崇为百行之宗、五教之要,传之百世而不衰。

《孝经》展示了儒家思想传统对天地之道的敬畏之情,其中提倡的孝文化,是贯穿中华民族整个文化体系的经纬,也是中华民族极为重要的道德准则。数千年来,上至王侯将相,下至布衣渔樵,无不对《孝经》高度推崇。历代为《孝经》注疏解译的著作达500余种,其中最著名的当属唐玄宗李隆基亲自注解、作序并令人刻于石碑之上的"石台孝经"。①

整部《孝经》共有十八章,大体可划分为六个部分。第一部分,《开宗明义章》,是全书总纲,讲孝的基本理论,说明孝是所有教化的宗旨,也是最高的人伦要求。第二部分,第二至六章,分别论说"五孝",即天子、诸侯、卿大夫、士、庶人各自行孝的要求。第三部分,第七章,阐明孝如何连接天道、地道和人道。第四部分,第八、十一、十二、十三、十六、十七章。具体阐述为政者如何行孝,使社会

---

① 此碑现存于西安碑林博物馆,是该馆的镇馆之宝。

真正和谐。第五部分,第九、十、十四、十五、十八章,从个人角度详述孝。第六部分,为剩余文字,是对前述内容的总结拓展。

● 原著选段

"身体发肤"

身体发肤,受之父母,不敢毁伤,孝之始也;立身行道,扬名于后世,以显父母,孝之终也。夫孝,始于事亲,中于事君,终于立身。《大雅》云:"无念尔祖,聿①修厥德。"

译文:一个人的身体四肢、毛发皮肤,都是父母给予的,要特别加以爱护,不能让它们受到伤害,更不能主动毁伤,这是尽孝的开始,是基本孝行。一个人如果有志向建功立业,遵循天道,扬名于后世,使父母荣耀显赫,这是尽孝最圆满的结果。行孝,首先是侍奉父母,其次是效忠君王,最后是修身立世,成就功业。《诗经·大雅》里说:"难道你不思念自己的先祖吗?如果你思念,就要努力去发扬光大他们的美德啊!"

"爱亲者"

爱亲者,不敢恶于人;敬亲者,不敢慢于人。爱敬尽于事亲,而德教加于百姓,刑于四海,盖天子之孝也。《甫刑》云:"一人有庆,兆民赖之。"

译文:如果一个人能够热爱自己父母,就不敢厌恶别人父母;能够尊敬自己父母,就不敢怠慢别人父母。如果天子能以爱敬之心尽力侍奉父母,施展道德教化于万民百姓,那么他就会成为普天之下效法的榜样。这是天子应尽的孝道啊!《尚书·甫刑》说:"如果天子热爱亲人,孝敬亲人,能够施行德政,天下万民全都仰赖他。"

"用天之道"

用天之道,分地之利。谨身节用,以养父母,此庶人之孝也。故自天子至于庶人,孝无终始,而患不及者,未之有也。

译文:天道有春生、夏长、秋收、冬藏的自然规律,能区别对待土地的不同特

---

① 聿(yù):古汉语句首或句中助词,无实义。

点,使之各尽所宜。与此类似,小心谨慎、节约俭省地奉养父母,是庶民大众的孝道。所以,上自天子,下至庶民,孝道不分尊卑,超越时空,永恒存在,无终无始。如果有人担心自己不能做到孝,那是根本不会有的事。

"夫孝"

夫孝,天之经也,地之业也,民之行也。天地之经,而民是则之。则天之明,因地之利,以顺天下。是以其教不肃而成,其政不严而治。先王见教之可以化民也,是故先之以博爱,而民莫遗其亲;陈之以德义,而民兴行;先之以敬让,而民不争;导之以礼乐,而民和睦;示之以好恶,而民知禁。

译文:孝道,好像日、月、星、辰运行于天,永恒不变;好像春、夏、秋、冬四时循环于地,历久长存。孝道是人应该自然而然遵循的,如天长地久一样的道德法则。天地严格按照自身规律运行,百姓以天地为榜样奉行孝道。效法天上的日月星辰,遵循那不可变易的规律;凭借地上的山川湖泽,获取赖以生存的便利,因势利导地治理天下。因此,对百姓的教化,不需要采用严肃的手段就能获得成功;对人民的管理,不需要采用严厉的办法就能治理好。先代圣王看到通过教育可以感化百姓,所以亲自带头,实行博爱,于是,就没有人会遗弃自己的双亲。向百姓讲述德义,于是,百姓觉悟了,就会主动奉行德义。先代圣王亲自带头,尊敬别人,谦恭让人,于是,百姓就不会互相争斗抢夺。制定了礼仪和音乐,引导和教育百姓,于是,百姓就能和睦相处。向人民宣传什么是好的,什么是坏的,百姓能够辨别好坏,就不会违犯禁令。

"言思可道"

言思可道,行思可乐,德义可尊,作事可法,容止可观,进退可度,以临其民。

译文:君王要考虑说的话能得到百姓支持,被百姓称道,行的事,要能使百姓快乐。道德和品行要能受到百姓尊敬。从事制作或建造等,要成为百姓的典范。仪态容貌,要得到百姓称赞。进退动静,要合乎规矩法度。君王必须从以上六个方面来统领百姓。

"孝子之事亲也"

孝子之事亲也,居则致其敬,养则致其乐,病则致其忧,丧则致其哀,祭则致其严,五者备矣,然后能事亲。事亲者,居上不骄,为下不乱,在丑不争。居上而骄则亡,为下而乱则刑,在丑而争则兵。三者不除,虽日用三牲之养,犹为不孝也。

译文:孝子侍奉双亲,日常家居,要充分表达对父母的恭敬。供奉饮食,要充分表达照顾父母的快乐。父母生病时,要充分表达出对父母健康的忧虑关切。父母去世,要充分表达悲伤哀痛。祭祀,要充分表达敬仰肃穆。以上五个方面都能做到了,才算是侍奉双亲尽孝道。侍奉双亲,身居高位,不骄横放纵;为人臣下,不犯上作乱;地位卑贱,不相互争斗。身居高位而骄横放纵,就会灭亡;为人臣下而犯上作乱,就会受到刑罚;地位卑贱而争斗不休,就会动用兵器相互残杀。如果这三种行为不能去除,即使天天用备有牛、羊、猪三牲的美味佳肴来奉养双亲,那也不算是行孝呀!

"教以孝"

教以孝,所以敬天下之为人父者也。教以悌,所以敬天下之为人兄者也。教以臣,所以敬天下之为人君者也。

译文:以孝道教育人民,天下所有父母都能受到尊敬。以悌道教育人民,天下所有兄长都能受到尊敬。以臣道教育人民,天下所有君王都能受到尊敬。

● **家教指南**

历朝历代,无论皇亲国戚、士人书生,还是农夫渔樵,只要稍有条件,都以《孝经》为蒙学教材教育子弟。《孝经》对中国人正确价值观的塑造和新时代家庭教育的实施具有重要启示与借鉴意义。

一、把孝作为家庭教育的一个重点[①]

《孝经》第一章提出:"夫孝,德之本也,教之所由生也……"孝道是道德的根本,是其他一切教育能够有效实施的基础,对人的一生具有极其重要的影响。一

---

① "百善孝为先",写有千古名言"先天下之忧而忧,后天下之乐而乐"的北宋初年政治家、文学家范仲淹,就有以"孝道"为首的《范文正公家训百字铭》传世:"孝道当竭力,忠勇表丹诚;兄弟互相助,慈悲无过境。勤读圣贤书,尊师如敬亲;礼义勿疏狂,逊让敦睦邻。敬长与怀幼,怜恤孤寡贫;谦恭尚廉洁,绝戒骄傲情。字纸莫乱废,须报五谷恩;作事循天理,博爱惜生灵。处世行八德,修身率祖神;儿孙坚心守,成家种善根。"

个人将来要成为对社会有用、对国家有功的人,必须德才兼备、以德为先。"三岁看老",对于年幼的孩童来说,最重要的启蒙教育既有文化知识的口耳相授,更有道德品行的正确引导。

党的二十大报告指出,教育的根本任务在于立德树人。2022年1月开始施行的《中华人民共和国家庭教育促进法》第二条规定:"本法所称家庭教育,是指父母或者其他监护人为促进未成年人全面健康成长,对其实施的道德品质、身体素质、生活技能、文化修养、行为习惯等方面的培育、引导和影响。"国家立法列举家庭教育具体内容也是把"道德品质"排在第一位,足见其非同寻常的重要。

孩子从出生开始,家长就应担起为其"立德"的重任,而立德,必须以孝奠基,家长必须把孝作为家庭教育的一个重点。当然,天真烂漫的小孩理解能力还十分有限,所以不可能指望他们明白《孝经》的大道理,家长只能选择一些重要而又浅显易懂的故事和现象讲给他们听,如乌鸦反哺、羊羔跪乳等。更重要的是,在和孩子相处的过程中,家长要以自己符合孝道的言行潜移默化地感染、引导孩子。当孩子看到爸爸妈妈对他们的父母恭行孝道时,也会自然而然地有样学样。孩子最善于模仿,长期耳濡目染,就会在不知不觉中做到"代代孝,辈辈传"。

二、教导孩子时时刻刻珍爱生命

《孝经》有言:"身体发肤,受之父母,不敢毁伤,孝之始也。"自然的进化充满神奇和偶然,每一个生命都是独一无二的奇迹。时时刻刻珍爱生命是每一个人的首要责任。生命由父母赋予和含辛茹苦地抚育,爱惜自己的身体健康,珍爱宝贵的生命,这是每一个人爱亲敬长的起点。"爱亲者,不敢恶于人;敬亲者,不敢慢于人。"我们还要推己及人,不仅珍爱自己和亲人的生命,也要珍爱普天下所有人的生命。既要有爱自己的能力,也要有爱他人的能力,这样的生命才有质量,才会真正健康。

当前,有的孩子由于长期受到家庭的呵护,万千宠爱集于一身,家庭其他成员都捧着、护着、让着,什么要求都尽量满足。他们在成长过程中没有吃过什么苦,也没有遭遇过什么挫折,对生命的体验自然不够深刻。这样就很容易形成比较自私、狭隘、脆弱的心理。这样的孩子,遇到一点点失败或者不顺,也容易心理崩溃,甚至出现自伤、自残,甚至自杀的极端行为。极个别孩子,在与他人发生矛盾纠纷时,还会采取伤害对方发肤,甚至生命的方式来处理问题。

父母一定要教育孩子珍爱人的生命,乃至万物的生命。生命是人体验、创造和享受人世间一切美好和幸福的首要基础。生命对每个人都是不可或缺的、唯一,家长和孩子都不要去做一丝一毫伤害自己和他人生命的事情。这样的生命教育,也可培养最基本的同理心,对孩子以后融入集体和社会,从事工作,组建、经营家庭,创造属于自己的幸福,实现自己的生命价值都至关重要。

三、引导孩子孝悌并重

《孝经》第十二章讲:"教民亲爱,莫善于孝。教民礼顺,莫善于悌。"也就是说,教育民众相亲相爱,没有什么比孝道更好;教育民众守法有礼,没有什么比悌道更好。所谓"悌道",就是"兄友弟恭",做哥哥的要爱护弟弟,而做弟弟的要尊敬哥哥。《弟子规》"出则悌"部分讲:"兄道友,弟道恭,兄弟睦,孝在中。"孝中蕴含着悌的要求,悌是孝的延伸和扩展。

孝和悌是家庭成员处理纵向和横向人际关系的行为规范。天下父母都希望自己的子女能和睦相处,相互友爱,互谅互让。如果兄弟姐妹之间不团结、闹矛盾,甚至相互伤害,那一定会令父母非常伤心。这就是一种不孝。如果兄弟姐妹之间很团结,相处融洽,那么家庭就很和谐,父母也会因此而感到欣慰,这就是尽孝。

目前,随着我国人口政策的调整,更多二胎、三胎家庭开始出现。多子女家庭有着和独生子女家庭明显不同的内部关系格局。每一个孩子都面临着如何处理自己和兄弟姐妹之间关系的问题,所以积极引导孝悌并重有着非常重要的现实意义。

兄弟姊妹之间的爱,除了血缘亲情,或因共同生活而强化的人类先天之群居友爱之外,都需要后天教育引导。家长必须及早教导子女之间相互尊重、彼此谦让、互谅互助,让每一个孩子都倍加珍视血浓于水的宝贵亲情。在子女的成长过程中,父母对每一个孩子都要不偏不倚、公平对待,也要用正确的言行和积极的生活态度影响子女,在潜移默化中营造和谐的家庭人伦氛围,使孩子们互相关爱,健康成长。同时,时时、事事秉持"四海之内皆兄弟"的理念,引导子女推己及人,把悌道推行到社会的每一个角落。

四、给孩子做好孝悌表率

《孝经》第十三章有言:"君子之教以孝也,非家至而日见之也。"君子以孝道教化百姓,并不需要亲自到家家户户讲述孝的意义,而是以自己日常的孝行感化人。身教胜过言传。父母如果觉得孩子年纪小、好糊弄,那可就彻底错了。教育家陶行知指出:"人人都说小孩小,谁知人小心不小。你若小看小孩子,便比小孩还要小。"孩子很聪明,他们很善于观察。如果家长在孩子面前说一套做一套,那迟早会在孩子面前失去威信。如果有一天孩子当面指出父母言行不一,父母何以自处,以后又怎么对孩子施教呢?

孝道不仅是下一代人对上一代人的奉养敬爱,更是一种双重义务关系。父慈子孝,长幼有序,要求长辈要有长辈的样子,晚辈要尽到自己的本分。换言之,晚辈要孝敬长辈,长辈也应该孝敬自己的长辈。孝是一种代际互助机制。长辈以身作则对自己的长辈奉行孝道,自己也会因为对长辈履行孝道而得到正向回馈。奉行孝道是生命个体之间的互惠发展行为,涉及整个人类的生存大计。所以父母家长必须严格要求自己奉行孝道,给孩子做好孝悌表率,要求孩子做到的,自己首先做到,要求孩子不做的,自己坚决不做。

五、切忌让孩子愚忠愚孝

韩愈的经典之作《师说》指出:"是故弟子不必不如师,师不必贤于弟子,闻道有先后,术业有专攻,如是而已。"同样的道理,父母家长并不一定贤于孩子。《孝经》第十五章有言:"故当不义,则子不可以不争于父,臣不可以不争于君;故当不义,则争之。从父之令,又焉得为孝乎!"这告诉我们,做儿子的如果发现父亲有不正确的地方,就应该直言相劝。只要是不义行为,不管是什么人所做,都要大胆劝阻。做儿子的如果只是一味盲从父亲的命令,那又怎能称为孝子呢?一味盲从,愚忠愚孝,实在不可取。

人类历史的车轮滚滚向前,封建糟粕思想"君要臣死,臣不得不死;父要子亡,子不得不亡"盛行的时代早已一去不返。孩子并非家长的附属品,他们和家长一样有独立的人格,是平等的主体,当然可以有不同于家长的独立见解。家长是人而不是神,不可能做到全知全能,既有不知之事,就可能犯错误。所以在现实生活中,听大人的话并不总是对的。孩子在有些方面可能远胜过家长,比如很多孩子往往可以熟练操控家长搞不懂的电子产品。所以,当孩子表达不同意见时,家长应该给予足够重视,充分鼓励,并给予恰当回应。

《道德经》有言:"生而不有,为而不恃,长而不宰,是谓玄德。"父母虽然生育了儿女,但有德之人从来不主宰孩子的言行与命运。孩子能够表达见解,说明他在独立思考,这是一种非常可贵的能力和品质,是一切创新得以实现的重要前提。在事业上取得巨大成功的人都具有很强的独立思考和批判创新能力。如果家长因为自身的权威受损或面子不保而粗暴地打击压制孩子的不同意见，就很可能早早地亲手掐灭孩子头脑中独立思考的火苗，也不可能培养出善行孝道的儿女。试想，一个人云亦云、没有任何主见的孩子长大后能取得多少成就？又真能奉行孝道吗？家长等到孩子成年再后悔，就太晚了。父母给予孩子言说对话、自由成长的权利，不仅仅有利于孩子，也可以让自己更好把握和利用众多检视与反思的机会，与孩子一道成长。

六、大孝、大爱、大义紧密结合

中华民族孝老爱亲、尊老敬老的传统美德，关乎全社会长治久安和每一个家庭的幸福和谐。人人践行孝道，人人胸怀博爱，普天之下一定会是"美美与共"的大同世界。在中国特色社会主义新时代，孝道美德注入了更为丰富和博大的内涵，"孝"更多体现为大孝、大爱、大义的紧密结合，儿童青少年家庭教育必须与时俱进，从家族之孝步入人间大孝。

"夫孝，德之本也"，这句话最能体现整部《孝经》核心思想。习近平总书记在2019年春节团拜会上的讲话引用这句名言后强调："自古以来，中国人就提倡孝老爱亲，倡导老吾老以及人之老、幼吾幼以及人之幼。我国已经进入老龄化社会。让老年人老有所养、老有所依、老有所乐、老有所安，关系社会和谐稳定。我们要在全社会大力提倡尊敬老人、关爱老人、赡养老人，大力发展老龄事业，让所有老年人都能有一个幸福美满的晚年。"

夕阳无限好，人间重晚晴。《习近平的七年知青岁月》这本书里，记载着这样一个故事：有次习近平同志听说一位生活很困苦的老汉认识他。习近平同志就带着钱和粮票，专门去街上找到这位老人，把带的东西和自己穿的外套都送给了他。在那艰苦的岁月里，习近平同志自己的生活并不宽裕，这可以说是倾囊相助。这种行动就是一种大孝、大义和大爱。

早在1984年12月7日，时任河北省正定县委书记的习近平同志第一次在《人民日报》发表的署名文章就是《中青年干部要"尊老"》。从正定一路走来，习近平同志的尊老情怀贯穿始终。他率先垂范，亲手推着父亲习仲勋的轮椅，或牵着母亲齐心的手，留下幸福的合影。党的十八大以来，习近平总书记多次谈到要尊老敬老，并落实到实际行动上。

2013年12月28日，习近平总书记到北京市海淀区四季青敬老院看望那里的老人。他走进老人的房间,坐到老人身边,与老人亲切交谈。习近平总书记仔细询问老人的身体、家庭情况和敬老院居住的情况,还仔细察看老人们一周的食谱。而且询问工作人员,食谱是否能够照顾到身体状况不同老人的口味,反复叮嘱敬老院负责人要多关心五保老人和孤寡老人。老人们倍感温暖幸福。

2017年11月17日,在同全国精神文明建设表彰大会代表合影时,习近平总书记请黄旭华和黄大发两位年事已高的代表坐在自己身边,说:"给老道德模范让座,这是尊老敬老的传统美德,这就叫人伦常情。"2019年7月26日,在会见全国退役军人工作会议代表时,习近平总书记俯下身,紧紧握住老英雄张富清的手,叮嘱他:"保重身体,健康长寿!"2024年9月29日,习近平总书记俯身为轮椅上的"共和国勋章"获得者、93岁的革命老兵黄宗德佩挂勋章,动情地说:"您老保重好身体!"

习近平总书记的言传身教,充分诠释了《孝经》的深广内涵,充分体现了大孝、大爱、大义的紧密结合,充分提升了新时代孝道的思想境界,也为当前家长对子女实施孝道教育提供了深邃指导和光辉榜样。"老吾老以及人之老",每一个家庭共同持续努力,孝老爱亲这一深厚的道德情感就会凝聚起所有人的心,尊老敬老这一博大的道德力量也会助推实现中华民族伟大复兴。

(本章编撰:古丹)

2　凡学之道

——乐正克《学记》①要义

● **家教要言**

"玉不琢,不成器;人不学,不知道②。"

"虽有嘉肴,弗食不知其旨③也;虽有至④道,弗学不知其善也。"

"学然后知不足,教然后知困。"

"知不足,然后能自反⑤也,知困,然后能自强也。"

"故君子之于学也,藏焉修焉⑥,息焉游焉⑦。"

"时过然后学,则勤苦而难成。"

"杂施而不孙⑧,则坏乱而不修。"

"独学而无友,则孤陋而寡闻。"

"道⑨而弗牵,强而弗抑⑩,开而弗达⑪。"

"教也者⑫,长善而救其失⑬者也。"

---

① 本章原典引文主要参考高时良译注:《学记》,人民教育出版社 2016 年版。
② 道:指政治和道德规范,也指揭示世间万物本源和发展变化规律的理论。
③ 旨:美味。
④ 至:最高,或最好。
⑤ 自反:自我反省、反思。
⑥ 藏焉修焉:要不断积累、提升。藏:蓄积、掌握;修:提高、增益。
⑦ 息焉游焉:要注意休息、玩耍和游乐。息:休息;游:玩耍、游乐。
⑧ 杂施而不孙:杂乱施教,不讲究学习的内容和次序。孙,通"逊"。
⑨ 道:同"导",引导。
⑩ 强而弗抑:让学生奋发图强而不压抑。
⑪ 开而弗达:启发开导学生而不直接告诉答案。
⑫ 教也者:善于教学的人。
⑬ 长善而救其失:助长优点,使其更加优秀,补救缺失,使其改正错误。

"善歌者,使人继其声①;善教者,使人继其志②。"

● **作者简介**

《学记》的作者一直有较大争议,据郭沫若考证是乐正克。乐正克(约前300—前200),战国时鲁国人,是深得孟子信任的学生,较好继承和发扬了子思和孟子的思想。乐正克以职业为姓,他的祖先是名为"乐正"学官,主管学务,也当官学的教师。《礼记·王制》载:"乐正崇四术,立四教。"战国时代儒家学派共有八个,除了合称为思孟学派的"子思之儒""孟氏之儒"之外,还有"乐正氏之儒""子张之儒""颜氏之儒""漆雕氏之儒""仲梁氏之儒""孙氏之儒"。乐正克是一位大儒,与儒家八派中的三派有深厚渊源。

● **经典概览**

《学记》是《礼记》的一篇,为战国后期思孟学派作品,主要论述了教育的作用与目的、教育制度与学校管理、教育教学原则与方法、教师及师生关系等。在历史上,《学记》论教育最早建构了严整体系,第一次对我国先秦教育进行了比较全面、系统的理论总结,充分阐释了儒家教育思想。

《学记》内容丰富,论述深刻,所提出的系列教育原则与方法充满辩证思想,至今仍有重要指导作用。这部经典共1229字、22节,每节论述一个基本问题,大致可分为六个部分:第一部分为第一至三节,讲教育的作用与目的。第二部分为第四至六节,讲教育制度和学校管理。第三部分为第七至十节,总体介绍"大学之教"。第四部分为第十一至十五节,阐述"大学之法"。第五部分为第十六至十九节,论述教师的修养和尊师的重要意义等。第六部分为余下三节,讲解教育的基本问题。

《学记》标志着古代专门化教育思想的形成,奠定了中国古代教育的理论基础,树立了中国教育理论研究的典范。《学记》也是人类有史以来第一部比较系统、完备的以教学论为主的教育经典,比古罗马教育家昆体良的《论演说家的教育》还早几个世纪,是全人类宝贵的教育文化遗产。

---

① 继其声:跟着(善歌者)歌唱。
② 继其志:跟着(善教者)指引的道路努力学习。

2 凡学之道

● **原著选段**

"玉不琢,不成器"

玉不琢,不成器;人不学,不知道。是故古之王者建国君民,教学为先。《兑命》曰:"念终始典于学。"其此之谓乎!

译文:璞玉不经过琢磨,就成不了贵重的玉器;同样,人不经过教育,就不懂得伦常天道。所以,自古以来帝王建立国家,统治人民,首先从教育着手。《尚书·兑命》篇说:"统治者要终始如一地重视教育。"它就是讲的这个道理。

"不学操缦"

不学操缦,不能安弦;不学博依,不能安诗;不学杂服,不能安礼。不兴其艺,不能乐学。

译文:不进行调音练习,就不能学好"乐";不掌握声律,就不能学好"诗";不做好日常杂务,就不能学好"礼"。如果不实践技艺操练,就不能快乐地学习。

"故君子之于学也"

故君子之于学也,藏焉修焉,息焉游焉。夫然,故安其学而亲其师,乐其友而信其道,是以虽离师辅而不反也

译文:所以有教养的人学习务必做到:掌握、积累已学的东西,还要不断修炼,也必须重视休息和游乐。只有这样,才能安心学习,巩固学习成果,亲近老师,乐于与老师成为好朋友,并信奉老师的引导。因此,他们虽然离开了老师的帮助,但不会忘掉学习而走回头路。

"发然后禁"

大学之法:禁于未发之谓豫,当其可之谓时,不陵节而施之谓孙,相观而善之谓摩。此四者,教之所由兴也。发然后禁,则扞格而不胜;时过然后学,则勤苦而难成;杂施而不孙,则坏乱而不修;独学而无友,则孤陋而寡闻;燕朋逆其师;燕辟废其学。此六者,教之所由废也。

译文:最好的教育方法是:不良行为发生之前就禁止,这叫预防;当学习者需

要时就施教,这叫及时;不超过学习者接受能力施教,这叫循序;相互观察交流,共同进步,这叫观摩。这四点是使教育成功的原因。如果发生了不良行为才禁止,就会抵触而格格不入,无法纠正;如果错过时机,再勤奋刻苦也难以成功;如果杂乱无序施教,就会一团糟,无法修习;如果独自学习而没有伙伴,就容易孤陋寡闻;如果和不三不四的人结交,就是背叛自己的老师;如果有轻慢邪僻的言行,就会荒废学业。这六点是导致教育失败的原因。

"子既知教之所由兴"

子既知教之所由兴,又知教之所由废,然后可以为人师也。故君子之教,喻也。道而弗牵,强而弗抑,开而弗达。道而弗牵则和,强而弗抑则易,开而弗达则思。和易以思,可谓善喻矣。

译文:教师既懂得教育成功的原因,又了解教育失败的原因,然后就能做立德树人的大先生了。所以,高明的教师总是善于启发学生。引导学生,但不强牵;要求学生奋发图强但不压抑其个性;开启思路但不把答案和盘托出。引导而不强牵,教学关系就和谐,严格要求但不压抑,学习就轻松;开启思路而不和盘托出,学生就能独立思考。能够在和谐轻松的氛围中引导学生主动思考,才是善于启发。

"凡学之道"

凡学之道,严师为难。师严然后道尊,道尊然后民知敬学。是故君之所以不臣于其臣者二:当其为尸,则弗臣也;当其为师,则弗臣也。大学之礼,虽诏于天子无北面,所以尊师也。

译文:所有学习之道,真诚尊崇老师最难。教师得到真诚尊重后,他所传之"道"才能得到尊重;老师所传之"道"得以尊重,民众才会知道敬重学习。所以,君王不把自己的臣子当臣子对待有两种情况:一是,臣子在祭祀活动中作为受祭者;一是,臣子做君王老师时。最好的教育礼制在于,教师虽然是被天子召见去讲课,但不能面朝北方处于卑位,这是为了真诚尊师。

"善学者"

善学者,师逸而功倍,又从而庸之。不善学者,师勤而功半,又从而怨之。善问者如攻坚木,先其易者,后其节目,及其久也,相说以解。不善问者反此。善待问者如撞钟,叩之以小者则小鸣,叩之以大者则大鸣,待其从容,然后尽其声。不善答问者反此。此皆进学之道也。

译文:善于学习的学生,教师轻松愉快,事半功倍,学生还很拥戴教师。不善于学习的学生,教师辛劳不已,事倍功半,学生还会埋怨教师。善于发问的教师,就像砍伐坚硬木头先砍容易部分、后砍难的关节一样由易到难,经过一定时间,学生的难题就会在愉悦中化解。不善于发问的恰恰相反。善于对待学生提问的教师,就像撞钟一样,敲得轻响声就小,敲得重响声就大,能够轻重适度地回应学生,让学生从容不迫地解决问题不再提问。不善于对待学生发问的教师恰恰相反。这些都是增进学习成效的好方法。

● **家教指南**

家庭是社会最基本的细胞,也是重要的学习组织。父母家长深入汲取《学记》的思想精华,对于新时代学习型家庭建设和儿童青少年家庭教育,具有重要价值。

一、父母要同时成就孩子和教师

《学记》虽然没有提及家庭教育,但众所周知家庭是孩子成长的第一所学校,父母是孩子成长的第一任教师。家庭不仅包含亲子关系,而且有师生关系。优秀家长不仅是孩子的好爸爸、好妈妈,也是孩子的好老师,这样的家长必须全心全意、全力以赴地成就孩子。当然,仅仅成就孩子,还很不够,还必须成就孩子的老师——家长自己和学校教师。学校一个班级也是一个大家庭,孩子入学到某几位老师任教的班级,就相当于拥有了这个家庭的更多亲人。这时,教师、学生、家长相互关联,也必须相互成就。好老师、好家长成就好学生,好学生、好家长成就好老师,好老师、好学生成就好家长。鉴于这种相互成就的关系,家长在帮助孩子成长的过程中,就必须与教师精诚合作,同时成就自己的孩子和学校的老师,也使自己成长为更好的家长。

《学记》有言:"善学者,师逸而功倍,又从而庸之。不善学者,师勤而功半,又从而怨之。"家庭教育和学校教育都可以从这句话中获得深刻启发。学校教师必须面向班级全体学生,因材施教,落实好因材施教,让每一个孩子都健康成长。但是,限于班级授课制本身的局限和孩子潜能发挥状况的不同,一个班某段时间一定会有学得好和学得不好的两种孩子。学得好的孩子很可能会把学习的成功归结为老师教得好;学得不好的孩子则很可能会觉得老师教得稀里糊涂。这时,家长不必过分在乎孩子学习的结果,而要对孩子的学和教师的教,以及家长的合作情况深度反思,找出孩子善学与否的原因,并针对原因帮助孩子优化学习过程,协助教师改进教学方法,同时成就好孩子和好教师。

有这样一个案例,在一所不错的小学,学生一年级就开设了英语课。英语老师有着多年的教学经验,从学生入校开始,就推荐浅易而富含童趣的英文诗、歌曲和绘本让学生学习,并请家长利用家庭生活的碎片时间反复播放以磨炼孩子。A同学的家长非常认同教师的理念和方法,积极合作。结果A同学学习效果很好,经常代表班级和学校参加各级英语比赛并屡次获奖,也很喜欢英语老师和这门课。A同学的家长常常对周围的亲朋好友说这个英语老师真是太厉害了,真心感谢她对孩子的启蒙教育。老师则在家长会上对A同学和家长大加赞赏,衷心感谢家庭的合作。B同学呢?父母觉得孩子学习是学校老师的事情,自己根本没有心思和时间去做老师讲的事。渐渐地,B同学觉得英语学习困难重重、枯燥乏味,甚至一上课就打瞌睡。B同学的家长为此常常抱怨:"还说是英语特级教师,我看也不咋样!"英语老师也对B同学感到头疼,鉴于孩子学习兴趣和专注力的严重缺失,只好私下建议家长去寻求心理医生帮助。

这个小案例较好揭示了好学生、好老师、好家长相互成就的道理。当前,全国上下都在要求家校共育,其实质就是希望家庭和学校心往一处想、劲往一处使,齐心协力建构有效运转的儿童成长支持系统,培养孩子良好学习习惯和浓厚兴趣,引导孩子成为"乐学者"和"善学者"。家长协同参与教育,既是成就孩子,也是成就教师,在《学记》的启发下,很有必要主动兼顾。

二、父母和孩子要一道"严师"

人们常说"严师出高徒",但《学记》所谓"严师"[1],并不是严格、严厉,甚至严苛的老师,而是"严肃、严格地尊敬教师,使教师葆有足够的尊严"。这当然不

---

[1] 当然,"严师"也是教师、家长自己应该承担的责任。王阳明有《严师箴》,特别强调教育者自己要"庄敬自持,外内若一",要"慎独谨微""以身先之"。相关原文如下:古之教者,莫难严师。师严道尊,教乃可施。严师维何?庄敬自持,外内若一,匪徒威仪。施教之道,在胜己私。孰义孰利,辨析毫厘。源之弗洁,厥流孔而。毋忽其细,慎独谨微。毋事于言,以身先之。教不由诚,曰惟自欺。施不以序,孰云匪愚。庶予知新,患在好为。凡我师士,宜鉴于兹。先哲警语,定能激励广大教师、家长自勉不息。

是一件易事。《学记》讲:"凡学之道,严师为难。"但是,再难也必须做,因为"师严然后道尊,道尊然后民知敬学"。

尊师重教是中华民族的传统美德,也是家庭教育的重要内容。从孩子牙牙学语、蹒跚学步到成长的方方面面,父母、长辈都是老师,应该有老师的样子,孩子也应该尊重父母、长辈。从这个意义讲,国人所谓"孝",尊敬长辈,与《学记》所谓"严师",与当前所谓"尊师重教"具有同等内涵和价值。

俗话说"亲其师,信其道。"孩子只有尊重、亲近、信任教师,才能跟随学习教师言传身教的处世方法、人生哲理和文化知识、劳动技能等。孩子应当尊重父母也是一样的缘由。所以,家长要以身示范,尽可能完善自己作为父母和教师的形象,并实现两方面形象的和谐统一。为此,家长一方面要不断提高自身素养,以吸引孩子亲近父母并尊敬爱戴;另一方面,家长要在孩子面前真诚而又积极地维护学校教师的良好形象,以引导孩子持续亲近老师并逐日增加对老师的尊敬和爱戴之情。这是帮助孩子突破《学记》所谓"严师"这一"学道之最难"的关键。

家长和孩子共同尊敬爱戴学校教师,要尽可能支持配合教师的教育教学工作,并引导孩子体会教师工作的高尚与无私,能够用努力学习的实际行动感恩老师对自己的关怀和教导。当今社会,有些非主流教育现象孩子不一定能够正确理解,家长有必要教导孩子客观认识,但必须以正面引导为主。任何教师都是人而不是神,都不可能十全十美,家长可以要引导孩子正确全面认识教师工作中的不足并恰切对待,如有必要家长可以和教师单独讨论,选择合理合法解决方法。

至于家长要吸引孩子亲近自己并友爱相处,就得不断学习,持续提高自己的家庭教育学识和修养。《学记》强调:"君子既知教之所由兴,又知教之所由废,然后可以为人师也。"当教师的只有同时懂得教育成功和失败的原因,才能胜任教师工作。作为父母,如何胜任父母这个"岗位"?在陪伴教育孩子的美好时光中如何敏锐察觉成功、失败及其原因?《学记》讲,高明的教师,总是善于运用启发诱导的方法处理好教与学的关系,让学生不视学习为畏途,又能进行独立思考。孔子曰,"不愤不启,不悱不发",如何启发孩子是家长的必修课。

有这样一位妈妈,她本是一所大学土木工程专业的普通教师,但后来为了教育孩子,居然转换工作岗位,成为该校心理系的一位知名教授,实现了人生发展的一大跨越。这位妈妈固然是非常特殊的个例,其为了孩子转换专业的做法也不一定妥当,但可以肯定的是,父母都应当肩负起教育孩子的责任,当自己遇到困难或者力有不逮时,唯有学习,才能成为孩子喜爱和崇敬的人生导师。作为家长,没有专门的"岗前培训",很多家长也不知道该做什么才能不辱使命。但父母神圣的使命让每个家长都愿意为孩子的成长奠基、引路。家长不辱使命的最好方法是永远葆有富含智慧的爱心,与孩子一道成长。在孩子羽翼丰满时,再笑着挥挥手,说:"你已长大,愿你高飞!"

三、父母必须遵循基本的教育原则

《学记》中最基本的教育原则有"豫时孙摩""长善救失""启发诱导""学不躐等""藏息相辅""教学相长""张弛有度"等。这些都值得家长结合孩子的实际情况充分掌握,灵活运用,严格遵循。比如,"长善救失"就特别重要,因为每个孩子都有难能可贵的优点,也有显而易见的不足,优秀的父母,必须遵循"长善救失"的原则激励孩子发扬优点,补齐或超越短板。

《学记》讲,"人之学也,或失则多,或失则寡,或失则易,或失则止。此四者,心之莫同也。知其心然后能救其失也。教也者,长善而救其失者也。"有的孩子学习贪多,什么都感兴趣,却不求甚解,难于精进。有的孩子知识面狭窄,核心素养发展不佳。有的孩子对学习艰巨性认识不足,不能持之以恒。有的孩子时时畏难,缺乏刻苦钻研的精神。每一个家庭的孩子都不一样,没有哪一套家教方法能应对所有问题,因此父母必须准确分析孩子的学习心理,并善于"长善救失"。

有位妈妈看见别人家孩子乐器样样精通,就把孩子感兴趣的乐器——钢琴、古筝、葫芦丝、架子鼓都报了特长班让孩子学。不到半年,孩子就厌烦了所有乐器,最终什么都没学成。

另一位妈妈则陪孩子参观体验了多种乐器的教学活动,让孩子选出自己最喜欢的一种乐器,并告诉孩子学习乐器会遇到很多困难,如果不能克服困难坚持就不用学习。后来孩子自己决定要学习小提琴。学习过程中,孩子也有想放弃的时候,妈妈就适时鼓励和提醒,让孩子一路坚持,最终成就了孩子的爱好特长。

还有一位妈妈,孩子活力特别足,整天打打闹闹,唱幼儿园老师教的儿歌却五音不全,感觉根本没有音乐细胞。在幼儿园很多同学都有声乐、舞蹈、器乐等方面才艺的情况下,这位妈妈也不急,坦然引导儿子努力学习乒乓球。孩子由此养成了持续锻炼和自主学习的习惯,到大学,居然自学弹得了一手好吉他。

显然,后两位妈妈长善救失的方法都值得学习。尤其是第三位妈妈,她善于尊重和等待,成功引导、支持孩子超越和补齐了自己与生俱来的短板。她的教育,既是扬长补短、长善救失,也是因材施教、启发诱导,还遵循了学不躐等、藏息相辅的原则。基本的教育原则贯彻落实好一条,就很可能"一通百通",第三位妈妈的教育经验值得每一位家长在研习《学记》时好好琢磨,更值得运用在自己孩子的教育中。

(本章编撰:龙琳玲)

3 君子之行

——诸葛亮《诫子书》①要义

● **家教要言**

"静以修身,俭以养德。"

"非澹泊②无以明志,非宁静无以致远。"

"非学无以广才③,非志无以成学。"

"淫慢④则不能励精⑤,险躁⑥则不能治性。"

"年与时驰,意与日去。⑦"

● **作者简介**

诸葛亮(181—234),字孔明,琅琊阳都(今山东省沂南县)人,三国时期蜀国丞相,杰出的政治家、军事家、发明家、文学家。

17岁至27岁,诸葛亮隐居隆中(今湖北襄阳),一边躬耕陇亩,磨砺性情;一边博览群书,审时度势。他苦练内功,韬光养晦,静待良机。刘备三顾茅庐后,他厚积薄发,运筹帷幄,协助刘备占据巴蜀,三分天下。刘备去世后,他竭尽全力辅助后主刘禅,鞠躬尽瘁,死而后已。

诸葛亮的隆中岁月为他成就治世伟业奠定了坚实基础。其间,他静下来,想开去,远离浮华,摒弃功利,丰富自己,提升境界,用笃定的行动撰写了一部"成

---

① 本章原典引文主要参考段熙仲、闻旭初编校:《诸葛亮集》,中华书局2014年版。
② 澹(dàn)泊:内心清静,不慕虚名。
③ 广才:增长才干。
④ 淫慢:放纵懈怠。
⑤ 励精:振奋精神,奋发有为。
⑥ 险躁:做事轻薄浮躁,缺乏定力。
⑦ 年与时驰,意与日去:时间飞驰而去,年华不在,意志也随之消退。

长+成功"的人生哲学,深刻诠释了道家"无为而无不为"、儒家"君子务本,本立而道生"的互补智慧。

诸葛亮家庭比较特殊。史载,他与夫人婚后多年无子,就过继了兄长诸葛瑾的次子诸葛乔,可惜此子早逝。建兴五年(227),46岁的诸葛亮得子诸葛瞻。然而,次年诸葛亮就开始了前后6次、长达7年的北伐。在《与兄瑾言子瞻书》中,诸葛亮称诸葛瞻"聪慧可爱",又说"嫌其早成,恐不为重器"。[①] 聚少离多,加之诸葛亮夫妇已到含饴弄孙的年纪,本可多多宠爱,但为了防止儿子不经磨砺,未有积淀而假借父辈之名、门荫之庇去走所谓的成功捷径,故家教分外严厉。

《三国志》对诸葛亮的家庭有如下描写:"成都有桑八百株,薄田十五顷,子弟衣食,自有余饶。"诸葛亮是"可以托六尺之孤,可以寄百里之命",堪称一人之下万人之上,但他也"临大节而不可夺",并无骄奢淫逸之态。从蚕桑薄田的记载,可见诸葛亮清正廉洁,其身体力行、耕读传家的家庭建设思想,值得后世继承发扬。

习近平总书记夙夜在公,也经常用诸葛亮的精神和广大干部共勉。习近平同志在担任上海市委书记期间,有一次在《解放日报》上看到有篇短文写的是借鉴诸葛亮的识人"七道",于是专门批给相关部门,要求在起草关于党风廉政建设文稿时引用。党的十八大以来,习近平总书记在多次重要讲话中引用诸葛亮的名言,如"不使内有余帛,外有赢财""非学无以广才,非志无以成学""亲贤臣,远小人,此先汉所以兴隆也;亲小人,远贤臣,此后汉所以倾颓也""为人择官者乱,为官择人者治"。2016年12月12日,习近平总书记在会见第一届全国文明家庭代表时指出:诸葛亮诫子格言、颜氏家训、朱子家训等,都是在倡导一种家风。

● **经典概览**

纵览历代诸葛亮文章多种汇编,《诫子书》都是必选篇目。《三国志·蜀书·诸葛亮传》、《太平御览》(卷459)等典籍也收有此文。当前行世比较权威的版本是1960年中华书局编校出版的《诸葛亮文集》。该版本点校工作以清代

---

① 段熙仲、闻旭初编校:《诸葛亮集》,中华书局2014年版,第28页。

张澍《诸葛忠武侯文集》为基础,参照了清代姚振宗编辑的《三国艺文志》。

《诫子书》是诸葛亮晚年写给8岁儿子诸葛瞻的信,86个字,言简意赅,恳切动人,对后世影响深远。① 鲁迅评《三国演义》"状诸葛多智而近妖",但《诫子书》还诸葛亮以真面目,让后世看到了一位父亲尽职尽责、尽心尽力施行家庭教育的鲜活生动的形象。全文既是他对儿子的谆谆教诲,也是自己50余载人生的深刻感悟;既体现了舐犊情深的温存,也充满对儿子、家庭、社稷的无限留恋。在大力倡导家庭家教家风建设的新时代,《诫子书》穿越历史长河的智慧之光无疑会照亮我们前行的路。

隆中十载,诸葛亮籍籍无名,却淡定坚守,"孝廉""贤良""力田""知兵法"等察举标准指引着他成长。他心中有鲜明的忠孝伦理。"修身、齐家、治国、平天下"的人生价值成为他的毕生追求,也让他名垂青史。他写《诫子书》,论述"修身""养德""澹泊""宁静"的意义,阐明"学""静""才""志"的关系,强调"淫慢"与"险躁"的危害,与此同时,他也以身示范,用实际行动让儿子知晓"修身""养德""明志""致远"的具体内涵。

诸葛亮鞠躬尽瘁,死而后已,《三国志》对其后事有细节介绍:"亮遗命葬汉中定军山,因山为坟,冢足容棺,敛以时服,不须器物。"这种风范,从一个侧面体现了诸葛亮的精神遗产有超越时代和世俗的永恒价值。大千世界,世事人心,纷繁复杂,但诸葛亮通过自己的一生和不足百字的《诫子书》,深刻影响了近两千年以来的一代又一代中华志士,这不能不说是一个伟大的文化奇迹。

---

① 后世众多家教典籍直接传承了《诫子书》的精神。比如,"静以修身,俭以养德"的思想,在明嘉靖名士吕得胜编撰的童谣体蒙学读物《小儿语》《女小儿语》,其子吕坤(明代著名学者)撰写的《续小儿语》有着明确体现。《小儿语》开篇即言:"一切言动,都要安详。十差九错,只为慌张。沉静立身,从容说话。不要轻薄,惹人笑骂。先学耐烦,快休使气。性躁心粗,一生不济。"《女小儿语》最末《补遗》强调:"休要张皇,休使腔调,鬼气妖风,真见世报。安详沉重,休要轻狂,风魔滥相,娼妓婆娘。"《续小儿语》则有如下言辞:"好衣肥马,喜气扬扬。醉生梦死,谁家儿郎。""慕贵耻贫,志趣落群。惊奇骇异,见识不济。""读圣贤书,字字体验。口耳之学,梦中吃饭。""男儿事业,经纶天下。识见要高,规模要大。""意念深沉,言辞安定。艰大独当,声色不动。""分卑气高,能薄欲大。中浅外浮,十人九败。""大凡做一件事,就要当一件事。若之苟且粗疏,定不成一件事。""少年志肆心狂,长者言必偏恼。你到长者之时,一生悔恨不了。""俭用亦能毁用,要足何时是足。可怜惹祸伤身,都是经营长物。""学者三般要紧:一要降伏私欲,二要调驯气质,三要跳脱习俗。""做第一等人,干第一等事,说第一等话,抱第一等识。""兰芳不厌谷幽,君子不为名修。"

● **原著选段**

"夫君子之行"

夫君子之行,静以修身,俭以养德,非澹(dàn)泊无以明志,非宁静无以致远。

译文:要想成为人格高尚的有用之才,必须通过内心的平静来修养身心,依靠俭朴的作风来涵养德性。不能看淡名利、远离喧嚣,心中充满杂念与纠结,就不能坚定意志,实现志向;不能平心静气、心无旁骛地学习,就不能形成宏阔的人生格局,达到高远的人生境界。

"夫学须静也"

夫学须静也,才须学也,非学无以广才,非志无以成学。

译文:学习必须做到心境平和、专心致志,人的才能必须通过持之以恒的学习方能具备。不努力学习就不能开阔视野、增长才智,不树立坚定的志向就不能学有所成。

"淫慢则不能励精"

淫(yín)慢则不能励精,险躁则不能治性。

译文:懒惰、懈怠且放纵不知收敛,终会导致精神萎靡,不能奋发有为;轻薄浮躁,缺乏定力与毅力,就不能修养性情,笃定志行。

"年与时驰"

年与时驰,意与日去,遂成枯落,多不接世,悲守穷庐(lú),将复何及!

译文:年华会随时光飞快流逝,意志、志向也会被时间消磨殆尽,生命很可能像枯叶一样飘零。如果人生一世对社会没有任何贡献,自己也不能实现人生价值,最后独守穷家破舍,黯然神伤,怎不是悔之晚矣?

● **家教指南**

南怀瑾评价《诫子书》充分表达了诸葛亮的儒家思想修养,并指出:"后人讲养性修身的道理,老实说都没有跳出诸葛亮的手掌心。"家庭教育最重要的目标就是引导子女修身养性,《诫子书》作为论述修身养性的一部重要经典,[①]对当前家庭教育自然具有深刻启迪。

一、远离浮华,修身养德

《诫子书》开宗明义:"君子之行,静以修身,俭以养德。"一个人能立于世间,必须依靠严谨的行为规范、高尚的品德修养,养成良好的人格气象,拥有君子之风。该观点与古希腊思想家苏格拉底"美德即知识"的观点颇为相似。良好的品德修养并非天生,其与后天的熏陶及自我反思与躬身笃行密不可分。格物、致知、诚意、正心的人格塑造之法就是在强调修身养德。那如何"修养"?"行有不得,反求诸己""躬自厚而薄责于人"等自省、克己、慎独、宽人的思想是儒家倡导的修身方式;形成"见贤思齐焉,见不贤而内自省也""三人行,必有我师焉,择其善者而从之,其不善者而改之"的思维与言行惯性是儒家的养德标准。

《大学》云:"身有所忿懥,则不得其正;有所恐惧,则不得其正;有所好乐,则不得其正;有所忧患,则不得其正。"一个人如果无妄惧、无妄怒、不妄忧、不妄乐,不被情绪所左右,端正思想,即达成"正心",进而实现"修身养德"。诸葛亮在《诫子书》中提出的养德之法为"俭",强调素朴勤俭的行为习惯,进而形成自己的生活态度和人生价值体系。人必须保持消费的适度,远离骄奢淫逸。诸葛亮身为丞相,相比于"布衣",家境自然殷实富裕,生活可谓优渥无忧,但对儿子的教育却提出了"俭"的要求,这无疑是他毕生美德与智慧的总结。

"君子之泽,五世而斩",若不从"俭"入手,所有的富贵便会如黄粱一梦,稍纵即逝。"俭"与其孪生美德"勤"是修身养德的重要目标。孩子只有勤而俭才能理解生活的真谛,进而理解人生的真正价值。"俭"不仅仅是有品位生活的一种坚守,更是家庭教育的重要方式与手段。"成由勤俭破由奢",教导子女,不必也不能要求其"食无求饱、居无求安",而是以身示范,让子女在耳濡目染中培养

[①] 诸葛亮另一篇家教名文《诫外甥》也特别强调与《诫子书》类似的思想内容,但在行为训导方面更为细致:"夫志当存高远,慕先贤,绝情欲,弃凝滞,使庶几之志,揭然有所存,恻然有所感。忍屈伸,去细碎,广咨问,除嫌吝,虽有淹留,何损于美趣?何患于不济?若志不强毅,意不慷慨,徒碌碌滞于俗,默默束于情,永窜伏于凡庸,不免于下流矣。"

艰苦朴素的品质,长留一份对天地和物力的敬畏。人拥有这份敬畏,就会树立规则意识,进而拥有奔赴未来、跨越一切艰难的勇气与伟力。

二、看淡功利,静学广才

党的二十大报告要求,坚持以人民为中心发展教育,加快建设高质量教育体系,发展素质教育,促进教育公平。素质教育首先是对学校教育的要求,即创造适切的有益于学生全面发展的育人环境。不过,要想育人环境宁静和谐,真正能够保障每一个儿童"宁静致远",则需要家庭、学校及全社会共同努力。杜威在《民主主义与教育》中倡导"做中学",通过实践活动探索学习,培养孩子的批判性思维和创新能力。在学校做好理念引导、创造必要条件的同时,父母更应在家庭这方离实践最近的育人沃土中发挥作用,引导学生潜心学习、静心躬行,凭借只问耕耘的"做中学"而"宁静致远"。

"静"无形无象,是主动选择环境的结果,也是积极涵养内心的智慧。《诫子书》中"静"作为"修身"的重要条件,既要求外在环境安静,更要求内在心境平和,综合考虑了主客观因素,以及矛盾的主要和次要方面。其中,主体的自觉与能动作用无疑至关重要。在家庭教育中,父母既要为孩子营造清净平和的外部环境,又要适时做好心理疏导,让孩子的内心平静澄澈,既能映射灿烂的阳光,又能回响和谐的月韵。

《大学》有言:"安而后能静,静而后能定。""静"也是有效培养意志力和笃定执行力的途径。家长应充分保障家庭环境的心理安全,引导孩子静下来,思考自己的真需求,明晰自己的真志向,进而为此笃定努力,用行动诠释"学"与"思"的关系,在"静好"成长岁月中"立德""立志""立学"。不急躁,不冒进,不问收获,不好高骛远,若能绵绵用力,自然久久为功。

当然,"泰山崩于前而色不变,麋鹿兴于左而目不瞬"的沉稳,虽是修身、为学、做人的坚实基础和至高境界,但这种功夫需要循序渐进地修炼。家庭教育在践行《诫子书》"静学广才"思想的过程中,要求父母和孩子一道,摒弃急功近利,逐步积淀内心而至深沉,逐步扩展视界而达辽远,在内敛俗欲与崛起学养的过程中铸造宏阔亮丽的人生格局。

三、乐学立志,笃行立身

中华民族自古就有尚志的文化传统。朱熹曾说:"(为学)先须立志。志既立,则学问可次第着力。立志不定,终不济事。"不过,引导孩子立志,切不可过急。法国思想家、教育家卢梭在其名著《爱弥儿》中倡导教育应该顺应儿童的自然本性,实现儿童的自然生长,主张必须废止那些扼杀儿童天性和创造力的强制教育和过度教育。在《诫子书》中,诸葛亮把"淡泊""宁静"指向了"志",阐述了笃定立志、静心勤学及立己成才之间的相关。诸葛亮的主张既体现了儒家的理想主义和入世精神,又彰显了道家的豁达态度与境界。家长如能先期涵养这种心态,就很利于孩子因乐学而明志,因笃行而强志。

《诫子书》所言之"志",可以理解为顽强、坚韧的意志,也可以理解为明确、笃定的志向,或兼而有之。一个人,志向不一定需要远大,但意志必须坚定。中华五千年历史长河之所以能够永不中断地滚滚向前,就是因为有不计其数像小水滴一样的普通民众。他们不一定拥有凌云壮志,但一定不乏扑向生活这片汪洋大海的顽强定力与倔强韧劲。在家庭教育中,父母必须清醒地认识到,古往今来各领域中有大成就的人,都是极少数,多数人终将平凡静美而又实实在在地度过一生,因为除了自身努力和意愿外,伟人们能够拥有的天赋和机遇往往不以个人意志为转移。所以,父母引导孩子学习立志,需要心平气和、静待花开,需要战胜内心不切实际的空想、妄想。

"无为而无不为",父母家长去除了膨胀的心理预期,就会安安静静陪伴孩子快快乐乐地学习和成长。孩子只要克服懒散,笃定行动,哪怕只是自食其力、踏实生活、平平凡凡,也能够多为国家和社会作贡献。孩子学习不是为了炫耀头脑的价值和遗传基因的强大,更不是为了名扬四海,光宗耀祖,而是为了真实享受童年的幸福,到达成人、成才的彼岸,为创造未来幸福生活做准备。父母必须主动卸下强加在孩子身上的若干包袱,孩子才能快乐学习,轻装前进。当然,家长引导孩子立志学习,也不能纯粹盯着柴米油盐,以"黄金屋""颜如玉"为目标。那同样可能蒙蔽孩子的双眼,助长孩子内心不必要的躁动与生命能量的空耗。只有孩子平心静气,不被功名利禄所累,才能真正明白自己要到哪里去、怎样去,逐步创造"有志者事竟成"的和谐人生。

在中国文化语境中,"志"与"气"是密切相连的,志可以不大,但气一定要壮,一定要正,一定要从"骨节"之处洋溢而出。也就是说,人一定要有骨气,一定要有气节。孟子讲"浩然之气""至大至刚","是集义所生者"。当前家庭教育,父母必须循序渐进、潜移默化地引导孩子将个人的志向融入时代和民族的梦想,通过踏踏实实的学习实践,成为有理想、有担当、有本领的社会主义事业的建设者和接班人。

四、和光同尘，为而不争

习近平总书记多次倡导为人父母者要在家庭这"人生的第一所学校"中，当好"孩子的第一任老师"，上好"人生第一课"，帮助孩子"扣好人生第一粒扣子"。家长在"上课"过程中，有必要参考意大利教育家玛利亚·蒙台梭利在《童年的秘密》一书中阐明的观点：自由的、纪律良好的环境以及适度的竞争有助于孩子内在动力和原生兴趣的发展，可过度竞争的结果往往会导致孩子失去竞争力。其次，要反复温习诸葛亮的《诫子书》。其中，"静以修身，俭以养德""非淡泊无以明志，非宁静无以致远""非学无以广才，非志无以成学"等，都可谓"人生第一课"最为重要的内容，"修身""养德""明志""致远""广才""成学"都堪称人生"第一粒扣子"。

诸葛亮的思想和行为可以给予父母深刻的启发。以诸葛亮的平生所为，他不会不期望其子诸葛瞻做出"匡扶汉室，统一中原"之类的大事业，但面对孩子的"聪慧可爱"，却"嫌其早成，恐不为重器"。这与当下大量父母千方百计让孩子超前学习的想法、做法完全相悖。诸葛亮担心儿子没有经过世事磨砺，终究难成大器，但在今天的家庭教育中，很多孩子好像是家长炫耀的资本，孩子越早成能干，家长越喜欢。其实，王安石《伤仲永》一文早就告诫人们，孩子的早成，很多时候弊大于利。一帆风顺的人生，很可能让人遇到挫折时缺乏应对经验和心理调节能力，事业反倒更容易夭折，而从开始就注重挫折教育和逆境情商教育，无疑更具有远见。

诸葛瞻年少聪慧，有早成迹象，是诸葛亮写作《诫子书》的缘由之一。他把诸葛瞻从丞相公子的高位降至平民俗子的尘土生活中，并明确劝诫，"淫慢则不能励精，险躁则不能治性"，如果"年与时驰，意与日去，遂成枯落"，必将"多不接世"，"悲守穷庐"！为了避免后悔不及，必须"静以修身，俭以养德"，"澹泊明志，宁静致远"，"学以广才，志以成学"。诸葛亮是这样写的，也是这样做的。联系《出师表》所述"躬耕于南阳，苟全性命于乱世，不求闻达于诸侯"的耕读隐居，以及五丈原病逝前留下的不必厚葬的遗言等，可以看到诸葛亮以身作则、言传身教的慈父本色，也可以发现他和光同尘、为而不争生命智慧。

一则家训，立后世准则；一门家风，传千古榜样。《诫子书》饱含中华民族"穷则独善其身，达则兼善天下"，以及"上善若水""为而不争"等传统思想精华,诸葛亮用自己的一生践行了《诫子书》中"淡泊明志""宁静致远"等行为准则与厚重思想。诸葛亮的完人境界,虽然极难达成,但是每一位父母家长的心与行,一定要切切实实地"向往之"。

(本章编撰:黄玲)

4　人无志,非人也

——嵇康《家诫》①要义

● **家教要言**

"人无志,非人也。"

"故以无心守之②,安③而体之,若自然也,乃是守志之盛④者耳。"

"其立身当清远⑤。"

"若见穷乏,而有可以赈济⑥者,便见义而作。"

"夫言语,君子之机⑦,机动物应⑧,则是非之形著⑨矣,故不可不慎。"

"不须作小小卑恭,当大谦裕⑩,不须作小小廉耻,当全大让⑪。"

"凡人自有公私,慎勿强知人知⑫。"

"匹帛之馈⑬,车服⑭之赠,当深绝⑮之。"

---

① 本章原典引文主要参考包东坡主编:《中国历代名人家训精粹》,安徽文艺出版社 2000 年版。
② 以无心守之:不刻意固守自己的志向,指很自然地把自己的志向与日常所作所为融为一体。
③ 安:内心宁静。
④ 盛:旺盛。这里指追求志向的最佳状态。
⑤ 清远:清明而高远。
⑥ 赈济:用财物帮助接济他人。
⑦ 机:原意是弩机钩弦的部件,这里喻指最关键的东西。
⑧ 物应:外在物象(人、事、物等)有反应。
⑨ 是非之形著:是非对错的现象很明显。
⑩ 当大谦裕:应当虚怀若谷。
⑪ 当全大让:应当顾全大局,包容忍让。
⑫ 强知人知:一味或固执地了解别人的隐私。
⑬ 匹帛之馈:绫罗绸缎之类的馈赠。
⑭ 车服:车舆礼服。这里指贵重礼物。
⑮ 深绝:坚决拒绝。

● **作者简介**

嵇康（224—263），字叔夜，谯郡铚县（今安徽濉溪县）人。官至中散大夫，三国时期曹魏思想家、文学家、音乐家，魏晋"竹林七贤"之首。其妻长乐亭主是曹操的曾孙女。

嵇康天资极为聪颖，博学多才。他幼年丧父，自由成长，生性桀骜，重情重义，又长得一表人才。成年后，他接受老庄思想，越发旷达不羁，心性狂放豪迈，生活不拘小节，与当时崇尚涂脂抹粉的上层人物格格不入。

身处乱世，嵇康反名教而崇尚自然，隐居山林，超然于物外。他屡次拒绝大将军司马昭的为官之邀，又因是曹操曾孙女婿，引起司马昭忌恨。后又得罪高官钟会，钟会借吕巽、吕安兄弟反目一事在司马昭面前构陷嵇康，司马昭借此杀之，卒年40岁。

● **经典概览**

嵇康赴难前在狱中给儿子嵇绍写下《家诫》，从立志、为人、处事等方面进行谆谆教诲，可谓满纸肺腑言、一抔慈父心。《家诫》言辞恳切，中规中矩，悉心劝诫儿子立誓守志、谨慎为人、明哲处世。这种文风及思想内容，和嵇康本人"萧萧肃肃，爽朗清举"而愤世嫉俗的风姿气度判若两人，但结合当时的写作背景和嵇康本人的经历也不难理解。

嵇康生活在政治动荡的时代，因倾向曹氏集团，反对司马集团篡权，加上太过鲜明的个性，遭到了司马集团的敌视。尽管他希望通过归隐山林的方式避开政治漩涡，但最终未能摆脱成为政治牺牲品的命运。人之将死，其言也诚。嵇康赴难之时儿子年仅10岁，回顾自己半生风雨，竟落得如此下场，又怎能不痛彻心扉？又怎会忍心让儿子重步自己后尘？

古人不古，《家诫》既是嵇康教育儿子的泣血绝唱，也是对自己短暂一生的深刻反思，更是一部厚重的人生哲学，其表现的励志箴言与处世法则，对后世有着较大影响。

4 人无志,非人也

● **原著选段**

"人无志"

人无志,非人也。但君子用心所欲,准行自当。量其善者,必拟议而后动。若志之所之,则口与心誓,守死无贰。耻躬不逮,期于必济。若心疲体解,或牵于外物,或累于内欲;不堪近患,不忍小情,则议于去就。议于去就,则二心交争。二心交争,则向所以见役之情胜矣。或有中道而废,或有不成一匮而败之。

译文:没有志向的人,不能称为真正的人。但凡君子,专注于一个目标时就会有一套自己的行为准则。你要再三考量既定目标,确定是好的目标之后,拟定计划再行动。如果是志向决定要去做的事情,就应该心口一致,坚持不懈,至死不放弃。只要以不能实现志向为耻辱,到了一定时候就必定会实现。如果身心疲惫怠惰,要么是被外物牵连左右,要么是被内心欲望连累。不堪忍受眼前困难,不能隐忍个人私情,就会纠结于放弃或坚持。一旦纠结于放弃或坚持,就会陷入自我矛盾。一旦陷入自我矛盾,就会被欲望和情绪控制。要么中途放弃,要么毫无成绩而一败涂地。

"若有烦辱"

若有烦辱,欲人之尽命,托人之请求,则当谦言辞谢。其素不豫此辈事,当相亮耳。若有怨急,心所不忍,可外违拒,密为济之。所以然者,上远宜适之几;中绝常人淫辈之求;下全束脩无累之称。此又秉志之一隅也。

译文:如果遇到让自己烦劳受辱的事情,有人希望你尽力帮助他,托人来请求,你应当委婉地表示拒绝。向来不参与这些人的事情,久而久之,别人也就会谅解你。如果正直的人的确遇到麻烦,你于心不忍,可以表面上拒绝,在暗地里帮助他。这样做的原因是,首先可以远离投机的人,其次可以断绝世俗无赖之徒有求于你,最后还保全了不贪图别人回报答谢的名声。这是坚守志向的又一种方法。

"凡行事先自审其可"

凡行事先自审其可,若于宜,宜行此事,而人欲易之,当说宜易之理。若使彼语殊佳者,勿羞折遂非,若理不足,而更以情求来守。人虽复云云,当坚执所守。

此又秉志之一隅也。

译文：但凡做重要事情，都要预先研判是否应该。如果可以做、应该做这事，但有人想改变你的决策，你就应当让他说出缘由。如果他的确言之有理，你不要觉得羞愧难当，掩饰自己的不对。如果他的道理不足以让你信服，转而通过求情来坚持他的想法。即便别人反反复复劝说求情，你也应当坚持自己的立场。这是秉持志向的又一个方面。

"若于意不善了"

若于意不善了，而本意欲言，则当惧有不了之失，且权忍之。已后视向不言此事，无他不可，则向言或有不可；然则能不言，全得其可矣。且俗人传吉迟传凶疾，又好议人之过阙，此常人之议也。坐中所言，自非高议。但是动静消息，小小异同，但当高视，不足和答也。非义不言，详静敬道，岂非寡悔之谓？人有相与变争，未知得失所在，慎勿豫之也。且默以观之，其是非行自可见。或有小是不足是、小非不足非，至竟可不言以待之。就有人问者，犹当辞以不解。近论议亦然。

译文：如果并不十分清楚别人的想法意见，而你又想发表自己的意见，就应当想到自己可能会因为不了解情况而出现过失，适合暂时隐忍不说。等事情过去，你再回想当初对此事不发表看法，并没什么不妥，但如果当时发表看法，或许就会不对。因此，不随意说话，一切都不会错。况且，世俗之人传播好消息缓慢，传播坏消息飞快，又喜欢议论别人的过失缺点，这就是一般人日常交谈的状况。闲坐之中聊的话，自然不是什么高论。但凡他们说的各种事态动静的小道消息，以及其中的异同，只需旁观，无须附和议论。不符合道义的话不说，悉心洞察，尊崇道义，难道不是减少后悔的办法吗？人与人之间互相争辩，当你无法判断谁对谁错时，就要谨慎，不能参与其中。暂且平静地观望，其中的是非曲直自然而然就清楚了。也许有不足挂齿的小对小错，你完全可以不发表任何看法。即使有人来征求你的看法，你还是应该借自己不了解而加以推辞。哪怕旁人是在议论你，也当如此。

"凡人自有公私"

凡人自有公私，慎勿强知人知。彼知我知之，则有忌于我。今知而不言，则便是不知矣。若见窃语私议，便舍起，勿使忌人也。或时逼迫，强与我共说，若其言邪险，则当正色以道义正之。何者？君子不容伪薄之言故也。

译文：凡是人，都有自己的隐私，切不可一味去打听别人的秘密。如果对方知道我窥探了他的秘密，就会对我有所提防。如果你现在知道了别人的隐私，但是不泄露出去，就等于是不知道了。如果见到有人聚在一起窃窃私语，就立即远离他们，不要让他们担心被你听到而对你处处提防。也许有时会被人强迫，一定要和你谈论别人的隐私，如果他言语邪恶狠毒，就应当光明磊落地用道义教育他，纠正他。为什么呢？因为君子容不得虚伪轻薄的言辞。

● **家教指南**

嵇康深受老庄哲学影响，主张"越名教而任自然"，并坚持探索和实践积极人性，对有违人类自然秉性的礼教嗤之以鼻。嵇康临死之前写给儿子的这篇诫子书体现了他的高洁坦荡，也阐述了他多年以来对人生的深刻感悟，文中的思想主张和人生箴言对新时代儿童青少年家庭教育具有较大指导意义。

一、引领孩子做人要有大格局

《家诫》开篇即言："人无志，非人也。"[1]志向应该成为一个人的精神信念，并为之奋斗一生，此谓"守志"。忠诚于国家是守大志，与人为善是守心志，谦虚谨慎是守常志。英国"文学神秘人"詹姆斯·艾伦在其著作《格局的力量》中写道："生活漫无目的的人，很容易被忧虑、恐惧、麻烦和自怜这些负面思想缠绕，进而成为软弱的人。"的确，人人都应该有切合自己的目标，并为之力行，体现出自己的志气，搭建起自己人生的格局。

嵇康列举了几位"守大志"者：申包胥秦城墙外泣血大哭七天七夜，滴水未进，求得秦国帮助，让楚国摆脱了亡国之命。伯夷、叔齐两兄弟因商亡不吃周的粮食而饿死在首阳山，忠诚气节令人感动。柳下惠为官正直，坚守信义。苏武作为使节被匈奴流放 19 年，忍辱负重，坚守节操。他们都是"守大志"的典范。父母家长教育孩子，也要帮助他们从小树立远大志向，多讲讲古今中外坚守志向的名人故事，让他们耳濡目染，逐渐懂得作为社会主义现代化建设者和接班人，应该从小树立报效祖国的远大志向，确立人生应有的格局。

当然，还要引领孩子明白，确立远大志向不是描绘空中楼阁，也不是喊口号、

---

[1] 明代杰出戏曲家和文学家汤显祖也高度重视儿子的志向引领。他有《智志咏示子》传世："有志方有智，有智方有志。惰士鲜明体，昏人无出意。兼兹庶其立，缺之安所诣。珍重少年人，努力天下事。"

贴标语,所有远大志向的实现都离不开沉稳坚定,脚踏实地,一步一个脚印,走好当下每一步。司马迁立志写一部"藏之名山,传之其人"的历史巨著,忍辱负重,不懈努力,历时14年写成《史记》。毛泽东立志"改造中国与世界",为之奋斗一生,最终创立新中国,促进了世界的和平与发展。周恩来小时候的志向是"为中华之崛起而读书",他的毕生奉献成为这一志向最好的注解。以上守大志者都是儿童青少年学习的楷模。

二、启迪孩子学会量力而行

让孩子量力而行不是否定勇往直前、坚定勇毅的精神,而是一种充满智慧的教育理念。嵇康教育儿子要"见义而作",助人为乐,但他也认为如果有人求助于自己,必须"先自思省,若有所损费多,于今日所济之义少,则当权其轻重而距之"。意思是,助人之前应当有所权衡,假如救济对方自己损失大且不"义"或少"义",那就要三思而后拒绝。古希腊哲学家苏格拉底也强调"认识自己",即洞察自我能力和局限性,在追求目标的时候要遵循实际情况,不要超出自身能力范围,否则就有可能损害自己的身体健康、人生前程,以及他人利益。

由此想开去,如果父母总是要求孩子去完成他们力所不逮的目标,那么肯定会让他们面临重重压力和焦虑,而当压力达到一定临界值就会产生严重后果。人不能没有压力,但更不能有过大压力。作为家长,必须帮助孩子发现自己的优势和兴趣,帮助他们认识自己,接纳自己,树立自尊心和自信心,以韧性和积极的态度对待挑战和失败。家长也有必要和孩子一起拟定合理的目标,既不只凭家长意愿与要求,也不任由孩子随心所欲、随波逐流,拟定的目标一定要符合孩子的兴趣,并且经过一定努力就可以实现。同时,家长还要给予孩子尽可能的支持,帮助他们实现目标,比如,提供一定的资源,帮助做好时间规划,指导学习策略等。

三、教导孩子远离是非

嵇康撰写《家诫》的背景,不管是个人际遇,还是社会政治环境,都非常特殊,所以他教导孩子在复杂的人际关系中如何保护自己谈得尤其中肯。其中,很重要的一点就是让孩子远离是非,"坐中所言""不足和答","见人语争""当远之"。

一旦人的思想观念和立场视角不同,往往就无法互相认同。人与人之间的闲杂争讼就是这种人性困境的表征,所以,主动加入他人的是非之争往往让自己陷入凶险处境。细心教导孩子远离人间是非就是引导孩子积累趋利避害而生存发展的智慧,也是进行德性的修炼。亚里士多德认为审慎是道德行为的核心,并希望人们具备正确的判断力,平衡不同的道德价值,根据不同情况采取恰当的行动。嵇康的教导和亚里士多德的思想颇为相似。

教导孩子审慎思考,远离是非,家长首先要树立良好的道德是非观念。父母是孩子的第一任教师,一言一行都是孩子模仿的对象,家长良好的道德修养和是非标准自然也会时时刻刻影响到孩子。父母平时可以多与孩子讨论有关个人道德和社会主义核心价值观[①]等方面的话题,在交流中构建孩子正确的思想观念

[①] 对于少年儿童社会主义核心价值观的培育与践行,习近平总书记在《从小积极培育和践行社会主义核心价值观》(《人民日报》2014年5月31日)一文中对少年儿童提出了记住要求、心有榜样、从小做起、接受帮助等四点建议——

"记住要求,就是要把社会主义核心价值观的基本内容熟记熟背,让它们融化在心灵里、铭刻在脑子中。由于大家还在学习阶段,社会阅历不多,对社会主义核心价值观的涵义不一定能理解得很深,但只要牢记在心,随着自己年龄、知识、阅历不断增长,会明白得更多、更深、更透。在成长过程中,要结合学习和生活等实践,不断想想所记住的这些要求,不断加深理解。古往今来,大凡很有作为的人,都是在少年时代就能够严格要求自己。"

"心有榜样,就是要学习英雄人物、先进人物、美好事物,在学习中养成好的思想品德追求。我国历史上有很多少年英雄的故事,在中国共产党领导人民进行的革命、建设、改革事业中也涌现了大批少年英雄,他们中不少人的名字同学们可能都听说过。过去电影《红孩子》、《小兵张嘎》、《鸡毛信》、《英雄小八路》、《草原英雄小姐妹》等说的就是一些少年英雄的故事。今天,好儿童、好少年就更多了。你们学校也有被评为'最美少年'的。另外,各行各业都有很多值得我们学习的榜样,包括航天英雄、奥运冠军、大科学家、劳动模范、青年志愿者,还有那些助人为乐、见义勇为、诚实守信、敬业奉献、孝老爱亲的好人,等等。榜样的力量是无穷的。大家要把他们立为心中的标杆,向他们看齐,像他们那样追求美好的思想品德。这就是孔子讲的:'见贤思齐焉,见不贤而内自省也。'"

"从小做起,就是要从自己做起、从身边做起、从小事做起,一点一滴积累,养成好思想、好品德。'少壮不努力,老大徒伤悲。'千里之行,始于足下。每个人的生活都是由一件件小事组成的,养小德才能成大德。少年儿童不可能像大人那样为社会做很多事,但可以从小做起,每天都可以想一想,对祖国热爱吗?对集体热爱吗?学习努力吗?对同学们关心吗?对老师尊敬吗?在家孝敬父母吗?在社会上遵守社会公德吗?对好人好事有敬佩感吗?对坏人坏事有义愤感吗?这样多想一想,就会促使自己多做一做,日积月累,自己身上的好思想、好品德就会越来越多了。听说有的同学喜欢比吃穿,比有没有车接车送,比爸爸妈妈是干什么工作的,这样就比偏了。一定不能比这些。'自古雄才多磨难,从来纨绔少伟男'、'少年辛苦终身事,莫向光阴惰寸功'。要比就比谁更有志气、谁更勤奋学习、谁更热爱劳动、谁更爱锻炼身体、谁更有爱心。"

"接受帮助,就是要听得进意见,受得了批评,在知错就改、越改越好的氛围中健康成长。一个人不可能十全十美,总是在克服缺点、纠正错误的过程中进步的,正所谓'玉不琢,不成器;人不学,不知义'。少年儿童正在形成世界观、人生观、价值观的过程中,需要得到帮助。不要嫌父母说得多,不要嫌老师管得严,不要嫌同学们管得宽,首先要想想说得管得对不对、是不是为自己好,对了就要听。有些事没有做好,这不要紧,只要自己意识到、愿意改就是进步。自己没有意识到,父母、老师、同学指出来了,使自己意识到、愿意改也是进步。良药苦口利于病,忠言逆耳利于行。我们要养成严格要求自己、虚心接受批评帮助的习惯。"

和人生价值体系。

其次,要通过灵活多样的方式进行优秀道德品质的培养。比如,通过讲故事、举例子教育孩子,既符合儿童的心理特点,又能够与孩子的生活密切联系,更利于孩子理解和接受。又如,通过正面引导和激励,强化孩子的良好行为,鼓励他们持续参加符合社会主义核心价值观的社会实践活动。当然,也可以通过适当的教育惩戒,纠正孩子的不当行为,让他们了解不良行为产生的后果,承担相关责任。

当孩子逐渐形成良好的思想道德价值观念,对于是非有自己的判断标准后,就能有效避免自己卷入不必要的论争,远离与自己道德观念不合的交往圈子,进而远离祸端,并与拥有同样正确价值观的伙伴积极合作,共同进步。

四、正确理解礼尚往来

中国是一个礼仪之邦,在与人交往的过程中,"礼尚往来"是非常重要的行为准则。不过,这有一个限度或范畴。如果不是上下级或者互相监督的关系,而且彼此交往也无原则性利害关系,那么,一起聚聚餐,互相送送小礼物,都是人之常情,不必刻意违背。但是,对于贵重礼品、超出消费限度的宴请等必须严词拒绝。

嵇康指出:"常人皆薄义而重利。"一些超出君子守志范畴的不良企图,以利益换取更大利益,都是小人所行之事,应当远离。家庭教育应该如何引导孩子理解这一点呢?首先,要让孩子懂得感恩。当别人表示友好,或者给予帮助,就要回馈别人的善意。但是,不管是物质上还是态度上的回报,都要根据实际情况和自身能力。

其次,要让孩子懂得尊重和善待他人。项羽背信弃义,众叛亲离;刘邦善待百姓,众望所归。常人也是一样,要用一颗善良的心去帮助他人,成就他人,"人人为我,我为人人",最终一定能够建立良好的人际关系,建立和谐社会,人人受益。

最后,要远离重利轻义的小人。他们头脑中充满谎言、欺骗和背叛,通常会以恩惠换取自身利益,毫无道德准则,与这样的人交往就会背上骂名,或者被拉下水而遭受厄运。父母家长应该以身示范,时刻保持警惕,用自己的清廉刚正引导孩子树立正确的交友观念,谨慎择友,坚守道德底线。

五、家庭教育要不断内省

《孟子·离娄上》中写道:"行有不得,反求诸己。"嵇康这篇《家诫》的内容几乎都在反观自身,是他"内不愧心,外不负俗,交不为利,仕不谋禄"的坦诚率真性格的写照。家庭教育是孩子成长和发展的重要一环,家长不断内省可以促进家庭教育更加有效和健康,嵇康在这方面可谓做出了表率。

家庭教育是孩子的终身教育,也是家长自己的终身教育。父母家长只有时刻保持反思和不断优化的意识,才能与自己的孩子和家庭共同成长。因为反思内省可以帮助父母更加清楚地认识自己的价值观念对孩子的影响,发现自身的缺点和改进空间,更好地理解和管理自己的情绪,成为孩子更好的榜样。父母通过不断地自我反省,还有助于营造温馨、彼此尊重和充满爱的家庭氛围。而这一切,都是家庭教育得以发生的至关重要的前提和基础,也是家庭建设的题中应有之义。

那么,父母家长应该如何内省呢?第一,要给自己留出一些时间,每天或每周都要有机会静下心来思考自己的所欲所盼,以及与孩子、与所有家庭成员的互动方式。第二,要注意培养随时记录的习惯,不断叙写教育孩子的想法和得失,以更好理解自己的变化和成长,及时评估自己与孩子互动的效益与缺失。第三,可以多与家人朋友或专业人士沟通,听取他们的反馈和建议,帮助自己更好地认识自己家庭教育的优点和改进方向。第四,要抓住机会主动学习和进修,积极参与家庭教育相关的学习研讨活动,不断提升自己的家教知识和技能,以更好应对新时代家庭教育的新挑战。

(本章编撰:潘飞)

5 虽不能尔,至心尚之①

——陶渊明《与子俨等疏》②要义

● **家教要言**

"天地赋③命,生必有死;自古圣贤,谁能独免?"

"败絮④自拥,何惭儿子⑤?"

"少学琴书,偶爱闲静,开卷有得,便欣然忘食。"

"见树木交荫,时鸟变声,亦复欢然有喜。"

"虽不同生,当思四海皆兄弟之义。"

"兄弟同居,至于没齿⑥。"

"七世同财⑦,家人无怨色⑧。"

"'高山仰止,景行行止。⑨'虽不能尔,至心尚之。"

● **作者简介**

陶渊明(365—427),名潜,字渊明,寻阳郡柴桑县(今江西九江)人,晋宋时

---

① 虽不能尔,至心尚之:虽然不能到达那样的境界,但也要有至诚之心仰慕、效法。
② 本章原典引文主要参考陶渊明:《与子俨等疏》,载龚斌点校:《陶渊明全集》,上海古籍出版社2022年版。
③ 赋:给予。
④ 败絮:破烂的棉袄、棉被。
⑤ 何惭儿子:又何必为儿子的贫寒无为而惭愧呢?
⑥ 至于没(mò)齿:一直到牙齿掉光的时候,指终生。
⑦ 同财:共同拥有财产,指没有分家。
⑧ 无怨色:彼此和睦,没有任何埋怨。
⑨ 高山仰止,景行(háng)行(xíng)止:出自《诗·小雅·车辖》。高山,比喻高尚品德;止,语气助词;景行,指大路,比喻行为正大光明。仰望着高山,效法着大德。比喻对高尚德行的仰慕、崇敬。

期最杰出的诗人、辞赋家、散文家。他出生于没落贵族家庭,曾祖是东晋开国元勋、大司马陶侃,祖父和父亲都做过太守,至他那一代时,家道已衰。

陶渊明的人生轨迹大致可分为三段。第一段,28岁以前,其父早逝,自幼在贫寒处境中磨砺成长。第二段,学仕时期,从晋孝武帝太元十八年(393)到晋安帝义熙元年(405)。他怀揣建功立业之志,先后担任江州祭酒、镇军参军、建威参军、彭泽令等职。第三段,归田时期,从义熙二年(406)至宋文帝元嘉四年(427)贫病辞世。他对当时社会黑暗与官场虚伪有着深刻洞察且与之格格不入,就毅然决然辞去官职,投身田园,躬耕自给。这隐居的二十余年是他文学创作的黄金时期。

据统计,陶渊明传世作品共有诗125首、文12篇,被后人编为《陶渊明集》。这些作品的思想内容和艺术风格对后代文学发展产生了深远影响。尤其是两宋、元朝以后,他被公认为是这个历史阶段的第一文学巨人,一直享有"隐逸诗人之宗"的美誉。欧阳修甚至评价:"晋无文章,唯陶渊明《归去来兮辞》一篇而已。"(《诗人玉屑》卷15)

陶渊明一生有五个孩子,从他多篇诗文都能看出他作为父亲的殷切之心,其中最能体现他教育思想和情感世界的是《命子》《责子》《与子俨等疏》三篇。《命子》一诗历述陶氏先祖的功德与荣光,以诚挚的言辞传达了诗人对儿子的厚重期望与关爱。《责子》一诗以诙谐而深情的笔触,表达了诗人对儿子们未能积极向学、与自身期望相去甚远的责备,勉励他们勤奋上进,成就非凡人生,浓浓骨肉深情与殷殷期盼见于笔端。《与子俨等疏》这封家书主要表达陶渊明的生平思想和人生态度,他告诫儿子们一定要互相友爱,也很希望他们学习借鉴自己的人生态度和做人准则。全文语重心长,尤能体现诗人的志趣及对儿子的爱护。三篇诗文从殷切希望儿子奋发上进、立志成才开始,到反复叮嘱和睦友爱、平和淡薄为终,可见陶渊明终身秉承"养不教,父之过"的传统教育观念,对自己的孩子自始至终都高度负责。

陶渊明清高耿介、安贫乐道、淡泊名利、勤劳素朴的家风流传久远。其高祖母湛氏是中华"四大贤母"之一,《晋书》记有湛氏教育其子陶侃的故事。有一次,陶侃托人把一坛公家的咸鱼送给母亲。湛氏得知情况后,写信告诉儿子:"你当官,拿公家东西送我,对我没半点好处,倒还增加了我的忧愁。"随信将咸鱼原封不动地退回。陶侃在母亲严格要求下,勤奋好学,清正廉洁,终成一代名臣。陶家先祖深深影响着陶渊明,他不仅躬耕田园,而且重视子孙的劳动教育。他有诗强调,"人生归有道,衣食固其端""衣食当须纪,力耕不吾欺",鼓励孩子和世人自食其力。后来,陶母湛氏、陶侃、陶渊明等人的美德被写进家训、编入族谱,深刻影响着陶家后人,其典型证据是《浔阳陶氏宗谱》。明万历年间,该宗谱已有雏形,后不断修订完善,到清光绪年间,《浔阳陶氏宗谱》列出了祖训家规20条,包括"诚修身""择交游""守廉洁""孝人子""重天伦""序长幼""诚祭祀""明教化""尚节俭"等内容,对今人具有重要借鉴意义。

● **经典概览**

《与子俨等疏》写于陶渊明50余岁旧疾发作之时,重病中的他担心来日无多,便怀着生死有命的态度,给儿子们留下了这封带有遗嘱性质的家信。

这篇家书主要表达了四个方面的内容:一,作者"生死有命,富贵在天"的达观思想,同时也暗含着自己一生贫病交织、人生理想无法实现的感伤遗憾。二,自己对妻儿的愧疚与疼爱,作者生性刚直,不能久留官场,让妻子、儿子跟着也受穷一辈子,内心甚为不安。三,作者闲适自然、宁静自足的心志,他读书弹琴欣然忘食,听鸟鸣声声欢然有喜,北窗习习凉风也让他心满意足。四,叮嘱儿子们以和为贵,列举前代"兄弟同居""七世同财"的典型事例,劝诫其子和睦相处、互爱互助。

与《命子》《责子》二诗相比,《与子俨等疏》就足够平和宁静而悠然致远了。鉴于现实的黑暗与自己的志趣,作者既没有鼓舞儿子积极进取,也没有不满与责备,字里行间流露最多的却是舐犊情深与反思自责。比如,"抱兹苦心,良独内愧""败絮自拥,何惭儿子"等话语,充分表达了他的淡泊豁达及对亲人的爱恋。当然,反思与自责当中,也有对世俗无奈的释然和闲居躬耕的欢愉。清顺治十五年(1658)进士林云铭堪称"书痴",他在其《古文析义》中高度评价《与子俨等疏》:"乃陶公毕生实录、全副学问也。穷达寿夭,既一眼觑破,则触处任真,无非天机流行。末以善处兄弟劝勉,亦其至情不容已处。读之惟见真气盘旋纸上,不可作文字观。"

● **原著选段**

"天地赋命"

天地赋命,生必有死。自古圣贤,谁能独免?子夏有言:"死生有命,富贵在天。"四友之人，亲受音旨。发斯谈者，将非穷达不可妄求，寿夭永无外请故耶？

译文：天地赋予人生命，有生必有死。自古至今，即便是圣贤，谁又能逃脱死亡呢？子夏曾经说："死生之数自有命定，富贵与否在于天意。"子夏和颜回、子贡、子路、子张一起亲耳聆听过孔子的教诲。子夏都这样讲，难道不是因为人的穷困和显达不可非分追求，长寿与短命不能在命定之外求得的缘故吗？

"吾年过五十"

吾年过五十，少而穷苦，每以家弊，东西游走。性刚才拙，与物多忤。自量为己，必贻俗患。僶（mǐn）俛（miǎn）辞世，使汝等幼而饥寒。余尝感孺仲贤妻之言。败絮自拥，何惭儿子？此既一事矣。但恨邻靡二仲，室无莱妇，抱兹苦心，良独内愧。

译文：我已年过五十，年少时就饱受穷苦，家中非常贫困，不得不在外四处奔波。我性格刚直，无逢迎取巧之能，与社会人事多不相合。自己为自己考虑，那样下去必然会留下祸患，就努力辞官避世，使你们从小就过着贫寒生活。我曾经对王霸妻子因丈夫立志隐居而不以儿子辛勤劳作而惭愧的话深有感触。我自己都用着破棉袄破棉被，又何必为儿子贫寒无为而惭愧呢？这是一样的道理。我只是遗憾身边没有求仲、羊仲那样隐居的邻居，家中没有像老莱子妻那样的夫人劝我归隐，我一个人抱着这种追求高洁隐居生活的苦心，独自很是惭愧。

"少学琴书"

少学琴书，偶爱闲静，开卷有得，便欣然忘食。见树木交荫，时鸟变声，亦复欢然有喜。常言五六月中，北窗下卧，遇凉风暂至，自谓是羲皇上人。意浅识罕，谓斯言可保。日月遂往，机巧好疏。缅求在昔，眇然如何！

译文：我少年时学习弹琴、读书，有时特别喜欢在悠闲清静的地方打开书卷，只要心有所得就乐以忘食。看见树木枝叶交错成荫，听到四季不同鸟鸣，我也十分高兴。我常常说，五六月在北窗下面躺着，遇到凉风习习，就认为自己是伏羲氏以前那种闲适自在的古人了。我思想浅薄，见识少，但觉得这样的生活可以一直保持下去。时光逐渐逝去，到现在逢迎取巧那一套我仍然生疏。可要想恢复古人那种生活，希望实在渺茫！

"汝辈稚小家贫"

汝辈稚小家贫,每役柴水之劳,何时可免?念之在心,若何可言!然汝等虽不同生,当思四海皆兄弟之义。鲍叔、管仲,分财无猜;归生、伍举,班荆道旧;遂能以败为成,因丧立功。他人尚尔,况同父之人哉!颍川韩元长,汉末名士,身处卿佐,八十而终,兄弟同居,至于没齿。济北氾稚春,晋时操行人也,七世同财,家人无怨色。

译文:你们幼小之时家中就贫穷,长期打柴挑水,什么时候才能免除劳苦呢?对这些事情我总是念之在心,可是又有什么话说!你们兄弟几人虽然不是一母所生,但要想到普天下的人都是兄弟的道理。鲍叔和管仲分钱财,毫不猜忌;归生和伍举久别重逢,就在路边铺上荆条坐下欢畅叙旧。有这样的情感,才使得管仲在失败之中走向成功,伍举在逃亡后能够回国立功。他们并非亲兄弟尚且如此,何况你们是同一父亲的儿子呢!颍川的韩元长,是汉末名士,身居卿佐的官职,享年八十岁,他与兄弟生活在一起,直到去世。济北的氾毓(字稚春),是晋代一位德高望重的人,他家七代人都没分家,财产共有,但全家人从无矛盾。

● **家教指南**

诚如《古文析义》所言,《与子俨等疏》"乃陶公毕生实录、全副学问也……读之惟见真气盘旋纸上,不可作文字观"。整篇家书侃侃而谈,平易可亲,朴实隽永,令人回味无穷,其内蕴豁达自然,情思绵长,令人感慨万千。不过,最值得今日父母家长好好借鉴还是陶渊明的人生哲学与教育理念。

一、顺其自然,穷达贤愚不必强求

陶渊明情怀豁达,作为"不为五斗米折腰"的"隐逸诗人之宗"和"田园诗派鼻祖",他一生都在追求"自然",其诗作"篇篇有酒"。北宋宣和进士黄彻曾说:"渊明所以不可及者,盖无心于非誉、巧拙之间也。"(《碧溪诗话》卷五)他不存祈誉之心,也不矫揉造作,这种独特的生存方式使他的教育思想带上了"自然"的印记,体现出崇尚生命本真的思想。

初为人父时,陶渊明作《命子》一诗,其中有言:"夙兴夜寐,愿尔斯才。"这是热切希望儿子成人成才,继承陶家辉煌家世,但随后笔锋一转:"尔之不才,亦已焉哉!"其意是:如果你未能成才,也就罢了罢了。一切顺其自然的思想在不经意中流露。而在《责子》一诗中，陶渊明又写道："虽有五男儿，总不好纸笔。"可以感受到他对儿子们怠慢学业的忧虑，但那又能如何呢？陶渊明诗末"言志"："天运苟如此，且进杯中物。"陶家祖辈功勋卓著，他自己也是饱学之士，自然希望儿子们诗书继世、光宗耀祖。然而，如果希望与现实不同，那又何必强求？他认为，不如把所有忧思都化作杯中酒，一饮而下。这是何其达观而又顺应自然的家教态度。

杜甫《遣兴五首》云："陶翁避俗人，未必能达道"，"有子贤与愚，何其挂怀抱"。但《与子俨等疏》开篇便说："天地赋命，生必有死；自古圣贤，谁能独免？"并借子夏之言指出："死生有命，富贵在天"，"穷达不可妄求，寿夭永无外请"。儿孙自有儿孙福，不如顺其自然，委之天运。

陶渊明的教育思想乃至人生志趣，都深受道家影响，他把"自然"作为自己的毕生追求。比如，他的出仕与归隐，经历了彷徨与矛盾后又顺应心性，走向自己的选择。在教育子女这件事情上，他也经历了这样一个类似的过程，最后回归到顺其自然。他的这种思想，法国思想家、教育家卢梭在1762年出版的《爱弥尔》中有较好阐释。卢梭的"自然主义教育"思想，强调教育必须遵循自然、顺应人的本性，培养身心调和、自由成长、能够适应社会生活的一代新人。

教育理应尊重个体差异，其目的是激发儿童优势潜能，让儿童成为更好的自己而优秀或成功的他人。陶渊明及早认识到了这一点，他愿意指导孩子去寻找方向并给予殷切希望，但不强迫孩子一定要学习什么、一定要学习到什么程度。这就是充分尊重孩子的个性，顺从自然。陶渊明不委屈自己的心性，同样也绝对没有委屈孩子的心性。这种选择，不仅是超越世俗、闲淡达观，也不仅是视野开阔，格局高远，而是一种对于孩子生命、人之生命的大爱。用这种大爱对抗如今教育的深度内卷，是家长应该保持的一份清醒。

二、授之以渔，圣贤之学以身示范

在教学过程中，很多教师常说"授之以鱼不如授之以渔"，强调指导学生探究学习方法很重要。如果套用这句话，家长教育孩子则可以说："授之以能不如授之以德。"家长培养孩子良好道德品性远比教授具体的知识技能重要，因为在良好德性导引下，孩子循道成长，应该获取的人类智慧和生存技能自然会拥有，甚至创新发展。

道德品性培养的内容与路径丰富多元，也可因人而异，不过，从古至今令人推崇的是父传子、子传孙,绵延数代,甚至历千年而不衰。清代方宗诚在《陶诗真诠》中说:"《与子俨等疏》'开卷有得'二句,与古为徒也。'见树木交荫,时鸟变声,亦复欢然有喜,'与天为徒也。'自谓是羲皇上人',渊明平生自期待者如此。统观渊明性情,大约介狂狷之间,而其笃信好学,死守善道,危邦不入,乱邦不居,天下无道则隐,直是圣贤之学。"

《与子俨等疏》是陶渊明"毕生实录",有着"全副学问"。在这封信中,作者用人伦大义、毕生经历述说自己的思想主张和人生态度,影响孩子的人生观和品性习养。信末,陶渊明讲,"诗曰:'高山仰止,景行行之。'虽不能尔,至心尚之"。他这是教给孩子做人的基本德性和根本路径。有了这样的道德根底和心性追求,儿子们即使学业平平,诗文粗拙,其生活也会充实有味,其生命品质也会平实不凡。最末一句直言:"汝其慎哉,吾复何言。"可见作者对儿子生活态度与人生选择是多么关注,期盼是多么真切!

习近平总书记强调:"家庭教育涉及很多方面,但最重要的是品德教育,是如何做人的教育。"①作为公民道德建设的关键一环,家庭培育儿童青少年品性的作用不可或缺。通过《与子俨等疏》这封信,以及他的以身示范,陶渊明在家庭教育中对儿子进行了卓有成效的品性培养,他对儿子人生价值取向的重视程度、引领向度,以及言传身教的基本策略,②值得当今家长借鉴参考。

德国哲学家赫尔巴特认为:"道德是人类的最高目标,也是教育的最高目标。"美国教育家杜威也曾说:"教育的目的是使人成为人,使人具有美德。"而陶渊明的"安贫乐道"就是在强调个人品德的纯洁高尚。他对社会现实深恶痛疾,虽"误落尘网中",但出淤泥而不染,能做到"草庐寄穷巷,甘以辞华轩",在固守气节中实现穷而不困,困而不辱。这就是他的高洁所在。也正因为如此,他才能豁达地去探究和经营人生的另一种趣乐与境界。鲁迅有句名言:"真的勇士敢于直面惨淡的人生。"以鲁迅的标准衡量,陶渊明完全堪称"真的勇士"。而"真

---

① 习近平:《在会见第一届全国文明家庭代表时的讲话》,载《论党的宣传思想工作》,中央文献出版社2020年版,第282页。

② 陶渊明道家思想影响儿子的基本方式是言传身教,儒家圣人孔子韦编三绝、周游列国等亲身示范,以及《庭训》中的言语教导,更是体现了言传身教的重要意义。以下"孔鲤过庭"的典故,生动地记录了孔子在身教基础上对儿子孔鲤实施"庭训"的言辞。鲤趋而过庭,曰:学《诗》乎?对曰:"未也。"曰:不学《诗》,无以言。鲤退而学《诗》。他日,又独立。鲤趋而过庭。曰:学《礼》乎?对曰:"未也。""不学《礼》,无以立。"鲤退而学《礼》。

的勇士"首先是真正的人,陶渊明的归隐不求终南捷径,只求素面素心、自自然然地生活,他不是掩耳盗铃,而是一心要把尘世的污泥洗净。他是"真隐"的真人,也是"大隐"的勇士,他的思想与行为、言传与身教,足以使之成为一位伟大的父亲。

三、互爱互助,家庭和谐乃人生之幸

中华民族从古至今都高度重视家庭,任何人对家人亲情都难以割舍。家和万事兴,齐家睦亲,尊老爱幼,夫贤妻顺,兄友弟恭等言辞,都能体现中国人对这种情结的期盼和珍爱。

陶渊明以"汝等虽不同生,当思四海皆兄弟之义"苦口婆心劝导儿子们和睦相处。不过,他觉得这样直白不足以表达他的爱子之深与规劝之切,就列举"鲍叔、管仲,分财无猜;归生、伍举,班荆道旧"等先贤故事勉励儿子们互帮互助,重义轻财。言辞简明具体,叮嘱细致入微,"依依人世的一片深情与澄澈明亮的爱子之心跃然纸上"[①]。

陶渊明如此重视兄弟和睦,与他的亲身经历密切相关。他与两个堂弟和同父异母的妹妹,从小就在贫寒岁月中互相帮助和慰藉,结下了深情厚谊。写《与子俨等疏》这封信时,陶渊明的三位至亲都已逝去。妹妹去世后,他立即辞官奔丧,并写下感人肺腑的《祭程氏妹文》,表达无限哀思。堂弟陶敬远辞世时,陶渊明回老家奔丧,也到另一堂弟陶仲德的老屋表达哀思,并写下了《悲从弟仲德》这首诗。在堂弟老屋,陶渊明看到孤儿寡母,家徒四壁,老人孤苦伶仃,孩子嗷嗷待哺,不禁吟叹:"迟迟将回步,恻恻悲襟盈。"

亲人离去给家人带来的打击和悲痛,陶渊明亲身经历。这种极端的苦闷使他的情感世界达到了极端的和谐肃穆。在《与子俨等疏》中,他不能不用最长的篇幅谆谆教诲儿子们珍爱骨肉亲情,毕生相依相助。对此,结合家庭教育可以追问:"渊明归去来,不与世相逐"(李白:《九日登山》),他被苏东坡认定"曹、刘、鲍、谢、李、杜诸人,皆莫过",是何等高趣博学,舒卷自如,但他为什么如此执着地对家、对亲情念念叨叨! 这个问题,实在值得当今家长深思。

著名教育家苏霍姆林斯基认为,家庭是幸福的源泉,也是力量的源泉。家庭和谐,拥有良好氛围,可以培育家人美德,进而形成优良家风,每一名家庭成员的

---

① 毛庆蕃评选:《古文学余》卷26评。

人生幸福都会增值。夫妻、亲子、兄弟、姐妹,各自担负起自己对于家的责任,家庭这一方容身之所才能成为爱的港湾。家庭和谐也是国家强大、民族强盛、社会和谐的重要基石。千千万万家庭的好家风才能支撑起全社会的好风气,千千万万和谐的小家庭才能为中华民族大家庭奉献不止,才能为实现中国梦汇聚磅礴伟力。综上可见,互助互爱营建和谐美满之家,实为修身治国之要,当今家庭教育理应全力赴之。

(本章编撰:孙磊)

6 人生在世,会当有业

——颜之推《颜氏家训》要义①

● **家教要言**

"父母威严而有慈,则子女畏慎而生孝②矣。"

"贤俊者自可赏爱,顽鲁者亦当矜怜③。"

"父不慈则子不孝,兄不友则弟不恭,夫不义则妇不顺矣。"

"施④而不奢,俭而不吝。"

"与善人居,如入芝兰之室,久而自芳也;与恶人居,如入鲍鱼之肆⑤,久而自臭也。"

"人生在世,会当有业。"

"夫所以读书学问,本欲开心明目,利于行耳。"

"幼而学者,如日出之光,老而学者,如秉烛夜行。"

"为善则预,为恶则去⑥。"

"夜觉晓非,今悔昨失。"

● **作者简介**

颜之推(531—约597),字介,文学家、教育家,一生历经南北朝梁、北齐、北周,卒于隋文帝开皇年间。他原籍山东临沂,出生在今江苏南京。幼年丧父,但不辍于学,精研其家传《礼记》《左传》之学,被梁元帝赏识,19岁即被任命为右

---

① 本章原典引文主要参考颜之推著,檀作文译注:《颜氏家训》,中华书局2022年版。
② 畏慎而生孝:因敬畏谨慎而孝顺。
③ 顽鲁者亦当矜(jīn)怜:对愚昧蠢笨的孩子也应该怜爱。
④ 施:施舍,周济别人。
⑤ 鲍鱼之肆:卖咸鱼的店铺。
⑥ 为善则预,为恶则去:做好事就参与,做坏事就离开。预:同"与",参与;去:离开。

常侍。

548年,颜之推亲历侯景之乱,险遭叛军杀害。554年,西魏破梁,元帝火烧典册图书,颜之推多年心血付之一炬,令他痛心疾首。元帝遇害后,颜之推逃奔北齐,受到北齐文宣帝赏识,官至黄门侍郎。577年,北周大举进攻北齐,齐亡入周。颜之推被俘后受到北周礼遇,被任命为御史上士,他的政治生涯翻开了新的一页。582年隋代周,颜之推又仕于隋。他一生跌宕起伏,长期颠沛流离,最后在隋朝初年平顺度过了十来年时光。

颜之推出身于大户门第,博学多识,著述甚丰,同时身处乱世,坎坷磨难,阅历丰富,这为他晚年处于相对稳定的环境中写作《颜氏家训》论述家国兴衰、家教得失等提供了有利条件。

● **经典概览**

《颜氏家训》主要记述作者经历、学识、思想,以教育子孙后辈,大概成书于隋灭陈(589年)以后,是颜之推一生众多著述中最有影响力的。也正是因为这部书,颜之推在中国历史上享有盛誉。

《颜氏家训》深受儒家思想影响,涉及立身、治家、处事、为学等内容。作者洞悉当时社会发展局势,集毕生智慧,既述家教之法、处世之道,又记南北风俗、佛语玄谈、治学修文等情况,不少段落蕴含着深刻哲理和独到见解。

全书共七卷,20篇。卷一5篇:《序致》《教子》《兄弟》《后娶》《治家》;卷二2篇:《风操》《慕贤》;卷三1篇:《勉学》;卷四3篇:《文章》《名实》《涉务》;卷五5篇:《省事》《止足》《诫兵》《养生》《归心》;卷六1篇:《书证》;卷七3篇:《音辞》《杂艺》《终制》。其中,多数篇章都紧扣如何读书做人这一核心。

颜之推提倡学习,反对不学无术;倡导学习以读书为主,同时要兼及工农商贾等;强调学问来不得半点虚假,不可自欺欺人;推崇"学贵能行",反对空谈高论。颜之推鄙讽当时社会上层人士腐化无能,他们大多醉生梦死,只求衣履服饰,一旦遭遇离乱,只能转死沟壑。因为以上读书做人洞见,以及《颜氏家训》语言"质而明,详而要,平而不诡"等特色,历代读书人都对该书推崇备至,并将其作为教育子孙后代的典范教材。唐代以后众多家教经典,都直接受到《颜氏家训》的深刻影响。比如,宋代朱熹的《小学》《朱子家训》,清代陈宏谋的《养正遗规》,都曾取材于该书。

颜之推生活的时代,政权频繁更迭,硝烟四起而攻伐频仍,各阶层人士长期流离失所。颜之推也命运多舛,甚至身陷囹圄,但他仍然坚守初心、不与俗列,最终写下了这部著作。受该书影响,颜氏众多子孙后代在操守或才学方面都有惊世表现。比如,仅唐代就出现了注解《汉书》的颜师古,堪称百世之宗、千年楷模的书法家颜真卿,凛然大节、以身殉国的颜杲卿等。到宋元两朝,颜氏后辈仍然入仕不断,流芳不绝,令明清两朝众多读书人钦慕不已。除了深远的教育影响,《颜氏家训》还颇具历史和文学价值,自成书以来,多次重刻,广泛传播,享誉海内外,虽历千余年而不佚,被誉为"古今家训之祖"。

● 原著选段

"人之爱子"

人之爱子,罕亦能均;自古及今,此弊多矣。贤俊者自可赏爱,顽鲁者亦当矜怜。有偏宠者,虽欲以厚之,更所以祸之。

译文:人们疼爱自己的孩子,很少能做到一视同仁。从古到今,因父母偏爱孩子带来的弊病和教训实在太多。孩子聪慧俊秀自然值得赏识疼爱,而那些顽皮愚笨的孩子也应该得到父母爱怜。偏爱孩子的父母,虽然本意是想厚待某个孩子,但反而会因此祸害他。

"兄弟相顾"

兄弟相顾,当如形之与影,声之与响;爱先人之遗体,惜己身之分气,非兄弟何念哉?兄弟之际,异于他人,望深则易怨,地亲则易弭。譬犹居室,一穴则塞之,一隙则涂之,则无颓毁之虑;如雀鼠之不恤,风雨之不防,壁陷楹沦,无可救矣。

译文:兄弟之间应该相互照顾,就像形体和它的影子、声音和它的回响一样亲密不离。自己躯体是父母先辈给予的,就应该珍惜从父母那里分得的血气,如果不是兄弟,怎么会想到这一点呢?兄弟之间的关系,不同于旁人,如果相互期望过高就容易产生不满,如果彼此关系亲密,即使有隔阂也容易消除。保持兄弟之间的亲密关系,就好比一间房子,破了个洞立刻堵上,裂了条缝立马封住,那这间房子就没有倾倒的风险;如果麻雀、老鼠不断侵害房子,主人却不放在心上,对风雨侵蚀也不加防范,到墙壁倒塌、屋柱摧折之时就无法补救了。

"夫风化者"

夫风化者,自上而行于下者也,自先而施于后者也。是以父不慈则子不孝,兄不友则弟不恭,夫不义则妇不顺矣。

译文:所谓家风教化,是由上辈影响下辈,前人影响后人。如果父亲不慈爱,子女就不会孝顺;兄长不友爱,弟弟就不会恭敬;丈夫不讲情义,妻子就不会贤良温顺。

"俭者"

俭者,省约为礼之谓也;吝者,穷急不恤之谓也。今有施则奢,俭则吝;如能施而不奢,俭而不吝,可矣。

译文:节俭,是指合乎礼制的节省;吝啬,是指对穷困或急着用钱的人不施以援手。如今有人愿意施舍却过度奢侈,习惯节俭但过于吝啬。如果能施舍于人自己又不奢侈,自己勤俭节约又不吝啬小气,那就很好了。

"人在年少"

人在年少,神情未定,所与款狎,熏渍陶染,言笑举动,无心于学,潜移暗化,自然似之。何况操履艺能,较明易习者也?是以与善人居,如入芝兰之室,久而自芳也;与恶人居,如入鲍鱼之肆,久而自臭也。墨子非于染丝,是指谓矣。君子必慎交游焉。

译文:人在年轻的时候,精神和性情都没定型,和自己情投意合的朋友相处,就会受到熏陶感染,一言一笑、一举一动,即使没有用心去学,但在潜移默化中自然就跟他们相似。何况操守和本领,比较而言都是容易学到的东西呢?因此,如果与品德高尚的人相处,就像进入满是芝草兰花的房间,时间一长,自己也会拥有美德的芬芳。如果与品德败坏的人相处,就像进入售卖腌鱼的铺子,时间待长了自己也会臭名远扬。墨子说不仅蚕丝可以染色,治国有方也可一直传下去,成就一代代仁君的功名,就是这个意思。所以,君子与人交往一定要慎重。

"伎之易习而可贵者"

伎之易习而可贵者,无过读书也。是人不问愚智,皆欲识人之多,见事之广,而不肯读书,是犹求饱而懒营馔,欲暖而惰裁衣也。

译文:各种技艺中容易学习而值得推崇的,莫过于读书了。不管是愚笨还是聪明的人,都希望认识更多的人,见识更广的事,但就是不肯读书。这就好比想要吃饱肚子却又懒得做饭,想要暖和身体却又懒得做衣服一样可笑。

"人生小幼"

人生小幼,精神专利,长成已后,思虑散逸,故须早教,勿失机也。吾七岁时,诵《灵光殿赋》,至于今日,十年一理,犹不遗忘;二十之外,所诵经书,一月废置,便至荒芜矣。然人有坎壈,失于盛年,犹当晚学,不可自弃。

译文:人在幼年,精神专注敏锐,长大之后,思想容易分散,所以教育要抓得早,不可错失学习良机。我七岁背诵《灵光殿赋》,直到今天,每隔十年温习一次,仍然没有遗忘。二十岁以后,我背诵的经书诗文,只要一个月不温习,便忘记荒废了。当然,人都有困厄的时候,如果失去了少年求学的黄金时期,更应当抓紧后来可以学习的时间,不可自我放弃。

"夫生不可不惜"

夫生不可不惜,不可苟惜。涉险畏之途,干祸难之事,贪欲以伤生,谗慝①而致死,此君子之所惜哉;行诚孝而见贼,履仁义而得罪,丧身以全家,泯躯而济国,君子不咎也。

译文:生命不能不珍惜,也不能苟且偷生。莽撞地走上凶险之路,卷入祸乱之争,或因满足贪欲而危害自己的生命,因作恶为奸而导致身死,对于这些,作为君子就应该珍惜生命而不去做。做忠孝的事而与贼人相遇,做仁义的事而被治罪,舍弃自己的生命保全整个家族,捐躯牺牲为救国,作为君子就算舍弃生命也没有任何错误。

● **家教指南**

《颜氏家训》受时代局限也有明哲保身、老于世故、男尊女卑等消极落后思想,但总体继承和发展了儒家"诚意、正心"的思想精华,其提倡早教、力主爱教

---

① 谗慝(tè):邪恶奸佞。

结合、重视环境影响和语言教育、强调家长以身作则等观点,以及读书修身、齐家处世等真知灼见,对当今家庭教育仍然具有直接的指导作用。

一、学习之道

颜之推对于学习目的很看重。他明确指出:"所以学者,欲其多知明达耳。""夫所以读书学问,本欲开心明目,利于行耳。"强调读书学习最根本的目的在于多学知识、拓展视野、开阔心胸,以有利于做好实事。这些观点与当时以及明清以来大多读书人醉心科举的追求截然不同。他也简言阐明:"学之兴废,随世轻重。"也就是务实学风是否浓厚,取决于社会是否重视知识的实用性。

对于学习内容,颜之推说:"伎之易习而可贵者,无过读书也。"他非常重视读书,认为读书是最容易学会、最值得推崇的事。这符合中国文化传统,也符合儿童青少年身心发展规律。他引用不少历史典故说明读书学习的重要性,强调读书不但可以启发心智,提高自我认知水平,还能帮助一个人完善知识结构、优化思维方式,奠定强国兴邦的思想、情感与技能基础,成就一番事业。

对于学习时机,颜之推认为:"人生小幼,精神专利,长成已后,思虑散逸,固须早教,勿失机也。"这是具有普遍意义的真理,几乎所有成年人都能认同,但孩子阅历有限,自然没有多大体会。所以,颜之推举出例子,反复强调。当今家长,大多有类似共识,也会对孩子举例强调,但如果仅仅如此,多数孩子很可能还是无动于衷。如果家长坚信"行胜于言",能够和孩子共读经典,比赛背诵和记忆的持久性,结果往往不敌子女,这会让孩子为自己"精神专利"而倍感自豪,读书兴趣大增。

当然,孔子有言:"朝闻道,夕死可矣。"主要是说一个人早晨如能学习掌握真理,就算当晚死去,也值得。有人也认为,孔子这话是强调"人之为人,真理最重要",能够学习和践行真理,哪怕付出生命代价也在所不惜。还有论者认为,"朝""夕"并非具体指"早""晚",而泛指"现在""过去",此句讲闻道习道务必坚毅果决,如自己过去不合于"道",让过去的自己干干净净死去才可。同样阐释学习的重要意义,颜之推说得更为形象而朴实:"幼而学者,如日出之光;老而学者,如秉烛夜行,犹贤乎瞑目而无见者也。""曾子七十乃学,名闻天下;荀卿五十始来游学,犹为硕儒。"颜之推强调及早学习,终身学习,对当今学习型家庭建设启发尤深。

作为家长,哪怕是"秉烛夜游",也可有效弥补自己学习方面的遗憾或缺失,而作为孩子,"幼而学者,如日出之光"。所以,家长和孩子一道珍惜时光、勤奋学习、持之以恒,应该成为中国父母的必修课。可怜天下父母心,颜之推如众多家长一样,再三劝诫孩子"光阴可惜,譬诸逝水"①的同时,比很多家长都做得好的是,他自己在勤奋读书,甚至著书立说。

对于学习方法,颜之推很重视彼此研讨、观摩、借鉴。独学则无友,孤陋而寡闻,有朋自远方来,不亦乐乎?与学友互相辨别谬误、消除盲点,能够学得更加透彻深刻,这与当前学校教学改革倡导的合作学习、"头脑风暴"等非常相似。颜之推谈论写文章的例子可以较好说明这种方法的好处及运用要领:"学为文章,先谋亲友,得其评裁,知可施行,然后出手,慎勿师心自任,取笑旁人也。"

当时社会,读书风气极为不正。几乎所有读书人都沉迷于无用之书,搜索骈俪、攒集影迹,以夸博记,或只知校订文字、断章取义、窥一斑而自得,大多不能规其大、研其精、审其时,追求"为己,以补不足;为人,行道以利世"。针对当时读书误己误人、误时误世的现象,颜之推极力主张唯实行事,读书要"利行利世"。他强调,一个人如果只是为了在众人面前炫耀自己,那就不能学到真才实学,相反很可能陷入夸夸其谈、纸上用兵的窘境或绝境。比如,"博士买驴,书券三纸,未有驴字"。如果让这个《买驴合同》写了三页都还没有写到一个"驴"字的"博士"当老师,一定要把人气死。颜之推指出,人身处天地之间,贵在能对他人、对社会、对国家做一些有益的事,做一些实际的工作,高谈阔论、贪图虚名一定令人不齿。他要求后辈立足于自身禀赋特点,聚焦某一方面精深学习,脱虚向实,做真学问,学真本领,脚踏实地,最大限度发挥自己能力,作出力所能及的贡献。他甚至借用孔子"学也,禄在其中矣"的观点说:"当今这些人都在那些没有益处的事情上下功夫,恐怕不是什么正道吧!"颜之推所谓彼"当今",与应试升学之风盛行的此"当今"很有相似之处,值得"当今"警醒。

二、家教之策

"教妇初来,教儿婴孩。"颜之推高度重视早教,他主张家庭教育越早越好,

---

① 儿童青少年惜时教育,有比较丰富的内涵,无产阶级革命家、教育家徐特立对晚辈的教育可以提供较好参考。他说:"对于时间问题,无论什么阶级,凡是有作为的人们都是抓得很紧的。""鲁迅以妨碍别人的时间为谋财害命,我认为自己浪费时间只是自杀政策。""列宁的工作方法是把握中心的一环。平均主义的工作不会在工作中找到出路。""休息和工作是同样重要的,妨碍休息和一定的睡眠是直接自杀。"(摘自《写给晚辈的家信》,载中央教育科学研究所编:《徐特立教育文集》,人民教育出版社1979年版)

不仅要"从娃娃抓起",还要从母腹胎儿抓起。《颜氏家训·教子》讲:"古者圣王,有胎教之法:怀子三月,出居别宫,目不邪视,耳不妄听,音声滋味,以礼节之。书之玉版,藏诸金匮。生子孩提,师保固明孝仁礼义,导习之矣。凡庶纵不能尔,当及婴稚,识人颜色、知人喜怒,便加教诲,使为则为,使止则止。比及数岁,可省笞罚。"这里介绍,古时圣王重视"胎教",母亲怀孕三个月开始,就要特别注意住处适宜,耳闻目睹符合礼制,胎儿一出生,教师、保姆就要讲解孝仁礼义,引导孩子学习。颜之推认为,普通人家不能拥有这般条件,但应在孩子基本认识人的喜怒表情时,就开始教导他做该做的,不做不该做的,以免长大几岁后受鞭打惩罚。

当然,颜之推的"使为则为,使止则止",以及可能实施的"鞭打惩罚"是家长制作风,属于封建糟粕。当今家长必须与时俱进,充分发扬家教民主,但颜之推强调的对孩子及早严格要求绝不可忽视。任何人都要从小养成如同天性一样自然而然的好习惯,都应该有基本的是非善恶标准。这是家庭教育必须一以贯之、严加教诲的内容。

其实,颜之推也并不一味主张鞭打强制。他说,"父母威严而有慈,则子女畏慎而生孝矣。"严慈相济是科学有效的家教方法,颜之推能有如此洞见,得益于他丰富的人生阅历。他亲眼所见:"世间无教而有爱,每不能然,饮食运为,恣其所欲,宜诫翻奖,应呵反笑,至有识知,谓法当尔,骄慢已习,方复制之,捶挞至死而无威,忿怒日隆而增怨,逮于成长,终为败德。"长期娇生惯养、溺爱无度的孩子稍微懂事时,就会认为本来就应该集万千宠爱于他一身,容易唯我独尊,骄傲怠慢,任性放纵,并习惯成自然。这时再去制止,父母即使狠毒地鞭打责罚也不会有威严,即使无以复加地愤怒激动,也只会白白地增加子女的怨恨。这种孩子长大成人,一定是败类。对此,当今家长也一定有颇多耳闻目睹。

颜之推的观点也源于亲身体验。他自幼丧父,跟随哥哥一起生活,虽然哥哥很照顾他,但有时过于宽容而无威严,使他染上的坏习惯没有及时得到纠正。以至于成年后,那些不良习惯也不容易彻底清除。显然,颜之推是对自己有极高要求的贤哲之人,他的不良习惯是否真正不良可另当别论,但他主张的幸福和睦之家应该长幼有序、高明施爱的父母必须严慈相济,应该引起当今家长的深刻思考与不断加勉。

与许多重视家教的先贤一样,颜之推重视择善而居、择贤而处,其主张类似于"孟母三迁"。颜之推讲:"与善人居,如入芝兰之室,久而自芳也;与恶人居,如入鲍鱼之肆,久而自臭也。"现代社会亦如此,如果孩子在成长过程中接触到品行不端,或动机卑劣之人,自己又不能甄别和抵制,就很有可能滑向深渊。对于慕贤处世,颜之推敏锐地发现人性的弱点:对自己曾经熟悉的人,即使他日后成为贤达之士,也往往轻慢而不尊重;对于自己不熟悉而有一定名声的人士,则仰慕得踮起脚尖也盼望一见。究其原因,主要是世间大多数人见识不明,对亲眼熟视的贤人善事往往无睹,而对于传闻的人或事往往信以为真。鉴于这种情况,他告诫子女要永远保持一颗谦逊之心,重视和尊敬身边的贤达人士,努力学习其高明之处。他说:"农商工贾,厮役奴隶,钓鱼屠肉,饭牛牧羊,皆有先达,可为师表,博学求之,无不利于事也。"也就是农民、工匠、商人、仆人、奴隶、渔夫、屠夫、牧人等,只要贤明,都是学习的榜样,这样更有利于成就事业。在1500年前,颜之推作为数位皇帝身边的高官之一,能有这些观点,实在有些惊世骇俗。

三、治家之法

"夫风化者,自上而行于下者也,自先而施于后者也,是以父不慈则子不孝,兄不友则弟不恭,夫不义则妇不顺矣。"颜之推推崇优良家风对于家庭建设和家庭成员教化的作用。他强调家里长者首先要以上率下,以实际行动影响儿女等家庭成员。

家风建设自然离不开家法家规,颜之推对此也特别重视,因为"世间名士,但务宽仁,至于饮食饷馈,僮仆减损,施惠然诺,妻子节量,狎侮宾客,侵耗乡党,此亦为家之巨蠹矣"。当时有所谓名士,只求宽厚仁爱,疏于家法管教,结果款待宾客的食品,被僮仆偷吃减损,承诺捐赠的财物,被妻子节省克扣,这实在是难以容忍。

颜之推指出:"笞怒废于家,则竖子之过立见;刑罚不中,则民无所措手足。治家之宽猛,亦犹国焉。"治家的宽仁和严格,也和治国一个样,颜之推借鉴法家思想,主张必须严格家法,但要宽严相济,找到治家的平衡点。如果过于严苛,会激起家庭成员反感,过于宽松又会丧失规矩,宽严相济、赏罚适度是治家的好办法。尤其是培养子女的规则意识,强化其道德底线,必须坚持"严的总基调不动摇",但具体方法应该包含和善与慈爱。

治家的另一个法则,是勤俭。①颜之推认为,勤俭是优良传统,是家庭、家教、家风建设的重要内容。他引用孔子的话:"奢则不孙,俭则固。与其不孙也,宁固。"的确,奢侈一定不恭顺,节俭有可能固陋,与其不恭顺,宁可固陋。

颜之推引导后辈向普通老百姓学习:生活最根本的事情,应该是播收庄稼而食,种植桑麻而衣;所贮藏的蔬菜果品,应该是自家果园场圃所出产;所食用的鸡猪,应该是自家鸡窝猪圈所畜养。还有房屋器具,柴草蜡烛,都应该靠自己劳动来获取。他赞赏当时北方这种高度自给自足、勤耕俭用的风俗,而对于江南一带的奢侈之风则持批判态度。他也肯定河北的妇女纺纱织布,尤其是制作绣花绸布的技艺胜过江东妇女。

颜之还借用孔子的话强调,俭朴固然值得倡导,但切忌因为俭朴而吝啬。孔子云:"如有周公之才之美,使骄且吝,其余不足观也已。"骄傲且吝啬之人,再有风度,再有才能,也不值得称道,因为吝啬的人,在别人困难危急时也不体恤。颜之推要求家人,可俭而不可吝,俭省节约必须合乎礼节,对穷急之人必须体恤救济,但是不能因为自己能够救人于水火,就去奢侈浪费。

颜之推为了说明上述观点,列举了正反两个方面事例。裴子野有远亲故旧饥寒不能自救的,都收养下来。他家里一向清贫,但遇上水旱灾,就用米煮成稀粥,勉勉强强让大家都吃一点,他自己也一起吃,从不厌倦。颜之推认为这种美德值得家庭成员效仿。另有京城邺下的大将军,贪婪无度,家里仆人800人了,还要凑满1000人,而早晚每人饭菜一律以15文钱为标准,有客人也没有丝毫增加。后来犯事被处死,家产全部被抄,其中麻鞋有整整一屋子,衣服足足藏了几个仓库,其他财宝更是不计其数。显然这样的人会被永远地钉在历史的耻辱

---

① "晚清中兴四大名臣"、后期洋务派代表人物、教育家张之洞也高度重视"勤俭"。他在《诫子书》中用情至深,切切教导在日本士官学校的儿子勤奋学习:"努力上进,尽得其奥,勿惮劳,勿恃贵,勇猛刚毅,务必养成一军人资格。汝之前途,正亦未有限量,国家正在用武之秋,汝纵不能自立,勿患人之不已知。志之,志之!勿忘,勿忘!"张之洞在《复儿子书》中对儿子"千金散尽"的行为提出严厉批评:"儿自去国至今,为时不过四月,何携去千金业皆散尽?是甚可怪。汝此去为求学也,求学宜先刻苦,又不必交友酬应。即稍事阔绰,不必与寒酸子弟相等,然千金之资,亦足用一年而有余。何四月未满即已告罄,汝果用在何处乎?为父非吝此区区,汝苟在理应用者,虽每日百金,力亦足以供汝,特汝不应若是耳。求学之时,即若是其奢华无度,到学成问世,将何以继?况汝如此浪费,必非只饮食之豪、起居之阔,必另有所消耗。一方之所消耗,则于学业一途必有所弃。否则用功尚不速,何有多大光阴供汝浪费?故为父此,即可断定汝决非真肯用功者,否则必不若是也。"(以上两个片段摘自《张文襄公全集》,中国书店1990年版)

柱上。

对于治家,颜之推特别看重亲人之间的友善和睦。他讲:"夫有人民而后有夫妇,有夫妇而后有父子,有父子而后有兄弟,一家之亲,此三而已矣。自兹以往,至于九族,皆本于三亲焉,故于人伦为重者也,不可不笃。"夫妇、父子、兄弟之间的亲情是人伦关系的基石,而对于家族的发展壮大,兄弟关系尤为重要。颜之推指出兄弟在幼年,"父母左提右挈,前襟后裾,食则同案,衣则传服,学则连业,游则共方",无论如何都会相亲相爱。但成年之后,"各妻其妻,各子其子",兄弟之情无论如何都有可能减弱。颜之推要求后辈,在明确认识这种情况后,也必须兄友弟恭,不要因为任何人左右而改变。为了后辈兄弟和睦,颜之推苦口婆心讲:"兄弟不睦,则子侄不爱;子侄不爱,则群从疏薄;群从疏薄,则僮仆为仇敌矣。"他阐明兄弟不和睦,走在路上被陌生人踏脸踩心也可能无人相救。对于那种喜欢结交天下之士但不尊敬兄长的人,或能统率千万大军却不恩爱弟弟的人,颜之推感到难以理解,也予以鄙夷。

为了家庭和睦,颜之推详细分析了家庭主妇宠爱女婿而虐待儿媳的严重弊端:宠爱女婿,儿子们会怨恨;虐待儿媳,女儿们易进谗言。这样做女性不论嫁出去还是娶进来都于家不利,儿媳妇熬成婆后也会报复婆婆。颜之推还强调祖宗老规矩:婚嫁要找贫寒人家。因为贪荣求利,有可能在门庭里招来下流女婿或恶毒儿媳,不但会带来耻辱,而且要破坏家风,儿女婚嫁必须审慎。家庭治理是家庭教育的重要内容,也是家庭教育的根基所在。颜之推的某些观点,或许已经落后于当今时代,但他高度重视家庭治理及治家之法的观念,永远值得我们继承弘扬。

(本章编撰:秦伟媛)

7 崇善以广德,则业泰身安

——李世民《帝范》①要义

● **家教要言**

"日慎一日,思善始而令终②。"

"非威德③无以致远,非慈厚④无以怀人。"

"宽大其志,足以兼包⑤。"

"逆耳之词难受,顺心之说易从。"

"桂蠹⑥虽小,终损荣芳。"

"俭以养德,静以修身。"

"睿智聪明,守之以愚⑦。"

"不以身尊而骄人,不以德厚而矜物⑧。"

"奢俭由人⑨,安危在己。"

"家无一年之服,不足御寒暑。"

● **作者简介**

李世民(599—649),即唐太宗,著名的政治家、战略家、军事家。他开启中

---

① 本章原典引文主要参考王双怀等译注:《帝范 臣轨 庭训格言》,中华书局2021年版。
② 善始而令终:善始善终。
③ 威德:威望德行。
④ 慈厚:仁慈宽厚。
⑤ 兼包:兼容并包。
⑥ 桂蠹(dù):寄生在桂树上的害虫。
⑦ 守之以愚:保持敦厚拙朴的态度,不露锋芒。
⑧ 不以德厚而矜物:不因为对别人恩德广厚而恃功傲物,自高自大。
⑨ 由人:全靠自己把持。

国历史上长达23年的"贞观之治",为后世明君树立了典范。

李世民是唐朝开国皇帝李渊之子,从小聪慧过人、勇敢果断,并接受了严格的家庭教育和军事训练。他紧随其父起兵,推翻隋朝,表现出非凡勇气和杰出军事才能。唐朝建立后,李世民扮演了更为重要的角色,他积极参与国家事务,提出许多有益建议,备受李渊赏识信任。"玄武门之变"之后,李世民被立为皇太子,两月后李渊让位于他。

李世民善于听取群臣意见,从善如流,闻过即改。他任贤用能,完善科举制度,使政府官员通过公平竞争获得职位,不得不主动提高素质和政府管理能力。他以民为本,视民如子,关注人民生活改善,重视农业生产,推行均田制,减轻农民负担。他对内文治天下,厉行节约,实现休养生息、国泰民安;对外开疆拓土,攻灭东突厥与薛延陀,征服高昌、龟兹和吐谷浑,重创高句丽。李世民开创的"贞观之治"为其后"开元盛世"奠定了坚实基础,中国历史由此进入了繁荣富强的大唐盛世,中国传统农业社会也迎来了鼎盛时期。

● 经典概览

《帝范》是一部论述人君之道的政治文献,也是一部训诫皇子的家教经典。贞观二十二年(648)正月,李世民将亲手撰写的《帝范》十二篇交给皇太子李治。① 他再三叮嘱,并留下遗训:"饬躬阐政之道,皆在其中,朕一旦不讳,更无所言。"

《帝范》全书不足5000字,其12篇依次是:君体、建亲、求贤、审官、纳谏、去谗、诫盈、崇俭、赏罚、务农、阅武、崇文。《帝范》对君王的个人修养,选拔任用和统领下属的策略,以及政治经济、国防军事、文化教育等家国事务都做了十分精辟的阐述。《帝范》虽短,但文辞有力而优美,言简意赅,论证有据,彰显了一代明君对人生和世界的深刻体悟和透彻把握。

作为中国历史上第一部系统完善的帝王家训,《帝范》是后世众多帝王代代

---

① 相比于《帝范》的严谨系统,相传汉高祖刘邦的《手敕太子》则亲切素朴得多。两部帝王家训可以带给当代家长很多关于家庭教育理念、方法、策略等方面的启发。《手敕太子》原文如下:"吾遭乱世,当秦禁学。自喜,谓读书无益。自践阼以来,时方省书,乃使人知作者之意。追昔所行,多不是。尧舜不以天子与子而与他人,此非不惜天下,但子不中立耳。人有好牛马尚惜,况天下耶?吾以尔是元子,早有立意。群臣咸称汝友四皓。吾所不能致,而为汝来,为可任大事也。今定汝为嗣。"

珍藏的齐家治国宝典。比如,明清时期比较系统成熟而有重要影响的帝王家训都对《帝范》多有借鉴。清朝官方颁布训谕世人行为规范且由康熙、雍正二帝亲自撰写的《圣谕广训》,也借鉴了《帝范》较多内容。

《帝范》虽然是帝王家训,但大量内容都适用于普通人家,因为李世民主要是教导儿子如何胸怀大志、从善如流、克制欲望、警醒反思,如何提高自身的德性修养和文治武功水平,而不是如何管制约束臣民。他的这种谦谦君子风范和为人自省的道德高度,值得普天下为人父母者好好学习。

在新时代,《帝范》的思想同样值得借鉴。习近平总书记《在河南省兰考县委常委扩大会议上的讲话》等文中就多次引用"取法于上,仅得为中;取法于中,故为其下",强调"较高的工作标准是一种动力"。这种较高标准,同样适用于新时代家庭家风家教建设。2016年10月21日,习近平总书记在纪念红军长征胜利80周年大会上的讲话还引用了李世民的名言"水能载舟,亦能覆舟"。这话最早出自《荀子·王制》,其原文是:"君者,舟也;庶人者,水也;水则载舟,水则覆舟。"李世民深受这句名言启迪而开创的贞观之治广受称颂,彪炳史册。当时唐朝的国力,不管是人口数量,还是仓储物资、国际影响,都不及隋朝末年,更不及以后的开元盛世。但是,人民安居乐业,旅行安全,夜不闭户路不拾遗,全社会和谐安静、幸福美好。全体老百姓,就像是蓝天之下平静的海水,托载着唐朝的大船平稳高速前行。

● **原著选段**

"宽大其志"

宽大其志,足以兼包;平正其心,足以制断。非威德无以致远,非慈厚无以怀人。抚九族以仁,接大臣以礼。奉先思孝,处位思恭,倾己勤劳,以行德义,此乃君之体也。

译文:君王应该有宽广胸怀和远大志向,这样他的心才能包容宇宙,涵容万物。如果能使自己修养到平心静气,公正地对待天下人事,那么临事就能正确决断。没有威望德行就不能号令远方;没有慈善广厚的爱心,就不能安抚万众。要以仁义安抚皇家宗族和其他皇亲国戚,对大臣要以礼相待。敬奉祖先要做到孝;高居皇位要时时谦恭;必须克己勤劳,彰显自己的德义。这是君王不可动摇的根本所在。

"君德之宏"

君德之宏,唯资博达。设分悬教,以术化人。应务适时,以道制物。术以神隐为妙,道以光大为功。括苍旻以体心,则人仰之而不测;包厚地以为量,则人循之而无端。荡荡难名,宜其宏远。且敦穆九族,放勋流美于前;克谐烝乂,重华垂誉于后。无以奸破义,无以疏间亲。察之以明,抚之以德,则邦家俱泰,骨肉无虞,良为美矣。

译文:国君美德的宏大,要凭借博学和通达。设立名分,宣示教令,以法律管理、教化人民。一切都要符合大道,因时制宜,根据万事万物的规律行事。具体的方式方法应该巧妙隐秘,但应坚守做人治世的原则,不断发扬光大。用至大至公之心去囊括宇宙,人们就只会仰望你,而不会猜度批判你;有包容大地万物的肚量,那么人民就只能不知不觉依循你而不会去问原因。要像尧帝那样坦荡浩大,让人们莫可名状,紧跟不舍。要宽厚严肃地处理好九族的关系,流布美善之道于前。要以孝进善,垂美誉于久远后世。不要以淫破义,不要以疏间亲。帝王的所作所为,必须时时警醒自查,合于大道,抚行美德,那么国家和家族都能保持安泰,骨肉至亲也不会有祸患。能如此,实在是达到了大美境界!

"砥躬砺行"

砥躬砺行,莫尚于忠言;败德败心,莫逾于谗佞。今人颜貌同于目际,犹不自瞻,况是非在于无形,奚能自睹?何则饰其容者,皆解窥于明镜,修其德者,不知访于哲人。讵自庸愚,何迷之甚!良由逆耳之辞难受,顺心之说易从。彼难受者,药石之苦喉也;此易从者,鸩毒之甘口也!明王纳谏,病就苦而能消;暗主从谀,命因甘而致殒。可不诫哉!可不诫哉!

译文:君王磨炼自己德行,最好办法莫过于倾听忠直之言;相反,败坏大德、背离正心的最大风险就是听信谗佞小人之言。人的容颜相貌就长在眼睛附近,可自己无法看到,况且人的是非得失是无形的东西,怎么能够轻易觉察呢?人们修饰打扮自己的容颜都懂得去照镜子,但修养德行就不懂得去向明道的哲人请教。难道任由自己平庸愚蠢,还不是最大的糊涂?人都是对逆耳良言难以接受,对顺心之词易于听从。殊不知那些人们不爱听的话正如良药苦口利于病,那些人们爱听的话,就像甘甜的毒酒!英明的君主必须能够听取别人的意见,就像生病吃药,药到病除一样;昏庸的君主听从阿谀奉承,就像喜欢喝甘甜的毒酒一样会送掉性命。不可不警惕啊!不可不警惕啊!

"夫圣世之君"

夫圣世之君,存乎节俭。富贵广大,守之以约;睿智聪明,守之以愚。不以身尊而骄人,不以德厚而矜物。茅茨不剪,采椽不斫,舟车不饰,衣服无文,土阶不崇,大羹不和。非憎荣而恶味,乃处薄而行俭。

译文:身处太平盛世的国君,心中应常存节俭美德,只有这样,才不会伤财害民,坏政败国。尤其是富有四海,贵为天子之后,就更应该时时事事都以节俭为准绳来要求自己。古代的圣王,虽然智慧高超,才能卓越,但都大智若愚,以拙藏巧,不因为自己身份尊贵就颐指气使,飞扬跋扈,也不会因为自己功德伟大就恃功傲物,不可一世。那些明君圣主们,常常用茅草盖房子,都不去修剪得漂亮一些,用柞木立柱子,都不去砍削得光滑一些,坐的车船没有装饰彩绘,穿的衣服一点都不华丽。他们不去建造高大豪华的厅堂,连吃饭都只图饱腹,不求味美。他们之所以这样做,不是因为憎嫌荣华,讨厌甘美,而是希望自己率先垂范,倡导普天下节俭的美德。

"显罚以威之"

显罚以威之,明赏以化之。威立则恶者惧,化行则善者劝。适己而妨于道,不加禄焉;逆己而便于国,不施刑焉。故赏者不德君,功之所致也;罚者不怨上,罪之所当也。故《书》曰:无偏无党,王道荡荡。此赏罚之权也。

译文:用明确的惩罚威慑,用明确的奖赏教化。威慑力量一旦形成,作恶的人就会畏惧;教化制度一旦推行,就会鼓励人们行善。有人尽管顺应君王,但其行为妨碍治国方针的施行,就绝不能加官晋爵。相反,有人虽然拂逆君王,但他有利于江山社稷,就绝不能因他惹君王不高兴而滥施刑罚。所以,受奖赏的人不必对君王感恩戴德,是他自己建立功业应该得到奖赏;同样,受惩罚的人也不会怨恨皇上,是他自己罪有应得。因此,《尚书》说:不偏于私情,也不结党营私,君王大道就会畅行无阻,浩荡无敌。这就是掌握好赏罚大权的意义。

7 崇善以广德,则业泰身安

● **家教指南**

《帝范》12篇体系完整,其充满哲理的语言,或论证缜密,一语中的,或率真质朴,道破天机。李世民高瞻远瞩的视野、深邃透彻的言说,如建亲求贤、纳谏去谗、诚盈崇俭、修己安人、崇文尚礼等,对今天的家庭教育具有比较重要的启发,下面略述一二。

一、充分认可和信任孩子

李世民认为,每个领导者手中的权力都非私权,只能运用于民,才能赢得众人的真心信任与同心协力,最终实现执政为民、造福百姓的理想。他以项羽、秦始皇、刘邦和曹操等众多案例告诉儿子李治,合理下放权力给臣民,就能维护国家的稳定,促成事业的发展,这是治国安邦的根本所在。

子女虽然不是家长的"臣民",但李世民的上述观点依然可以启发父母家长。在家庭教育中,家长必须充分信任孩子,让他们充满自主、自信的力量。2020年,中国青少年研究中心在北京、上海、广东、云南、甘肃和河南等省市实施的大样本调研表明:在10个选项中,中小学生选择"最喜欢父母信任我"的占比为63.5%,位列第一。

美国社会心理学家米德的"镜像自我"理论认为:人们自我判断的依据常常是周围人对自己的评价。父母对孩子信任度的大小,在很大程度上决定着孩子能力的大小。相信孩子内在的力量,他们就会不断自我修正完善,逐步变得更加优秀。父母习惯性怀疑孩子,孩子就会对自我产生怀疑,不再自信和说真话,总是隐藏自己,这是家庭教育最大的遗憾。

《读者》杂志曾刊发《信念》一文,讲述美国纽约第53任州长罗杰·罗尔斯的故事。他是该州第一位黑人州长,出生在纽约声名狼藉、环境肮脏、充满暴力的大沙头贫民窟,那里长大的孩子很少能获得体面的职业。罗尔斯小学时也非常捣蛋,经常闯祸。有一次,校长皮尔·保罗拉过他的手认真端详了一会儿说:"看你修长的手指就知道,你将来会是纽约州的州长。"此后,"纽约州州长"就像一面旗帜引导着罗尔斯,并让他发生了彻头彻尾的转变。在以后的40多年时间,他没有一天不按州长的身份要求自己。51岁那年,他真的成为纽约州的州长。

这个故事是虚构的。事实上,纽约州第一任黑人州长不是罗杰·罗尔斯,而是2007年3月上任的失明黑人戴维·帕特森,此人与罗尔斯这个虚构的人物有着类似成长经历,同时因为《信念》这篇文章被广泛转载,"罗尔斯州长"就成为声名远扬的励志楷模。其实,从家庭教育的角度讲,《信念》与古希腊神话《皮格马利翁的故事》,以及美国现代心理学家罗森塔尔基于系列实验提出的"罗森塔尔效应"一样,都揭示了积极认可、信任期待的神奇力量。每一位孩子都有自己独特的成长节奏与生命轨迹,如果父母能最大限度减少控制欲,放手让孩子做最真实而优秀的自己,积极信任鼓励,满含关爱,静待花开,他们一定成为精彩的自己。

二、虚心接受子女的意见

李世民认识到君王离民众距离遥远,要想知道百姓的疾苦,就必须戒骄戒躁,虚心纳谏。古人云:谦受益,满招损。为人父母者,更不应该像君王那样高高在上,而必须谦逊和蔼、包容大度。父母家长若能虚怀若谷,唯理是从,子女也就会说真话,经常提意见和建议。父母家长主动倾听反思,就会更清楚自己的缺点或者过失,进而不断优化完善自己的家庭教育。

苏格拉底曾说:"我唯一知道的就是我自己的无知。"平时,父母应当经常反思自己的日常生活和家庭教育,要合理地看待自己,客观认识自己的优点和缺点,并主动让子女为自己提建议。如果子女经常提出批评建议,并不表示父母家长很糟糕,更不意味着孩子目无尊长,不知足,不感恩,这只是表明天下父母都一样,都有许多需要改进的地方。其实,愿意或者善于给父母提建议的子女,一定和父母关系和谐融洽,也一定能够听取家长恰当的意见和建议。这可以为父母施教提供很好的契机和氛围。更重要的是,孩子在给父母提建议的过程中,也会逐步发现自己的不足,进而定下目标,不断进步。

在与孩子相处的过程中,父母最重要的价值在于发挥榜样作用,谦虚好学,让孩子明白每个人都应该虚怀若谷而不以自我为中心。为此,父母有必要主动向子女学习,不耻下问,倾听孩子心声,有针对性地给予关心帮助和鼓励指导。这是对孩子真正的尊重和爱护,也是对孩子高效的教导和引领,家长由此可以更好地走进孩子内心,培养他们的自尊、自信和勇往直前、善解人意的品格。

三、公正执行赏罚规则

李世民认为,君王如果能以仁爱为怀,以百姓为本,那么人民就会安居乐业。相反,如果朝令夕改,是非混淆,人民就手足无措。防止百姓违反法律,使他们各务其业的最好办法,莫过于实行公正的赏罚制度,正所谓"无偏无党,王道荡荡,无党无偏,王道平平"。李世民主张赏罚必须明确,且适时适度;要惩罚罪恶,防止小人们作奸犯科;要奖赏有功,劝导守法者行善立功。

家庭教育并不同于李世民治理臣民,但必须吸取李世民公正赏罚的经验。那么,具体应该怎么做呢?第一,要制定规则,这是家庭教育的基础。父母必须和孩子一起,共同讨论,制定合情合理的规则。既要明确家庭成员的责任和义务,又要强调各自的权利和自由。当父母或者孩子违反家庭规则时,可以根据规则进行相应惩罚,反之亦然。

第二,要坚持及时实施奖惩。当孩子作出贡献或者取得进步成功时,家庭成员应该根据家庭规则及时给予表扬和奖励,可以是口头表扬、赠送小礼物或者一同外出野炊、游玩等。若孩子违反家庭规则,父母也应该及时实施口头警告、罚站、封锁玩具、扣除零花钱等惩罚。

第三,保持足够的温情慈爱与冷静理智。教育孩子,无论是奖励还是处罚,都必须有理有据,有方法有限度,奖惩都不能滥用。过犹不及,奖与惩的滥用,是对规则的践踏,更是对人情、人性的否定或误导。滥用奖惩是当今家庭教育最为严重的问题之一,父母必须凭借足够的冷静理智和温情智慧及时解决这一问题。当然,家庭教育是教育,也是生活,不管从哪个角度审视,都有必要追求艺术的品位。家庭之中,最有艺术内涵和品位的元素莫过于长者的温情慈爱和后辈的体贴关怀。父母如果经常思索在家庭教育中对孩子如何才能爱得更正确,爱得更深情,爱得更和谐,爱得更长远,就一定能够通过公正的赏罚不断提升教育的品位与境界。

(本章编撰:罗露)

8 言行皆当无愧于圣贤

——钱镠、钱文选《钱氏家训》[①]要义

● **家教要言**

"心术不可得罪于天地,言行皆当无愧于圣贤。"

"处事不可不决断,存心不可不宽厚。"

"读经传[②]则根柢深,看史鉴[③]则议论伟。"

"欲造优美之家庭,须立良好之规则。"

"勤俭为本,自必丰亨[④];忠厚传家,乃能长久。"

"不见利而起谋[⑤],不见才而生嫉[⑥]。"

"小人固当远,断不可显为仇敌。"

"执法如山,守身如玉。"

"利在一身勿谋也,利在天下者必谋之。"

"利在一时固谋也,利在万世者更谋之。"

● **作者简介**

钱镠(852—932),字具美,杭州临安人,五代十国吴越国的建立者,被当时两浙(浙东和浙西,大致包括今江苏省长江以南地区及浙江省全境)百姓称为"海龙王",谥号武肃王。他自幼学武,擅长射箭,兼通多种才艺。钱镠晚年习书

[①] 本章原典引文主要参考钱镠(liú)原著,钱文选采辑:《钱氏家训》,见钱文选纂修《钱氏家乘》,国家图书馆藏。
[②] 经传:指经典古书,及对其进行解释的书籍,也代指比较重要的古代典籍。
[③] 史鉴:指能够从中得到借鉴的史实。
[④] 自必丰亨:自然而然会丰衣足食。
[⑤] 起谋:动心谋取。
[⑥] 生嫉:产生嫉妒之心。

法,擅长隶书,传世书迹有《题钱明观桥记》《慈云岭题名》《墨帖》等。钱镠父子开创吴越国,连续三代五主均受封为国王。钱氏后人传承祖训,绵延文脉,人才辈出。晚清以来,钱镠的后人遍布世界五大洲50多个国家和地区,仅国内外科学院院士层次及以上的就有100多位。根据不完全统计,有人用"一个诺奖、两位外交家、三个科学家、四个国学大师、五位全国政协副主席、十八位两院院士"来形容钱氏子孙鼎盛。世人皆知的钱穆、钱伟长、钱学森、钱三强、钱锺书等,都出自这个繁荣兴盛的大家族。钱穆、钱锺书等深研中国传统文化,焚膏继晷,兀兀穷年;钱学森、钱伟长等科学巨匠夯实中国国防之基,呕心沥血,苦心孤诣。

钱文选(1874—1957),钱镠32世孙,民国初年学者,原国民政府驻美国旧金山领事。光绪二十九年(1903)被选送京师大学堂师范馆学习,1908年毕业并以七品京官任用,1910年任学部驻英留学生监督。钱文选青年时代就有富国强邦志向,主张学习西方先进科技,曾向清政府提出中国发展飞机的倡议。他赤诚爱民,坚贞爱国,1937年任杭州红十字会会长,兼任浙江救济难民委员会常委,终日忙于救济。杭州沦陷前夕,他避居上海,日军多次威胁引诱他回杭州任职。他严词拒绝,并题诗明志:"生命虽危置度外,任他巨浪与洪涛。"钱文选著书颇丰,有《美国制盐新法》《钱武肃王功德史》《诵芬堂文稿》《英制纲要》等传世。

● **经典概览**

《武肃王遗训》已广泛流传1300余年,是钱镠赠予子孙和所有中国人的文化遗产。《钱氏家训》这部家训集中呈现了《武肃王遗训》《武肃王八训》等钱氏宗族经典家训的基本伦理原则,其核心内容是以"修身、齐家、治国、平天下"的儒家思想为基础,对钱氏家族子孙立身处世、忠孝传家、持家治业、济世报国等方面作出明确规定和严肃教诲。

《钱氏家训》包括"个人""家庭""社会""国家"四个部分。"个人"部分开篇为:"心术不可得罪于天地,言行皆当无愧于圣贤。"阐释人生追求,立意高远。"家庭"部分开篇为:"欲造优美之家庭,须立良好之规则。"说明齐家方法,务本求实。"社会"部分开篇为:"信交朋友,惠普乡邻;恤寡矜孤,敬老怀幼。"强调社会责任,惠友助弱。"国家"部分开篇为:"执法如山,守身如玉;爱民如子,去蠹如仇。"确立治国原则,爱憎分明。

《钱氏家训》规训严谨,体系完备。钱镠后人长期忠诚践行"利在一身勿谋也,利在天下者必谋之"等训言,为所有中国人树立了光辉榜样。当前,世人若能反复阅读《钱氏家训》,并铭记在心,时时躬行自省,厚植家国情怀,不断提高自己的人生修养,就能够寻觅到人生不朽的奥秘。

2021年5月,"钱氏家训家教"归为"规约习俗类"遗产并正式列入《国家级非物质文化遗产代表性项目名录扩展项目名录》。

● **原著选段**

个　人

心术不可得罪于天地,言行皆当无愧于圣贤。曾子之三省①勿忘,程子之四箴②宜佩③。持躬④不可不谨严,临财⑤不可不廉介⑥。处事不可不决断,存心不可不宽厚。尽前行者地步窄⑦,向后看者眼界宽。花繁柳密处拨得开,方见手段;风狂雨骤时立得定,才是脚跟。能改过则天地不怒,能安分则鬼神无权。读经传则根柢深,看史鉴则议论伟。能文章则称述多⑧,蓄道德则福报厚。

家　庭

欲造优美之家庭,须立良好之规则。内外门闾⑨整洁,尊卑次序谨严。父母伯叔孝敬欢愉,姒娣弟兄和睦友爱。祖宗虽远,祭祀宜诚;子孙虽愚,诗书须读。……勤俭为本,自必丰亨;忠厚传家,乃能长久。

社　会

信交朋友,惠普乡邻。恤寡矜孤⑩,敬老怀幼。救灾周急,排难解纷。修桥

---

① 曾子之三省:指孔子高徒曾子的"一日三省"。
② 程子之四箴:指即宋代大儒程颐所写视、听、言、动四个方面的规劝。
③ 宜佩:适宜佩戴在身,喻指牢记在心。
④ 持躬:秉持谦恭的态度,包含自律的意思。
⑤ 临财:面对钱财。
⑥ 廉介:清廉耿介,不贪不腐,光明磊落。
⑦ 地步窄:往前的路越来越窄,会山穷水尽。
⑧ 能文章则称述多:擅长写作才会有丰富的著作。
⑨ 内外六闾:闾,门。内外六闾泛指家里家外。
⑩ 恤寡矜孤:意思是怜悯和救济孤寡无依靠的人。

路以利人行,造河船以济众渡。兴启蒙之义塾①,设积谷之社仓②。私见尽要铲除,公益概行提倡。不见利而起谋,不见才而生嫉。小人固当远,断不可显为仇敌③;君子固当亲,亦不可曲为附和④。

国　家

执法如山,守身如玉。爱民如子,去蠹⑤如仇。……利在一身勿谋也,利在天下者必谋之;利在一时固谋也,利在万世者更谋之。大智兴邦,不过集众思;大愚误国,只为好自用。聪明睿智,守之以愚⑥;功被天下⑦,守之以让⑧;勇力振世,守之以怯⑨;富有四海,守之以谦。庙堂之上⑩,以养正气为先;海宇之内,以养元气为本。⑪ 务本节用则国富,进贤使能⑫则国强,兴学育才则国盛,交邻有道则国安。

● **家教指南**

《钱氏家训》强调"善事国家、重德修身、崇文尚学"等核心价值理念,其中尤以"利在一身勿谋也,利在天下者必谋之;利在一时固谋也,利在万世者更谋之"最为世人称道。千余年来,《钱氏家训》的句句箴言如晨钟暮鼓一般教导着钱氏后人,亦警醒着所有华夏儿女务必时刻修小我之身,报大中华之国。当前家庭教育,应当继承和发扬《钱氏家训》的精神理念。

一、做人无愧于天地圣贤

"心术不可得罪于天地,言行皆当无愧于圣贤。"这是《钱氏家训》规定的做

---

① 启蒙之义塾:教育儿童的公益性书塾。
② 积谷之社仓:储存粮食,以备灾年救急的粮仓。
③ 显为仇敌:当作仇敌一样对待。
④ 曲为附和:曲意逢迎、巴结。
⑤ 去蠹:铲除奸贼。
⑥ 守之以愚:要用笨拙来保持(聪明睿智)。
⑦ 功被天下:功劳遍布天下。
⑧ 让:退让、谦让。
⑨ 勇力振世,守之以怯:勇猛盖世,就要用怯懦来保持它。
⑩ 庙堂之上:指在朝为官。
⑪ 海宇之内,以养元气为本:全国各地都要以养护人民的生命为根本。
⑫ 进贤使能:提拔任命有才有德的人。

人基本准则,也是当前家庭教育要特别重视的内容。据说,钱氏家族很多后人在自己孩子诞生之时,总要将全家人召集在一起,释读先祖留下的家训。钱氏先人所拥有的深远思想、非凡见识、宏阔胸怀,从家族婴儿初生就要注重向其传递,以逐步夯实"无愧于天地圣贤"的做人根基。

名门望族的贤能子孙,都必须依靠长期熏染和持续教育才能拥有坚强意志和不凡才能。那么。普通人家更要依靠良好家风的传承、整体氛围的熏陶、持之以恒的教育来成就孩子的精彩人生。引领孩子集优秀品德于一身,做事无愧于天地,做人无愧于圣贤,是所有父母必须承担的责任。

钱氏家族世世代代要求孩子尊礼、善思、慎独、自省,做一个身正心明的君子。作为当代家长,在全面学习《钱氏家训》的过程中,要特别注意引导孩子拥有一颗感恩的心,培养其知书达礼、勤学善思的品性,以及每天"三省吾身"的习惯。相信孩子,他们都能做到,只要家长能够做到,孩子就一定能够做到。家长要言传身教,激励孩子自强自信、勤奋积极,主动聚焦自身成长而不懈努力。孩子和家长之间最好的互动关系就是"你在长大,我在成长"。普天之下的父母和孩子,都要立志成长为无愧于天地圣贤的真正的人。

二、勤俭忠厚,建优美之家

从孩子呱呱坠地开始,父母就应当担负起养育孩子的责任。父母必须给予孩子充足的食物营养,也必须提供最丰富的精神食粮,千方百计支持促进孩子的身心都能茁壮成长。而在这个过程中,孩子"心"的成长难度远远大于"身"。"心"的健康茁壮,不但需要高品质精神食粮,而且需要一个随时满储的精神粮仓。当然,若能为孩子提供一间不断生产高品质精神食粮的"工厂",引导孩子在不知不觉中主动参与生产,创造属于自己的美德供家人学习享用,那就更为理想。

以上所谓"精神粮仓"和"工厂",就是优秀父母可以给孩子提供的美满家庭,也是《钱氏家训》家庭篇所言"优美之家"。这样的家庭是成人成才的沃土,家长的榜样示范是储存、生产或带领孩子生产高品位精神食粮的关键。《钱氏家训》指出,"欲造优美之家庭,须立良好之规则"。至于规则的内容,这部家训也加入规范:如,"内外门闾整洁""父母伯叔孝敬欢愉"等。

当今一些父母,对于"美满""优美"家庭具有强烈欲求,但对于"美满""优美"的具体内涵,尤其是达成"美满""优美"的行动路径不甚关注。《钱氏家训》

规定:"娶媳求淑女,勿计妆奁。嫁女择佳婿,勿慕富贵。"有的家庭受拜金主义,以及娶媳嫁女门当户对等思想影响,形成了较为世俗现实的婚嫁标准,比如,有的地区流行"天价彩礼"。婚嫁观念落后直接体现为人生观念有问题,而这种问题,直接可能为"幸福家庭"的毁灭埋下隐患。《钱氏家训》规定的淑女、佳婿的标准是什么呢? 主要就是勤俭、忠厚,因为"勤俭为本,自必丰亨,忠厚传家,乃能长久"。

持家勤俭为方,生活简朴为要,为人厚道为本。秉持这样的观念,夫妻相爱,共育孩童,家风就会越来越淳厚,家教就会越来越高明。夫妻、亲子共同成长,以及几世同堂、和谐生活的家庭,就堪称"优美之家",也是中华民族历来崇尚的"美满人家",赛过金玉满堂。生活不奢侈,家里家外干净整齐,兄弟姐妹和睦友爱,读圣贤书,立君子品,做有德人,把家庭打造成修身养性、立身延年的温馨港湾,是有德有识又有品的中国人的梦寐以求。

作为家长,父母应把自己"有德有识又有品"的正面形象多融入孩子的学习生活。比如,和孩子共读好书,各自分享读书收获;与孩子一道乘坐地铁公交主动排队,不在车上吃零食、大声喧哗;节约用水用电,生活中不铺张浪费等。传承打造优良家风,不做语言上的巨人,全家人一如既往地坚守,互相影响浸润,善良友爱就会注入家庭成员的血液,温暖和谐就会长长久久地洋溢在彼此心间。

三、利民惠民,行公益之事

良好家风是良好民风、社风的根本保障。《钱氏家训》社会篇大力强调诚信广助、利民惠民,亲君子而远小人,正直不阿,心怀大爱,心胸广阔,恤寡矜孤,敬老怀幼等。这是优良家风惠及他人与社会的必然要求,也是进一步提升个人修养和家教境界的必由之路。《钱氏家训》特别提倡慷慨做公益,有能力的富足家庭在多帮助族内贫苦家庭的同时,要面向全社会"修桥路以利人行,造河船以济众渡。兴启蒙之义塾,设积谷之社仓","私见尽要铲除,公益概行提倡"。

所谓公益,就是不以谋取私利为目的,为他人和社会无偿奉献体力智力、财物情感,以维护和促进社会与民众的公共利益。公益主要立足于善良人性和人道主义精神,需在工作职责和法定义务之外作出无偿奉献,并积极参与构建和谐社会。这有利于提升个体道德水平,强化道德人格形象。儿童青少年常见的公益活动有维护社区清洁卫生和公共秩序、帮助老弱病残、开展公益广告宣传、推广科学生活方式、为贫困者捐款捐物等。

自愿捐赠等公益行为可以为慈善事业作出积极贡献。经济学家厉以宁认为,社会分配可以分成三个层次:第一层次以竞争为动力,即根据能力大小决定收入多少;第二层次以公平为原则,即通过社会保障、社会福利进行再分配;第三层次以道德为基础,即有钱人自愿把钱分给穷人,这就是慈善事业。

以慈善之举为代表的公益行为,出于人类普遍拥有的同情、悲悯、慈爱和善意,可以对社会物质财富进行第三次分配,是构建和谐社会的重要力量。

《钱氏家训》社会篇强调的"恤寡矜孤""救灾周急""惠普乡邻"等都是慈善公益之举。常行此举之人,断无私利索求。不过,《道德经》讲"天长地久",是因为天地无私,而圣人无私,"故能成其私"。父母和子女长存慈善心,常行公益事,直接可以利民惠民,间接可以成己之私,全面提高个人修养,不断发展亲子情感,积极促进家风家教的系统优化。

当今家长教育孩子不可过于功利短视,切勿紧盯成绩分数死抠,而要如《战国策》之《触龙说赵太后》中的左师公触龙所言,"父母之爱子,则为之计深远","计久长"。那么,如何"计久长"呢?其可行路径之一就是支持、引导、带领、陪伴孩子多做慈善公益,并且具有发自内心的自觉,和孩子一道共同厚植博爱情怀。只有具备了这样的情怀,孩子才能如《钱氏家训》所言"利在一身勿谋也,利在天下者必谋之"。在逐步拥有如此人生格局的过程中,孩子甚至可以做到"聪明睿智,守之以愚;功被天下,守之以让;勇力振世,守之以怯;富有四海,守之以谦",步入"殷殷之情俱系华夏,寸寸丹心皆为家国"的境界,进而实现"爱国报国兴万世之邦"的最大梦想[①]和"无愧于天地圣贤"的人生价值。

(本章编撰:杨朝霞)

[①] 自古以来,精忠报国的人都可流芳百世。李白也有诗激励外甥从军杀敌,为国立功。其雄奇豪迈、浪漫飘逸的诗风在这首《送外甥郑灌从军》中表现得特别鲜明:"六博争雄好彩来,金盘一掷万人开。丈夫赌命报天子,当斩胡头衣锦回。"

9 夫爱之,当教之使成人

——司马光《家范》①要义

● **家教要言**

"宜兄宜弟②,而后可以教国人。"

"圣人正家以正天下者也。"

"父慈而教,子孝而箴③,兄爱而友,弟敬而顺,夫和而义,妻柔而正。"

"礼之大节④也,故治家者必以为先。"

"为人祖者,莫不思利其后世。然果能利之者,鲜⑤矣。"

"圣人遗子孙以德以礼,贤人遗子孙以廉以俭。"

"由俭入奢则易,由奢入俭则难。"

"为人母者,不患⑥不慈,患于知爱而不知教也。"

"为人子,而事亲或亏⑦,虽有他善累百,不能掩也。⑧"

● **作者简介**

司马光(1019—1086),字君实,号迂叟,陕州夏县涑水乡(今山西夏县)人,世称涑水先生;北宋名臣,著名史学家、文学家、思想家和教育家。他孝顺父母,友爱兄弟,忠于君王,又恭敬节俭、刚正不阿、清廉仁厚、低调淡泊,备受世人

---

① 本章原典引文主要参考郭海鹰译著:《温公家范译注》,上海古籍出版社2020年版。
② 宜兄宜弟:兄弟和睦,彼此融洽。
③ 箴:规劝;告诫。
④ 大节:重要的法度、准则。
⑤ 鲜:少。
⑥ 患:忧虑,担心。
⑦ 事亲或亏:在侍奉父母方面如果做得不够。
⑧ 虽有他善累百,不能掩也:虽然其他方面优点有很多,也不能掩盖过失。

景仰。

司马光一生深受父亲诚信教育的影响。大概五六岁时,有一天司马光想给胡桃去皮,他不会做,姐姐想帮他,但姐姐也去不掉,就走开了。后来,一位婢女用开水替他顺利将皮去了。姐姐回来问他是谁帮着做的。司马光说是自己做的。父亲知道后便训斥他:"小子怎敢说谎!"司马光从此不敢再说谎。年长之后,还把这件事写到纸上,鞭策自己,一直到死都没有说过谎。清人陈宏谋说:"司马光一生以至诚为主,以不欺为本。"

司马光在宋仁宗宝元元年(1038)中进士,先后担任谏议大夫、翰林院学士、御史中丞等职。宋神宗熙宁年间,他强烈反对王安石变法,上疏请求外任,其后居洛阳15年,不问政事。宋哲宗即位后,召司马光回朝,任尚书左仆射兼门下侍郎,主持朝政。他力挽狂澜,废止王安石新法。为相八月后,于元祐元年(1086)病逝,获赠太师,封温国公,谥文正。

司马光的主要学术成就反映在史学方面,其最大贡献莫过于主持编写《资治通鉴》。该书294卷,近400万字。编写过程中,从发凡起例至删削定稿,司马光都亲自动笔,不假别人之手。司马光为此付出了毕生精力乃至生命,《资治通鉴》成书不到2年,他便积劳而逝。习近平总书记在阐述党的人才观时,多次引用《资治通鉴》的名言:"才者,德之资也;德者,才之帅也。"在谈到绿色发展理念时,也引用过《资治通鉴》中的"取之有度,用之有节"。习近平总书记强调:"我们应该追求热爱自然情怀。'取之有度,用之有节',是生态文明的真谛。我们要倡导简约适度、绿色低碳的生活方式,拒绝奢华和浪费,形成文明健康的生活风尚。"

司马光的史学著作还有《通鉴考异》《通鉴举要历》《稽古录》《本朝百官公卿表》六卷等。此外,他在文学、经学、教育学、哲学乃至医学方面都进行过研究和著述,主要代表作有《翰林诗草》《注古文孝经》《注太玄经》等。

● **经典概览**

司马光生活的年代,社会风气日益奢侈,民众贪慕虚荣,这让司马光深感忧虑。不过,值得欣慰的是他本人勤俭持家,以身作则,整个家族累世合居,所有人都能够和睦相处。为教育后人继承发扬优良家风,效法"圣人正家以正天下",他写下《家范》,系统地阐述大家庭的伦理关系、治家原则,以及个人的修身养性和为人处世之道。

《家范》之"范"有法式、法则之义,其成书时间不详。据史料记载,唐代名相狄仁杰曾著《家范》十卷,但书已不传。司马光沿用其名,撰成此书,为齐家提供典范,为后学提供准绳。作者自己认为《家范》比《资治通鉴》更重要,因为"欲治国者,必先齐其家"。

《家范》采集了《周易》《大学》《孝经》《礼经》《内则》等经典关于修身齐家的论述,以及其他史传所述道德准则与相关事迹,辅以司马光本人的论述。全书共10卷,由"治家""祖""父母""子""女""孙""伯叔父""侄""兄""弟""姑姊""夫""妻"等19篇构成了完备的体系。不同于一般家训的枯燥说教,司马光发挥自己史学家的特长,广泛选取历代各色人物作为"轨范""仪型",具体阐述了各项道德准则和治家方法,其核心内容根据儒家思想体系论证治国之本在于齐家,而齐家之术在于礼。

● **原著选段**

"夫人爪之利"

夫人爪之利,不及虎豹;膂力之强,不及熊罴;奔走之疾,不及麋鹿;飞飏之高,不及燕雀。苟非群聚以御外患,则反为异类食矣。是故圣人教之以礼,使之知父子兄弟之亲。人知爱其父,则知爱其兄弟矣;爱其祖,则知爱其宗族矣。如枝叶之附于根干,手足之系于身首,不可离也。岂徒使其粲然条理以为荣观哉!乃实欲更相依庇,以捍外患也。吐谷浑阿豺有子二十人,病且死,谓曰:"汝等各奉吾一支箭,将玩之。"俄而命母弟慕利延曰:"汝取一支箭折之。"慕利延折之。又曰:"汝取十九支箭折之。"慕利延不能折。阿豺曰:"汝曹知否?单者易折,众者难摧。戮力一心,然后社稷可固。"言终而死。彼戎狄也,犹知宗族相保以为强,况华夏乎?

译文:人的指甲和牙齿再锋利,也不及虎豹;体力再强大,也不及熊罴;奔跑再快,也不及麋鹿;飞跃的高度,也不及燕雀。如果不靠众人聚居团结抵御外患,就会被其他动物吃掉。所以圣人们教给人类礼法,告诉大家父子兄弟要相亲相爱。一个人如果敬爱他的父亲,就会同样爱他的兄弟;热爱他的祖宗,就同样会爱他的宗族。人与自己家族的关系,就像枝叶依附于根干,手脚长在身体上,不可分离。哪里仅仅是为了壮观井然而炫耀家族荣耀呢?实质是想进一步互相帮助保护,抵御外敌。吐谷浑阿豺有二十个儿子,他因病快死时对儿子们说:"你们各自给我拿一支箭,我们玩个游戏。"稍后,阿豺对自己弟弟慕利延说:"你拿一支箭折断它。"慕利延折断了。阿豺又说:"你拿十九支箭,将它们一起折断。"慕利延不能折断。这时阿豺对儿子们说:"你们知道吗?一支箭很容易折断,众多箭在一起,就难以折断,你们只要勠力同心,国家就一定稳固。"说完他就死了。阿豺是西北边塞之人,就能知道宗族互相保护才能强大的道理,何况我们是中原华夏子孙呢?

"今之为后世谋者"

今之为后世谋者,不过广营生计以遗之。田畴连阡陌,邸肆跨坊曲,粟麦盈囷仓,金帛充箧笥,慊慊然求之犹未足,施施然自以为子子孙孙累世用之莫能尽也。然不知以义方训其子,以礼法齐其家。自于数十年中勤身苦体以聚之,而子孙于时岁之间奢靡游荡以散之,反笑其祖考之愚不知自娱,又怨其吝啬,无恩于我,而厉虐之也。始则欺绐攘窃,以充其欲;不足,则立券举债于人,俟其死而偿之。观其意,惟患其考之寿也。甚者至于有疾不疗,阴行鸩毒,亦有之矣。然则向之所以利后世者,适足以长子孙之恶而为身祸也。

译文:当前为后代谋利的人,只懂得多积钱财留给儿孙。田地大片相连,商铺遍布街巷,粮食堆满仓库,财物塞满箱子,仍然苦心谋求,觉得不够。这样他们才怡然自得,以为子子孙孙世代都可享用不尽。但是,这些祖辈不懂得用做人的道理教育子孙,也不懂用礼法治理家庭。他们自己辛勤劳作几十年积累起来的财富,子孙如果没有教养短时间内就会挥霍殆尽,还反过来讥笑祖辈愚蠢,不会享受,埋怨祖辈吝啬,对自己没恩情,虐待了自己。这些不良子孙起初欺骗盗窃,不择手段满足自己的私欲,钱财不够,就向他人立券借债,计划等到祖父死后再来还债。仔细琢磨其心思,他们只是担心祖父长寿不死。更有甚者,祖父有病不给治,暗中投毒,以求自己早得家产。那些为后代谋利的祖辈们,不但助长了子孙恶行,也给自己带来无穷祸患。

"曾子曰"

曾子曰:"君子之于子,爱之而勿面,使之而勿貌,遵之以道而勿强言;心虽爱之不形于外,常以严庄莅之,不以辞色悦之也。不遵之以道,是弃之也。然强之,或伤恩,故以日月渐摩之也。"

译文:曾子说:"君子对待自己的子女,喜爱他们,却不表露在脸上;差使他们也不在容貌上露出声色;让他们遵从道理来做事情,而不勉强他们。心里面即使很喜爱他们,却不表露在外边,对待他们要严肃庄重,不要和颜悦色来讨他们喜欢。不教导子女遵从道理做事情,就是放弃了他们。但是,如果一味强迫他们做,又会损伤父子之间的情义,因此,对待子女要靠平时言传身教,慢慢去感化教导他们。"

"自古知爱子不知教"

自古知爱子不知教,使至于危辱乱亡者,可胜数哉!夫爱之,当教之使成人。爱之而使陷于危辱乱亡,焉在其能爱子也?人之爱其子者多曰:"儿幼,未有知耳,俟其长而教之。"是犹养恶木之萌芽,曰俟其合抱而伐之,其用力顾不多哉?又如开笼放鸟而捕之,解缰放马而逐之,曷若勿纵勿解之为易也!

译文:自古以来,许多人都知道疼爱子女,却不知道要教育子女,以至于子女最后遭受危害耻辱、自取灭亡。这样的事情真是不胜枚举!疼爱子女,就应该教育他们真正成人。疼爱他们,却让他们陷入危辱乱亡之中,难道是他们真能疼爱吗?那些疼爱自己子女的人常说:"孩子太小,还没懂事,等到长大以后再教他吧。"这就好像是养了一棵有毒有害的树,它已经萌芽,但非得说等到它长粗壮之后再去砍伐它,那样费力不是更多吗?这也像打开鸟笼,把鸟放飞再去捕捉它,解开缰绳把马放走再去追回它。这哪有事先不放纵更容易呢?

"凡人不能教子女者"

凡人不能教子女者,亦非欲陷其罪恶;但重于诃怒,伤其颜色,不忍楚挞惨其肌肤尔。当以疾病为喻,安得不用汤药针艾救之哉?又宜思勤督训者,岂愿苛虐于骨肉乎?诚不得已也。王大司马母卫夫人,性甚严正。王在湓城,为三千人将,年逾四十,少不如意,犹捶挞之,故能成其勋业。

译文:那些不能好好教育子女的人,也不是存心要把子女陷入罪恶之中。只是过分看重子女颜面,而不愿呵斥责骂,也不忍心让子女受皮肉之苦,而不愿责打。应当拿人生病来打个比方,难道不能用汤药和针砭、艾灸来救治吗?再还有必要想一想,那些勤于督促训导孩子的人,难道愿意自己的亲生骨肉受虐待吗?实在是不得已而为之啊。大司马王僧辩的母亲卫夫人,品性很严正。王僧辩在湓城(九江)担任军职,都能率领三千多人,年纪也四十多了,但稍有做得不对,卫夫人还是要捶打他。所以王僧辩才能建功立业。

"齐宣王时"

齐宣王时,有人斗死于道,吏讯之。有兄弟二人,立其傍,吏问之。兄曰:"我杀之。"弟曰:"非兄也,乃我杀之。"期年,吏不能决,言之于相。相不能决,言之于王。王曰:"今皆舍之,是纵有罪也;皆杀之,是诛无辜也。寡人度其母能知善恶。试问其母,听其所欲杀活。"相受命,召其母问曰:"母之子杀人,兄弟欲相代死。吏不能决,言之于王。王有仁惠,故问母何所欲杀活。"其母泣而对曰:"杀其少者。"相受其言,因而问之曰:"夫少子者,人之所爱,今欲杀之,何也?"其母曰:"少者,妾之子也;长者,前妻之子也。其父疾且死之时属于妾曰:'善养视之。'妾曰:'诺!'今既受人之托,许人以诺,岂可忘人之托而不信其诺耶?且杀兄活弟,是以私爱废公义也。背言忘信,是欺死者也。失言忘约,已诺不信,何以居于世哉?予虽痛子,独谓行何!"泣下沾襟。相入,言之于王。王美其义,高其行,皆赦。不杀其子,而尊其母,号曰"义母"。

译文:齐宣王时期,有人因打架被杀死在路上,官吏来调查。有兄弟二人站在旁边,官吏盘问他们。哥哥说:"人是我杀死的。"弟弟说:"不是哥哥,是我杀的。"过了一年,官吏还不能断案,就报告给丞相,丞相也不能决断,就禀报齐宣王。宣王说:"现在把他们都放了,是放纵罪犯;都杀掉,是妄杀无辜。我猜想他们的母亲能知道谁好谁坏。试着问问,听她说该杀谁放谁。"丞相受命,召见其母,说:"你儿子杀了人,兄弟俩都想替对方死,官吏不能决断,禀报宣王,宣王很仁义,就问你这位母亲,该杀谁放谁?"母亲哭着说:"杀掉年纪小的。"丞相听后,反问说:"小儿子人人都疼爱的,现在你却想杀掉他,为什么呢?"母亲说:"小的是我亲生儿,大的是丈夫前妻的儿,丈夫病死时将他托付给我说:'要好好地抚养他。'我说:'好'。对人承诺了,怎能忘人之托而不守诺呢?再说杀大的放小的,是因私爱败坏公义;失信背叛诺言,是欺骗死去的丈夫。失言忘约,自己诺言不守,还凭什么活在世上呢?我虽然疼爱自己儿子,但怎能胡作非为呢?"说罢痛哭流涕。丞相入朝把事情经过禀报给宣王。宣王赞赏这位母亲严守公义,行为高尚,就把两兄弟都赦免了,还敬奉这位母亲为"大义之母"。

● **家教指南**

司马光认为做父亲应该"教子以道",做母亲应该"爱子教子",做子女应该"以孝为先",治理家庭应该"以礼为纲"。《家范》中提倡的家庭伦理、道德观念、治家法则等,对于新时代幸福家庭与和谐社会的建设,都大有裨益。司马迁高度重视的系列家教方法,更是可以为当今父母提供直接指导。

一、严慈并济

司马光深谙溺爱孩子的弊端与恶果,《家范》对父母如何对待孩子做出了许多规范,其卷三"父母"有言:"骄奢淫逸,所自邪也。四者之来,宠禄过也。"

慈母多败子。司马光认为,没有父母是不爱孩子的,但是把握好分寸尺度十分重要。疼爱与溺爱是两个概念,有些父母担心对子女严词厉色会疏远和孩子的关系,殊不知一味迁就反而会让孩子生出怠慢之心,不知基本尊重,长大后也自然不知尊重他人;许多孩子走上邪路,正是父母溺爱埋下了祸患。①

爱子女不应该仅仅局限于物质满足,父母与子女也不宜过度亲密,失了界限;真正爱子女是要教会他们德行和礼仪,良好的家教才是给予子女的最好财富。对子女严格不意味着强迫与专制,司马光提出"适度"的理念,强调一味逼迫孩子也会恶化亲子关系。儒家强调"身教",指用自身的行动去潜移默化教育孩子,司马光引用曾子的观点,要求父母做好榜样,让孩子"日月渐摩"。

严于律己,既可保持家长的尊严,又能和孩子平等对话,长期对孩子葆有足够的耐心和尊重,做孩子成长过程中的引路人。当今家庭教育,许多父母爱子心切,却无法把握打压式教育和鼓励式教育的平衡点,不是伤及子女自尊心,就是过度骄纵,使得子女骄横自满,或承受不了挫折。《家范》中恩威并施、严慈并济的方法,对父母如何教育孩子,给予孩子正确的爱,具有重要启示。

二、一视同仁

司马光认为,对待孩子要一视同仁,不能偏袒偏爱。《家范》引用《颜氏家训》"贤俊者自可赏爱,顽鲁者亦当矜怜",要求父母对自己子女应该不偏不倚。

---

① 杰出的政治家、军事家、文学家曹操在杜绝溺爱儿子方面堪称榜样。他有家训经典《诸儿令》传世:"今寿春、汉中、长安,先欲使一儿各往督领之,欲择慈孝不违吾令儿,亦未知用谁也。儿虽小时见爱,而长大能善,必用之。吾非二言也,不但不私臣吏,儿子亦不欲有所私。"

聪慧、懂事的孩子自然会更加引人注目,得到更多褒扬与鼓励,但对天资不足、顽皮捣蛋的孩子也应该给予更多的耐心与关爱。

为了进一步说明上述观点,司马光引用了《易经》之言:"鸤鸠之养其子,朝从上下,暮从下上,平均如一。至于人,或不能然。"同时,援引孔子的话告诫天下父母:"夫怨之所生,生于自私及有厚薄也。"司马光还列举了节度使柳公绰的典范事迹,"诸子仲郢等皆束带,晨省于中门之北",并每晚"以次命子弟一人执经史立烛前,躬读一过毕,乃讲议居官治家之法"。柳公绰对每一个孩子都是相同的严格要求和敦促,从未厚此薄彼,哪怕是远房堂姐妹的孩子,非自己亲生,他也"必为择婿嫁之"。这是司马光所赞赏的。

《家范》还引用了《论语·季氏篇》:"均无贫,和无寡,安无倾。"强调父母平等对待每一个孩子,有助于促进孩子之间的亲密和谐关系,从而使整个家庭更加和睦。父母若偏袒偏爱,长期被偏爱的一方容易专横跋扈,过于依赖他人;而不被疼爱的一方则容易形成讨好型人格,对父母、手足产生怨恨叛逆情绪。久而久之,必然导致亲情淡漠,危害家庭和谐稳定。

司马光这种一视同仁的理念对我国当前多子女家庭的教育有较大指导意义。美国心理学家简·尼尔森也指出,要同等对待两个孩子,才不会让一个孩子产生受害者心态,另一个也不会形成欺压心理。所以,父母家长一定不能因为年龄、性格、性别、天资等原因厚此薄彼,切忌过于关注某个孩子的教育而忽视其他孩子的感受。

当然,公平不等于完全相同,用同样的方法对待不同的孩子有可能是最大的不公平。每个孩子都是独立的个体,多子女父母应该发现每个孩子身上的特长与不足,做到具体问题具体分析,进而因材施教,成就每一个孩子最好的生命状态。那种以公平为借口,采取僵化的相同标准对不同孩子进行横向比较,进而"赏罚分明"的做法,有可能严重助长"获赏"孩子的骄横浮躁,严重打击"获罚"孩子的自尊自信,进而严重离间手足之情。

三、善居善处

《家范》强调成长环境对孩子教育的重要性,这和美国行为主义心理学家华生的环境决定论有一定类似之处。华生所代表的行为主义心理学派虽然过重或机械地强调环境或教育的作用,认为儿童心理的发展完全由环境决定,但其高度重视环境对儿童教育成长作用的观点,无疑值得参考。司马光引用孟母三迁

"舍学宫之傍,其嬉戏乃设俎豆揖让进退"的典故,强调只有让孩子沉浸在适合学习的环境中耳濡目染,才能培养其好学的志向与行为习惯。

教育环境包括物理环境、文化环境、社交心理环境。让孩子在通风好、采光足、噪音小、凉热适度的环境做作业自然是对物理环境的优化,而孟母选择学宫旁居家,更多看重的是文化环境。所谓"谈笑有鸿儒,往来无白丁"所描述的就是极为优越的文化环境。

司马光深谙社交心理环境对孩子成长成才的重要性。他认为良友能促使人择其善而从之,道德败坏的狐朋狗友则必然令人堕落。司马光引用了王肃所言:"与善人居,如入芝兰之室,久而不闻其香,即与之化矣;与恶人居,如入鲍鱼之肆,久而不闻其臭,亦与之化矣。"同时,援引贾谊辅佐教导古代君王的例子:"夫习与正人居之,不能毋正。习与不正人居之,不能毋不正。"贾谊强调必须聘选学识渊博的君子陪伴太子左右,这样太子日夜都与正人君子交往,日积月累,所见所闻都是符合德行的举动,其德行不可能不端正。

上述道理,"近朱者赤近墨者黑"已将其道尽,但司马光因其极为重要,依然反复强调:对于朋友的选择,父母要把关,并且要留给孩子自主选择体悟的机会,不能擅自干涉,强加干预,替孩子做主。司马光讲述了后魏时候钜鹿魏缉母亲房氏的故事。魏缉刚生下来还不到百日,其父魏溥就死了。魏母为了更好养育魏缉,不再改嫁。她教育孩子颇有礼仪法度与灵活艺术,儿子在外边结交的人如果是德才兼备的益友,来家做客,她就亲自准备酒食,热情款待客人。如果是品德修养差,有可能成为损友的人,她就睡在屏风后面,不出来吃饭。事后,一定要魏缉反思清楚,表示悔恨,向她谢罪,魏母才肯吃饭。

魏母房氏具体做法无须效仿,但其思想理念值得当今父母家长借鉴。人是群居动物,很容易受他人影响,也容易被环境同化。这正所谓"蓬生麻中,不扶而直;白沙在涅,与之俱黑"。在善恶并存、美丑兼具、鱼龙混杂、现实与网络空间紧密交互的当今社会,孩子善于选择良师益友是生存发展的基础能力。司马光讲述的一系列观点、故事,对当今父母指导孩子自主营造良好的社会交往与成长环境具有指导意义。

未成年子女心智还未成熟,没有辨别人物美丑是非的足够能力,父母引导孩子自主选择创造积极健康的学习成长环境,是极为重要的家庭教育责任。司马光认为良友与否看的是此人的德行是否高尚,而非家世、相貌、性别、年龄这些外在标签。当今父母一定要多加参考,紧密结合生活情境和传媒信息反复引导孩子擦亮双眼,在网络交际空间尤其要慎之又慎。

当然,在孩子人际环境中,成为"环境重要构件",影响孩子最大、孩子又别无选择的人自然是父母。父母之所以伟大,是因为其文化基因通过人际互动环境也可以向子女进行很好的遗传。比如,诚信这一人文品性,孩子所能达到的高度,很大程度上就取决于其幼年与父母的相处。

儒家反复强调诚信的重要性,"信义为本"就直言诚信是一个人在社会上立身行道的根本。孔子也说:"人而无信,不知其可也。大车无輗,小车无軏,其何以行之哉?"司马光认为,诚信首先要求言语上诚实守信,行动与承诺一致。《家范》援引曾子杀猪的典故,强调父母一定要兑现给予孩子的承诺,以身作则,"毋教儿欺也"。司马光还基于幼年孟轲模仿屠夫卖猪肉的事实,从反面强调:"吾闻古有胎教,今适有知而欺之,是教之不信。"

父母作为孩子的榜样,应当言必有信,诚实无欺,在现实生活环境中充分体现父母"身教"的作用,这样孩子才会在其熏陶引领下成为最讲诚信的人。有些父母因为觉得子女尚小,无是非对错之分,加以哄骗无伤大雅,殊不知如果盲目许诺,反复搪塞,不仅会使孩子感到没受到尊重,降低对父母的信任,也会树立负面典型,使孩子滋生不负责任讲话的习惯。如果希望孩子成长为"言必信,行必果"的人,司马光认为父母首先要把孩子当作一个平等的人来看待,并在孩子面前展现"环境重要构件"的正面作用,与孩子和谐友善相处。诚信教育如此,其他,也概莫能外。

(本章编撰:苏虹)

10 学乃身之宝

——汪洙《神童诗》[①]要义

● **家教要言**

"少小须勤学,文章可立身。"

"学问勤中得,萤窗[②]万卷书。"

"自小多才学,平生志气高。"

"将相本无种,男儿当自强。"

"达而相[③]天下,穷则善[④]其身。"

"古有《千文》[⑤]义,须知学后通。"

"遗子黄金宝,何如教一经[⑥]。"

"慷慨丈夫志,生当忠孝门。"

"平生谁结友,宜共竹松看。"

● **作者简介**

汪洙,生卒年不详,字德温,北宋时鄞县(今浙江宁波鄞州区)人。他九岁能诗,才华横溢,有神童美称。但汪洙科举不顺,屡受挫折,直到元符三年(1100)才中进士。入仕后,汪洙为人淳正,世人称他为"汪先生",官至观文殿大学士。他去世时,被朝廷追赠为"正奉大夫",有《春秋训诂》等著作传世。

《通俗编》(卷七"文学类")记载,王安石在鄞县任知县时,到孔庙参拜看到

---

① 本章原典引文主要参考汪洙:《神童诗》,齐鲁书社1998年版。
② 萤窗:用萤火作灯,在夜晚读书,形容勤奋刻苦。
③ 相:当宰相治理天下。
④ 善:把身心修养好,洁身自好。
⑤ 《千文》:即南朝梁人周兴嗣所作的《千字文》,是现存较早的启蒙经典。
⑥ 经:经书。

汪洙用木炭写在墙上的诗:"颜回夜夜观星像,夫子朝朝雨打头。多少公卿从此出,何人肯把俸钱修。"王安石很惊讶,就召见他。汪洙随父前去拜见,不卑不亢,口齿伶俐。王安石对他随口逗乐:"'君子正其衣冠,尊其瞻视',你为什么这样短衫草履来见我呢?"汪洙赶紧鞠躬道歉,并作诗回答:"神童衫子短,袖大惹春风。未去朝天子,先来谒相公。"于是,汪洙小小年纪便美名远扬。

作为名副其实的神童,汪洙并不像方仲永等人那样满足现状,而是不断勤学,博古通今,最终满腹经纶。汪洙在主管台州崇道观时,曾筑室西山,召集诸儒讲学,乡人称其室为"崇儒馆"。在任明州教授期间,汪洙广收弟子,耐心教学,深受弟子尊崇。为了让孩童们好好学习,他将自己的学习心得、所思所想,编成了一句句五言绝句,就形成了《神童诗》的最初版本。

● **经典概览**

《神童诗》又称为《汪神童诗》,辑诗34首,皆为五言绝句。目前行世的《神童诗》不完全是汪洙本人所作,后人在汪洙诗作的基础上主要增加了隋唐以及南北朝时期的诗歌。这些诗浅显易懂,格律工整,教化作用突出,是古代孩童学写诗、学做人的经典教材。

全书可分为三部分:第一部分,《劝学》15首,反复强调读书的好处和重要性,极力宣扬读书可以获取功名。第二部分,从《状元》到《四喜》,共5首,描述科举及第的风光荣耀与忠君孝亲。第三部分,从《早春》到《除夜》,共14首,描写四季风物,并寄情于景,表达读书人自豪喜悦的心情。

《神童诗》中大多数诗都有寓有理,对儿童的伦理道德教育可谓深刻细致。在今天看来,《神童诗》极力倡导"万般皆下品,惟有读书高"等思想具有很大局限性,但在封建科举时代,其对万千学子的激励作用显而易见。其中,"朝为田舍郎,暮登天子堂""将相本无种,男儿当自强""洞房花烛夜,金榜题名时"等诗句流传至今,令世人耳熟能详。

《神童诗》是当时社会盛行吟诗作词之风的反映,也说明中国诗教传统在启蒙教育和家庭教育中占有举足轻重的地位。全书内容贴近儿童生活,知识性强,有利于儿童在诵习诗歌的同时积累生活常识。每首诗读起来都朗朗上口,铿锵回响,悦耳动听,容易被小孩子接受模仿,能够很好培养蒙童语感,提高写作能力。这也是《神童诗》广为流传的原因。

作为历代通用而又影响深远的启蒙经典,《神童诗》是与《三字经》齐名的古今奇书,不但能够较好提升普通民众的诗教水平和文化素养,而且是古人的励志宝典。该书大力宣扬无论出身如何,只要通过个人努力,都有可能取得成功。这种思想对于打破社会阶层固化具有重要价值,可以为底层人士通过勤苦奋斗实现阶层跃升提供不竭动力。

● **原著选段**

劝学十五首(选六)

之 一

天子重英豪,文章教尔曹①。万般皆下品,惟有读书高。

之 三

学问勤中得,萤窗万卷书。三冬今足用,谁笑腹空虚?

之 五

朝为田舍郎②,暮登天子堂。将相本无种,男儿当自强。

之 七

莫道儒冠③误,读书不负人。达而相天下,穷则善其身。

之十三

喜中青钱选④,才高压俊英。萤窗新脱迹,雁塔⑤早题名。

---

① 尔曹:你们小孩子,指学童们。
② 田舍郎:农夫、村夫。
③ 儒冠:古代读书人戴的一种帽子,指代以读书为业。
④ 青钱选:比喻科举考试时文章写得好,每次都被选中。古时铜钱以色青为贵,人们挑选铜钱都先选青钱。
⑤ 雁塔:大雁塔,在西安市东南大慈恩寺内。在唐代,每年新考中的进士都在大雁塔题上姓名,作为荣耀,后世常称考中进士为雁塔题名。

之十五

一举登科日,双亲未老时。锦衣归故里,端的是男儿。

状 元

玉殿传金榜,君恩赐状头①。英雄三百辈,随我步瀛洲②。

言 忠

慷慨丈夫志,生当忠孝门。为官须作相,及第③必争先。

四 喜

久旱逢甘雨,他乡遇故知。洞房花烛夜,金榜题名时。

清 明

春到清明好,晴添锦绣文。年年当此节,底事④雨纷纷。

纳 凉

风阁⑤黄昏后,开轩⑥纳晚凉。月华当户白,何处菱荷香。

秋 夜

漏尽⑦金风⑧冷,堂虚⑨玉露清。穷经⑩谁氏子,独坐对寒檠⑪。

---

① 状头:状元。
② 瀛洲:传说是东海中神仙居住的仙岛。
③ 及第:科举时代考试中选。
④ 底事:为什么。
⑤ 风阁:四面开窗,可通风纳凉的楼阁。
⑥ 轩:门窗。
⑦ 漏尽:漏壶的水流完,天快亮了。漏壶,又叫水钟,是古代计时仪器。
⑧ 金风:秋风。
⑨ 虚:幽静。
⑩ 穷经:专心研读经书,希望穷尽其义理。
⑪ 寒檠(qíng):寒灯。

立 冬

北帝方行令①,天晴爱日和。农工新筑土,共庆纳嘉禾②。

桃 花

人在艳阳中,桃花映面红。年年二三月,底事笑春风。

梨 花

院落沉沉静,花开白云香。一枝轻带雨,泪湿贵妃妆。

牡 丹

倾国姿容别,多开富贵家。临轩一赏后,轻薄万千花。

梅 花

柯干③如金石,心坚耐岁寒。平生谁结友,宜共竹松看。

华 山

只有天在上,更无山与齐。举头红日近,回首白云低。

● **家教指南**

与汪洙大体处于同一时代的北宋著名哲学家、数学家、诗人邵雍《观事吟》有言:"一生之事慎在少,一端之事慎在新。"家庭是人"少"时的摇篮,家庭教育决定人"一生之事"的"慎"与否。对于如此重要的家庭教育,汪洙《神童诗》具有诸多启迪。其中最重要的一点是通过诗教④濡养儿童青少年的心根、志气与

---

① 北帝方行令:冬天刚刚到来。
② 纳嘉禾:庄稼喜获丰收。
③ 柯干:草木的茎秆。
④ 明代思想家、文学家、哲学家和军事家王阳明对诗教高度重视,他在专论儿童启蒙教育的《训蒙大意示教读刘伯颂等》中强调:"(儿童)栽培涵养之方,则宜诱之歌诗,以发其志意,导之习礼,以肃其威仪,讽之读书,以开其知觉。今人往往以歌诗、习礼为不切时务,此皆末俗庸鄙之见!"

情趣。

一、"将相本无种,男儿当自强"——强化培养孩子立志自强的骨气

《神童诗》反映了宋代科举制度的重要性和文人风雅之气的广泛传播,也寄托了古代读书人追求"学而优则仕"的理想抱负。"自主奋斗、逐梦未来"是《神童诗》的思想精华。这种思想对于孩童激发内在潜力,克服未来生活中的各种困难和挑战具有重要价值。当今社会"躺平"现象流行,《神童诗》给予家庭教育最大的启发就是要强化培养青少年立志自强的骨气。

"冬去更筹尽,春随斗柄回。"时光荏苒,斗转星移,冬去春来。人生的年少生机也会像时光一样,一去不复返。任何人都有可能因为时光流逝而沮丧失落。如何避免这种悲情人生的无奈蔓延?显然应该从小就珍惜每一天,奋斗每一天,立志自强,不断追求自己的成长目标和人生梦想。那么,家庭教育应该怎样培养和强化孩子立志自强的力量呢?

卡尔·威特是19世纪德国著名天才。他出生时有些痴呆,全赖其父老卡尔·威特教育有方,以至于八九岁就掌握了德、法、意、英等六国语言,并通晓动植物学、物理、化学,尤擅数学。这位神童9岁考入莱比锡大学;10岁进入哥廷根大学;13岁出版《三角术》;14岁获得哲学博士学位(至今仍是《世界吉尼斯纪录大全》中"最年轻博士"纪录保持者);16岁获法学博士学位,成为柏林大学法学教授;23岁出版《但丁的误解》,成为该领域研究权威。其父老卡尔·威特是德国牧师,也是博士,他说:"教育成功的秘诀在于唤起孩子的兴趣和热情。"这句话提醒当今父母家长,应该高度关注自己孩子的兴趣特长和个性特点,并基于孩子的兴趣,点燃孩子追求人生梦想的激情。

历史上的神童还有很多。比如,三国周瑜,3岁便已学文,9岁便能习武;三国曹冲五六岁时便巧妙解决了群臣解决不了的称象难题;宋朝晏殊7岁便能写诗作文,技惊四座……这些励志启慧的故事,都可讲给孩子听。当然,让孩子学习的榜样不能仅仅局限于神童,历代英雄豪杰、文豪大儒、当代科技精英、爱国志士,待孩子年龄稍长,都可以引导学习。不过,请千万注意,父母讲神童,并不一定能把孩子培养为神童,孩子学英雄,并不是一定要去做英雄,其关键是基于孩子的兴趣和个性特点,鼓励他们努力追求自己的梦想,逐步拥有面对困难和挫折必须具有的坚定信念和毅力。请父母家长切记!切记!只为了培养神童的家庭教育,绝大多数都将得不偿失,一败涂地。

二、"一岁一枯荣,春来满地生"——努力涵养孩子蓬勃生命的心根

心根,是人精神生命的本真元气所在。一个人的心根,必须旺盛丰盈,必须茁壮坚强。吟诵芳草的"一岁一枯荣,春来满地生",可以促进心根的繁茂;吟诵梅花的"柯干如金石,心坚耐岁寒",可以平添心根的坚强;吟诵牡丹的"倾国姿容别……轻薄万千花",可以浸染心根的高贵;吟诵杏花"枝缀霜葩白,无言笑好风",可以丰盈心根的神韵……浅唱《桃花》:"人在艳阳中,桃花映面红。年年二三月,底事笑春风。"也许可以为心根培植朗艳与活泼的色彩。高诵《华山》:"只有天在上,更无山与齐。举头红日近,回首白云低。"一定能够为心根浇注高远与豪迈的精魂!

《神童诗》中不少作品,都可以直抵心根,塑造儿童灵魂。父母可以充分利用类似诗歌,滋养孩子慧敏的心根,开启生命的直觉力量,唤醒孩子对万物生命的认知,对自身生命的热爱,对他人生命的欣赏。《神童诗》中《桃花》《兰花》《荷花》《绿竹》等描摹自然物象的诗歌能激发孩童对生命的认知与共鸣。比如,"春水满泗泽,夏云多奇峰。秋月扬明辉,冬岭秀孤松"。这首描绘四季风物的诗,短短 20 字,却内涵无限。既有横览水泽、云峰、月辉、岭松的工笔细描,又有纵观春、夏、秋、冬的大笔写意,实物与虚景之间洋溢着源于万物生命场域的无尽的精气神。孩童读到这样的诗句,或多或少都能感受到大自然的美丽和神奇,或多或少都能流露出对大自然的敬畏和珍爱。

卢梭曾说:"教育应该使孩子热爱大自然。"诵习描摹自然万物的诗歌,孩童可以从一花一草的世界去认识生命的独特性和丰富性,从而引发自己对生命的真实体验,并对抽象的生命实现视觉、嗅觉、听觉、触觉的具象把握。遗憾的是现代科技高速发展,人类生活空间高度虚拟化,儿童接触自然的机会日渐减少,其感官很可能变得麻木迟钝。家庭教育如果从浅易有趣、优美生动的诗歌赏读入手,进而带领孩子走进自然,触摸生命,对话生命,让他们由眼及心去感通自然万物,他们就能真正认识到人是自然的一部分,自己的生存发展离不开自然的恩赐,他们就会发自内心地珍爱自然,保护环境,尊重生命,学会与自然和谐共生。在此过程中,孩子心根的直觉力快速萌生蔓延,整个生命都在茁壮成长,都将熠熠生辉。

三、"神童衫子短,袖大惹春风"——注重培育生活情趣和审美意趣

作为汪洙长辈的王安石,和汪洙逗乐之时已是知县,他逗引小小孩童汪洙写

出"神童衫子短,袖大惹春风"的文坛佳话,充分说明汪洙天资不凡,而王安石的儒雅和永葆童心也令人钦佩。王安石这位在中国历史上很有影响力的政治家、文学家、思想家和改革家,其实是一位地地道道的"老顽童"。比如,他很不注意饮食、仪表,同为唐宋八大家的苏洵笑话他"衣臣虏之衣,食犬彘之食","囚首丧面而谈诗书"。他老年退居乡间,与一位张姓村叟为友,常常称呼对方:"张公!"对方一律毕恭毕敬地回答这位老宰相:"喂,相公!"一天,王安石乐呵呵地对老叟说:"哈哈,我和你只有一字之差哩!"

王安石的顽童情趣有着"深厚家传"和"悠久历史"。相传,他从小聪明伶俐,大家都夸他心眼多、脑瓜灵。其父往往喜上眉梢,经常与儿子玩乐。一个秋雨瑟瑟的日子,其父端坐堂屋,说:"小子,邻居都说你聪明,今天你如果能把我叫到院子里去淋雨,才算真聪明!"王安石心悦诚服地说自己根本做不到,是大笨笨。其父说:"那你是个天大的笨笨!"王安石却岔开话题:"老爸,大笨笨想和你要个小魔术,你不管站到院子里哪块砖上,只要脚跟不离地,我都能用魔法让你飘移到屋里,你信不信?"其父一边连连摆手,一边快步走到院子中央站好。王安石在屋里来回走动,像模像样施展魔法,其父就是纹丝不动。这时,他哈哈大笑,说王安石的魔法也是大笨笨。王安石一脸沮丧地说:"爹,我的魔法失效了,害你淋这么久的雨,会受凉的,快进来躲躲吧。我跟您磕头谢罪!"其父立即跑进屋里,这下轮到王安石哈哈大笑起来:"爹,我把你请出去,又请进来了!"结果,父子俩相拥打闹,笑得前俯后仰。

王安石和父亲的斗法游戏,在传说中肯定有乐于亲子游戏者的虚构。对于这样的家教故事,没有必要去考证其真伪,而应该珍视故事倡导的亲子互动氛围。林语堂曾说,苏东坡是一个无可救药的乐天派,的确,历代传说中都有苏东坡和王安石相互斗法开玩笑的佳话。而林语堂呢?又何尝不是如此?晚年林语堂老是和孙辈们混在一起玩。有一次,他突发奇想,剪下自己的童年照片,和两个小外孙的照片贴在一起,还得意扬扬地将其命名为"三个孩子",家人看了哭笑不得。

有趣的灵魂之间,总是惺惺相惜。作为"家传深厚"的"无可救药的乐天派",王安石当初欣赏汪洙,应该不是单单欣赏他的才能,汪洙更值得欣赏的是涵养和彰显其才智的"袖大惹春风"的情趣。当今家庭教育借鉴《神童诗》,万万不可只仰望神童的"神",更不可止于对孩子读书追求功名的激励。如果家长天天念叨"万般皆下品,惟有读书高""少小须勤学,文章可立身",那是多么无趣!

就现代教育而言,父母应该看到《神童诗》之"诗言志"的教化功能,但更应该看到诗的美育濡养功能,对孩子实施更为全面的诗教,培育孩子的生活情趣和审美意趣,引领孩子才情智慧等核心素养持续和谐发展。德国哲学家海德格尔说:"人应该诗意地栖居在大地上。"这"诗意地栖居",启发每一个人都应该在生活中欣赏美、创造美,实现自己生命之诗的审美升华。

中国堪称诗的国度,从古至今,无数经典诗歌的美妙文字与优雅音韵营构了各具特色的审美意境,给读者留下了无穷无尽的情感氤氲与创意想象空间,很值得当今父母与孩子好好同读共赏。《神童诗》并非首首都是经典,但有很多金句。比如,"英雄三百辈,随我步瀛洲""柳色侵衣绿,桃花映酒红""秋景今宵半,天高月倍明""醉看风落帽,舞爱月留人""过江千尺浪,入竹万竿斜""诗酒琴棋客,风花雪月天"……这些名句,以及古今中外适合亲子共读的经典诗篇,父母孩子可日日赏读。同时,要尽可能安排闲暇而有品位的家庭生活,"春游芳草地,夏赏绿荷池。秋饮黄花酒,冬吟白雪诗"。也许,这太过阳春白雪,但"取乎其上,得乎其中",如果一个家庭能够常常葆有这样一种诗雅之趣,孩子肯定不会是一个毫无趣味的人。

(本章编撰:荆仙玉)

11 汝曹切勿坠家风

——陆游《放翁家训》①要义

● **家教要言**

"孝悌行于家,忠信着于乡,家法凛然②,久而弗改。"

"天下之事,常成于困约③而败于奢靡。"

"汝辈但能寡过,勿露所长,勿与贵达亲厚;则人之害己者自少。"

"祸有不可避者,避之得祸弥甚④。"

"纷然争讼⑤,为门户之辱。"

"人生才固有限,然世人多不能克尽其实⑥,至老必抱遗恨。"

"子孙才分⑦有限,无如之何⑧,然不可不使读书。"

"仕宦不可常⑨,不仕则农,无可憾也。"

"后生才锐⑩者,最易坏。"

● **作者简介**

陆游(1125—1210),字务观,号放翁,越州山阴(今浙江绍兴)人,南宋著名

---

① 本章原典引文主要参考上海师范大学古籍整理研究所编:《全宋笔记》(第五编 八),大象出版社2012年版。
② 凛然:严肃,令人敬畏的样子。
③ 困约:困顿、贫乏。
④ 弥甚:更加厉害。
⑤ 纷然争讼:乱糟糟地吵闹,甚至打官司。
⑥ 克尽其实:最大限度地用好自己的实力。
⑦ 才分:才能天赋。
⑧ 无如之何:没有任何办法。
⑨ 仕宦不可常:做官不可能做一辈子。
⑩ 才锐:聪明出众。

文学家、史学家、爱国诗人。陆游出生之时,正值北宋灭亡。他从小深受家庭爱国思想熏陶,一心想收复大宋山河。

陆游有多方面文学才能,其中以诗词成就最大。他自言"六十年间万首诗",而传承至今的有9300余首,其中大量金句广为流传。比如,"遗民泪尽胡尘里,南望王师又一年""王师北定中原日,家祭无忘告乃翁""此生谁料,心在天山,身老沧洲""山重水复疑无路,柳暗花明又一村""纸上得来终觉浅,绝知此事要躬行""伤心桥下春波绿,曾是惊鸿照影来""桃花落,闲池阁。山盟虽在,锦书难托"等。

陆游诗篇的语言平易晓畅、章法整饬谨严,兼具杜甫的沉郁悲凉和李白的雄奇奔放,尤其以饱含爱国热情对后世影响深远。比如,其乐府诗《关山月》主张坚持抗金,讨伐投降派,集中揭露了南宋统治集团妥协求和政策造成的严重后果。又如《书愤》一诗,抒发慷慨激昂的报国热情和壮志未酬的悲愤,昂扬豪壮而苍凉悲怆。习近平总书记多次引用陆游的此类诗歌。比如,2013年3月,在中央党校讲话时,就用了"位卑未敢忘忧国"(《病起书怀》)。2014年10月,主持召开文艺工作座谈会并作重要讲话,引用了"夜阑卧听风吹雨,铁马冰河入梦来"(《十一月四日风雨大作》)等经典名句,指出爱国主义是最深层、最根本、最永恒的社会主义核心价值观,爱国主义最能感召中华儿女团结奋斗。2018年11月,在主持中共十九届中央政治局第十次集体学习时引用"人才自古要养成,放使干霄战风雨"(《苦笋》),激励鼓励广大干部要在新时代的风浪中砥砺前行,磨炼斗争经验。

宋高宗时,陆游参加礼部考试,因受秦桧排斥未能在仕途获得发展。宋孝宗即位后,陆游被赐进士出身,历任福州宁德县主簿、敕令所删定官、隆兴府通判等职。他长期坚持主张抗金,一直被主和派排斥。1171年,受四川宣抚使王炎邀请,加入南郑幕府。第二年,幕府解散。宋光宗时期,陆游成为礼部郎中兼实录院检讨官,可没过多久,又因"嘲咏风月"被罢官回到家乡。1202年,宋宁宗下旨让陆游入京,主持编修孝宗、光宗两朝实录和《三朝史》。

陆游一生起起伏伏,仕途颇多不顺,直到去世都没有看到大宋山河收复。正因为这壮志未酬的悲苦,其诗富含激励人心的爱国力量。这对后代影响极为深远,特别是清末以来国势倾危时,人们不由自主都会缅怀和崇敬陆游,并从其诗歌中源源不断地汲取抗击外敌的伟大力量。

● **经典概览**

《放翁家训》在宋代家书家训当中具有较大影响,曾以《绪训》为名,共 26 则,3700 多字。陆游 44 岁时开始写第一则,完整撰就时他自述"年已八十"。全文类似遗训,就像是一位历尽沧桑的和蔼老人在向后辈有条不紊地交代后事。其中关于丧葬的就有 11 则,包括怎么购置棺材、书写墓志铭,以及安排丧礼仪式、墓木、守墓僧等。除此之外的 15 则,主要讲如何为人处世、待人接物、教育后代等,其核心观点大致有五:厚葬无益,墓志求实;简朴持家,为官戒贪;孝悌行家,谨慎交友;耕读传家,宁农勿仕;邻里和睦,切莫兴讼。

《放翁家训》细致陈述了陆氏祖先在唐代有六人为辅相,到宋代又有数位公卿的不凡家世,系统说明了严格谨慎教育子女、传承清白廉洁家风的重要性。陆游提出"天下之事,常成于困约,而败于奢靡",告诫子孙后代在品性修养、为人处世等方面应力戒奢靡,清清白白,一心耕读,成为正人君子。陆游以"挠节以求贵,市道以营利"为耻,教导子孙即使穷,也不能困,不要因为衣食之欲而甘做市井小人,不要与贵达之人亲近,不要追求高官厚禄,不要以位高欺人,而要永葆奋发之志,在"风俗日坏"的时代要以从事农耕为上策,戒贪、戒轻薄、戒诉讼等。

● **原著选段**

"祸有不可避者"

祸有不可避者,避之得祸弥甚。既不能隐而仕,小则谴斥大则死,自是其分,若苟逃谴斥而奉承上官,则奉承之祸不止失官,苟逃死而丧失臣节,则失节之祸不止丧身。人自有懦而不能蹈祸难者,固不可强。惟当躬耕,绝仕进,则去祸自远。

译文:有些祸患不可逃避,逃避将会招致更大祸患。既然不能退隐而要做官,那么小则受到斥责,大则招致死亡,自然在所难免。如果为了逃避斥责而苟且逢迎上司,那么逢迎上司的祸患就不仅是丢官。如果为了避免杀身之祸而失去臣子的节操,那么丧失节操的祸患就不仅仅是自身被杀。人自然有懦弱的天性而不愿遭遇祸患死难,理所当然也不能勉强。那只有躬耕田园,断绝做官的念头,才可以远离祸患。

11 汝曹切勿坠家风

"风俗方日坏"

风俗方日坏,可忧者非一事,吾幸老且死矣,若使未遽死,亦决不复出仕,惟顾念子孙,不能无老妪态。吾家本农也,复能为农,策之上也。杜门穷经,不应举,不求仕,策之中也。安于小官,不慕荣达,策之下也。舍此三者,则无策矣。汝辈今日闻吾此言,必当不以为是,他日乃思之耳。暇日时与兄弟一观以自警,不必为他人言也。

译文:如今世风日渐败坏,令人担忧的不只是一件事,幸好我已年老将死。即使不会马上死去,也绝不会再出来做官,只是想到子孙后代,不能不像老太婆一样唠叨几句。我家本业是务农,如恢复务农,是上策。闭门读书研究学问,不参加科考,不去做官,是中策。安心做一个小官,不羡慕荣贵显达,是下策。除此三种,就没有别的方法了。你们今天听我这些话,内心肯定不以为然,以后再琢磨吧。空闲时和兄弟们一起看看,用来自我警戒,不必对其他人说。

"吾少年交游"

吾少年交游,多海内名辈,今多已零落。后来佳士,不以衰钝见鄙,往往相从,虽未识面而无定交者亦众,恨无由遍识之耳。又有道途一见,心赏其人,未暇从容,旋即乖隔。今既屏居不出,遂不复有邂逅之期,吾于世间万事,悉不贮怀,独此未能无遗恨耳。

译文:我年轻时交往的人,多是各地名流,如今大多已经作古。后来有才华的年轻人,不因我年老迟钝而轻视我,常常与我相互往来,虽然未曾见过一面且无久交的人也很多。遗憾的是,没机会和他们一一认识。也有的是在路途中见到一面,心里十分欣赏他,但没有时间慢慢细谈,立刻就分别了。如今既然闭门不出,也就不会再有相逢的机会了。我对世间万事都没有什么放不下的,唯独对此不能不感到遗憾。

"世之贪夫,溪壑无餍"

世之贪夫,溪壑无餍,固不足责。至若常人之情,见他人服玩,不能不动,亦是一病。大抵人情慕其所无,厌其所有,但念此物若我有之,竟亦何用?使人歆艳,于我何补?如是思之,贪求自息。若夫天性澹然,或学问已到者,固无待此也。

译文：世上那些贪婪的人，欲望像沟壑一样难以填满，也不一定要谴责他。一般人都是这种性情，见到他人的华服珍玩，没有一点心动，也不正常。大概人之常情就是羡慕自己没有的东西，而不珍惜自己拥有的。人们只需要想一想，这件东西若归我所有，究竟有什么用处？让别人羡慕我，对我又有什么好处？若能这样想，贪心自然就平息了。至于那些天性淡泊，或者学问已达到一定境界的人，当然就不会有这种念头了。

"后生才锐者"

后生才锐者，最易坏。若有之，父兄当以为忧，不可以为喜也。切须常加简束，令熟读经学，训以宽厚恭谨，勿令与浮薄者游处，自此十许年，志趣自成。不然，其可虑之事，盖非一端。吾此言，后生之药石也，各须谨之，毋贻后悔。

译文：才思敏锐的孩子，最容易学坏。倘若有这样的孩子，父亲长兄应该忧虑，不能当作喜事。一定要经常加以约束和管教，让他们熟读儒家经典，训导他们宽容厚道、恭敬谨慎，不要让他们与轻浮浅薄之人来往。这样坚持十多年，其远大志向和高雅情趣会自然养成。不然，让人担忧的事情就不止一件。我说的这些话，是后辈治病的良药，各自必须谨慎对待，不要留下悔恨。

● **家教指南**

《放翁家训》大力倡导的忠厚家风、勤俭克己、专心耕读，以及"后生才锐者，最易坏""常加简束"等理念与方法，对当今家庭教育具有较大启发作用。

一、忠厚家风，代代相传

陆游出身名门望族，其高祖陆轸是进士，官至吏部郎中。祖父陆佃师从王安石，精通经学，官至尚书右丞，有《春秋后传》《尔雅新义》等著作传世。其父亲陆宰，通诗文、有节操，北宋末年曾任京西路转运副使。陆游忠君爱民，极力主张收复大宋山河，深受百姓爱戴。在陆游的言传身教下，陆游的两个儿子都成为著名清官。他的孙子陆元廷，坚持抗敌、奔走呼号，积劳成疾而死。他的曾孙陆传义，与敌人誓死抗争，在崖山兵败、绝食而亡，其玄孙陆天骐也在战斗中宁死不屈，投海自尽。忠厚家风是我国古代名门望族的重要特质。它代表着家庭的精神风貌，形塑着族人的道德品质。陆游家族世代多有高官，却从不以此自居，而是坚守民族大义,克己奉公,为民服务,廉洁自律,为国家作出卓越贡献。

良好的家庭教育就是长辈引领后辈一直沐浴着优良家风做正确的事情。比如:要求孩子勤俭节约,父母就做到不奢侈浪费;要求孩子勤奋读书,自己就放下手机关掉游戏;要求孩子认真细致,自己对待工作就一丝不苟;要求孩子文明有礼,父母就不吵闹粗鄙,做到举案齐眉,当好自己情绪的主人[1]……好的家庭教育不是向孩子说漂亮话,而是做正确的事情,弘扬优良家风,让忠厚家风代代传承。陆游家庭教育也是这样做的,他生不逢时,不能驰骋疆场,奋勇杀敌,但他秉承书香世家爱国传统,一生笔耕不辍,在中国古代文学史上留下了浓墨重彩,一生不遗余力地呼吁收复大宋国土,临终仍然念念叨叨:"王师北定中原日,家祭无忘告乃翁。"陆游基于自己从不"挠节以求贵,市道以营利"的为官处世行为,才去教导子孙不求达官显贵,但求品德无缺,同时基于自己的节操,问心无愧地写下多首"示儿诗"。比如:"吾家世守农桑业,一挂朝衣即力耕""时时语儿子,未用厌锄犁""愿儿力耕足衣食,读书万卷真何益""为贫出仕退为农,二百年来世世同。富贵苟求终近祸,汝曹切勿坠家风"。

好家风是家庭真正的不动产,一个人真正的富有,不在于资产,而在于家风。家风传承的价值意义,不仅体现在家族成员个人的成长上,更体现在整个家族的延续,乃至社会、国家、民族、政党的全面进步方面。正如古人所言:"一家仁,一国兴仁;一家让,一国兴让。"习近平总书记也特别强调:"'正家,而天下定矣。'古时,那些子孙多贤达、功业多卓著的名门,无不与其良好家风的传承息息相关。北宋杨家兴隆三代,将帅满门,人人忠肝义胆、战功卓著。究其缘由,不由让人感叹'杨家儿孙,无论将宦,必以精血肝胆报国'之家风的分量。"[2]

一个家庭的精神风貌,影响着整个社会的道德风气。家风传承是弘扬我国优秀传统文化的重要渠道,也是家庭、家教发展的关键路径。优良家风传承可以丰富一家人的精神寄托与生命价值,创造整个家族的光辉历史与无上荣誉。无论时代如何变化,优良家风传承所追求的核心价值,如忠诚、善良、正直、爱国、清

---

[1] 父母管控好情绪是家庭教育成败的关键。孔子嫡孙子思《中庸》讲:"喜怒哀乐之未发谓之中,发而皆中节谓之和。中也者,天下之大本也。和也者,天下之达道也。致中和,天地位焉,万物育焉。"

[2] 中共中央党史和文献研究院编:《习近平关于注重家庭家教家风建设论述摘编》,中央文献出版社2021年版,第11—12页。

廉、敬业、好学、勤劳等不应变。这是每个家庭都应该秉持的基本原则,也是每个家庭成员的行为准绳。

二、简为至宝,贪求自息

陆游告诫子孙丧葬从简,丧事大办对于活着的人和死去的人都不好。棺材好不好最终都要埋进土里,不要被别人的话影响,不要讲排场,更不要和别人攀比。在生活中,陆游也讲求节俭,他认为看见别人有华服珍玩等好东西怦然心动是人之常情,但对于天性淡泊或道德学问达到一定境界的人,这些外在诱惑都毫无意义。名与利陆游从来都不看重,他一生辗转,但从未因为名利折腰。

当今家庭教育应当积极引导子女不要过分在乎外在的吃穿享受,而更要重视其能力和修养的提升。现在一些孩子从小就和同学攀比吃穿,要求父母给自己买限量款的衣服、鞋子,炫耀自己又去了哪些国家旅行,到了哪些高档的场所,享受了哪些美食。有的孩子还炫耀自己过早拥有的手机、平板、游戏机,引得其他孩子羡慕不已,自己的虚荣心则得到极大满足。现代社会富足家庭越来越多,在为孩子提供衣食住行等必要的生存条件之后,很多父母还一味迁就,千方百计满足孩子提出的各种要求。这显然是错误的,因为万物有度,过犹不及。父母一定要教会孩子分辨需要和必需之间的差异,同时克己节俭,杜绝自己对物质生活的过度依赖,为孩子树立榜样。

马斯洛提出了人五个层次的需求。第一,生理需要,如,吃饭、穿衣、住宅和性等,若不满足,则无法生存繁衍。第二,安全需要,包括对人身安全和心理安全的需求。第三,归属与爱的需要,表现为渴望得到家庭、团体、朋友、同事的接纳和关怀、爱护、理解。第四,尊重的需要,可分为自尊、他尊。第五,自我实现的需要,是人最高等级的需要,希望做好与自己能力相称的事业,最充分地发挥自己的潜力,成为自己所期望的人。

对于上述需要,人们并不是满足一项后就去追求更高一级,尤其是在追求满足高层级需求面临挑战,自认为无法企及或认为满足后也没有多大价值时,能够坚持追求高层级需求的人就会大量减少,层级越高,坚持的人越少。这些放弃高层级追求的人,往往会转而追求低层级需求的无限度满足,沉溺于完全无法填满的物质和本能的欲海之中,烦恼不尽。简为至宝,贪求自息。家长教育孩子,一定要引导他们时刻勤俭克制,较好把握低层级需求的满足度,让孩子在能力提升和道德升华的过程中最大可能实现自我价值。

在这方面,陆游堪称典范,①他现存9300多首诗中,专门训子或者言及教子的而被称为"诗化家训"的有200首之多。二儿子陆子龙要到吉州去任地方官,陆游特意写了一首长达52句的诗来为儿子送行。他写道:"汝为吉州吏,但饮吉州水。一钱亦分明,谁能肆馋毁?"他训导孩子们都像他一样,不要被欲望左右自己的心:"天下之事,常成于困约,而败于奢靡。"陆游全家始终保持着清廉朴素的家风,其身居高位的高祖陆轸、祖父陆佃一生都没有超出日常用度之外的财产,生活极其简朴,陆游也是如此。他深知,言传不如身教,他严于律己,身体力行,以俭养德,诗化生命,追求人生价值的最高峰。正因为如此,他才成为留存诗歌最多的第一人和永垂青史的爱国主义大诗人。

三、耕读传家,诗书继世

"子孙才分有限,无如之何,然不可不使读书。""仕宦不可常,不仕则农,无可憾也。"陆游认为即使子孙天资不够,家里境遇不好,也一定要读书。读书后能出仕为官并不是理所当然的事情,如果不能为官就回家务农耕种,也是很好的出路,不应该有丝毫遗憾。

"男儿欲遂平生志,勤向窗前读与耕。"耕读传家,意味着在农耕与读书之间寻找平衡,既要有辛勤的劳作,也要有精神的滋养。在古代农耕社会,人们普遍认为耕田可以养家糊口,读书则能明理修身,"耕"与"读"成为一种不可或缺的生活方式。"耕"不仅仅是为了生存,"读"也不仅仅是为了应科举。在各种辛勤劳作之中,可以培养勤劳务实、吃苦耐劳、脚踏实地的品质,感受"粒粒皆辛苦"的艰辛和与不易,更有助于养成务实的生活作风。而读书更能够促进立志、修身、养德,激发"先天下之忧而忧"的责任感和担当意识。通过耕读培育家族成员良好的行为习惯和高尚情操,促进家庭和睦、社会和谐,这正是耕读传家的现实意义所在。

---

① 在两宋历史上,王安石和司马光这对政敌兼朋友也堪称典范。王安石生性质朴节俭,对华丽之物毫不在意,只专注于学问和改革事业,其俭朴甚至到了邋遢的地步,这里不详述。司马光则有训导儿子司马康的名文《训俭示康》传世。该文开篇就讲述了自己的性情与理念:吾性不喜华靡,自为乳儿,长者加以金银华美之服,辄羞赧弃去之。二十忝科名,闻喜宴独不戴花。同年曰:"君赐不可违也。"乃簪一花。平生衣取蔽寒,食取充腹,亦不敢服垢弊以矫俗干名,但顺吾性而已。众人皆以奢靡为荣,吾心独以俭素为美。人皆嗤吾固陋,吾不以为病。应之曰:孔子称"'与其不逊也,宁固';又曰'以约失之者鲜矣';又曰'士志于道而耻恶衣恶食者,未足与议也'。"古人以俭为美德,今人乃以俭相诟病,嘻,异哉!

从古至今,耕读传家都是众多家教家训的重要思想。劝勉后世子孙躬身耕读,勤奋做事,读书求真,是深深植根于中国传统文化的人生理念。这代表了一种优良的生活方式,一种健康的价值观,这是对知识的追求,对家族传统的坚守。对此,陆游除了在家训中反复强调,还留下了众多诗歌。比如,《五更读书示子》:"近村远村鸡续鸣,大星已高天未明。床头瓦檠灯煜爚,老夫冻坐书纵横。"又如,《冬夜读书示子聿》:"古人学问无遗力,少壮工夫老始成。纸上得来终觉浅,绝知此事要躬行。"

特别是绍熙二年(1191)陆游的《示儿》诗,生动描绘一家人自食其力地劳作、孜孜不倦地研学,还纵论国家大事,真可谓其乐融融、恬淡悠远、教子有方:"舍东已种百本桑,舍西仍筑百步塘。早茶采尽晚茶出,小麦方秀大麦黄。老夫一饱手扪腹,不复举首号苍苍。读书习气扫未尽,灯前简牍纷朱黄。吾儿从旁论治乱,每使老子喜欲狂。不须饮酒径自醉,取书相和声琅琅。人生百病有已时,独有书癖不可医。愿儿力耕足衣食,读书万卷真何益!"

在古代,家族是社会的基本单位,而家族的传承不仅仅是血脉的延续,更是文化的传承。因此,许多家族都将子子孙孙读书作为家族第一要务,希望通过读书来培养家族成员的品德和文化素养,在光宗耀祖的过程中使家族文化传统和影响力得以发扬光大。这种理念的广泛传播和践行,在很大程度上塑造了古今中国人的价值观念和生活方式。比如,世世代代中国人都崇尚教育,"万般皆下品,惟有读书高"这一极端偏颇的论断便是这种价值观的真实映照。

当代家庭对于子女教育的重视,虽然在很大程度纠正了"惟有读书高"的偏颇,但仍然存在一定的观念误区。一种家长认为只需要把读书这件事做好,就是好孩子。这样的家庭,往往把孩子的功课学习放在首位,其他要求都没有或不重要。这样的孩子很可能高分低能,自私自利,学习到最后还会陷入内心茫然的境地,不知道自己的人生目标在哪里。现实生活中有很多这样的孩子,他们好像得了"空心病"。另一种家长则认为,学习虽然很重要,但这是孩子自己的事,应当由孩子自己去完成。他们往往对孩子的学习有很高要求,却疏于过程性教导与帮助。这会使很多孩子产生绵绵不断的无助与挫败感。

要真正继承发扬耕读传家的优良传统,家长必须把自己的孩子同时当作全社会的孩子,锻炼他们各方面的生活能力。在孩子成长的过程中给予合理的教导和适当的帮助。让孩子除了学习之外,还要积极参与家庭劳动、学校组织的劳动和社会服务活动。

现代社会,虽然生活方式和价值观已经发生了很大变化,但是耕读传家、诗书继世这种传统的生活理念和人生价值仍然具有重要意义。无论何时何地,华夏儿女都要有勤劳的精神,都要有对知识的敬重,都要有对民族优秀文化传统的传承和创新。比如,城市的孩子虽然无法耕种,但家务劳动必须让孩子参与其中并获得生活技能。首先是整理与打扫自己的房间。书桌的整理,垃圾的清除,玩具的收纳,都必须让孩子自己完成。一日三餐,小一点的孩子可以摆碗筷,大一点的孩子可以盛饭、摆菜,再大一点就应该学习下厨做饭了。

四、才锐为忧,久久为功

现在的孩子聪明伶俐者居多,很多孩子从小就表现出过人的观察、思维、表达和运动等能力,在父母眼里他们活泼机灵,讨人喜欢。这样的孩子就是陆游所言的"后生才锐者"。家里有这样的孩子值得庆贺呀,为什么陆游告诫"不可以为喜"呢?《伤仲永》的故事人人都耳熟能详,一个天赋极高的孩子缺失继续学习就和普通人没有区别。更为严重的是,"后生才锐者"如果教养不当,会比资质平常的孩子对家庭和社会的负面作用更大,因为他们可能存在的创造力没有得到很好引导,就可能爆发出惊人的破坏力。对于这类孩子,陆游提出的几点教养方法,值得充分借鉴。

(一)约束管教走正道

陆游特别要求对"才锐者""切须常加简束……勿令与浮薄者游处"。"才锐者"智力优于常人,天生学习能力就很强。俗话说:"近朱者赤,近墨者黑";"跟好人学好人"。"才锐者"必须要有正直优秀的老师和伙伴,才能保证他的思想不跑偏。父母是孩子的第一任老师,也是永不卸任的老师,作为父母,一定要对"才锐者"多加帮助与管教,切勿宠爱骄纵,一定要引导他走正道。另外,要特别关注孩子的伙伴,引导并严格要求孩子甄别筛选品行端正的朋友。

(二)正规送教敬老师

陆游训导"后生才锐者"必须"熟读经学",是要求学习儒家正统思想,也是要求孩子接受正统教育。目前父母家长也必须送孩子进入正规学校,引导他们敬佩德才兼备的老师。只有敬佩德才兼备的老师,"后生才锐者"才能跟从老师学习,进而真正爱上学习,全面提升自身素养。

有的家庭,放弃学校正规教育,把所谓"天才孩子"和"神童"的培养囿于家庭,耗费重金自聘教师,或送入各种名目的"精英训练营""国学坊"等,这往往得不偿失。为了在学校基础上进一步优化孩子的个性成长,延聘家庭教师或送入孩子喜欢并精选的培训班,作为适度补充无可厚非,但如果过度,或者因此而让孩子不再敬重学校老师,就很可能适得其反。陆游深谙此道,明确要求对"后生才锐者"必须"训以宽厚恭谨"。

（三）百年树人成志趣

任何成功都来自持续地付出,教导孩子也是一样,管子所说"十年树木,百年树人"就是这个道理。就算基础教育阶段,培养一个孩子也需要十年以上时间。按照现行学制,孩子从3岁进入幼儿园,到高中毕业,一般都需要在学校就读15年才能升入大学。当前,个别"才锐者"父母,急于求成,让孩子不断跳级,对孩子心智涵养极为不利。另有家长,认为孩子"才锐",就疏于教导,三天打鱼两天晒网,这是对孩子持续健康成长的极大不负责。

其实,无论多么优秀的孩子,就算成年以后,也还需要父母的提醒和点拨。比如,傅雷的一封封家书,引导在海外学习生活并结婚成家的儿子傅聪战胜学习生活中的重重困难,最终成为享誉世界的钢琴家。著名教育家苏霍姆林斯基写给儿子、女儿的信,也让彷徨的青年人进一步坚定了自己的理想信念。所以,称职的父母必须本着"百年树人"的强烈使命,坚持长时间培养教导自己的孩子。陆游所言"自此十许年,志趣自成",就是特别强调的这一点。

（本章编撰:龙琳玲）

12　教人和家之要术

——袁采《袁氏世范》①要义

● **家教要言**

"慈父固多败子。"

"子幼必待以严;子壮无薄其爱。"

"幼而教之以是非,则长无为恶之患。"

"犹不可因其不到②而使之废学。"

"贫贱而有业,则不至于饥寒;富贵而有业,则不至于为非。"

"行高,人自重,不必其貌之高;才高,人自服,不必其言之高。"

"言语简寡③,在我可以少悔;在人可以少怨。"

"施人勿念,受施勿忘。"

"小人当敬远。"

"家成于忧惧破于怠忽④。"

"有所期诺,纤毫必偿;有所期约,时刻不易⑤。"

● **作者简介**

袁采(？—1195),字君载,衢州信安(今浙江常山县)人。南宋孝宗隆兴元年(1163)进士,初为县令,官至监登闻鼓院,负责受理民间上诉、举告、自荐、议论军国大事等事宜的进状。

---

① 本章原典引文主要参考袁采:《袁氏世范》,上海人民出版社 2017 年版。
② 不到:不能达到要求,没有实现预期目标。
③ 言语简寡:少言少语。
④ 怠忽:松懈,疏忽。
⑤ 时刻不易:时刻都不能改变诺言。

袁采自小以儒家"修""齐""治""平"等信念砥砺自我,长进很快,才德并佳,时人称其"德足而行成,学博而文富"。为官之后,他谨遵儒家之道处理政务,廉明刚直,很重视教化自己管辖的官员百姓,颇受好评。在浙江乐清为官时,袁采仿效孔子之孙子思向百姓宣扬儒家思想的做法,撰写《世范》一书,用以厚人伦、美习俗。袁采还著有《政和杂志》《县令小录》等书,可惜今已失传。

袁采在《世范》中多次表达对底层女性的关注,被誉为"中国历史上提倡女性同情论的第一人",对于仆人、婢女、侧室等方面事情,袁采往往建议约束更有权势之人,关注和同情弱势群体。比如,《求乳母令食失恩》一则中,袁采谈到社会上普遍存在的富人雇佣乳母现象。家境贫寒的母亲对自己刚刚来到人世的子女无法哺乳,却被雇去为他人哺乳,这是不道德的。有人为了乳母长期受雇,甚至挟持乳母,限制其人身自由,使之有家不能回,这更是不仁不义。对于诸多恶习,国家当时法令并未完全禁止而默许。作为士大夫阶层代表的袁采,能清晰看到并大力批判这些不公不义现象,并希望国家立法规范管理,实属难能可贵,充分显示了他以人为本的执政理念与悲天悯人的深厚情怀。

当然,受时代和阶级局限,袁采在《世范》中尽管要求对仆人多加关心,但始终认为"奴仆、小人就役于人者,天资多愚,作事乖戾背违",他们"性多忘""性多很",不能委以重任。他要求解决好奴仆饱暖,是为了"此辈既得温饱,虽苦役之,彼亦甘心";他要求善待奴仆,也是怕出意外。尽管如此,比起那些完全不把奴仆当人看的凶吝之人,袁采也算得上是较为开明和善的儒者了。

● 经典概览

《四库全书提要》推崇《袁氏世范》有言:"其书于立身处世之道反复详尽,所以砥砺末俗者极为笃挚,明白切要览者易知易从,固不失为《颜氏家训》之亚也。"该书原名《训俗》,一成书就受到普遍好评,借去"录之者颇多",以至于"不能遍应"。袁采只好刊印,并请同窗好友、隆兴府通判刘镇作序。刘镇拿到此书后爱不释手,"详味数月",发现此书义理精微,"敦厚而委曲,习而行之,诚可以为孝悌,为忠恕,为善良,而有士君子之行矣"。他认为此书"可以施之乐清","达之四海可也";"可以行之一时","垂诸后世可也",就建议书名改为"世范",《袁氏世范》便由此得名。该书"淳风俗""美教化""达人情"的思想内容于国于民大有裨益,刊印之后影响更大,逐渐成为备受推崇的家训经典。众多书塾将此书作为训蒙课本,历代士大夫多将它奉为至宝。在西方汉学界,也广受重视,并有多种译本。

《袁氏世范》共分《睦亲》《处己》《治家》三卷,共 2.3 万多字,内容非常详尽。其中,《睦亲》55 则,论及父子、兄弟、夫妇、妯娌、子侄等家庭关系的处理,阐明了家人族属和睦相处的基本准则。如,强调"父慈子孝",父母对待子女要"均其所爱";家庭成员之间提倡"长幼贵和""相处贵宽""各怀公心"。《处己》64 则,纵论立身、处世、言行、交游之道以及如何提升自我修养。如,强调在待人接物时,不能"因人之富贵贫贱,设为高下等级";面对财物,"不损人而益己";面对患难,"不妨人而利己"。《治家》40 则,主要论述如何看待和处理奴仆、田产、赋税、债务等,如,对于佃户应该看作是自家的"衣食之源",要体恤厚待;借贷要少收利息,遇到灾害要减租;购买田产要公平交易,经营商业不可掺杂使假。

《袁氏世范》一书的伦理讲述并不像古代众多修身齐家之书那样古板正统。全书以儒家之道为依据,娓娓道来,可以营造出和睦安宁的家教氛围。比较而言,袁采思想比较开明,对传统文化糟粕有一定扬弃。他并不像一些"老古板"把四书五经、孔孟之道的教条奉为圭臬,对一些不够合理的立身处世规则进行了更富人情、更为实用的更新。比如,袁采认为父子兄弟之间应该平等,他们各有各的个性特征是正常现象,无须刻意改变;家族中的长辈,不能倚仗自己的辈分与年龄压制后辈,而要凭借自己的修养来确立德高望重的地位;后辈不可盲目屈从于长辈的权威。

● **原著选段**

"人之父子"

人之父子,或不思各尽其道,而互相责备者,尤启不和之渐也。若各能反思,则无事矣。为父者曰:吾今日为人之父,盖前日尝为人之子矣,凡吾前日事亲之道,每事尽善,则为子者得于见闻,不待教诲而知效;倘吾前日事亲之道有所未善,将以责其子,得不有愧于心? 为子者曰:吾今日为人之子,则他日亦当为人之父,今吾父之抚育我者如此,畀付我者如此,亦云厚矣,他日吾之待其子,不异于吾之父,则可以俯仰无愧;若或不及,非惟有负于其子,亦何颜以见其父? 然世之善为人子者,常善为人父。不能孝其亲者,常欲虐其子。此无他,贤者能自反,则无往而不善；不贤者不能自反，为人子则多怨，为人父则多暴。然则自反之说，惟贤者可以语此。

译文：父子之间，有人彼此不考虑各尽其职，而互相求全责备，这尤其是导致父子渐渐不和的原因。如果各自能反思就没什么事了。做父亲的说："我如今是做儿子的父亲，以前也曾是父亲的儿子。我以前侍奉父母，事事都尽心尽力做好，就被子女看到听到了，现在不用再去教导，他们就知道效仿。如果我以前侍奉父母做得不够好，如今却责令儿子一定要做好，难道不会有愧于心吗？"做儿子的说："我如今做父亲的儿子，将来也要做儿子的父亲。如今我的父亲这样抚养我长大、给予我所需，可称得上是厚爱了。将来我待儿子，跟父亲待我没什么差别，那就可以无愧于天地。如果有所不及，那不仅有负于儿子，而且还有何颜面见我的父亲呢？"所以，世上的好儿子，也常常是好父亲；不能孝顺父母的，也常常虐待自己的子女。这没有别的原因，只是优秀的人能自我反省，无论做父亲还是做儿子都能做好；不优秀的人不能自我反省，做儿子就有很多怨恨，做父亲也暴怒无常。然而，这种反躬自思的方法，只能告诉给优秀的人才有作用。

"慈父固多败子"

慈父固多败子，子孝而父或不察。盖中人之性，遇强则避，遇弱则肆。父严而子知所畏，则不敢为非；父宽则子玩易，而恣其所行矣。子之不肖，父多优容；子之愿露，父或责备之无已。惟贤智之人，即无此患……为人父者能以他人之不肖子喻己子，为人子者能以他人之不贤父喻己父，则父慈而子愈孝，子孝而父亦慈，无偏胜之患矣。

译文：慈父固然多有败坏的子女，但也可能是子女孝顺，父亲却不察觉。这是因为一般常人的本性是，遇到比自己强硬的就会退避，遇到比自己软弱的就很放肆。父亲严厉，子女知道有所畏惧，就不敢胡作非为；父亲宽缓，子女就会轻视忽略，行事放纵。同样，子女不正派，父亲常常会纵容；子女忠厚老实，父亲却可能责备个不停。只有贤良智慧的人，才不会有这个问题……做父亲的，能够用他人的不肖之子来跟自己的子女比较；做子女的，能够以他人不贤良的父亲来跟自己的父亲对比，那一定会父亲慈爱而子女也越来越孝顺，子女孝顺而父亲也越来越慈爱，就不用担心有所偏颇了。

"人之有子"

人之有子,多于婴孺之时爱忘其丑,恣其所求,恣其所为,无故叫号不知禁止,而以罪保母;凌轹同辈,不知戒约,而以咎他人。或言其不然,则曰小未可责。日渐月渍,养成其恶。此父母曲爱之过也。及其年齿渐长,爱心渐疏,微有疵失,遂成憎怒,摭其小疵,以为大恶。如遇亲故,妆饰巧辞,历历陈数,断然以大不孝之名加之,而其子实无他罪。此父母妄憎之过也。

译文:有孩子的人,大多在孩子婴幼时就溺爱,而忽视其不好的言行,放纵孩子的欲望和行为。孩子无故嚎叫时,不知道去禁止,反而怪罪保姆;孩子欺凌同辈时,不知道去告诫约束,反而责怪他人。如果有人告诉他这样不对,他就说:"孩子还小,不必责怪。"日复一日,养成其恶,这就是父母曲加溺爱的过错。等到孩子渐渐长大,父母的爱心也渐渐疏薄,孩子略有过失,父母就憎恶发怒,挑出孩子的小错,当成是大恶。如果遇到亲戚故旧,就修饰言辞,添油加醋,一五一十数落,完全以大不孝的罪名加在孩子头上。但他的孩子其实并没有什么罪过。这就是父母妄加憎恨的过错。

"盖子弟知书"

盖子弟知书,自有所谓无用之用者存焉。史传载故事,文集妙词章,与夫阴阳、卜筮、方技、小说,亦有可喜之谈。篇卷浩博,非岁月可竟,子弟朝夕于其间,自有资益,不暇他务。又必有朋旧业儒者,相与往还谈论,何至饱食终日,无所用心,而与小人为非也。

译文:凡是子弟所读的书,就自然有所谓"无用之用"的书(除了圣贤经典之外的)。历史传记所记载的故事,文集中的妙词好文,以及那些阴阳、卜筮、方技、小说等书籍,也都有令人高兴的内容。这些书篇幅浩大,不是一年半载可以读完的。子弟早晚浸润在其中,自有益处,起码没闲暇去干别的坏事。经常读这些书,必定有同样学识丰富的老朋友,相互交往讨论。这样,怎么也不至于饱食终日,无所用心,而与那些小人之辈胡作非为了。

"圣贤犹不能无过"

圣贤犹不能无过,况人非圣贤,安得每事尽善?人有过失,非其父兄,孰肯诲责;非其契爱,孰肯谏谕。泛然相识,不过背后窃讥之耳。君子惟恐有过,密访人之有言,求谢而思改。小人闻人之有言,则好为强辩,至绝往来,或起争讼者有矣。

译文:圣贤都还不能没有过错,何况一般人并非圣贤,怎么可能每件事都做得完美呢?一个人有过错,如果不是他的父母兄长,谁愿意教诲责备他呢?不是他情意深长的朋友,谁愿意规劝提醒他呢?泛泛而交的人,不过是背后议论耻笑他罢了。品德高尚的人惟恐自己有错,私下请求别人批评自己,听到批评建议就会感谢别人并反思改正。品德低下的人听到别人批评议论,就喜欢强行辩解,以至于断绝朋友往来,有人甚至为此打官司。

"子弟有耽于情欲"

子弟有耽于情欲,迷而忘返,至于破家而不悔者,盖始于试为之,由其中无所见,不能识破,则遂至于不可回。

译文:子弟中有人因为情欲耽误前程,沉迷忘返,以至于败坏家业而不悔改。这些人都是因为开始想尝试一下,由于头脑没有见识,不能看透其中的危害,就顺理成章到了不可挽回的地步。

"今人受人恩惠多不记省"

今人受人恩惠多不记省,而人所急于人,虽微物亦历历在心,古人言:施人勿念,受施勿忘。诚为难事。

译文:当今的人接受别人恩惠大多不能记在心里,但因为别人有急事给予了帮助,虽然微不足道,也要清清楚楚记在心里。古人说:帮助别人不要记住,接受别人帮助千万不要忘记。这确实是很难做到的事。

"人之家居"

人之家居,井必有干,池必有栏,深溪急流之处,峭险高危之地,机关触动之物,必有禁防,不可令小儿狎而临之。脱有疏虞,归怨于人,何及?

译文:住户人家,水井必须加有栏杆,池塘必须安上栅栏。深溪急流、峭壁险峰等高危地方,以及设有机关的东西,必须严加防范,不可让小孩随意玩耍接近。否则,一时疏忽,出了事故,怨天尤人,怎么来得及啊?

12 教人和家之要术

● **家教指南**

《袁氏世范》被称为"《颜氏家训》之亚",与颜之推"非敢轨物范世也,业以整齐门内,提撕子孙"的立意相比,《袁氏世范》更加注重个人修养及家庭关系、社会关系的处理,少了一些高亢义理的阐述,多了一些人间烟火的规劝,少了一些学术文化的探究,多了一些伦理关怀的说教,少了一些文人雅兴,多了一些世风民俗。《袁氏世范》录有不少反映当时人文风俗的小故事,饶有趣味,几乎每位读者都能从中看到自己为人处世的镜像,[1]汲取家庭教育的智慧。

一、推己及人的理解与退让

袁采认为"人之至亲,莫过于父子兄弟",但他们之间也有不和睦的,原因何在呢?袁采认为人的性情不同,有的宽容柔和,有的粗暴急躁,有的温顺软弱,有的严肃敦厚,有的安静矜持,有的放任不拘……不同性格之人,居住于同一屋檐之下,天长日久,难免会发生分歧。

比如,父亲处于长辈之位,对子女的成长拥有着更多话语权,脾气急躁的父亲大多会严厉要求子女,但子女性情却未必如父亲所愿,也许会慢热温弱。性情不合,言行举止也就很可能不合,长此以往,不和睦的苗头便产生了。一旦面临分歧,意见相左,很可能争吵辩论,三番五次之后,不和的情感就此滋生,对抗的大幕从此开启,问题也会越发严重。而子女之于父辈,更希望拥有平等的话语权利,随着年岁增长,自我认识越强,越发想要家人对自己认可,或者给予自由空间。面对父辈的建议,即使是善意,也会不由自主地反驳,甚至很情绪化地逆反抗争。

出现上述情况,就要意识到每个人性情不同,人人都不能以自我为中心,苛责家人一定要听从于自己,而要推己及人,多站在对方的立场思考问题。这样在处理事情,往往会多一些考量,少一些矛盾。很多时候家人之间的"情感一致"都重于"意见一致",袁采很希望大家都能领悟到这个道理。他指出,面对家人的指责抱怨,双方"若各能反思,则无事矣"。同时倡导大家都要做善于反思的

---

[1] 在引导子女为人处世方面,著名民主人士黄炎培的教子"座右铭"很值得参考。1943年,黄炎培四子黄大能出国留学,他特意为儿子写了一副座右铭:"理必求真,事必求是。言必守信,行必踏实。事闲勿荒,事繁勿慌。有言必信,无欲则刚。和若春风,肃若秋霜。取象于钱,外圆内方。"(见中华职业教育社社史陈列馆展陈文字,该馆位于重庆市渝北区黄炎培中学内)

"贤者",因为"贤者能自反,则无往而不善;不贤者不能自反,为人子则多怨,为人父则多暴"。

孔子讲:"事父母几谏。见志不从,又敬不违,劳而不怨。"这对当前儿童青少年而言,是很难达到的要求,因为一而再,再而三,敬而不违、劳而不怨地给父母提建议,他们在自己的父母面前,不一定有这个勇气和毅力,其生活经历也决定他们少有这样的见识和耐心,做这些事情也不一定符合当前学习生活的快节奏。然而,家庭生活中很可能出现这样的父母,需要这样的奉劝。那怎么办呢?

主动权一般还在于父母。父母要推己及人,善于理解孩子的观点与善意,不必让子女再三请求建议,同时,给孩子做出和善相处、顺意而为的榜样。即使是孩子的错误,父母在战略上应该严格坚持己见,但在战术上有必要宽容退让。孩子应该听从父母的教诲,但是父母也应该教之有道、宽严有度,切不可稍不如意,便责备打骂孩子,和顺沟通才是教育的正道。当然,家庭教育没有定法,如果孩子对待父母的态度确实需要优化,与人相处的友善耐心的确需要培养,家长也必须严格要求和反复训练。

当今儿童青少年成长在物质与信息都比较富余的优越环境中,受到的关心关注也更多,他们的个性更加突出。为人父母者,多想想孩子的个性和成长经历,多听听孩子的言语和真实心声,也要更多尊重孩子的正常想法和创新追求,切不可强行要求孩子必须与自己一致,就算是一些无伤大雅的叛逆,也要理解和接受。

当然,一味理解与退让,也并不是最好选择。父母要善于引导子女,比如和孩子一道妥善处理他们和父母辈的矛盾,多去理解自己父母操持家庭的不易和对子女的期盼,在语言、情感和行为上多去抚慰自己的父母,一些往往看似尖锐的家庭矛盾,都会在彼此理解的亲情温润中化为无形。更重要的是,子女在其中会不知不觉学习换位思考,逐渐理解父母的良苦用心及合理诉求,实现家庭和睦、亲子共同成长。这些方法,都是《袁氏世范》可以带来的启发。

二、积极真诚的宽容与沟通

家庭应该是一个温馨的小团体,但一定也有血亲都难以强合的时候。家人日常生活交织越深,相互之间的摩擦就越多,袁采建议对家人要多加宽容。不过,他提出的宽容不是消极忍受和无底线迁就,他认为家人之间的矛盾积蓄过多,也会如洪水决堤般泛滥成灾,不可控制。现实情况的确如此,因为彼此是家人,相处时间多,积累的怨怼也可能多,如不及时倾诉、发泄、排解,等到积怨成仇,家人反目,就痛悔不已了。

针对这种情况,袁采建议:"随而解之,不置胸次。"也就是及时化解,不要形成心结怨海。当下不少人倡导的"家庭会议"除了协商大事、要事,也可展开自我批评和反思交流,大家敞开心扉,彼此畅所欲言,心中块垒自然会随之融化,甜蜜亲情也会更加淳美。人无完人,学会积极反思自我和宽容别人,也就学会了与家人相处,与自己相处。内心没有积怨,也就能更好调整心情,面对自己和家人。当然宽容是相互的,父母与子女之间、兄弟姐妹之间、亲戚友朋之间,相处越多,越容易产生矛盾,而对于矛盾大家都要容得下,化得开,不愉快的事情,过去了就不要反复提起,更不要窝在心中。

古人非常重视真诚,《中庸》说:"唯天下至诚为能化""至诚之道,可以前知"。《荀子》也说:"天地为大矣,不诚则不能化万物;圣人为知矣,不诚则不能化万民;父子为亲矣,不诚则疏。"如果不真诚,哪怕是血亲父子,也会彼此疏远。袁采也这样认为,他在《孝行贵诚笃》中写道:"人之孝行,根于诚笃。"袁采认为,侍奉父母不可只追求声音笑貌的恭敬,或者浮于表面,送送礼、聊聊天,而要发自内心的真诚关心。对家人的不顺与病痛,必须及时伸出援手,切不可有半点冷漠。父辈这样真诚待家人,子辈也会学习效仿,这样的家庭才能世世代代繁荣昌盛。

其实,不仅对待父母要真诚,对待兄弟、亲戚也是如此。袁采提到"兄弟贵相爱""亲戚不可失欢",将小家庭范围扩大,在于父亲、母亲各自大家族亲人相处中也须如此。亲戚之间不斤斤计较、真诚以待,才能"相欢以处"。儒家说"万物一体","四海之内皆兄弟",但同时也讲究"爱有等差"。袁采在儒学思想影响下,提出关心亲人是首要的,以此为根基,再依次向外推,处理好与家庭的关系、与自我的关系、与社会的关系,达成与天地万物和谐共处,最终实现万物一体、天下大同的人类理想。当今家庭相对于过去而言子女很少,叔侄姨表相处也不像古时那样频繁密集,但是袁采有关宽容沟通、真诚以待的系列言论,对现代小家庭依然适用。其中,兄弟姐妹之间要平等以待,教以道德,更是给不少二胎、三胎家庭提供了直接指导。

三、务实恰切的引导和要求

作为人父,袁采不可能没有望子成龙、望女成凤的希冀。但比起同时代的士大夫而言,他显得极为务实,对待子女绝无好高骛远的非分。比如,他也主张"子弟当致学",但学习并非只为科考。袁采直言:"士大夫之子弟……莫如为儒。其才质之美,能习进士业者,上可以取科第致富贵,次可以开门教授,以受束脩之奉①。其不能习进士业者,上可以事笔札,代笺简之役②,次可以习点读③,为童蒙之师。如不能为儒,则医卜、星相、农圃、商贾、伎术,凡可以养生而不至于辱先者,皆可为也。"

在袁采看来,"爱子莫若使其立业"。他主张:"人之有子,须使有业。"其主要理由是:"贫贱而有业,则不至于饥寒;富贵而有业,则不至于为非。"他分析了富贵子弟不务正业产生恶果的过程与原因:"耽酒色,好博弈,异衣服,饰舆马,与群小为伍,以至破家者,非其本心之不肖,由无业以度日,遂起为非之心。小人赞其为非,则有啜钱财之利,常乘间而翼成之。"袁采明确要求无业子弟"痛宜省悟!"当前,个别家庭略有富余便频频出现子女宅家啃老现象,这与袁采所言"无业以度日"的富贵子弟有很大相似之处。这警醒当今父母必须从小就对孩子实施务实的职业教育和生涯指导。

对于职业教育,当今一些父母家长主要存在两种误区:其一,在孩子小幼之时,认为为时尚早,所以幼儿园、小学,乃至初中,都让孩子"一心只读圣贤书",对现实职业的引导及其必要技能的培养,疏于关注或仅仅"纸上谈兵"。其二,"万般皆下品",家长视野中有关子女就业的"负面清单"太长,很多职业都不入法眼,不愿"给人打工"。比如,初中毕业,羞于让孩子就读中等职业学校,认为层次太低,毕业后打工太苦。高考填报志愿,也往往盯着"钱长路短人轻松"的专业。哪知当今社会根本没有这样的专业岗位,以至于孩子即使读完理想的院校和专业,毕业也很难找到自己满意的工作,于是对社会满腹抱怨,宅家啃老就成了必然。

作为封建士大夫和位高权重的饱学之士,袁采比当今一些家长都要务实、现实得多。他认为:"子弟之流荡,至于为乞丐、盗窃,此最辱先之甚。然世之不能为儒者,乃不肯为医人、星相、农圃、商贾、伎术等事,而甘心为乞丐、盗窃者,深可诛也。"袁采的观点非常清楚,凡是可以自食其力而不至于辱没先辈的职业,都可以做。他只要求守住道德底线和做人骨气。乞丐、盗窃,最辱没先祖,可以做

---

① 束脩之奉:古时学生向老师奉送的礼物,类似于学费。
② 笺简之役:古时代人写信的工作。笺简:书信。
③ 习点读:教孩童断句读书,泛指以塾师为业。

正业而做乞丐、盗窃者,"深可诛!"他还对乞丐、盗窃的外延做了扩充:"凡强颜于贵人之前而求其所谓应副,折腰于富人之前而托名于假贷,游食于寺观而人指为穿云子,皆乞丐之流也。居官而掩蔽众目,盗财入己,居乡而欺凌愚弱,夺其所有,私贩官中所禁茶、盐、酒、酤之属,皆窃盗之流也。"他认为,做这些事的人,纯属无耻之徒,断断不可效仿。

基于上述观点,袁采结合自己的为官经历强调:"子弟有愚缪贪污者,自不可使之仕宦。"因为愚蠢的子弟当官,"必以狱讼事悉委胥辈,改易事情,庇恶陷善";贪婪的子弟当官,"必与胥辈同谋,货鬻公事①,以曲为直,人受其冤无所告诉"。这可见袁采不但务实,而且明智,在职业选择方面基于人性良知与社会道德考虑了因人而异,也设置了就业不可碰触的红线,必须遵守的职业道德。袁采特别强调,"行医货药,诚心救人,获福报者甚众",但是,"货卖假药者,其初积得些小家业,自谓得计,不知冥冥之中,自家合得禄料都被减克。或自身多有横祸,或子孙非理破荡,致有遭天火、被雷震者"。他的这些职业道德教育,不但非常务实,而且站位很高,因为在他看来,"万物之中人命最重,无辜被祸,其痛何穷!"

除职业教育之外,袁采还重视理财教育、公益教育、安全教育和婚姻教育等。比如,他主张:"有男虽欲择妇,有女虽欲择婿,又须自量我家子女如何。如我子愚痴庸下,若娶美妇,岂特不和,或有他事;如我女丑拙狠妒,若嫁美婿,万一不和,卒为其弃出者有之。凡嫁娶因非偶而不和者,父母不审之罪也。"这种要求婚配条件彼此相当的观点,在很大程度上超越了古代所谓门当户对的陈词滥调,而是满怀诚朴,现实地考量婚姻生活与生命成长的质量。对于门户与财富,袁采也有考虑,但他反对不切实际的奢求,因为"苟人物不相当,则子女终身抱恨,况又不和而生他事者乎!"袁采所言"男女议亲,不可贪其阀阅②之高,资产之厚",而必须"贵人品"的观点,以及为人处世"受恩必报""不可迷途情欲""财色不可苟得""交易要公平"等,对于当今父母引导培育儿女正确的人生观、价值观具有重要参考价值。

(本章编撰:郭灵巧)

---

① 货鬻(yù)公事:在办理公务中谋取私利。货鬻:出卖东西。
② 阀阅:古代显赫门第大门外有两根柱子,左称"阀",右称"阅",用于张贴户主功状。后泛指家族的社会地位和声望。

13　教之道,贵以专

——《三字经》①要义

● **家教要言**

人之初,性本善。性相近,习②相远。
苟不教,性乃迁③。教之道,贵以专。
养不教,父之过。教不严,师之惰。
子不学,非所宜。幼不学,老何为?
玉不琢④,不成器;人不学,不知义。
读史者,考实录,通古今,若亲目⑤。
幼习业,壮致身,上匡⑥国,下利民。
人遗子,金满籯⑦;我教子,惟一经⑧。

● **作者简介**

王应麟(1223—1296),字伯厚,自号深宁居士,人称厚斋先生,祖籍河南开封,生于浙江宁波。南宋著名学者、政治家、蒙学家。他天资聪颖,9岁时因贯通六经而被誉为神童;南宋淳祐元年(1241),19岁的他中进士;宝祐四年(1256),

---

① 本章原典引文主要参考王应麟等:《三字经　百家姓　千字文》,吴蒙标点,上海古籍出版社2017年版。
② 习:后天习染积久养成的气质、性格等。
③ 迁:变坏。
④ 琢(zhuó):雕琢,打磨。
⑤ 若亲目:如亲眼所见。
⑥ 匡(kuāng):辅助。
⑦ 籯(yíng):竹编的箱子。
⑧ 经:儒家经典的统称。

又以"学识渊博精深、文词优美恢宏"考中了博学鸿词科。王应麟官至礼部尚书,后辞官。宋亡后隐居乡里20载,闭门谢客,著书立说。他学识通古博今,著作卷帙浩繁,传世23种、695卷。

王应麟生活的宋代"崇文抑武",属于典型的文人治天下,朝廷积贫积弱,国家边患四起。不过,与政治局势迥异的是,宋代在中国古代历史上经济最繁荣、文化最昌盛、人民生活最富足。文人们充满忧患意识,且有以天下苍生为己任的宏阔格局。宋人在家庭教育上,非常注重家风涵养与家训传承。王应麟继承程朱理学,相信义理永世长存。他认为国家残破,世道纷乱,人们只要本心不失,认真修身,就能"尽人事以回天运"。这样的思想铸就了《三字经》的蒙学根底。

● **经典概览**

《三字经》大概成书于宋末元初。虽然有文献可考的《三字经》版本始于明代中叶,但在该版本之前,乃至两宋之前,众多文人学者就已经摘录儒家经典之要,辑成了教育后世子孙的一些蒙学读物。王应麟编撰的《三字经》则是这些读物的集大成者。当然,也有学者认为,王应麟只是《三字经》的一个修订者,在尊重原作的基础上,可能增加了有关宋代历史的部分,后世文人多遵前制持续修订。[1] 目前传世最广泛的著名学者章太炎订定的《重订三字经》,主要增加了辽、金、元、明、清等朝代历史。

作为我国古代儿童启蒙教育的百科全书,《三字经》被人们称为"袖里通鉴纲目""蒙学之冠"。[2] 1990年,其英译本被联合国教科文组织列入"世界儿童道德教育丛书"。《三字经》思想内容博大精简,涉及中华传统教育、儒家伦理纲常、中国历史演进、天文地理算术、经史子集介绍、名人故事启迪等,"若能句句知诠解",就可"子史经书一贯通"。

《三字经》易读易记,三字一句,短小押韵,以儿童的视角将儒学倡导的仁、义、诚、敬、孝、勤等美德娓娓道来,孩子在朗朗诵习中可以不知不觉地形成儒家

---

[1] 张如安:《历史上最早记载〈三字经〉的文献——〈三字经〉成书于南宋中期新说》,《北京大学学报(哲学社会科学版)》2009年第2期。

[2] 中国古代幼童家庭和学塾启蒙教育使用最广,影响最大的教材是《三字经》《百家姓》与南北朝时期周兴嗣所著《千字文》,它们并称"三百千"。《百家姓》内容相对比较单一,而《千字文》与《三字经》具有很大相似之处,即思想内容博大精简,都堪称儿童蒙教百科全书。

传统价值观的完整体系。全书用典多,巧妙利用历史上各色人物刻苦学习、奋发向上的故事,浸润滋养孩子心根,帮助他们感悟做人做事的道理,同时也为父母家长教导孩子提供便利,指点迷津。

《三字经》提示了儿童启蒙教育的目标内容体系、儿童学习成长的顺序及方法、家长劝学施教的价值意义与策略路径,也特别强调了教育关涉国家民族繁荣昌盛的大义,真可谓立意高而泽被深远。"教之道,贵以专""上匡国,下利民""首孝悌,次见闻""养不教,父之过。教不严,师之惰"等警句名言,必将启迪和激励我国新时代全民教育步入新的更高境界。

● **原著选段**

"人之初"

人之初,性本善。性相近,习相远。苟不教,性乃迁。教之道,贵以专。

译文:人刚刚来到世上,本性都是好的。随着后天所受教育的不同,原本相差无几的性情就有了好与坏的差别。如果发现不好趋势而不加以教导,人的本性就会变坏。教育之道,最可贵的是专注执着、一以贯之地引导善良人性的发展。

"养不教"

养不教,父之过。教不严,师之惰。子不学,非所宜。幼不学,老何为?

译文:仅仅使儿女吃饱穿暖,而不让其接受教育,是家长的过失。如果把他们送到学校,却没有受到严格的教育就是老师的怠惰了。小孩子不好好读书学习,是很不应该的。倘若孩童时代不学好,长大后既不懂做人,又不会做事,这样的人有什么用呢?

"玉不琢"

玉不琢,不成器。人不学,不知义。为人子,方少时。亲师友,习礼仪。

译文:璞玉若不经雕琢,就不会成为精美的器物。人如果不读书学习,就不会明白基本的公理与正义,不能成为有用之才。生而为人,从小时就应该亲近良师,结交益友,以便从他们那里学习顺天应时的道理、为人处世的礼仪。

"融四岁"

融四岁,能让梨,弟于长,宜先知。首孝弟,次见闻,知某数,识某文。

译文：东汉孔融四岁时,就知道把大梨子让给兄长吃。弟弟在兄长面前,应该从小珍惜手足之情,懂得和睦谦让。做人的第一要务是孝敬父母、尊重兄长,其次是多看、多听、多思,增长见识,并努力学习数理、人文知识,能算会写,懂得古今圣贤做人做事的道理。

"历代事"

历代事,全在兹,载治乱,知兴衰。读史者,考实录,通古今,若亲目。

译文：过去那些朝代的历史,全在这本书中。阅读历史,仔细考察实录资料,可以知道王朝兴盛与衰亡的原因,深入研究,可以知道历史事件的来龙去脉,明白历史真相,就像亲眼看到一样。

"凡学者"

凡学者,宜兼通,翼圣教,振民风。口而诵,心而惟,朝于斯,夕于斯。

译文：所有读书学习的人,都要贯通经、史、子、集,让儒家思想发扬光大,提振民风。阅读经典,既要大声诵读,又要专心思考,并且朝朝暮暮持之以恒,时时刻刻专注于心。

"苏明允"

苏明允,二十七,始发愤,读书籍。彼既老,犹悔迟,尔小生,宜早思。

译文：宋代的苏洵小时候没有好好念书,到27岁才开始发愤学习。虽然他后来成了大名鼎鼎的文学家,但年纪大了以后,还是后悔自己努力太晚。小孩子,年纪轻轻时就应该及早把握大好时光,发愤读书。

"犬守夜"

犬守夜,鸡司晨,苟不学,曷为人？蚕吐丝,蜂酿蜜,人不学,不如物。幼习业,壮致身,上匡国,下利民。

译文：狗在夜间会替主人看守门户,鸡在天亮时会高声报晓。人不用心学习就不能做好自己应该做的事,那怎么是一个人呢?春蚕会辛苦吐丝,蜜蜂会勤劳酿蜜,人如果不勤奋学习,还不如这些小动物。所以,幼年时期要勤奋学习,长大后才能学以致用,上可治国安邦,下可造福百姓。

"人遗子"

人遗子,金满籯①。我教子,惟一经。勤有功,戏无益。戒之哉!宜勉力。

译文:别人留给子孙后代的,或许是金玉满堂,万贯家财。而我教育儿孙,就要求专注学习这本《三字经》。勤奋学习一定会有收获,而贪恋玩耍没有一点好处。所以,一定要自我诫勉,努力学习。

● **家教指南**

《三字经》开宗明义——"人之初,性本善。性相近,习相远。苟不教,性乃迁。教之道,贵以专。"这强调了学习与教育对一个人后天成长成才的重要价值。积极主动地自主习养,父母师长专注执着地培养教导,对于人的性情、性格和品性形成具有举足轻重的作用。《三字经》开头和即将收篇的"人遗子,金满籯。我教子,惟一经",都堪称点睛之笔。其简明的字句使《汉书》"富贵者送人以财,仁人者送人以言"的古训有了更具针对性的通俗表达,也为"忠厚传家久,诗书继世长"的家庭建设思想提供了实践路径。当今父母家长反复吟诵《三字经》,可以获得家庭教育的多方面启发。

一、生活:家庭教育的根本所在

美国约翰·霍布金斯大学研究表明,影响孩子学习效果的主要因素是家庭,家庭生活是学校教育的背景和底色。"苟不教,性乃迁""教之道,贵以专""养不教,父之过"等名句警示后人,父母给予了孩子自然生命,还应帮助孩子在家庭生活中实现精神生命的成长。正如卢梭在《爱弥儿》中所说,一个父亲生养了孩子,只是完成了他作为人的义务的三分之一,因为"他对人类有生育人的义务;对社会有培养人的义务;对国家有造就公民的义务"。

父母在生活中不失时机地对儿童施以熏陶引导,这是人生教育的起点。真正的"因材施教"首先应该发生在家庭生活中。基于家庭生活,孩子可以模仿

---

① 籯(yíng):竹笼,竹筐。

"融四岁,能让梨",利用家庭生活,孩子能够懂得"首孝弟,次见闻,知某数,识某文"。父母作为"第一任老师"必须办好家庭这"第一所学校",上好家庭教育这"第一课"。当一个孩子长到六七岁,走进学校,他应该带着家庭生活美好而不可磨灭的印记,父母将孩子交给学校,应该可以附加一张孩子"特质"的说明书,让老师知道从何处着手去了解和引领这个孩子。

家庭生活应该怎样施予孩子教育呢？可以坚持"口而诵,心而惟,朝于斯,夕于斯";可以观察"犬守夜,鸡司晨",体悟"苟不学,曷为人"。基于家庭生活的需要,利用家庭生活的资源,父母必须根据孩子的秉性使用个性化的、针对性的方法,帮助孩子塑造人格、养成习惯、调控情绪,涵养独立生活、自主奋斗的精神。家庭教育的艺术在于既不缺位也不越位,要利用和不断发展亲情,给予孩子温暖和陪伴,接纳与喜爱。家庭无疑是离生活最近的地方,也是最容易产生智慧的场所,而一切智慧都源于人们对生活、自然和社会的观察与归纳。父母可以和孩子一道,积极体察和归纳生活、自然、社会等中的知识,并引导孩子逐步懂得生活与自然知识、社会知识的关系,以便孩子不断积累丰富智慧,进而创造和享受属于自己的美好生活。

二、陪伴:成就孩子与生俱来的优秀

如果有一把解决所有育儿难题的"金钥匙",那一定是高质量的陪伴。法国教育家卢梭曾告诫人们:"百依百顺"式的陪伴,可以让孩子成为一个"不幸的人"。只有高质量的陪伴才可以促进孩子认知、情感和社交能力的发展。儿童好奇心强,善于模仿,父母高质量的陪伴可以影响孩子一生。《三字经》中孟母三迁、荀季和教八子等典型故事,就充分说明了高质量的价值与功用。

美国心理学家爱利克·埃里克森在《童年期与社会》一书中提出了"人格的社会心理发展"理论,认为父母的高质量陪伴,可以让孩子形成健康的自我概念与自我认同,并在耳濡目染中教给孩子生活的态度、人生的方向,促进孩子全面发展。当今家长通过家庭氛围的营造,实施亲子共读,引导孩子好习惯,萌生正确价值观,便是高质量陪伴。和孩子一道,远离手机,关掉电视,置身运动场对抗、奔跑,或者走进大自然探索、欣赏,坚持一段时间,然后再坚持,这也是高质量陪伴。

想让孩子成为什么样的人,父母在亲子陪伴中就要先成为这样的人,因为孩子始终在默默观察并模仿他最亲密的家人。比如,中国人耳熟能详的话"家和万事兴",便一语道破了天机。伴随"家和万事兴"的家庭教育是夫妻恩爱中对孩子的共养共育。和谐美满的家庭,永远都是孩子和顺成长的温馨港湾。恩爱父母高质量的陪伴,向孩子言传身教了生活的智慧,以及爱与被爱的延续。托尔斯泰说:"幸福的家庭有同样的幸福。"这"同样的幸福"在热爱并善于实施家庭教育的父母看来,一定就是通过自己身体力行的亲子陪伴,启迪孩子逐渐学会自我管理和体谅关爱父母,逐渐完成心灵的自我发现,逐渐储备自我发展的生命能量,最终成就孩子与生俱来的优秀。

三、规律:家庭教育的遵循与探究

教育事业的根本任务是"立德树人",其中"树人"一词有着朴素的农业思维和现代教育智慧,强调顺天应时,道法自然,这是任何教育都必须遵循的规律。"人之初,性本善",主张人性生而为善,这是乐天派教育者的遵循,也是现实主义教育者必须反思和探究的主题。"性相近,习相远",强调环境与学习极为重要,这是家庭教育必须遵循的规律,而如何创造适宜的环境,如何引导高效地学习,任何父母家长都必须用行动探究其中的规律与法则。

董仲舒有言:"天令之谓命,命非圣人不行;质朴之谓性,性非教化不成。"他把命与性纳入人性范畴,并强调其"教化"之功。人的本性中有向善的一面,并不意味着每个人一定会善良。《中庸》强调"修道之谓教",把向善之心变为真与美的言行,后天的教育不可或缺。《三字经》说:"曰春夏,曰秋冬,此四时,运不穷。曰南北,曰西东,此四方,应乎中。曰水火,木金土,此五行,本乎数。"又说:"犬守夜,鸡司晨……蚕吐丝,蜂酿蜜。"都在强调如天地运行、四季变换、四方永存、万物各司其职一样,教育必须各顺其性,一以贯之,合于规律,直抵本质。

施教者遵循规律,当然也要探究规律,才能更好遵循规律实施高效教育。卢梭借助爱弥儿的成长经历告诫人们:"误用时间比虚掷光阴浪费更大,教育不当的儿童比完全没有受过教育的儿童离美德更远。"违背规律,急于求成,急功近利,是耽误,更是伤害。如何杜绝时间的误用,如何引导儿童拥抱美德,其中规律值得父母深度思索并持续遵循。在孩子成长过程中,学校教育的目标与内容主要由各种各样的学科知识与技能组成,而家庭教育的目标与内容更加关注人性、人情与人的生活,更加重视在儿童整体的生命世界中渗透知识与技能,以及情感、态度、志趣与意志的教育,并自始至终符合正确的价值观,以及善与美的目标。成长是一个螺旋上升的过程,孩子所接触的人、事、物,参与的实践,阅读的书籍,学习的技能,都会影响他一生。因此,扎根生活,广泛阅读,上好家庭这所学校每一堂隐形的课,强化孩子必备品格和关键能力的培养,处理好"读万卷书"与"行万里路"的关系,都需要家庭教育所有实施者、参与者遵循和探究其中的规律。

四、环境:纯化美化孩子的灵魂

"蓬生麻中,不扶而直;白沙在涅,与之俱黑",以及"近朱者赤,近墨者黑"等格言,揭示了一个朴素的道理:环境是一种客观存在,它对人的主观精神世界具有重要影响。《三字经》赞赏孟母三迁、兄友弟恭、文姬辨琴、道韫咏吟等,也说明人是环境的产物,个体思想的形成和发展离不开环境的影响。虽然外部环境与后天教育是影响生命发展的外因而非决定性因素,但主要矛盾和次要矛盾之间可以互相转换的规律决定,外部环境对于人的塑造和成长依然具有举足轻重的作用。

瑞士心理学家皮亚杰的《儿童的心理发展》《发生认识论原理》等著作,阐述了儿童认知发展阶段和环境对儿童心理发展的重要性。人不一定能够改变环境,但往往能够选择环境。家庭要为孩子营造或选择安全、舒适、文化含量丰富的学习环境。家庭教育中,父母本身也是环境,精于言传身教,是滋养孩子心性的阳光雨露。父母帮助孩子向优秀人物靠近,又是一种环境的选择;营造阅读氛围,读经典,向书中的人物靠近,则成为环境创设的另一种样态。父母围绕成长教育所需延展开去,与孩子一道创造良好的学习生活环境,孩子的心境与灵魂自然会得以纯化美化。

父母作为家庭教育的主导者,将小家、小我同国家、大我紧密联系,让孩子真正走进祖国大美河山,或体验火热的生产建设劳动,提升系于家国兴衰的荣誉感和使命感,这更是对孩子成长环境的品质追求。父母应精心谋划,摒弃单纯追求学习成绩的惯性思维,树立更加长远的教育目标,将孩子的成功放在更长的时间轴上去考量,在优化孩子成长环境的过程中引导孩子乐于助人、诚信友善、吃苦耐劳、积极进取,孩子的灵魂也会得以纯化美化。

五、家风:人生恒久的精神财富

家风的灵魂在于孝。我国古代一首二言歌谣《弹歌》:"断竹,续竹;飞土,逐肉。"对于这首诗的作者,历代以来有多种说法,而流传最广的是"古之孝子",他不忍看到父母被禽兽所害,就守卫在父母身边,还高唱《弹歌》驱逐猛禽巨兽。

诗言志,中国是诗的国度,而源头性经典诗歌的作者被认为是"古之孝子",这足见孝道文化在我国家庭与家风建设、社会与民风建设乃至国家建设中的悠久历史与崇高地位。

孔子在《论语·阳货》中说:"子生三年,然后免于父母之怀,夫三年之丧,天下之通丧也。"强调的便是孝道纲常之序,慎终追远之德。冯友兰在《中国哲学简史》里阐释家族制度,指出古人以农业维持生存,所以,同一个家庭的后代,会在同一片土地上世代繁衍,聚族而居,形成结构紧密有序的家族,而家风正是一个家族的维系。重视家教,传承家风,便是一个家族崇拜祖先,慎终追远,壮大发展的必然选择。

在《三字经》成书初期的宋代,人们已经高度重视家教家风。"修、齐、治、平"的人生追求中,"齐家"便是管理好家庭。"齐家",建设优良家风是中国独特伦理文化的要求,也是每一个人仍须坚守的行为规范、生活方式和价值观念。《三字经》中提到的黄香、孔融、温舒、苏洵等人,无疑都是因传承良好家风而名垂千古的代表。

父母终其一生都在通过家庭这个物与心共同建构的空间教育、引导子女。中国人世界观的形成是从家庭开始的。俗话说:"父母在人生尚有来处,父母去人生只剩归途。"父母对子女的教育契合终身教育的理念,即一息尚存,这种教育便永久有效。甚至,在长辈远去之后,他们的音容笑貌,尤其是风范美德,依然激励着家族后辈茁壮成长,因为他们的精神已经融入家风之中。

父母的教育,如何才能有效发生?最重要的就是做好家庭文化的培育,建设优良家风。传统家族制度是中国最基本的社会制度,它是世界上最复杂的、组织得很好的制度之一。[①] 这种制度的一个优越性就是通过家族传承久远的良好家风濡养培育家族后代。当今时代,家族制度虽已式微,但父母依然可以通过家风建设,强化子女基本的人生信念和行为准则。比如,孝亲,这应该是无条件的、与生俱来的人生信念。再如,弘毅,葆有一种天地大爱,是为人当期就有大用的根本。习近平总书记殷切希望:"带领家庭成员共同升华爱国爱家的家国情怀、建设相亲相爱的家庭关系、弘扬向上向善的家庭美德、体现共建共享的家庭追求,在促进家庭和睦、亲人相爱、下一代健康成长、老年人老有所养等方面发挥优势、

---

① 参见冯友兰:《中国哲学简史》,涂又光译,北京大学出版社2013年版,第20页。

担起责任。"①《三字经》大力倡导的"孝于亲,所当执""父子亲,夫妇顺""讲道德,说仁义""幼而学,壮而行""上致君,下泽民"等,对新时代父母带领全体家庭成员积极开展家庭家风家教建设具有重要借鉴意义。

(本章编撰:杨志渭)

---

① 中共中央党史和文献研究院编:《习近平关于注重家庭家教家风建设论述摘编》,中央文献出版社2021年版,第70—71页。

14 命由我作

——袁了凡《了凡四训》①要义

● **家教要言**

"命由我作,福自己求。"

"地之秽者多生物,水之清者常无鱼。"

"从前种种,譬如昨日死;从后种种,譬如今日生。"

"务要日日知非,日日改过。"

"但改过者,第一要发耻心。"

"一心为善,正念现前。"

"善不积,不足以成名;恶不积,不足以灭身。"

"天道亏盈而益谦;地道变盈而流谦;鬼神害盈而福谦;人道恶盈而好谦。"②

"惟谦受福。"

---

① 本章原典引文主要参考袁黄:《了凡四训》,团结出版社2016年版。
② 此句出自《易经》谦卦的象辞,大意是:天的原则是让自满者亏损,让谦虚者受益;地的原则是让自满者变成谦虚者;鬼神的原则是让自满者自害,让谦虚者得福;人的原则是厌恶自满者,喜欢谦逊者。《易经》六十四卦,只有谦卦是纯"吉"之卦,其余六十三卦,皆有"凶"的可能。《易经》成书过程,《汉书·艺文志》称"人更三圣,世历三古"。"三圣"就是伏羲,周文王和孔子。其中周文王姬昌第四子姬旦就是中国第一部家训《诫伯禽》的作者周公,作为西周初期杰出的政治家、思想家、军事家、教育家,被尊为"元圣"和儒学先驱的周公深谙"谦"道。他待人极端谦和,就连吃饭时,也数次吐出口中的食物,迫不及待地接待地位比他低的贤士。对此,曹操留下千古名句予以颂扬:"周公吐哺,天下归心。"在教育儿子方面,周公也奉行此道。他的长子伯禽是周朝诸侯国鲁国第一任国君。周公辅佐幼年周成王摄政的第七年,归政于成王,成王把曲阜封给周公,伯禽世袭。他到曲阜做鲁国国君时,周公谆谆告诫:"君子不施其亲,不使大臣怨乎不以。故旧无大故则不弃也,无求备于一人。君子力如牛,不与牛争力;走如马,不与马争走;智如士,不与士争智。德行广大而守以恭者,荣;土地博裕而守以俭者,安;禄位尊盛而守以卑者,贵;人众兵强而守以畏者,胜;聪明睿智而守以愚者,益;博文多记而守以浅者,广。去矣,其毋以鲁国骄士矣!"后来,伯禽不负父望,很快就把鲁国治理成了人民崇教敬学、务本重农、安居乐业的礼仪之邦。

"人之有志,如树之有根。"

● 作者简介

袁了凡(1533—1606),本名袁黄,字庆远、坤仪等,初号学海,后改了凡,世称"了凡先生"。浙江嘉善县魏塘镇(今属嘉兴)人,明代思想家,主张从治心入手加强自我修养,提倡记功过格。他博学多才,在哲学、星象、历法、律吕、水利、兵事、医药、史学、文学等方面皆有研究,据不完全统计,一生著书22部、198卷。

了凡先生幼孤苦学,明神宗万历十四年(1586)中进士后,奉命任宝坻县知县。他非常注重人民福祉,积极兴办水利,筑堤植树以防水患,大力免除百姓种种杂役,鼓励耕种,使之安居乐业。他自家并不富有,生活俭朴,喜欢布施,每天反思修身,早晚定课从未间断。他任兵部"职方司"时遇倭寇侵犯朝鲜,就以"军前赞画"的身份督导支援朝鲜的明朝军队,屡建功绩。后因反对主将残忍滥杀被弹劾罢官。回归原籍后,了凡先生恳切行善,专心研学,直到去世。明熹宗天启年间,赠封其"尚宝司少卿"。

● 经典概览

《了凡四训》起初是为教育儿子,故取名《训子文》;后来为启迪世人,就改为现名。全书基于了凡先生毕生学识、经历和感悟,深入阐述"我命由我不由天"的道理,积极倡导世人行善事,得善果,谋求磊落的生活。该书是历久弥新的智慧生活宝典,蕴含着中国传统文化的深邃哲理和劝善思想,曾被誉为"东方第一励志奇书"。全书包括"立命之学""改过之法""积善之方""谦德之效"四部分,分别来自作者的3篇文章。"立命之学"来自其晚年所著《立命篇》,"改过之法""积善之方"来自其早年所著《祈嗣真诠》,"谦德之效"来自其《谦虚利》。

《了凡四训》在我国善书形成、发展和流传过程中具有重要影响,其劝善思想对明末以后慈善活动的推进发挥了巨大作用。晚清"中兴名臣"曾国藩对《了凡四训》极为推崇,他读此书后改号"涤生"。"涤者,取涤其旧染之污也;生者,取明袁了凡之言:'从前种种,譬如昨日死;从后种种,譬如今日生也。'"曾国藩还将此书列为子侄必读的第一本人生智慧书。著名学者胡适认为《了凡四训》是研究中国中古思想史的重要代表作。

了凡先生不是显官名臣,没有高位重权,但能日享盛名,其主要原因就是

《了凡四训》影响宏阔,泽被深远。四百多年来,这部经典不仅流传于中国各地,被很多书香门第尊为"传家之宝",也对亚洲产生了巨大影响。比如,日本汉学家、阳明学大师安冈正笃,及享誉全球的经营大师稻盛和夫都特别推崇本书。前者建议日本天皇、历任首相要将此书视为"治国宝典";后者坦言阅读此书令其茅塞顿开,从此把握了人生真谛。在大力传承创新中华优秀传统文化的当前,《了凡四训》被国内外许多企事业单位列为员工培训的典范教材。

● **原著选段**

"余初号学海"

余初号学海,是日改号了凡,盖悟立命之说,而不欲落凡夫窠臼也。从此而后,终日兢兢,便觉与前不同。前日只是悠悠放任,到此自有战兢惕厉景象,在暗室屋漏中,常恐得罪天地鬼神;遇人憎我毁我,自能恬然容受。

译文:我开始的号叫"学海",从那一天起就改号为"了凡",是因为明白了立命的道理,人生不愿受凡夫俗子见识所限。从此以后,整天小心谨慎,觉得自己和从前大不相同。从前只是随性放任自流,现在自然有战战兢兢、谨慎行事的气象。虽然是在昏暗无人的室内,也经常怕得罪天地鬼神。遇到讨厌和毁谤我的人,也能怡然接受。

"汝之命"

汝之命,未知若何?即命当荣显,常作落寞想;即时当顺利,常作拂逆想;即眼前足食,常作贫窭想;即人相爱敬,常作恐惧想;即家世望重,常作卑下想;即学问颇优,常作浅陋想。远思扬德,近思盖父母之愆;上思报国之恩,下思造家之福;外思济人之急,内思闲己之邪。务要日日知非,日日改过。

译文:你的命,不知究竟怎样。就算命中应该荣贵发达,也要常有不得意的想法;就算当时境遇很顺,也要常当逆境对待;就算目前饮食丰足,也要当贫穷对待;就算别人都喜欢敬重,也要常想人家恐惧你;就算家世名望很高,也得常想着自己很卑下;就算学问高深,也要常想自己很浅陋。往远想,要把祖先的美德继承发扬;往近想,要弥补父母可能存在的过失;往上想,要报答国家的恩情;往下想,要造福全家;往外想,要救济别人的急难;往内想,要预防自己的邪念。一个人务必天天知晓自己过失,天天改过以求进步。

"但改过者"

但改过者,第一,要发耻心。思古之圣贤,与我同为丈夫,彼何以百世可师,我何以一身瓦裂?耽染尘情,私行不义,谓人不知,傲然无愧,将日沦于禽兽而不自知矣。世之可羞可耻者,莫大乎此。孟子曰:"耻之于人大矣。"以其得之则圣贤,失之则禽兽耳。此改过之要机也。

译文:但凡真心改过的人,第一要有羞耻心。想想古代那些圣贤,跟自己一样是大丈夫,为什么他们能够百世流芳让人学习,而自己一事无成,甚至身败名裂呢?大多数人只贪恋情色名利,私底下干些不仁不义的勾当,自以为别人不知,还傲慢无耻,这将逐渐变成衣冠禽兽而不自知!世上最大羞耻就莫过于此。孟子说:"羞耻心对人至关重要。"具有羞耻心可以成为圣贤,不知羞耻只能成为禽兽。这是改过的关键。

"中峰告之曰"

中峰告之曰:"有益于人,是善;有益于己,是恶。有益于人,则殴人詈人皆善也;有益于己,则敬人礼人皆恶也。是故人之行善,利人者公,公则为真;利己者私,私则为假。又根心者真,袭迹者假;又无为而为者真,有为而为者假。皆当自考。"

译文:中峰和尚告诉他们:"做对别人有益的事,是行善;做只对自己有益的事,是行恶。让别人得到益处,哪怕打人、骂人,也都是善;如果做只有益于自己的事,就算是尊敬他人、礼貌待人,也都是恶。利人者公正,公正就是真善;利己者自私,自私就是假善。另外,出于良心是真善;为了面子跟着别人做样子是假善。再者,没有功利心去做是真善;为了某种功利去做是假善。如此种种,都要自我反思。

"又为善而心不着善"

昔有某氏女入寺,欲施而无财,止有钱二文,捐而与之,主席者亲为忏悔。及后入宫富贵,携数千金入寺舍之,主僧惟令其徒回向而已。因问曰:"吾前施钱二文,师亲为忏悔。今施数千金,而师不回向,何也?"师曰:"前者物虽薄,而施心甚真,非老僧亲忏,不足报德。今物虽厚,而施心不若前日之切,令人代忏足矣。"……又为善而心不着善,则随所成就,皆得圆满。心着于善虽终身勤励,止于半善而已。譬如以财济人,内不见己,外不见人,中不见所施之物,是谓三轮体空,是谓一心清净。则斗粟可以种无涯之福,一文可以消千劫之罪。倘此心未忘,虽黄金万镒,福不满也。

译文:曾经某家女子到寺庙去,想施舍却囊中羞涩,就将仅有的二文钱交给主持。主持亲自代她向佛祖忏悔。后来这个女子进了皇宫,大富大贵后带上几千两银子到佛寺布施。主持只叫他的徒弟代她忏悔。于是女子问:"我前次只施了二文钱,师父你亲自替我忏悔。现在我施了几千两银子,师父为什么不为我做忏悔呢?"主持回答:"二文钱虽少,但布施的心真切;所以不是我这个老和尚亲自替你忏悔,就不足以报答你的功德。现在你布施的钱虽多,但用心没有以前真切,所以叫人代你忏悔就足够了。"……一个人做善事,但内心不想着做了善事,随便他做任何善事都能功德圆满。若是内心牢记这是自己做的善事,即使终身勤勉,也不过是半善而已。比如,拿钱去救济人,从内看不见自己,从外看不见受布施的人,从中看不见布施的钱,这就叫三轮体空,也叫一心清净。这样布施,即使一斗米,也可以种下无边的福田;即使一文钱,也可消除一千个罪孽。如果不能彻底忘掉功利心,即使用二十万两黄金救济别人,得到的福也不会圆满。

● **家教指南**

作为一部教导立命修身的经典,《了凡四训》思想深刻,蕴含着丰富的教育哲理。400多年以来,其家教思想更是被广泛宣扬借鉴。当前,广大家庭必须积极引导儿童青少年逐步认识以下义理,并笃行不辍。

一、立命自为

无论古今,一个人的人生观都会对其思想行为,以及生命价值实现的向度与高度产生决定性的影响。《了凡四训》通过讲述作者亲身经历,劝导世人坚信"命由我作,福自己求"的人生观。作者开始笃信"命运天定,时运无常",后来执着于自主立命,广积善缘,广施善行,最终成就了不凡的生命。

了凡先生借云谷禅师之口说:"汝今既知非……尽情改刷:务要积德,务要包荒,务要和爱,务要惜精神。"通过种种为善改过行为,让从前不好的一切像昨日一样死去,让自己以后优秀的一切,像今日一样刚刚出生。这样持之以恒,就能重新塑造符合道德义理的新生命,享受幸福人生。这是"命由我作,福自己求"的核心要义。

为了令人信服,了凡先生依然借云谷禅师之口阐述:人的血肉之躯,自然有定数;而拥有义理道德的生命,怎么可能不感动上天?《尚书·太甲篇》说,上天所降灾害,或可避开,而人自己若是做了坏事,就一定要受到报应,不能幸福生活。《诗经》说,人应常想自己的所作所为合不合天道,如果按照道义生活,自己一定幸福多多。

了凡先生的立命观就类似于现代人所谓的人生观、价值观。他在明了自己人生价值的实现方向后,借助云谷禅师提供的功过格,持之以恒付诸行动:"所行之事,逐日登记,善则记数,恶则退除。"这个功过格,可以视为现代学习科学倡导使用的表格类"学习支架"。学习者坚持使用这个明确是非、励功克过的工具,日日笃行,自然可以在正确人生观、价值观指引下创造幸福和美的生活,及最大可能的人生价值。

受《了凡四训》启发,当今家长万万不可视人生观、价值观为无用的"口号",应该高度重视孩子人生观、价值观的引领培植。这是非常现实的,也是为孩子终身负责的立命教育。

试想,一个满腹才华的博学之人,如果人生只为着享乐奋斗,并因为这种价值偏离,走上卖国求财、危害国家安全的科技间谍之路,那将是怎样可耻的后果?所以,要引导孩子逐渐明白,自己的命运一定掌握在自己手里。一个人无论富有或贫穷,无论聪明还是愚笨,都必须掌握"立命自为"的思想利器,做自我命运的主宰者,都必须积极进取,坚持不断积善修德,牢牢掌控自己命运,创造自己的幸福人生。

二、自省改过

自省是提高个人修养的重要途径。一个人若能认真做到日省其身,他的言行举止与气质风度都可以在自察、自制、自改,及审视内心、纯洁灵魂的过程中得到逐步完善。儒家十分重视通过自省提高个人道德修养,塑造理想人格。曾子曰:"吾日三省吾身:为人谋而不忠乎?与朋友交而不信乎?传不习乎?"这为历代中华儿女自省修身提供了榜样示范和方法指引。《了凡四训》在这方面则讲述得更为翔实生动,论证也更为清晰深刻。

《了凡四训》介绍了作者本人的自省内容与方法。比如,他反省自己当初无子的原因:"地之秽者多生物,水之清者常无鱼,余好洁,宜无子者一;和气能育万物,余善怒,宜无子者二;爱为生生之本,忍为不育之根,余矜惜名节,常不能舍己救人,宜无子者三;多言耗气,宜无子者四;喜饮铄精,宜无子者五;好彻夜长坐,而不知葆元毓神,宜无子者六。其余过恶尚多,不能悉数。"受时代局限,他反思总结的原因不一定精准,但其自我解剖的系统性和深刻性的确令人钦佩。

又如,了凡先生反省自己善事做得不够:碰到应该做的事情,仍然不能一心一意去做,就算做了,也有些勉强,不太自然。自省检点,觉得过失仍然很多。比如,看见善事,虽然肯做,但还不够勇敢,或者是去救人时,心里面常怀疑惑,犹犹豫豫。自己虽然勉强能做善事,但常说错话,有时自己很清醒,还能把持住,但酒醉后就放肆了。自己虽然做善事积了些功德,但过失很多,功不抵过,常常虚度光阴。

了凡先生严格细致的自我反省可以带给父母家长很多启示。比如,应该经常反省自己家庭教育的失误与过错,更要努力引导孩子学习自省,善于自省。当今不少家长存在一个比较严重的问题,就是不能正确对待孩子的过错言行。有的父母,责之过严,孩子稍有不对便指手画脚,甚至大发雷霆,勒令孩子如何如何改正。这严重剥夺了孩子自省的机会和权利,凡事处于被动,容易形成唯唯诺诺而无任何主见的人格特征。

另有父母,溺爱过度,对孩子的过错掉以轻心,视而不见,听之任之。他们总认为孩子长大成人后自然会明事理,懂规矩,不但自己对孩子的不良言行放任不管,而且千方百计帮助孩子隐匿过错。这严重违背了道德言行教育必须从小抓紧的原则,无异于将孩子推向毁灭的深渊。父母家长必须以身示范,杜绝自己和孩子隐匿错误,鼓励孩子正确对待错误,积极反省错误,必要时帮助孩子发现错误,启发孩子分析错误,并针对错误的原因积极改正。

那如何改正错误呢?毫无疑问就是多做好事,不做错事。当然,人生在世,好事做不完,错事一定会做。尽最大可能多做好事,杜绝错事是一种了不起的人生理想。树立这样的理想,在了凡先生那里就是发愿,即深刻剖析自己的言行过失,真诚忏悔自己所犯过错,激励自己不断改正,确立多施善行的具体目标,以获得心灵慰藉和人格提升。

比如,了凡先生"巳岁发愿,直至己卯岁,历十余年,而三千善行始完"。这个过程,得益于云谷禅师把使用功过格的方法传授给他,更为重要的原因则在于了凡先生"有愿必还"的人格和坚定不移的意志。他借助功过格,坚持每日自省,每做一件错事、坏事都折减自己所做的一件好事,剩下的好事总数达到之前发愿承诺的数量,便实现了目标,"还完了愿",然后重新发愿开始下一阶段的修行。

当然,孩子初心的形成过程是与改过至善的日常行为紧密结合在一起的。而对于改过至善的具体策略与方法,了凡先生的"三心论"和"三段说"可谓至为精辟。所谓"三心论",强调改过第一要发羞耻心,第二要发敬畏心,第三要发勇猛心。发羞耻心,就是想到贪恋声色名利,纵情恣意,背着别人干见不得人的勾当,比衣冠禽兽还可羞!发敬畏心,就是要想到"天地自有鬼神""天网恢恢,疏而不漏",要明白为非作歹就算骗得了别人,也骗不过自己,自己卑污的灵魂终究要惩罚自己!发勇猛心,就是有了过失不躲闪,不退躲畏缩,而要鼓起勇气用力拼,如风起雷动,当下就改!

所谓"三段说",就是"从事上改""从理上改""从心上改"三个阶段。"从事上改",治标不治本,易于复发,而从理上改则比较理想。比如,一个孩子想改掉不做作业的过错,在父母督促之下,把作业补上,这是"从事上改",以后想偷懒时就很可能再次不做。如果他能够真正明白不做作业就不利于自己学习成长,成绩低差会很没有面子,那么就可能调用较大意志努力很好完成作业,不再重犯类似错误,这就是"从理上改"。当然,"从心上改"最为理想。比如,孩子通过师长引导和自我体验,认识到不做作业会让父母痛苦、老师失望,会让自己有违本分而良心不安,甚至体会到自己"罪孽深重"而悔恨万分,其后就会一心向善,尊敬老师,孝敬父母,修心补过,认真完成作业及一切应该完成的事项。这就是"从心上改"。过由心造,亦由心改。如斩毒树,先断其根,则必枝叶尽落,哪里还需要枝枝去剪,叶叶去摘呢?由此可见,改过最高明的方法还是修心,修养拥有坚定信仰的赤诚初心。

三、为善积善

捷克教育家,西方近代教育理论的奠基者,被誉为"教育学之父"的夸美纽斯说:"一颗善良的心就是一席永恒的筵席。"莎士比亚也曾说:"善良的心底,就是黄金。"[①]的确,善良实在太重要!人生若无善良,生命便失去光彩,灵魂也会

---

① 良善之心是古今中外贤智之人共同的追求。比如,韶山毛泽东同志纪念馆展陈的《韶山毛氏家训》第一条就强调"培植心田":"一生吃着不尽,只是半点心田。摸摸此处实无愧,到处有人称羡。不看欺瞒等辈,将来堕海沉渊。吃斋念佛也徒然,心好便膺帝眷。"

随之枯萎,社会若无善良,人间就弥漫严寒,太阳也会裹上冰霜。善良让人性闪光,让人格伟大,让人间和谐,让人类幸福。所以,家庭教育的一切目标内容都是引导孩子为善积善,助善扬善。

作为中国第一位著名的善书作者,了凡先生自己怀有一颗至善之心,也竭力劝告世人不怀丝毫心机,清净心灵,一心一意明辨善恶,多做善事,与人为善,终身葆有善言善行。《了凡四训》第三篇《积善之方》首先列举十位古人行善的例子,用事实证明"德福一致",并反复强调,一个人踏踏实实做善事,上天就会回馈他们及其后代。接着,了凡先生进行辩证分析,讨论善恶标准,及如何正确行善。最后,他提出为善积善、行善扬善的具体路径"大约有十":"第一与人为善,第二爱敬存心,第三成人之美,第四劝人为善,第五救人危急,第六兴建大利,第七舍财作福,第八护持正法,第九敬重尊长,第十爱惜物命。"

对于以上具体路径,了凡先生逐一解释,比如,"何谓与人为善?……勿以己之长而盖人,勿以己之善而形人,勿以己之多能而困人……见人有微长可取,小善可录,翻然舍己而从之……""何谓爱敬存心?……君子所存之心,只是爱人敬人之心……爱敬众人,即是爱敬圣贤……""何谓成人之美?……凡见人行一善事,或其人志可取,而资可进,皆须诱掖而成就之……""何谓敬重尊长……在家而奉侍父母,使深爱婉容,柔声下气,习以成性,便是和气格天之本……"

了凡先生归纳总结的十条具体路径,多数适用于当今家庭教育,父母家长可以系统参考。不过,了凡先生对当前家庭教育启发最大的还在于他有关善恶标准及如何正确行善的主张。他认为:"善有真有假,有端有曲,有阴有阳,有是有非,有偏有正,有半有满,有大有小,有难有易,皆当深辨。"否则,自己认为自己是在行善,但很可能"枉费苦心,无益也"。

关于善之真假,了凡先生借中峰和尚之口清晰说明:"有益于人,是善;有益于己,是恶。利人者公,公则为真;利己者私,私则为假。"关于善之端曲,了凡先生认为:"纯是济世之心,则为端;苟有一毫媚世之心,即为曲。纯是爱人之心,则为端;有一毫愤世之心,即为曲。纯是敬人之心,则为端;有一毫玩世之心,即为曲。"关于善之阴阳,他认为:"凡为善而人知之,则为阳善;为善而人不知,则为阴德。阴德,天报之。阳善,享世名。"但若名实不副,也祸患无穷。关于善之是非,他认为,人之为善,不一定只看表面、眼前、个人,还要看实质、长远和全社会。表面善,而实质害人,则为非善,一切非义之义、非礼之礼、非信之信、非慈之慈,都要明辨。关于善之偏正,他认为:"以善心而行恶事者,正中偏也。以恶心而行善事者,偏中正也。不可不知也。"关于善之半满,他认为有三点值得注意:一是,"勤而积之,则满;懈而不积,则不满";二是,善心甚真"半文为满",善心不切"千金为半";三是,"为善而心不著善,则随所成就,皆得圆满。心著于善,虽终身勤励,止于半善而已"。关于善之大小与难易,他认为:"志在天下国家,则善虽少而大,苟在一身,虽多亦少";"有财有势者,其立德皆易,易而不为,是谓自暴,贫贱作福皆难,难而能为,斯可贵耳"。

了凡先生的系列见解,值得每一位家长透彻理解,并持续不断地用以教导孩童。比如,要教导孩子与人为善,看到别人有善心善举,就主动去帮他,使他善心增长;看到别人做善事,如果力量不够,可能做不成功,更要帮助。对比自己学问好、年纪大、辈分高的人,应该心存敬重;对比自己年纪小、辈分低、景况差的人,更要心存爱护。碰到作恶的人,要劝他作恶绝对有恶报,恶事万万做不得;碰到不肯为善,或只肯做些小善的人,就要劝他行善绝对有好报,善事不但要做,而且还要做得多、做得大。他人在危险困难关头,能及时拉一把,可以说是功德无量,但不可以引以为傲!当自己有了更大力量时,要主动回馈社会。要脚踏实地、主动积极地完成每天的学习任务,不断提高做善事的本领。

为善积善功莫大焉,助善扬善须臾不可少,家庭教育从劝善着力,导善入手,完全可以准确把握中华优秀传统文化的精华和家庭教育的真谛。

(本章编撰:李言)

15 读书亲贤

——高攀龙《高氏家训》①要义

● **家教要言**

"吾人立身天地间,只思量作得一个人是第一义。"

"穷理②虽多方,要③在读书亲贤。"

"不可专取人之才,当以忠信为本。"

"临事让人一步,自有余地。"

"善须是积,今日积,明日积,积小便大。"

"以孝义为本,以忠义为主,以廉洁为先,以诚实为要。"

"爱人者,人恒爱之;敬人者,人恒敬之。"

"言语最要谨慎,交游最要审择。"

"世间惟财色二者最迷惑人,最败坏人。"

● **作者简介**

高攀龙(1562—1626),字存之,又字云从,南直隶无锡(今江苏无锡)人,有"景逸先生"之称。明朝杰出政治家、思想家,东林党精神领袖之一,在中国政治思想史上占有一定地位。他提倡"惠商",强调"实学",其主张对后世影响较大,顾炎武、黄宗羲等思想家对其都有继承。高攀龙还是一位教育家,培养了大批忧国忧民的儒学精英,对明清学风转变和社会发展都产生了较大影响。

高攀龙的家乡无锡当时是明朝经济最繁荣的地区。这里为国家贡献大量赋税,富商家庭比比皆是,而高家位列榜首,他是典型的"富二代"。高家不仅富

---

① 本章原典引文主要参考尹楚兵辑校:《高攀龙全集》,凤凰出版社2020年版。
② 穷理:探求真理。
③ 要:关键之处。

有,而且代代都以诗书传家,高攀龙从小就在祖父的教导下,系统学习儒家经典。经过长期的诗书浸润,他成了一名大学者,一生著述颇丰,《周易易简说》《春秋孔义》《正蒙释》《水居诗稿》《高子遗书》等均是他的著作。

高攀龙27岁时以商人身份参加科举,中了进士。万历二十年(1592),高攀龙奉命出仕,负责处理有关地方秩序、经济秩序的案件,并管理各类官吏。当时明王朝已经走向衰败,万历皇帝荒废朝政,群臣内斗严重。高攀龙为人刚直,嫉恶如仇,尽职尽责。出仕两年后,他呈递奏章弹劾首辅王锡爵,却被贬到广东揭阳做典史。次年,高攀龙辞官回乡,和顾宪成兄弟一起修建东林书院,并扎根书院为青年讲学20多年。万历四十二年(1614),高攀龙和志同道合的友人合作创办无锡同善会,大力促进全国,特别是无锡一带慈善事业的发展。

后来,高攀龙复出担任朝廷大臣,然而以魏忠贤为首的阉党逐渐控制了朝廷大权,东林党人坚贞不屈,与阉党的斗争进入白热化阶段。天启六年(1626),魏忠贤的核心幕僚崔呈秀假造浙江税监李实的奏本诬陷高攀龙等贪污税款,阉党借机搜查逮捕东林党人。士可杀不可辱,高攀龙在魏忠贤的走狗到来之前效仿屈原殉国,沉入自家屋前水塘,终年64岁。崇祯初年(1628年),朝廷为高攀龙平反,赠封兵部尚书、太子太保,谥"忠宪"。

● **经典概览**

高攀龙自幼诵习圣贤之言,并专心研读程朱理学,他认为学问只有用于治国平天下才有意义。所以他出淤泥而不染,直至舍生取义,一腔忠义天地可鉴。与此同时,他针对读书人只为"求取富贵"的时弊,写成《高氏家训》,希望通过"遗书"的方式"教天下万世做人的方法"。

《高氏家训》载于《高子遗书》第十卷,《四库全书》也有收录,全文共25条(附杂训5条),2000余字。这篇家训与朱柏庐《朱子家训》、诸葛亮《诫子书》齐名,广受后人推崇,且大量用于童蒙训导,被视为教育后学"修、齐、治、平"的范本,可谓百世流芳。

《高氏家训》言简意赅、通俗易懂,从做人须明理识义、交游最要审择、不做财色俘虏等多方面,向子孙后代阐明做人、行义、立德的基本原则,强调"立身天地间"是做人的"第一大义"。高攀龙的诗文被誉为"立朝大节,不愧古人,发为文章,亦不事词藻而品格自高"。《高氏家训》更是立品崇高、字字珠玑、旨趣深远,其丰厚的内涵灌注于作者悲壮赴死、以身立教的伟岸形象,成为一座光耀古今的思想丰碑。

● 原著选段

"作好人"

作好人,眼前觉得不便宜,总算来是大便宜。作不好人,眼前觉得便宜,总算来是大不便宜。千古以来,成败昭然,如何迷人①尚不觉悟?真是可哀!吾为子孙发此真切诚恳之语,不可草草看过。

"吾儒学问主于经世"

吾儒学问主于经世,②故圣贤教人莫先穷理。道理不明,有不知不觉堕入小人之归者③,可畏。穷理虽多方,要在读书亲贤。

"取人要知圣人取狂狷之意"

取人要知圣人取狂狷之意,④狂狷皆与世俗不相入,然可以入道⑤。若憎恶此等人,便不是好消息。所与皆庸俗人,已未有不入庸俗者,出而用世,便与小人相匿⑥,与君子为仇,最是大利害处,不可轻看。吾见天下人坐此病甚多,以此知圣人是万世法眼⑦。

"爱人者"

爱人者,人恒爱之;敬人者,人恒敬之。我恶人,人亦恶我;我慢人,人亦慢我。此感应自然之理,切不可结怨于人。结怨于人,譬如⑧服毒,其毒日久必发,

---

① 迷人:不明义理、昏昏迷迷生活的人。
② 吾儒学问主于经世:我们读书人学习的主要目的是经世致用。
③ 堕入小人之归者:堕落到势利小人的群落中。
④ 取人要知圣人取狂狷之意:选人,一定要明白圣人们为什么愿意选择个性张扬的人。
⑤ 入道:遵循道义。
⑥ 便与小人相匿:就与势利小人混在一起。
⑦ 万世法眼:眼光独特,看得长远。
⑧ 譬如:就像。

但有小大迟速不同耳。人家祖宗受人欺侮,其子孙传说不忘,乘时遇会①,终须报之。彼我同然,出尔反尔,岂不可戒也?

"言语最要谨慎"

言语最要谨慎,交游最要审择。多说一句,不如少说一句。多识一人,不如少识一人。若是贤友,愈多愈好,只恐人才难得,知人实难耳。语云:要作好人,须寻好友;引醇若酸,哪得甜酒。又云:人生丧身亡家,言语占了八分。皆格言也。

"家人惹事"

家人惹事,直者置之,曲者治之而已②。往往为体面立崖岸③,曲护其短,力直其事,④此乃自伤体面,自毁崖岸也。长小人之志,生不测之变,多由于此。

"人生爵位"

人生爵位,自是分定,非可营求。⑤ 只看得义命⑥二字透,落得做个君子。不然,空污秽清净世界,空玷辱清白家门,不如穷檐破屋田夫牧子老死而人不闻者⑦,反免得出一番大丑也。

"人身顶天立地"

人身顶天立地,为纲常名教之寄,甚贵重也。⑧ 不自知其贵重少年,比之匪人⑨为赌博宿娼之事,清夜睨而自视⑩,成何面目? 若以为无伤而不羞,便是人家下流子弟。甘心下流,又复何言?

---

① 乘时遇会:在恰当时间遇到机会。
② 直者置之,曲者治之而已:把做得对的地方放在一边,不对的地方好好管教纠正就好了。
③ 立崖岸:树立自己的形象。
④ 曲护其短,力直其事:错误地护短,费力地把做错的事情弄得让人觉得正确。
⑤ 人生爵位,自是分定,非可营求:人生功名地位自有定数,不可钻营索求。
⑥ 义命:道义和命运。
⑦ 不如……而人不闻者:不如住破房子,做一个种地、放牛,到老死都没人知道的人。
⑧ 人身顶天立地……甚贵重也:顶天立地的人,是道德文化的载体,非常尊贵。
⑨ 比之匪人:和土匪、流氓、痞子混在一起。
⑩ 清夜睨(nì)而自视:夜深人静时,斜眼看看自己。

"有一种俗人"

有一种俗人,如庸书、作中、作媒、唱曲之类,其所知者势利,所谈者声色,所就者酒食而已。与之绸缪,一妨人读书之功,一消人高明之意,一浸淫渐渍,引人于不善而不自知。所谓"便辟侧媚"也,为损不小,急宜警觉。①

"人失学不读书者"

人失学不读书者,但守太祖高皇帝圣谕六言:②孝顺父母,尊敬长上,和睦乡里,教训子孙,各安生理,毋作非为。时时在心上转一过,口中念一过,胜于诵经,自然生长善根,消沉罪过。在乡里中作个善人,子孙必有兴者。各寻一生理,专守而勿变,自各有遇。于毋作非为内,③尤要痛戒嫖、赌、告状。此三者,不读书人尤易犯,破家丧身尤速也。

● 家教指南

作为我国古代最富影响力的家教经典,《高氏家训》(以下简称《家训》)对于父母家长做好新时代家庭、家教、家风建设,发扬光大传统家庭美德可以提供以下策略与路径参考。

一、重视人格教育

蔡元培《中国人的修养》一书中有句名言:"决定孩子一生的不是学习成绩,而是健全的人格修养。"卢梭也讲:"只有一门学科是必须教给孩子的,这门学科就是做人的天职。"④无论家庭还是学校,要想把孩子培养成一个有道德、有益于家庭、社会和国家的人,第一要务就是人格引导与做人教育。

高攀龙为官期间,朝廷党派纷争,宦官祸国。他一心为国、刚直不阿,对世道

---

① 该节大意:有些从事庸俗职业的人,比如盗版抄书、中介牟利、巧言说媒、低俗卖唱之类,他们就知道势利,谈论的就是声色享受,交往的就是酒肉朋友而已。跟这些人经常来往,一来耽误读书的时间,二来消磨高远的志向,再者会沉溺其中,沾染不良习气,让人变坏了自己还不知道。这就是无原则地顺人之所欲,避人之所恶,奸邪诌媚,危害极大极小,应尽快警惕。
② 人失学不读书者,但守太祖高皇帝圣谕六言:因被耽误而没读书的人,只须遵守太祖皇帝朱元璋的六句圣言。
③ 于毋作非为内:在胡作非为的事项里面。
④ [法]卢梭:《爱弥儿:论教育》,李平沤译,商务印书馆1996年版,第36页。

人心有着深刻体悟,也就特别注重子孙后代的做人引导和人格塑造。①《家训》开篇,高攀龙旗帜鲜明地提出:"吾人立身天地间,只思量作得一个人是第一义,余事都没有要紧。"如何做人呢?他说:"做人的道理不必多言,只看《小学》便是。依此作去,岂有差失?"他要求后辈按照朱熹《小学》所列日常生活规则办,以养成良好习惯,形成正确人生观。他还要求,宋明以来理学家的经典论著也应该认真阅读,以便明理识义,避免成为小人。

反观当前家庭教育,父母空前焦虑,都怕孩子输在起跑线上,各色各样的辅导班占据了孩子几乎所有的课余时间。大多数家长只注重孩子的文化知识与特长技能学习,仅仅以学业水平作为衡量教育成功与否的标准,对子女精神生命缺乏关怀。这种把孩子当作工具来磨炼而不是人来培养的方式,导致家庭教育走向智育中心主义,甚至裹挟学校教育必须以应试得高分为要,大多数家庭教育问题也由此而生。这种现象值得深刻反思。

二、倡导积善行义

"人之初,性本善","善"是中华优秀传统文化高度重视的人之根本,也是中国历史上"儒、道、释"三家共同推崇的伦理法则和精神伟力。古人有云:"交善

---

① 唐宋八大家和北宋王朝核心决策者之一欧阳修堪称注重后辈人格教育的典范,以至于令北宋同为大文豪的苏东坡感慨不已,对后世更是影响至深。欧阳修《与十二侄通理》两封如下。其一:"自南方多事以来,日夕忧汝。得昨日递中书,知与新妇诸孙等各安,守官无事,顿解远想。吾此哀苦如常。欧阳氏自江南归明,累世蒙朝廷官禄。吾今又蒙荣显,致汝等并列官裳,当思报效。偶此多事,如有差使,尽心向前,不得避事。至于临难死节,亦是汝荣事,但存心尽公,神明亦自祐汝,慎不可思避事也。"其二:"昨书中言欲买朱砂来,吾不阙此物,汝于官下宜守廉,何得买官下物。吾在官所,除饮食物外,不曾买一物,汝可安此为戒也。已寒,好将息。不具。吾书送通理十二郎。"《与十三侄奉职》如下:"奉职自赴任,不曾得书。到官下,想安乐。汝孤寒,曾受辛苦,知道官职难得,每事当思爱惜。守廉、守贫、慎行刑,保此寸禄而已。十四郎今却令回。此子自县中来,见其衣装单薄。汝只亲兄弟两人,今食禄,庶事宜均给。更宜戒约,勿令出入。无事令学书识,取些字。从来失教训,是事不会,男子如此,何以养身。今遣人去知府舍人处,求太君墓志。若此人将得来,即更不言。若未得来,即汝因事至府中面告,言吾令汝请文字,且与请取,求的便附来。春寒,好将息。不具。吾押送十三奉职。(正月十四日)十四郎,此中与绵袄子两领,并裹缠钱三索,省只十七八程,可到,恐伊别乱破钱也。"《诫子书》如下:"精藏于晦则明,养神于静则安。晦,所以蓄用;静,所以应动。善蓄者不竭,善应者无穷,此君子修身治人之术,然性近者得之易也。"教导次子欧阳奕的《家诫》如下:"'玉不琢,不成器;人不学,不知道。'然玉之为物有不变之常,虽不琢以为器,而犹不害为玉也;人之性因物则迁,不学则舍君子而为小人,可不念哉?"以上家书家训(见上海师范大学古籍整理研究所编:《全宋笔记》(第二编),大象出版社2012年版),无论讲述人生大义,还是日常琐事,全都以人格教育为内核,值得当代家长认真学习。

人者道德成,存善心者家里宁,为善事者子孙兴。"作为一名典型的儒家士大夫,高攀龙更是积极倡导子孙后代积善行义。他在《家训》中细致明确地引导:"善须是积。今日积、明日积,积小便大。一念之差、一言之差、一事之差,有因而丧身亡家者,岂可不畏也!"

言教不如身教,高攀龙身体力行,为子孙后代树立光辉榜样,这正所谓"行为世范"。他和友人创办同善会,收养生活无着落的贫困孝子、节妇、病人,推动了当地善风美俗的发展,促进了江南慈善文化的兴盛。常怀仁义之心的他,不论是对宗亲、师友还是素不相识的寒士,凡是需要他帮助的人,他总是不遗余力,慷慨相助。晚明时期的江南地区灾荒频发,百姓生活举步维艰,为解除当地服兵役人家的徭役,他不惜捐出土地,践行《家训》所言:"切切为贫人算计,存些赢余,为济人急难……临事让人一步,自有余地;临财放宽一分,自有余味。"

高攀龙对人如此,于物也这般心怀仁厚。他能站在物的角度感同身受:"一般皮肉,一般痛苦,物但不能言耳,不知其刀俎之间何等苦恼?"基于此,他特别告诫子孙:"少杀生命,最可养心,最可惜福。"并明确要求:"勿多肴品,兼用素菜,切切为生命算计,稍可省者便省之。"《明史》高度评价高攀龙:"操履笃实,粹然一出于正,为一时儒者之宗。"

拥有善良品质的孩子一定具备良好人格形象,未来一定能够拥有良好人际关系和人生际遇,引导孩子日行一善是家庭教育的重要内容,也是家庭教育至关重要的路径策略。"不积跬步,无以至千里;不积小流,无以成江海",高攀龙对子孙后代积善行义的教育启发我们,父母必须和孩子一道帮助身边的人,从一些力所能及的小事做起,让孩子体会到助人的快乐及自己可以创造的价值,并久而久之内化成习惯,养成善良品性。

三、谨记自省修身

曾子曰:"吾日三省吾身。"古人修身,很讲究自省自警。这是一种难能可贵的品质,也是一种生存发展的智慧,因为只有养成了一日三省的习惯,才能"智明而行无过矣"。如果一个人缺乏自我反思、严于律己的习惯与修养,就会如《家训》指出的那样:"曲护其短,力直其事,此乃自伤体面,自毁崖岸也"。

日常生活中自伤体面的孩子和家长还为数不少。向高攀龙学习好处很多。他在《家训》中特意叮嘱子孙要自省修身,求福免祸。他说:"见过所以求福,反己所以免祸。"大家如果遇到问题或矛盾,"姑且自认不是",做到"吾心愈细密,临事愈精详",就可"一番经历,一番进益,省了几多气力,长了几多识见"。2019年6月,习近平总书记在主持中共十九届中央政治局第十五次集体学习时指出:"无论什么时候,问题总是客观存在的,我们要以'君子检身,常若有过'的态度来检视发现自身不足,做到知耻而后勇。"习近平总书记引用的这句话出自古代典籍《亢仓子》,强调修身律己、自省改过不是一两天的事,而要处处警醒,常常躬行。亢仓子相传是老子的弟子,他认为,对于自身缺点,"贤者见之宽恕而不言,小人暴爱而溢言,亲戚怜嫉而贰言",所以一个人随时都要有警惕心和过错感,主动"检身"。

内因是解决一切问题的关键,自省修身亦然。孔子提倡"躬自厚而薄责于人""见不贤而内自省"。晏子把自己比作弯曲且布满疙瘩的木头,必须历经"劈、削、刨、锯"才能成材。北宋宰相文彦博则留下了"数豆修身"的故事。他备有两只陶罐,做了好事就放一颗红豆在一只陶罐里,做了错事就放一粒黑豆在另一只陶罐里。结果红豆渐多,黑豆渐少,他也在改过立身中成为一代名相。《了凡四训》写道:"一日不知非,即一日安于自是;一日无过可改,即一日无步可进。"众多先贤及习近平总书记主张的自省改过、克己修身、永葆初心,理应成为当今家庭教育的必修课。

四、待人谦和有礼

中国素有"礼仪之邦"的美誉,谦和有礼是每一个中华儿女都应该具备的立身处世美德。谦,是谦让、谦虚;礼,是礼让、礼仪;谦和有礼最紧要的"和",要求做到和气、和平、和睦、和美。谦和有礼的人,给人温润如玉的感觉,也像一块巨大的磁石,总在无形中吸引着别人靠近他、信赖他。位列晚清"中兴名臣"之首的曾国藩,年轻时目中无人,刚愎自用,为官不久就被罢免回家。重新踏入仕途的他,特别注意自己的言行举止,与他人相处谦逊平易,久而久之,便重新得到了皇帝的重用和同僚们的敬重。

身为读书人的高攀龙主张以礼待人,强调人与人之间应该相互关心、彼此尊重,反对傲慢和粗暴,尤其反对用武力解决问题,他认为"捉人打人,最是恶事,最是险事"。日常生活中,他对待乡邻温文儒雅,谦让和善,因为"乡党中与我平等,岂可以贵贱贫富强弱之故妄凌辱人乎"。对待他人,必须学习曾国藩、高攀龙做"谦谦君子",对待家人,更应如此。对于家人犯错,高攀龙要求"必令人扑责",但"决不可拳打脚踢",因为"暴怒之下有失",一定要"戒之!戒之!"

可是,如今仍然有家长甘当"虎爸""鹰妈",坚定不移地奉行"不打不成才""棍棒底下出孝子"的"育儿真理"。更有甚者认为"孩子是自己的,想打就打",完全背离了老子所主张的"生而不有,为而不恃,长而不宰"的道义境界和人生智慧。曾经有位母亲在教室外狂扇儿子耳光,孩子不堪忍受,纵身从教学楼走廊跳下,母亲懊丧悲苦不已,却无法拯救儿子年幼的生命。这样的例子说明,即使对待自己的孩子,也一定要做到礼让和睦,任何家庭暴力,都是家教的严重过失。

我国未成年人保护法第十条第二款明确规定:禁止对未成年人实施家庭暴力;反家庭暴力法也特别强调:遭遇家暴的当事人,有权申请"人身安全保护令"。近年来,法国、日本等多个国家也立法禁止家长体罚孩子。所以,当代父母应当放低身段尊重孩子,在孩子犯错陷入成长困境时,一定要"怡吾色,柔吾声"。孩子长大后也会如父母一般以德服人,以礼待人,谦和儒雅之风就会代代相传。

五、不做财色俘虏

北宋著名僧人佛印在《酒色财气诗》中写道:"酒色财气四堵墙,人人都在里边藏。"贪念酒色财气是人性的劣根,但古往今来,无数所谓英雄豪杰都成了财色的奴隶,芸芸众生也大有人深陷其中,无法自拔,有的甚至由此走向了不归路。高攀龙深知人性贪婪的劣根必须斩除,在众多诱惑面前,高攀龙不仅洁身自好,还语重心长地告诫子孙:"世间惟财色二者最迷惑人,最败坏人。"

关于色,千古圣人孔子曾说:食色,性也。确实,无论男女,好色都是天性,就像吃饭穿衣一样自然,确保着人类繁衍生息。但一定不要失节过度,好色荒淫之人,早晚会给自己招来祸害。难怪高攀龙告诫子孙:"少年当竭力保守,视身如白玉,一失脚,即成粉碎;视此事如鸩毒,一入口即立死。"当然,父母家长,也不能过度信奉"色字头上一把刀",谈"色"色变。尤其是孩子处于青春期的家庭,更不能躲躲闪闪,闭口不谈。如大禹治水,只能疏而不能堵,家长应正视"色"并加以理性引导,让孩子对"色"与"性"有科学认知,见到美色,可以欣赏,但不能强求占为己有。君子好色而不淫,为人父母者,更应忠于配偶,忠于家庭,为孩子的性教育和幸福人生打好和谐美满的底色。

关于财,高攀龙在《家训》中与后人分享了自己的见闻与体会:"吾见世人非分得财,非得财也,得祸也。积财愈多,积祸愈大,往往生出异常不肖子孙,作出无限丑事,资人笑话,层见迭出于耳目之前而不悟!"他认为:"凡宫室饮食、衣服器用,受用得有数,朴素些有何不好？简淡些有何不好?"基于自己的认知,他要求子孙后代知足常乐,淡然洒脱,严格做到"君子爱财,取之有道",坚决不取不义之财,更不能沦为"财迷",为财而死。在这方面,每一位家长都要做好言传身教,努力培养孩子正确的金钱观,提高抵御物欲过度诱惑的能力。

（本章编撰:陈明兰）

16　打扫光明一片地

——吴麟徵《家诫要言》①要义

● **家教要言**

"才能知耻,即是上进。"

"打扫光明一片地,此七字真经也。"

"功名之上,更有地步。"

"少年作迟暮经营,异日绝无成就。"

"多读书达观今古,可以免忧。"

"器量须大,心境须宽。"

"真心实作,无不可图之功。"

"家用不给②,只是从俭,不可扰乱心绪。"

"待人要宽和,世事要练习。"

"厚朋友而薄骨肉,所谓务华绝根③。"

● **作者简介**

吴麟徵(1593—1644),明末浙江海盐人,天启二年(1622)进士。他最初在建昌府(今江西南城县)任职,清廉刚正,造福一方。当时有豪强因其背有大靠山,霸田欺民,百姓苦不堪言,但当地官员视而不见。吴麟徵到任后,依法擒拿豪强,出兵征伐盗贼,很快声名远闻,四方百姓无不爱戴。后来他又到兴化府(今福建莆田市)任职。期间,吴麟徵大力打压贪污受贿,并以身作则,下属决不敢因为私事进言,更不敢行贿受贿。

---

① 本章原典引文主要参考《童子礼　家诫要言》,吴洋、高小慧译注,中华书局 2012 年版。
② 不给:不能供给,不够用。
③ 务华绝根:重视花朵而挖断根须,比喻只注重表面的、次要的,本末倒置。华:通"花"。

崇祯十七年(1644),吴麟徵被推举为太常少卿。同年三月,李自成率领农民军逼近京师,他奉命守护西直门。守城极其艰难,吴麟徵抱着必死的决心,积极备战,激励士兵,亲自为士兵疗伤,士兵们都感动得流泪。后来,一起守城的其他官员纷纷弃城出逃,吴麟徵却在箭雨中屹立不退,指挥战斗。他还发动百姓填塞城门,招募敢死队出城反击。李自成大军久攻西直门无果,当晚转破德胜门入皇城。有人劝吴麟徵逃回老家,他严词拒绝,作绝笔书信,并与好友酌酒告别后,从容自缢。南明弘光帝追赠其为兵部右侍郎,谥"忠节",清廷赐谥"贞肃",《明史》专为其立传。

榜样的力量无穷。吴氏家族子弟继承了吴麟徵的忠孝节义和清明正直。其弟吴麟武多地为官期间都高度重视实功实行,生在乱世能以武功治国,终其一生只做明臣,其忠心日月可鉴。吴麟徵长子吴壮舆谨重孝悌,安贫乐道,不爱钱财,满怀义气,以至于时常典卖衣服换酒招待好友。他嗜读好书,精研道义,直至临终仍谆谆教诲子女。吴麟徵仲子吴蕃昌才学过人,拜入名师刘宗周门下,深得赏识。其父殉国后,他亲自出入江淮战乱之地,扶父亲灵柩还乡,之后悉心侍奉母亲,尽孝尽礼,时人都称其"无愧于贤父、贤师之后"。

● **经典概览**

《家诫要言》(以下简称《要言》)由吴麟徵仲子吴蕃昌摘录其父写给子侄辈的家书要语辑成,共计2170字左右,73则,每则最短只有几个字,最长也就120多字。充分反映了吴麟徵综合儒家中庸、道家无为、佛家出世,及自身丰富人生经验而形成的比较完备的乱世立身法则。

《要言》谆谆教导后人德行为先、勉学立志、择友交往、勤俭持家、经邦济世等,言简意赅,发人深省,具有较强的警世意义。有后人评价:"言言精要,非公之阅历深、见义晰,未易几此。"《要言》由于经过了吴蕃昌编辑加工,语句整齐,并多两两相偶,便于记诵,所以在明清时代得以广泛流传,大量官宦绅士和书香门第之家都将其作为蒙学读本令子弟诵习,深深影响了一代代后生。

当然,作为蒙学经典,《要言》也称不上字字珠玑,由于时代的局限,其中夹杂着信命保身、与世无争等消极思想。对此,必须遵循教育部印发的《中华优秀传统文化进中小学课程教材指南》的要求:"坚持古为今用、推陈出新,有鉴别地加以对待,有扬弃地予以继承,努力用中华民族创造的一切精神财富来以文化人、以文育人。"

● 原著选段

"多读书则气清"

多读书则气清,气清则神正,神正则吉祥出焉,自天祐之;读书少则身暇,身暇则邪闲,邪闲则过恶作焉,忧患及之。

译文:多读书就会神采奕奕,神采奕奕就会满腔正气,满腔正气就会吉祥如意,上天自然就会保佑他。读书少了身体就会悠闲散漫,悠闲散漫就会有各种邪气杂念产生,邪气杂念会使过错罪恶出现,忧虑祸患就会接踵而至。

"知有己不知有人"

知有己不知有人,闻人过不闻己过,此祸本也。故自私之念萌,则铲之;谗谀之徒至,则却之。

译文:只知道自己不知道还有他人,只听得到别人的过错而不知自己的过错,这是祸患的根源。所以,自私的念头一旦萌发,就要彻底铲除;阿谀奉承的人一旦来到身边,就要立刻让他走开。

"师友当以老成庄重、实心用功为良"

师友当以老成庄重、实心用功为良,若浮薄好动之徒,无益有损,断断不宜交也。

译文:学习朋友,应当以老成持重、实在用功的人为佳,如果是轻浮浅薄、游走好闲的人,一定有害无益,绝对不能结交。

"秀才本等"

秀才本等,只宜暗修积学,学业成后,四海比肩。如驰逐名场,延揽声气,爱憎不同,必生异议。

译文:读书人的本分就是暗暗修养德行,积累学识,学业完成后,能和天下名贤并肩而立。如果在名利场上追逐,结交狐朋狗友,根据个人喜好拉帮结派,必然会招致非议和祸患。

"人心止此方寸地"

人心止此方寸地,要当光明洞达直走向上一路。若有龌龊卑鄙襟怀,则一生德器坏矣。

译文:人心只有方寸之地,应当光明磊落,开朗豁达,一直追求道德修养的最高境界。如果有卑鄙龌龊的心胸,那么一生的德行就败坏了。

"立身作家读书"

立身作家读书,俱要有绳墨规矩,循之则终身可无悔尤。我以善病,少壮懒惰,一旦当事寄,虽方寸湛如,而展拓无具,只坐空疏卤莽,秀才时不得力耳。

译文:修身治家读书,都要讲究规矩,循序规矩就可以终身无悔。我因为体弱多病,少壮之时懒惰,一旦担当起事务,虽然心中有方向,但是难以开拓事业。这主要是因为说话做事空虚、浅薄、鲁莽,读书时没有好好用功。

"莫道作事公"

莫道作事公,莫道开口是,恨不割君双耳朵,插在人家听非议;莫恃筑基牢,莫恃打算备,恨不凿君双眼睛,留在家堂看兴废。

译文:不要说自己做事公道,不要说自己说话正确,要以不能割掉双耳插在别人家听是非议论为遗憾;不要自以为基础打得牢实,不要自以为计划做得完备,要以不能挖出双眼留在自家厅堂看家族兴衰存亡为遗憾。

"凡事循省"

凡事循省,收敛节俭,惜福惜财,多行善事,勿苟图利益,勿出入县门,勿为门客家奴所使,勿饱食安居晏寝,自鸣得意。

译文:所有事情都要遵循一日三省的原则,要收敛自己的行为,节约用度,珍惜眼前的幸福和钱物,多做善事。不要贪图不正当的利益,不要出入官衙,不要被门客和家奴所差遣,不要饱食终日,贪要晚睡,自鸣得意。

"儿曹不敢望其进步"

儿曹不敢望其进步,若得养祖宗元气,于乡党中立一人品,即终身村学究,我亦无憾。浮华鲜实,不特伤风败俗,亦杀身亡家之本。文字具第二义也。

译文:我不敢奢望后辈一定金榜题名,光宗耀祖,如能蓄养祖宗的精气神,在乡族朋友中树立自己的人品,就算终身做个布衣书生,我也没什么遗憾。浮华不实,不仅伤风败俗,也是家破人亡的根源。与戒除浮华相比,读书写作都是次要的事。

"世变弥殷"

世变弥殷,止有读书明理、耕织治家、修身独善之策。即仕进二字,不敢为汝曹愿之,况好名结交、嗜利召祸乎!

译文:世道变化越来越大,只有以读书来明白事理,以耕作来治理家庭,以修身养性来完善自个人格的办法了。就算入仕做官,我也不敢对后辈有这个心愿,更何况追求虚名、结交朋党、贪图利益而招致祸患呢?

● **家教指南**

家诫又称家训、庭训、家范或家法等,是我国古代家庭或家族父祖辈对家人的训示或诫勉。其源起于先秦,成熟于隋唐,发展于宋元,在明清时期达到鼎盛。家诫、家训的表现形式多种多样,除家族内部口耳相传外,更多是通过家书、诗文、格言等书面形式对子孙进行教诲。细读《要言》,可将其适于当今儿童青少年家庭教育的思想概括为四个方面。

一、蒙以养正,人品立根

数千年来,中华传统教育一直高度重视端正蒙养。古人云:"蒙以养正,圣功也。"幼年是品德教育的关键期,对幼童进行正确教育,可以起到事半功倍的效果。父母家长必须从孩童的日常行为着眼,从生活细节入手,反复强化培养良好生活习惯和优秀人格品质,促进儿童身心持续和谐发展。吴麟徵对此高度重视,整部《要言》的核心要义就是蒙以养正,"立一分人品"。

吴麟徵一生忠孝节义,清正廉明,以自己的仁义刚烈垂范于兄弟子嗣,身教与言传并重。他在《要言》中希望其子"养祖宗元气,于乡党中立一分人品"。《要言》指出:"人品须从小作起,权宜苟且诡随之意多,则一生人品坏矣。"《要言》还强调:"恶不在大,心术一坏,即入祸门";"立身作家读书,俱要有绳墨规矩,循之则终身可无悔尤"。

吴麟徵很看重子孙做人行事的纯良动机。他认为祛除杂念私心,把恶意动机杜绝在萌芽状态,是所有人修身的关键,否则"一念不慎,败坏身家有余"。他告诫后辈,"勿苟图利益,勿出入县门,勿为门客家奴所使",为人应谨慎低调,要学习范仲淹宠辱不惊、淡泊从容的处世胸怀,切忌投机钻营,否则毁誉招祸。他还告诫后辈不要结党纳派,只要持身端正,就能不畏邪恶。

吴麟徵鼓励子弟内心要充满光明,做人做事要积极向上。他强调:"人心止此方寸地,要当光明洞达直走向上一路。若有卑鄙龌龊襟怀,则一生德器坏矣。"他告诫家人,人生在世难免有私心杂念,但要时时"打造光明一片地",修养豁达情怀,做到心胸磊落。他讲:"立身无愧,何愁鼠辈?"诚然,君子坦荡荡,小人长戚戚,若能从小保养浩然正气,一生都不用畏惧卑鄙小人。

吴麟徵"蒙以养正,人品立根"的思想继承了中华民族传统教育思想精粹,与他大体处于相同时代的世界级教育大家的观点完全可以佐证这种思想的科学性和先进性。比如,捷克教育家夸美纽斯认为,"教育应该使人成为有道德、有理智、有感情的人";"教育的首要任务是培养人的品格和道德"。英国哲学家、教育家约翰·洛克也指出教育在塑造人道德品质方面具有至关重要的作用。当今家长对"蒙以养正,人品立根"这一思想理应充分继承,切实践行。

二、立志清远,实作实学

立志和勤学历来都是家庭教育的重要目标与内容。吴麟徵告诫儿孙:"争目前之事,则忘远大之图;深儿女之怀,便短英雄之气。"如果对眼前利益斤斤计较,就会被拴住手脚,不能施展远大抱负,过分迷恋于儿女之情,就会意志消沉,无所作为。他还告诫:"少年作迟暮经营,异日决无成就。"的确,儿童青少年就应朝气蓬勃,千万不可老气沉沉,如果只知"琐琐萦怀",只关注"一体之屈伸,一家之饥饱",只咀嚼一己之悲欢,就不会胸怀大气,就看不到更广阔的世界,也就意识不到"天下兴亡匹夫有责"。他鼓励子弟要立志远大,争做"天下第一等人",切勿庸庸碌碌虚度人生。他还鼓励子弟敢于超越自我,立德立功立言,争取成就不朽事业,"竹帛青史,岂可让人?"

当然,光有志向远远不够,还得脚踏实地,在实践学真知,通过实作建功立业。吴麟徵强调:"世事要练习。"不仅仅是待人接物、为人处世,孩童自小都必须学习"洒扫应对"。怎么扫地、抹桌子,怎样做饭、洗衣,怎么与师长朋友讲话,以及待人接物的规矩,是做人的基础。法国启蒙思想家、教育家卢梭在《爱弥儿》中讲："劳动教育是一种无形的财富，它能够塑造人的性格，磨炼人的意志，提升人的品质。"吴麟徵所强调的"洒扫应对"，是当今中小学生劳动教育的应有之义，由此孩子可以更好地认识自己需要什么，怎样才能满足自己的生存发展所需，学好服务自我这堂人生最基本的必修课。

除了"洒扫应对"，吴麟徵还特别强调"真心实作，无不可图之功"。真心实干是成就事业的关键，吴麟徵认为只会写八股文章，到处卖弄浮华辞藻，违背真理道义的人，多半是年轻人，要极力劝阻。他明言："吾所取者，历练艰苦之士。"他所看重的是经历艰苦磨难的人，只有这样的人才能很好修身齐家，担负起"治国平天下"的时代重任。

重视实践实作的同时，吴麟徵也特别关注勤学苦学。他曾经描述自己刻苦读书的情形："尝冬月单襦，雪覆床案，以手温膝，绕室周走，而披诵不休。"他认为，如果读书不能刻苦精研，对先贤的德性智慧就不会融会贯通，更不会拥有清廉刚直的品德和济世治国的才能。他一再强调读书求知、提高修养是读书人的分内事，他要求儿孙"暗积修学"，默默不懈地研求学问，尽可能和天下德识皆具之士比肩而立。习近平总书记是勤学苦学、真心实作的光辉典范。在下乡期间，他带领农民群众挖沼气池、打淤地坝、办代销店和铁业社等，将读书所学与苦干实干结合起来，全心全意为人民服务。2013年五四青年节，同各界优秀青年代表座谈时讲述："我到农村插队后，给自己定了一个座右铭，先从修身开始。一物不知，深以为耻，便求知若渴。上山放羊，我揣着书，把羊拴到山坬上，就开始看书。锄地到田头，开始休息一会儿时，我就拿出《新华字典》记一个字的多种含义，一点一滴积累。"

2016年4月26日，在知识分子、劳动模范、青年代表座谈会上，习近平总书记指出："广大青年要自觉加强学习，不断增强本领。人生的黄金时期在青年。青年时期学识基础厚实不厚实，影响甚至决定自己的一生。广大青年要如饥似渴、孜孜不倦学习，既多读有字之书，也多读无字之书，注重学习人生经验和社会知识。"习近平总书记不仅强调读书学习的重要意义，而且用读"有字之书"和"无字之书"打比方，令人耳目一新地说明学习科学文化知识和社会实践知识必须紧密结合。习近平总书记的言传身教为广大儿童青少年的学习成长指明了方向。

吴麟徵认为读书的目的要单纯，读书就是修身养性，要练就宠辱不惊、淡然面对人生的豁达平常心。他的基本观点是:读书能增长见识,充实精神世界,陶冶情操,从而免于俗世的烦扰,"少年人只宜修身笃行,信命读书,毋深以得失为念","汝辈只杜门读书,学做好人"。他再三强调:"多读书达观今古,可以免忧";"多读书则气清,气清则神正,神正则吉祥出焉,自天祐之;读书少则身暇,身暇则邪间,邪间则诸恶作焉,忧患及之"。面对纷扰乱世,他谆谆教诲:"世变弥殷,止有读书明理、耕织治家、修身独善之策。"

对于读书学习的内容与方法等,吴麟徵也多有教导。他说:"士人贵经世,经史最宜熟,工夫须逐段做去,庶几有成。"他要求:"今日儿辈只宜令熟经史、知理路,为善于乡党足矣。"明末多事之秋,朝廷内外、国家上下都希望多有经世致用的建国救国之才,都在期盼德淳风厉、清廉刚直之士安邦兴国。吴麟徵要求子弟不能做寻章摘句、纸上谈兵、徒托空言、坐而论道的书呆子,是其厚重家国情怀使然。当前,中华民族伟大复兴进入了关键时期,实干兴邦的时代俊杰层出不穷。在这个伟大时代,父母家长更要重视教导孩子立大志,训练其做行动的巨人,实学实干,在细微扎实的学习劳动中为复兴中华做充分准备。

三、审择交游,量大心宽

拜师择友影响人生成败,吴麟徵并不鼓励子弟广交朋友,他教导儿孙慎重选择,要交"老成庄重,实心用功"的人,"浮薄好动之徒"断断不能交。"鸟必择木而栖。附托非人者,必有为危身之祸。"遭遇损友,所投非人,可能会惹祸上身。还有一种情况,"交游鲜有诚实可托者",如果朋友不值得托付,就要想方设法尽快远离。他还告诫子孙,人可以多读书,这样会大大减少损友出现的概率,"省事省罪,其益无穷"。

因为"世变弥殷",吴麟徵认为益友难得,很有必要学会独处。他说:"居今之世,为今之人,自己珍重,自己打算,千百之中,无一益友。"人生在世,交友固然重要,但若寻觅不到益友,也无须过分忧虑。因为真正的智者,善于在独处中发掘生活的乐趣,于静默中思考人生的真谛。独处并非孤僻弃世,而是一种明志致远的选择。如果能于独处中观照内心,修养德性,洞悉世事,累积才智,自然能够经世致用,甚而经天纬地。《道德经》讲:"大道至简,大音希声,大象无形。"独处可以在繁华世界中寻找简单与宁静,于无声处听惊雷,于无形处见大象。与其在浮躁中沉沦于人际应酬,不如在独处中沉淀自我。真正的智者,往往诞生在长时间的静默之中。

朋友不在多,贵在知心。吴麟徵告诫子弟与人交往"器量须大,心境须宽"。子曰,君子不器,要求君子不能心胸褊狭。《周易·系辞》有言:"形而上者谓之道,形而下者谓之器。"形而上是无形的"道体",形而下是万物的"具象"。一个人如果器识小,就会被万物纷杂的世界迷惑,就不能领悟、把握和运用无形的"大道",也就无法成就大事。

吴麟徵要求子弟"器量大,心境宽",就是要胸怀万物,放大人生格局。"遇事多算计,较利悉锱铢,其过甚小,而积之甚大,慎之、慎之。"遇到事情过于精打细算,只顾眼前利益,不肯吃亏,就会给人留下不好印象,别人就会疏远自己,可能失去宝贵的友情、信誉等,得不偿失。他还具体要求子弟对待长官只可尊敬,不可怀有私心,阿谀逢迎。其原话是:"官长之前,止可将敬,不可逐膻。"亚里士多德曾说,对待上级既不傲慢也不自卑,是真正的大智慧。吴麟徵的洞见与亚氏不谋而合。

吴麟徵还用树木根深而叶茂的道理来说明为人必须宽厚:"本根厚而后枝叶茂。每事宽一分,即积一分之福。"英国政治家本杰明·迪斯雷利也曾说:"心有定见,而又善于宽容,一个人兼有这两点,他就是一个出类拔萃的成大事者。"成大事者必有大智慧,大智慧必然蕴藏于"大器量"之中,吴麟徵所主张的心境宽容,以及众多先贤哲人的相关警语,值得当今父母家长深思践行。

四、勤俭节约,睦亲齐家

"勤与俭,治生之道也。"古代社会生产力水平低下,勤俭节约关系家族的生存发展,因此,这是历代家训家诫的重要内容,也成为中华民族的传统美德。吴麟徵对勤与俭特别重视,他反复讲:"治家舍节俭,别无可经营。""凡事循省,收敛节俭,惜福惜财,多行善事。""世变日多,只宜杜门读书,学作好人,勤俭作家,保身为上。"

勤俭节约在国外教育中也多有重视,约翰·洛克在《教育漫话》强调:"节约是美德,节约是财富,节约是进步的阶梯。"这大概与"俭以养德"这个中国古训的内涵一致吧。的确,如果钱财是自己用辛勤劳动换来的,显然来之不易,省用爱惜,是对自己生命价值的爱护和尊重,是生命持续发展的一种动力;如果财物不是自己劳动所得,那一定要思考是否"取之有道",如果取之无道,且奢靡浪费,那更应该即刻警醒,悬崖勒马,以勤俭为平安生计之本。

俭即是德,俭可避险。吴麟徵反对好逸恶劳、纵情声色的"诗酒声游"生活,谆谆告诫子弟须处处节俭,尤其在乱世之中,豪奢淫逸必定遭他人忌恨,甚或危在旦夕。"四方兵戈,云扰乱离,正甚修身节用,无得罪乡人。勿迁视此言也。"有俭德之人身心健康安宁,有俭德的家庭没有危险祸害,有俭德之国家不会有暴乱和流民。对此,古罗马哲学家塞内卡观点非常明确:"奢侈是民族衰弱的起点,节俭是国家昌盛的基石。"

吴麟徵虽提倡节约,但也反对不顾礼数、吝啬小气。比如,他在家书中提到结婚本是大事,各种开销难免较大,节俭主要是"勿为耳目之观",不要花自己的辛苦钱去取悦别人;不该节约的"回门"之礼节等一定不能舍弃,而且要有"老成"人指点引导,让财尽其用、礼尽其能。吴麟徵虽然清廉家贫,但在天灾之年,也能体恤民情,扶危济困,舍出粮食救助民众。把重大事件的处理与平日的省吃俭用关联审视,更能清晰地看到吴麟徵"俭诫"的重要意义和价值。

勤俭乃治家之根,和顺乃齐家之本。古人云:"家齐而后国治,国治而后天下平。"吴麟徵深刻认识到"齐家"的重要性,断然认定"家业事小,门户事大",因为家族门户名望受损,就会影响后辈世代子孙,家族命运自然堪忧。如果家庭不富裕,可以靠勤俭节约来维持,如果家人不和睦,家族必然声名狼藉。

吴麟徵特别看重睦亲齐家,要求家族成员必须尊长辈、孝父母,做到兄友弟恭,特别善待、周济族中孤寡之人,千万不能"厚朋友而薄骨肉"。朋友必须真心相待,但血毕竟浓于水,骨肉亲情理应彼此珍重。如果"厚朋友而薄骨肉",就一定是"务华绝根",舍本逐末,得不偿失。

为了睦亲齐家不遇障碍,吴麟徵对儿孙婚姻提出了专门要求:"只择古旧门坊、守礼敦实之家,可无后患。"中国古代,婚姻是影响家族命运的大事,寻一个门当户对,同样睦亲齐家的家族,找一个守礼敦实家庭教育出来的儿媳,能够避免日后婚姻生活中的诸多矛盾,实现"妻贤夫兴旺,家和万事兴"齐家理想。

吴麟徵认为要做到勤俭节约、睦亲齐家的关键是要认识到"家之本在身"。每一个家族成员自身的品德言行十分重要,尤其是父母长辈要以身作则,以上率下,树立良好家风。他讲:"家门履运,正当蹇剥,跬步须当十思。"意思是:家族时运不济,遭遇不测,就要格外小心,一切以家族利益为重,每走半步都要慎重思考,不要让自己和家族陷入被动不利状态,以免雪上加霜。

吴麟徵的观点,基于家族生计,但不限于生计。他强调自己的责任感及自我要求,要给予儿孙良好示范,以求家族昌盛,国家复兴。毋庸置疑,这是家庭教育的关键。美国教育家科尔曼说:"父母的一言一行,都是孩子的教科书。"同为美国教育家的贝内特也说:"在孩子的教育上,没有什么比父母的榜样更有力量。"①父母是孩子的第一任老师和一辈子的老师,中、西文化对此形成的认识和理解如出一辙。当今父母家长,对吴麟徵的言传身教,不可不高度重视。

(本章编撰:张媛)

---

① 在这方面,唐代大书法家颜真卿以自己的凛然大义为儿孙树立了楷模。他被当朝奸臣构陷,数次遭贬,但依然恪尽职守。他有写给子孙的亲笔信《守政帖》传世:"政可守,不可不守。吾去岁中言事得罪,又不能逆道苟时,为千古罪人也。虽贬居远方,终身不耻。汝曹当须会吾之志,不可不守也!"

17　为善则流芳百世

——程登吉《幼学琼林》①要义

● **家教要言**

"为善则流芳百世,为恶则遗臭万年。"

"桃李不言,下自成蹊;道旁苦李,为人所弃。"

"心多过虑,何异杞人忧天;事不量力,不殊夸父追日。"

"管中窥豹,所见不多;坐井观天,知识不广。"

"当知器满则倾,须知物极必反。"

"临渊羡鱼,不如退而结网。"

"穷且益坚,不坠青云之志。"

"后生固为可畏,而高年尤是当尊。"

"惟智者能调,达人自玉②。"

● **作者简介**

程登吉(1601—1648),字允升,明末西昌(今南昌市新建区望城镇)人,教育家、文学家。出身于书香家庭,家里藏书颇丰。父亲通晓经史,擅长诗文,兄弟三人,程登吉排行第二。他性情淡泊,甘愿清贫,博学于古人奇书和诸子学说,许多仕宦家庭都争相聘请他教授蒙童,各方俊杰也纷纷与他交游,他则自号退斋,与世无争,以学术和教书为乐。

程登吉一生,教诲学童循循善诱,培育人才孜孜不倦,数十年如一日,桃李遍天下。他择取百书精华,并基于自己数十年教学经验,著成《幼学琼林》。该书

---

① 本章原典引文主要参考程登吉:《幼学琼林》,张慧楠译注,中华书局2013年版。
② 惟智者能调,达人自玉:只有聪明人才能调理自己的身体,乐观通达的人才能珍惜自己的健康。

最初只能以弟子抄写和口耳相授方式流传,主要是因其既无功名,更无官职,家境清贫,微薄的教学收入仅能维持全家生活,没有足够的钱财刻印。

程登吉精通诸子百家,古文功底深厚,是中国教育史上不可多得的大先生。他洞察时事,纵观历史,敏感睿智,能将天下万事万物了化于胸,并坚守节操,铁骨铮铮。明朝灭亡后,他以先贤为楷模,拒绝在清朝为官,拒绝攀荣附贵,在我国古代蒙教领域具有重要影响。

● **经典概览**

《幼学琼林》本名《幼学须知》,兼取《三字经》《百家姓》《千字文》《增广贤文》《四言杂事》《龙文鞭形》《类字蒙求》等蒙教经典之长。有人认为该书最初的编撰者是明朝景泰年间进士邱睿,但更多学者还是认可程登吉撰成该书,清朝嘉庆年间邹圣脉、民国年间费有容等进行了增补。

《幼学琼林》共四卷,包罗万象,知识广博,集中介绍了中国上下五千年历史与文化,涉及典章制度、文事科第、朝廷文武、礼仪风俗、宫室珍宝、饮食器用、著名人物、婚丧嫁娶、生老病死、释道鬼神、神话传说、天文地理、鸟兽花木等多方面内容。

《幼学琼林》是骈文著作,全书3万字左右,都用对偶句编写,简洁明快,通俗实用,容易诵读,便于记忆。本书又称《成语考》《故事寻源》,当初编写此书就是为了让读者了解各种成语典故的来源和用法,促进语言积累与应用。书中典故极多,且介绍清晰而精辟,少者四五字,多者也不过十余字。全书用语打破对偶句四言、五言、七言的限制,当长则长,当短则短,言简意赅,集知识性、趣味性、实用性于一体,是名副其实的蒙学百科全书。熟读之,记诵之,揣摩之,宇宙万象尽呈眼底,古往今来尽在掌中。

"读了《增广》会说话,读了《幼学》走天下。"《幼学琼林》许多警句格言,至今还在广为传诵。当前对这部"微百科"父母可与孩子共读,引导孩子知做人道理,习文明礼仪,很好修己渡人,同时开阔眼界,增长知识,积累语言,提升中华文化自信水平。当然,阅读过程中必须去粗取精、去伪存真,超越其成书时代固有的局限。

17　为善则流芳百世

● **原著选段**

"事先败而后成"

事先败而后成,曰失之东隅,收之桑榆①;事将成而终止,曰为山九仞,功亏一篑②。

"与善人交"

与善人交,如入芝兰之室,久而不闻其香;与恶人交,如入鲍鱼之肆,久而不闻其臭。肝胆相照,斯为心腹之友;意气不孚,谓之口头之交。

"发肤不可毁伤"

发肤不可毁伤,曾子常以守身为大③;待人须当量大,师德贵于唾面自干。馋口中伤,金可铄而骨可销;虐政诛求,敲其肤而吸其髓。受人牵制,曰掣④肘;不知羞愧,曰厚颜。好生议论,曰摇唇鼓舌;共话衷肠,曰促膝谈心。

"口中雌黄"

口中雌黄,言事而多改移;皮里春秋,胸中自有褒贬。唇亡齿寒,谓彼此之失依;足上首下,谓尊卑之颠倒。所为得意,曰吐气扬眉;待人诚心,曰推心置腹。

"大学首重夫明新"

大学首重夫明新,小子莫先于应对。⑤ 其容固宜有度,出言尤贵有章。智欲

---

① 失之东隅,收之桑榆:比喻开始时或暂时在某一方面失利,但最终得到了补偿或成功。东隅:日出的东方,指早晨;桑榆:落在桑树、榆树之间的夕阳余晖,指晚上。
② 为山九仞(rèn),功亏一篑(kuì):堆九仞高的山,只缺一筐土而不能完成。比喻做事情只差最后一点没能完成。九仞:很高很高;亏:欠缺;篑:竹筐。
③ 曾子常以守身为大:曾子经常就把爱惜自己的身体健康当成头等大事。
④ 掣(chè):牵引、拉拽。
⑤ 此句意:《大学》一书第一看重明白美德的含义,以及如何培养美德使人每天有新的成长;小孩子必须首先学习互相应对的话语和礼节。

圆而行欲方,胆欲大而心欲小。阁下、足下,并称人之辞;不佞①、鲰生②,皆自谦之语。

"望开茅塞"

望开茅塞,是求人之教导;多蒙药石,是谢人之箴规。芳规芳躅③,皆善行之可慕;格言至言,悉嘉言之可听。

"误处皆缘不学"

误处皆缘不学;强作乃成自然。求事速成曰躐④等;过于礼貌曰足恭。假忠厚者谓之乡愿;出人群者谓之巨擘⑤。

"不知通变"

不知通变,曰徒读父书;自作聪明,曰徒执己见。浅见曰肤见;俗言曰俚言。识时务者为俊杰;昧先几者非明哲。村夫不识一丁;愚者岂无一得。

"多食不厌"

多食不厌,谓之饕餮⑥之徒;见食垂涎,谓有欲炙⑦之色。未获同食,曰向隅;谢人赐食,曰饱德。安步可以当车,晚食可以当肉。饮食贫难,曰半菽⑧不饱;厚恩图报,曰每饭不忘。

"饮杯棬而抱痛"

饮杯棬而抱痛,母之口泽如存;读父书以增伤,父之手泽未泯。子羔悲亲而

---

① 不佞(nìng):没有才能的人。
② 鲰(zōu)生:浅薄愚陋的人。
③ 躅(zhú):足迹。
④ 躐(liè):超越。
⑤ 擘(bò):大拇指。
⑥ 饕(tāo)餮(tiè):传说中的一种凶恶贪食的野兽,比喻凶恶贪婪、贪吃的人。
⑦ 欲炙(zhì)之色:想吃烤肉的表情。炙,烤熟的肉。
⑧ 菽(shū):豆类食物。

泣血,子夏哭子而丧明。王裒哀父之死,门人因废《蓼莪》①诗;王修哭母之亡,邻里遂停桑柘社②。树欲静而风不息,子欲养而亲不在,皋鱼③增感;与其椎牛而祭墓,不如鸡豚之逮存,曾子兴思。故为人子者,当思木本水源,须重慎终追远。④

● **家教指南**

《幼学琼林》在明清时期,乃至民国年间都风行全国。这是一部实用性很强的经典,能够融合教导蒙童识字、读史、作文、做人,其内容紧密联系生活,贴近社会,对当前儿童青少年家庭教育有着较大启示和借鉴意义。

一、**惠泽他人,修身立己**

这部蒙学百科全书几乎无所不包,无所不备,时间空间、天文地理、人物典故,以及关于修齐治平的知识和主张应有尽有。作者善于利用简明的词汇或通俗的比喻,清晰阐述做人做事的基本道理,引导儿童用宽厚的心胸,容载万众万物与万事万象,并积极主动修炼德行,在实现自我成长的同时惠泽他人。

《幼学琼林》卷一"天文"有言:"恩可遍施,乃曰阳春有脚。"即恩泽可以广泛地施行,就好像春晖普照,滋养万物一样,倡导儿童主动行善施恩。此卷还有这样的句子,"退我一步行,固云安乐法",得饶人处且饶人,说话有节制,尊重他人;"道人三个好,尤见喜欢缘",学会赞美欣赏,鼓励他人,激励自己;"望人包容,曰海涵;谢人恩泽,曰河润",即希望得到别人的原谅,就请别人像海水一样

---

① 《蓼(lù)莪(é)》:《诗经·小雅》中的一首,表达子女追慕双亲抚养之德的情思。
② 桑柘(zhè)社:为祈求农桑之事顺利而祭祀土地神的活动。
③ 皋(gāo)鱼:人名,孔子出行见他为"树欲静而风不止,子欲养而亲不待"感伤不已。"皋鱼之泣"这个成语即源于此,比喻愿意养亲而不可得。
④ 本节大意:拿着杯棬(quān)喝水就悲痛不已,因为去世母亲的气息还留在杯子上;读父亲遗留下的书籍更增添忧伤,因为书中满是他留下的墨迹手印。子羔悲痛悼念逝去的双亲哭出来的泪都是血,子夏为痛失爱子而哭瞎了眼睛。王裒(póu)父亲死后,每当他读到、听到《蓼莪》中的句子都要痛哭流涕,学生们只好不再去读这首诗。王修母亲在祭祀土地神的社日去世,次年那天王修思母极为悲哀,邻里担心王修悲痛过度,就停止了祭祀土地神的活动。树想静止而风并不停息,儿子想奉养父母而双亲已去世,皋鱼为此悲伤不已,说:"过去而不能追回的是岁月,逝去而再也见不到的是亲人。"与其父母死后杀牛到坟前祭奠,不如当他们活着时以鸡、猪之肉尽心奉养,这是曾子读丧礼时的感想。所以,为人子女者,应当想到木有本,水有源,不要忘记父母对自己的养育之恩;必须慎重地按照礼仪办理父母的丧事,虔诚恭敬地祭祀自己的祖先。

包涵自己;感谢别人的恩泽,就说像受到河水一样的滋润。"人失信曰爽约,又曰食言;人忘誓曰寒盟,又曰反汗",与朋友交往最要紧的莫过于信任,以诚相待才会志同道合;"无端倨傲,曰旁若无人",要把别人的自尊放在心上,同时自立自强。利用《幼学琼林》的相关语句深入浅出地引导儿童在经典文化的浸润中,逐步学习豁达大度、接纳他人,其终身都可以在和谐融洽的人际交往中拥有积极健康的心态。

程登吉认为自身的修炼需要坚持不懈地努力。他说:"为学求益,曰日就月将。"也就是说学习要每天有成就,每月有进步,精进不止。他还说:"焚膏继晷,日夜辛勤;俾昼作夜,晨昏颠倒。"倡导勤奋学习,夜以继日,坚决摒弃那种把白昼当作夜晚,晨昏颠倒、不分昼夜寻欢作乐的恶习。否则,一定会"自愧无成,曰虚延岁月"。虚度年华,到头来一事无成,终身悔恨也无所补益。程登吉告诫:"韶华不再,吾辈须当惜阴;日月其除,志士正宜待旦。"①美好的时光一去不再回头,有志之士应该及时努力,因为"春祈秋报,农夫之常规;夜寐夙兴,吾人之勤事"。

二、仁爱孝悌,自爱自律

仁爱孝悌是家庭生活日用不离的行为规范,父慈子孝,兄友弟恭对家庭关系的稳定起着极为重要的作用。作为最基本的德行,仁爱首先就是要明孝悌,培养孩子的同理心和爱心。

"孝"体现了儒学的基本精神。相传明太祖朱元璋曾问一女子:"天下什么东西最大?"女子回答:"孝字最大。"太祖十分欣赏,赐她千两黄金。"悌"是儒家思想中的另一重要概念,与孝并列,是人伦关系的基本准则之一。"孝悌"被视为个人品德的基础,利于家庭成员之间的和谐与尊重。《幼学琼林》卷一以大篇幅的内容,从祖孙父子、兄弟叔侄、朋友宾主等方面告诉孩童必须践行孝悌之道,必须用孝言悌行"明孝悌"。

程登吉说:"菽水承欢,贫士养亲之乐。"用最常见的食物来赡养双亲,也可

---

① 古今中外,类似劝勉可谓不胜枚举。其中,唐末曾做皇子傅母的宫女杜秋娘所作《金缕衣》一诗可谓家喻户晓,妇孺皆知:"劝君莫惜金缕衣,劝君惜取少年时。花开堪折直须折,莫待无花空折枝。"明朝政治家、军事家于谦对儿子于冕也有类似的诗歌劝勉:"阿冕今年已十三,耳边垂发绿鬖鬖。好亲灯光研经史,勤向庭闱奉旨甘。衔命年年巡塞北,思亲夜夜想江南。题诗寄汝非无意,莫负青春取自惭。"

获得父母的欢心,让老人家颐养年寿,这是贫寒人家侍奉父母可以享受的天伦之乐。他还说:"天下无不是底父母,世间最难得者兄弟。"天下父母即使有错也是为儿女着想,儿女不能记恨其错误,在无条件感恩父母的同时,也要牢记平等友善地对待自己的同胞手足。程登吉要求:"须贻同期之光,无伤手足之雅。"即:兄弟姊妹之间要共同分享人生的幸福与荣耀,不要因为鸡毛蒜皮的小事或者经济往来彼此猜疑,伤害同胞之谊与手足之情。

践行孝道还要高度重视自爱自律。自爱是仁爱孝悌的前提,如,"发肤不可毁伤,曾子常以守身为大。"爱护自己的身体,对自己的言行负责,是做人的头等大事。人首先要有这种"自爱",才有资格爱人。而自爱,就必须自律,修养良好品德。如果严格自律,按照道德准则行事,充分准备,就能"有道则见,君子有展采之思",对国家和社会有所作为,成就人生价值,也才能更好地践行孝德,真正做到"首孝悌"。

三、谦和待人,彬彬有礼[①]

孩子与人交往,必须谦和好礼,尊重他人。谦和好礼,即虚心,不自满,讲礼节,多为别人着想。"礼"是华夏文明最为显著的精神特质之一,也是人类任何一种文明和文化能够融通与发展基本条件。谦和好礼从浅处说,是一种雅致友善的人生态度,从深处讲,是一种隐形的生命力量。一个人彬彬有礼,尊师敬长,友群乐众,对他人有辞让之心,可以更好获取生存发展空间。或许正因为如此,程登吉才特别强调:"《大学》首重夫明新,小子莫先于应对。其容固宜有度,出

---

① 与程登吉大体处于同一时代的浙江提学副使屠羲时明确指出:"《易》曰:'蒙以养正,圣功也。'而养正莫先于礼。"管仲《弟子职》,《礼记》中的《曲礼》《内则》《少仪》等篇,无不高度重视儿童礼仪教育。屠羲时则辑录这些经典的"训蒙要语",编撰《童子礼》,对儿童的"检束身心之礼""人事父兄、出事师尊通行之礼""书堂肄业之礼"等予以明确细致的规范。如,"检束身心之礼"规定:"晨兴即当盥栉以饰容仪……栉发必使光整勿散乱,但须敦尚朴雅,不得为市井浮薄之态。凡着衣,常加爱护。饮食须照管,勿令点污。行路须看顾,勿令泥渍。遇服役,必去上服,只着短衣,以便作事……凡立,须拱手正身,双足相并。必须所立方位不得歪斜。若身与墙壁相近,虽困倦不得倚靠。凡坐,须定身端坐,敛足拱手。不得偃仰倾斜,倚靠几席。如与人同坐,尤当敛身庄肃,毋得横臂,至有妨碍……凡视听,须收敛精神,常使耳目专一。目看书,则一意在书,不可侧视他所。耳听父母训诫与先生讲论,则一意承受,不可杂听他言。其非看书听讲时,亦当凝视收听,毋使此心外驰……凡饮食,须要敛身离案,毋令太逼。从容举箸,以次着于盘中,毋致急遽,将肴蔬拨乱。咀嚼毋使有声,亦不得恣所嗜好,贪求多食。安放碗箸,俱当加意照顾,毋使失误堕地。非亲假及尊长命,不得饮酒,饮亦不过三爵。"《童子礼》在今天看来难免有烦琐僵化之处,但其以礼成人、洁身净心等教育理念与内容,仍对当前家庭教育具有重要借鉴价值。

言尤贵有章。"

对儿童规范的仪容举止、服饰饮食等,程登吉做了清晰阐释和引导。衣服有多种不同叫法,如,"冠称元服,衣曰身章","上身曰衣,下身曰服"。针对不同场合,要穿不同的衣服,比如,结婚时穿喜庆的服饰,祭祀、葬礼时穿黑色或深颜色的衣服。时代在发展,服饰礼仪文化也在与时俱进,当今着装礼仪对人们生活、工作的影响更为显著,父母家长更要重视。

饮食礼仪,包括宴饮之礼、待客之礼及进食之礼。"要知主宾联以情,须尽东南之美",强调主人和宾客情感深厚,主人一定要拿出最好的东西真诚款待客人。"鲁酒茅柴,皆为薄酒;龙团雀舌,尽是香茗",待客薄酒一杯,是自谦之词,酬宾必用香茗,是往来之道。引导孩子了解酒、茶,是学习待客饮食礼仪的起点。虽然君子之交淡如水,朋友不在酒肉,但真诚纯洁与礼仪文明交融,也一定会提升情谊的醇厚度与品位。

程登吉还阐释、指导了有关居所的礼仪。"贺人有喜曰门阑蔼瑞;谢人过访,曰蓬荜生辉。"如遇别人家有喜事,就说这家门前有吉祥之气;如有人到访自家,就说"蓬荜生辉"。除此之外,针对婚丧嫁娶或其他不同的宴请活动,所居住的地方也要有不同的装饰。这些古老的礼仪风俗世代流行,延续至今。父母家长如能引导孩子主动传承这些礼仪规范,并结合当今生活实际得体运用,孩子一定会受益终身。

四、腹有诗书,蒙启心智

程登吉在《幼学琼林》中引用了大量神话故事和历史典故,可以让孩子便捷、集中地饱览中华传统文化精华,逐步开启心智,做到腹有诗书,胸怀华夏。比如,"牛女两宿,惟七夕一相逢"在陈述天文知识的同时蕴含了牛郎织女的神话故事。"后羿妻,奔月宫而为嫦娥;傅说死,其精神托于箕尾"讲的后羿之妻嫦娥奔月,启迪蒙童从小就要想到天下苍生,博爱在怀,忠贞守节,耐苦耐劳,无私奉献,勇于牺牲。

"端阳竞渡,吊屈原之溺水;重九登高,效桓景之避灾"讲为了悼念沉江殉国的屈原,才有端午节的赛龙舟,而重阳登高,是效仿桓景避灾的传说,遍身插茱萸,饮菊花酒,以求健康吉祥。"韩柳欧苏,固文人之最著;起翦颇牧,乃武将之多奇"说唐宋八大家之中的韩愈、柳宗元、欧阳修、苏轼等是最著名的散文家,而战国时代的白起、王翦、廉颇、李牧是最具奇智的战神和军事家。

《幼学琼林》还讲述了范仲淹、项羽的故事,列举了"韩信受胯下之辱,张良有进履之谦,卫青为牧猪之奴,樊哙为屠狗之辈"的史实。系列英雄人物可给孩童赋予多元多向的精神能量,父母引导孩子沉浸在众多神话传说和历史故事之中,有利于他们全面地了解中华文明的起源和发展,增长历史知识,感悟人间沧桑,增强探索欲望,丰富人生智慧。

《幼学琼林》阐明了大量成语的由来、意义,以及如何运用。如"好生议论,曰摇唇鼓舌;共话衷肠,曰促膝谈心";"肝胆相照,斯为心腹之友;意气不孚,谓之口头之交";"口中雌黄,言事而多改移;皮里春秋,胸中自有褒贬";等等。每一个成语,都能较好启迪孩子心智,涵养孩子品性。比如,"雨旸时若"形容人谨慎,"砺山带河"形容人执着,"沐雨栉风"形容人坚韧,"杞人忧天"形容人多虑,"问舍求田"形容人贪婪,"河清海晏"形容万世太平。这些成语,在现代社会仍然有较高的使用频率和文化价值。儿童熟记会用,不但可以提高语言修养,而且可以改变思维方式,历练人情品性,提高中华文化自信水平。

家长可以运用《幼学琼林》引导孩子参与亲子阅读活动。为此,父母要先于孩子研读,弄清其中的历史典故和知识道理,再用浅显易懂的话语解释,尤其要兴致勃勃地和孩子一道反复诵读,并通过亲子比赛等方式熟读成诵。对孩子感兴趣,或有疑问的地方,要借助工具书,或结合有关现象进行合作探讨,并在日常学习生活中灵活应用,推陈出新。

(本章编撰:易娟)

18 教子要有义方

——朱用纯《朱子治家格言》①要义

● **家教要言**

"黎明即起,洒扫庭除,要内外整洁。"

"一粥一饭,当思来处不易;半丝半缕,恒念物力维艰②。"

"饮食约而精,园蔬愈珍馐③。"

"子孙虽愚,经书不可不读。"

"居身务期质朴,教子要有义方④。"

"居家戒争讼⑤,讼则终凶。"

"家门和顺,虽饔飧不继⑥,亦有余欢。"

"读书志在圣贤,非徒科第⑦。"

---

① 本章原典引文主要参考朱伯庐:《朱子治家格言》,见翟博主编:《中国家训经典》,海南出版社 2002 年版,629—632 页。

② 恒念物力维艰:常常想到所有东西都来之不易。

③ 园蔬愈珍馐(xiū):自己种在园子里的蔬菜胜过珍奇贵重的美食。

④ 义方:做人的原则、正道。本句是化用《左传》的名句:"爱子,教之以义方。"2016 年 12 月 12 日,习近平总书记在接见第一届全国文明家庭代表时讲:"古人说的'爱子,教之以义方','爱之不以道,适所以害之也'。青少年是家庭的未来和希望,更是国家的未来和希望。古人都知道,养不教,父之过。家庭应该承担起教育后代的责任。家长特别是父母对子女的影响很大,往往可以影响一个人的一生。"其中"爱之不以道,适所以害之也"出自《资治通鉴》。习近平总书记博古通今,仅仅在论述家教、家风建设方面就引用过大量经典。比如,这次讲话,他还引用了《周易·文言》:"积善之家,必有余庆;积不善之家,必有余殃。"习近平总书记指出,家风是社会风气的重要组成部分,家庭不只是人们身体的住所,也是人们心灵的归宿。家风好,就能家道兴盛、和顺美满;家风差,难免殃及子孙、贻害社会,正所谓"积善之家,必有余庆;积不善之家,必有余殃"。

⑤ 争讼:原指打官司,这里指争论是非。

⑥ 饔(yōng)飧(sūn)不继:饔,早餐;飧,晚餐;饔飧不继,饮食短缺。

⑦ 读书志在圣贤,非徒科第:读书要以学习圣贤的品行为目的,不只是追求科举功名。

18 教子要有义方

● **作者简介**

朱用纯（1627—1698），字致一，号柏庐，江苏昆山人，明末清初理学家、教育家，为当时著名的"昆山三贤"和"吴中三高士"之一。他出生在普通官宦之家，其父博学多识，是当时很有影响的名师，授课弟子有数百人之多，但在率领众弟子抵御清军攻占昆山城失败后投河殉国。朱用纯有着高尚的节操，严于律己，坚贞不屈，礼贤下士，他还积极倡导知行合一，特别强调实践笃行的价值。

受当时社会背景与自己父辈影响，朱用纯终生未仕，而以程、朱理学为本，潜心治学，不问功名利禄，只居乡教授学生。作为教育家，他撰写了《辍讲语》，深刻反省当时落后的教育方法，并用正楷手书自编教材数十本用于教学。他一生创作颇丰，有《删补易经蒙引》《四书讲义》《春秋五传酌解》《困衡录》《愧讷集》《毋欺录》《朱子治家格言》等传世。其中，《朱子治家格言》对后世影响最为深远。

● **经典概览**

《朱子治家格言》又名《治家格言》《朱子家训》，[①]是朱用纯教化家族子弟，勉励自己修身齐家的著作。《治家格言》的写作，有着独特的社会背景。明末清初，商品经济发展迅速，国内货品流通与交换越发频繁，经济呈现繁荣景象，但繁华背后也弥漫着骄奢淫逸之风。明中期以后，全社会政治生态也很恶劣，奸臣、宦官当道，扰乱朝纲，吏治腐败不堪。文教方面，教育内容更加固化，传统儒家思

---

① 中国历史上，另一篇对于历代士大夫阶层更具重要价值和深远影响的《朱子家训》是南宋著名理学家、思想家、哲学家、教育家朱熹的家训，其对后世诸多家训经典，包括《朱子治家格言》，都有重要影响。朱熹是孔子、孟子以后最为杰出，对中国历史影响最大的儒学大师，世称为朱子。其家训载于《紫阳朱氏宗谱》，原文如下：君之所贵者，仁也。臣之所贵者，忠也。父之所贵者，慈也。子之所贵者，孝也。兄之所贵者，友也。弟之所贵者，恭也。夫之所贵者，和也。妇之所贵者，柔也。事师长贵乎礼也，交朋友贵乎信也。见老者敬之。见幼者爱之。有德者年虽下于我，我必尊之。不肖者年虽高于我，我必远之。慎勿谈人之短，切莫矜己之长。仇者以义解之，怨者以直报之，随所遇而安之。人有小过，含容而忍之。人有大过，以理而谕之。勿以善小而不为，勿以恶小而为之。人有恶，则掩之。人有善，则扬之。处世无私仇，治家无私法。勿损人而利己，勿妒贤而嫉能。勿称忿而报横逆，勿非礼而害物命。见不义之财勿取，遇合理之事则从。诗书不可不读，礼义不可不知。子孙不可不教，童仆不可不恤。斯文不可不敬，患难不可不扶。守我之分者，礼也。听我之命者，天也。人能如是，天必相之。此乃日用常行之道，若衣服之于身体，饮食之于口腹，不可一日无也，可不慎哉！

想依然占据统治地位。在这种背景下,朱用纯与很多文人志士一样,高度重视仁义礼智的传习和家族子弟的教化。他专门制订《治家格言》,基于自己对当时社会人情世故的冷静观察,向子女族人传授修身与齐家方略。

《治家格言》的写作,也有作者家庭的特殊情况作为基础。清顺治二年(1645),入关清军攻破昆山城,朱用纯的父亲及岳父(也是其舅父)作为抗清志士,都以身殉国。战乱后,朱家财产荡然无存。朱用纯是长子,面对年幼的诸多弟妹,他和母亲、妻子克勤克俭,相亲相爱,重建了一个包含多种复杂关系的大家庭。数十口人一起居住40多年,"欢睦如一人",创造了令人惊叹的"人伦奇迹"。于是,朱用纯把自己和贤妻共同治家的经验写进了《治家格言》。

《朱子治家格言》全文仅有525个字(也有说506字),但所讲义理极为深刻全面,包括教育子女必须做到的勤劳俭朴、温良和睦、自持自律、读书为圣等诸多内容。全文采用骈文方式写作,语言朗朗上口、简洁易懂,内容紧密联系日常生活。至今,这部脍炙人口的经典家训已广泛流传300余年,众多名句成为无数中国人的治家格言和修身座右铭。

● **原著选段**

"黎明即起"

黎明即起,洒扫庭除,要内外整洁。即昏便息,关锁门户,必亲自检点。一粥一饭,当思来处不易。半丝半缕,恒念物力维艰。宜未雨而绸(chóu)缪(móu),毋临渴而掘井。自奉必须俭约,宴客切勿留连。器具质而洁,瓦缶(fǒu)胜金玉。饮食约而精,园蔬愈珍馐(xiū)。

译文:天刚蒙蒙亮,就要起床,洒水扫地,做到室内外整洁。① 黄昏一到,就要休息,关好门窗,务必亲自查看。每份粥、每顿饭,都应当考虑其来之不易。半根丝、半条线,也要常常想到其得来的艰辛。应该在还没下雨的时候,就要把房屋门窗修补好,不要等到口渴了才去挖井。自己日常生活必须节俭,到别人家做

---

① 洒扫庭除,沐浴洁身之类的确是人之为人的基础。康熙给子孙们就留下了这样的《庭训格言》:尔等凡居家在外,帷宜洁净。人平日洁净,则清气著身;若近污秽,则为浊气所染,而清明之气渐为所蒙蔽也。

客千万不要流连忘返。日用器具质朴而洁净,即便是瓦盆也胜过金玉器皿。饮食简单而精细,即便是普通的蔬菜也胜过昂贵而奇异的食物。

"祖宗虽远"

祖宗虽远,祭祀不可不诚。子孙虽愚,经书不可不读。居身务期质朴,教子要有义方。莫贪意外之财,勿饮过量之酒。与肩挑贸易,毋占便宜;见贫苦亲邻,须加温恤。

译文:祖宗虽已远逝,但祭祀一定要诚心诚意。子孙虽然不聪明,但经典一定要读。做人务必淳厚、朴实,教导子女一定要有原则、走正道。不要贪意外之财,不要过量饮酒。和小商小贩们交易,不要占便宜,对穷苦的亲戚或邻居,要多关心,并且给予金钱或其他援助。

"居家戒争讼"

居家戒争讼(sòng),讼则终凶。处世戒多言,言多必失。勿恃势力而凌逼孤寡;毋贪口腹而恣杀牲禽。乖僻自是,悔误必多;颓惰自甘,家道难成。狎昵恶少,久必受其累;屈志老成,急则可相依。轻听发言,安知非人之谮(zèn)诉?当忍耐三思。因事相争,焉知非我之不是?须平心暗想。施惠无念,受恩莫忘。凡事当留余地,得意不宜再往。

译文:家庭生活中,一定不要事事争持,这样做终究不吉利。处世,戒多嘴多言,因为言多必失。不要依靠自家势力,欺凌、逼迫孤寡弱小。不要贪图口腹享受,而放纵自己去杀戮禽鸟、牲口。不听人言,不走正道,而自以为是,其后悔和错误必定很多。如果甘愿颓废,家业就很难成就。如果和不良少年走得很近,日子久了,必定受其牵连。那些地位不高但老成持重的人,遇到急难之事,可以向他寻求帮助。不要轻信别人的谗言,要考虑是不是有人污蔑,应当忍耐,多思考。因为一些事端互相争吵,要想是不是自己的错误,平心静气,不断反思。帮助了别人,不要记念;受到别人帮助,一定不要忘记。做什么事都要留有余地,取得成功后要适可而止。

"善欲人见"

善欲人见,不是真善;恶恐人知,便是大恶。见色而起淫心,报在妻女;匿怨而用暗箭,祸延子孙。家门和顺,虽饔(yōng)飧(sūn)不继,亦有余欢;国课早完,即囊(náng)橐(tuó)无余,自得至乐。读书志在圣贤,为官心存君国。

译文:行善,而想让众人看见,就不是真有善心。作恶,而害怕他人知道,那就是很大的罪恶。看到美貌女子就有邪念,将来报应,会落在自己妻子和女儿身上。怨恨别人,暗中伤害别人,会替子孙留下祸根。家人相处和顺愉快,即便吃不饱饭,也开心。及早给国家缴完赋税,就算自己所剩不多,也会得到最大的快乐。读书要立志学习圣贤的品行,不只是追求功名;做官,一定要心怀国家,不能算计自家私利。

● **家教指南**

作为家训经典名篇,《朱子治家格言》基于儒家传统思想,聚焦齐家、修身之要,提出了任何普通人都应该遵循的一系列为人处世与成家立业要求。文中,奴仆妻妾、三姑六婆、长幼尊卑、守分安命等相关内容,虽然带有时代糟粕或传统保守思想,但大量真知灼见与金玉良言,都闪烁着璀璨光辉,对于今天所有幸福家庭的建设,特别是儿童青少年家庭教育的系统实施,具有重要启示与借鉴意义。

一、**养成良好生活习惯**

朱用纯认识到"躬行",也就是在日常生活中保持良好行为习惯而笃行不辍非常重要。所以,他要求子女每天早起打扫卫生,保持屋内外干净整洁;每天要早睡,睡前必须亲自检查房屋门窗是否关好。朱用纯继承了先贤反复强调的"天人合一"思想,认为人的生活要符合自然规律,做到"日出而作,日落而息",家居环境必须保持卫生干净,利于心境清净。

他还指出,子女日常生活与生涯发展要做到未雨绸缪,凡事预则立,千万不能到了口渴时才想到要挖井。在饮食器用方面,朱用纯要求家人基于"园蔬愈珍馐""瓦缶胜金玉"的生活理念与具体认知,养成喜好精要饮食、节俭日常器用的习惯。这些要求,对纠正当今大量孩童生活没计划、作息无规律、暴饮暴食,以及攀比名牌穿戴等不良生活习惯,具有重要启示。

二、**保持勤俭生活作风**

朱用纯认为,子女不必追求雍容华贵的生活,应做到勤俭自持、洁身自好。"勤"方面,除了前述"黎明即起,洒扫庭除"等一以贯之的要求之外,他还直接教导子女:懒惰颓废之人,家道难成;一定要勤劳致富,切莫靠"刻薄成家"。①"俭"方面,除了前述"园蔬愈珍馐""瓦缶胜金玉"的告诫之外,他还特别主张"居身务期质朴"。

长期习惯于勤与俭,才可形成优良生活作风。在这方面,朱用纯专门写有《劝言·勤俭》②。他指出,勤劳与节俭是治理生活的根本,不勤劳,就不会有所收获,不节俭,则导致铺张浪费。"勤"与"俭"紧密相连,除了饮食器用等"自奉必须俭约"之外,他还要求家人"一粥一饭,当思来处不易;半丝半缕,恒念物力维艰。"

当前,教导儿童青少年养成勤俭品性必须从"一粥一饭"做起。中国自然资源学会理事长成升魁团队的研究表明,我国城市餐饮业每年在餐桌上浪费的熟食就有1700万—1800万吨,足够3000万—5000万人口一年食用。2020年8月,习近平总书记针对这一令人痛心的浪费作出重要指示,"谁知盘中餐,粒粒皆辛苦",要加强立法,强化监管,采取有效措施,建立长效机制,坚决制止餐饮浪费行为。

"静以修身,俭以养德。"勤俭节约与爱惜粮食一直是中华民族的优良传统,历代众多先贤与名家的家书与家训,都特别强调节俭惜食的好家风。本书所录《诫伯禽书》是中国第一部家训,周公在其中告诫长子伯禽要常怀谦恭、笃守节俭:"德行广大而守以恭者,荣;土地博裕而守以俭者,安。"诸葛亮《诫子书》则明言:"夫君子之行,静以修身,俭以养德。非淡泊无以明志,非宁静无以致远。"北魏名将《遗令敕诸子》告诫后人:"诚勤以事君,清约以行已。"北宋政治家、史学家、文学家司马光警示其子司马康:"有德者皆由俭来也。夫俭则寡欲,君子寡欲,则不役于物,可以直道而行。"吴麟徵《家诫要言》教导后辈:"凡事循省,收敛节俭,惜福惜财,多行善事……治家,舍节俭别无可经营。"《增广贤文》(又名《昔时贤文》《古今贤文》)是成书于明代的儿童启蒙读物,后由清代文学家周希陶重订,其中有历代广为传诵的要求孩童勤俭持家的众多名言,比如,"由俭入奢易,从奢入俭难""疏懒人没吃,勤俭粮满仓""勤俭为无价之宝,节粮乃众妙之门"。

---

① 韶山毛泽东同志纪念馆展陈《韶山毛氏家训》之十《勤劳本业》明确指出:天下有本有末,还须务本为高。百般做作尽糠糟,纵有便宜休讨。有田且勤尔业,一艺亦足自豪。栉风沐雨莫辞劳,安用许多技巧。

② 朱用纯:《劝言·勤俭》,载翟博主编:《中国家训经典》,海南出版社2002年版。

《传家宝全集》强调五谷凝聚着劳动人民的汗水,比金珠还要珍贵,告诫人们切勿浪费:"米谷是生命之源,试想两飡不食,则饥不可忍,金珠虽贵,亦不及此一棵一粒俱从汗力辛苦中得来,少有轻贱,是自种趋贫之根矣!"《曾国藩家书》教导儿子:"勤苦俭约,未有不兴;骄奢倦怠,未有不败。"

"一粥一饭"和"半丝半缕"意义重大。党的二十大报告提出,"实施全面节约战略,推进各类资源节约集约利用"。儿童青少年节俭惜食,受益者不仅仅是孩子自己和家庭,更关乎国家和民族的兴衰,当今家长切勿小视之。

三、善于克制过多欲望

形成勤俭生活作风的思想基础与行为标志在于节制欲望,也只有节制欲望,才能形成良好家风,子女才能守礼尊亲、读书成圣。朱用纯深谙《道德经》"五色令人目盲,五音令人耳聋,五味令人口爽,驰骋畋猎令人心发狂,难得之货令人行妨"的告诫。《论语》所谓"孔颜之乐",则给朱用纯带来了直接启示。所以,朱用纯反复强调,子女必须节制欲望,知止常乐。如,居家质朴、不过量饮酒、不占便宜、不贪钱财等。

朱用纯训令,"毋贪口腹而恣杀牲禽"。他指出,哪怕饮食不继,只要一家人和和顺顺,"亦有余欢";依法纳税,哪怕自己所剩无几,也有最大的快乐。他要求,"凡事当留余地,得意不宜再往"。深层次分析,这是秉持了《易经》《老子》持盈保泰的思想精华。虽然,朱用纯主张"守分安命,顺时听天"过于保守,但他躬身践行的不妄为、不贪婪的修身法则,可谓大道至简,能启迪所有家族子弟葆有赤子之情与平和心境,为读圣贤书,以及齐家、治国奠定坚实基础。

四、守礼齐家,平等待人

家庭有伦常,为人有礼序。在朱用纯看来,长幼尊卑、家族内外相处的规则与法度要严正对待,认真执行。要使家业昌盛,就必须对子女进行家庭伦理道德教化,否则家族容易颓败、消亡。《治家格言》指出:"刻薄成家,理无久享;伦常乖舛,立见消亡。"也就是说,用刻薄之道成就的家业,没有长久享用的道理。到了冲突激化的时候,家业立刻就会消亡。

朱用纯提出的家庭伦理秩序要求,深受"三纲五常"思想影响,但具体内容并不死板,相反,其中包蕴着非常丰富的平等与博爱思想。他明确指出,家庭成员,即夫妻、兄弟、亲子(长幼)之间,应遵守一定礼法秩序,互相帮扶、和睦相处。家庭成员要在尊亲、孝老、爱贤等方面服务于和谐家庭的建设。他特别强调,兄弟、叔侄等亲人之间,过得好的、富裕的应多帮扶、抚慰较穷困的。疏远兄弟、虐待子女,绝非大丈夫所为。

朱用纯认为家庭成员的相互争执危害极大。他告诫:"居家戒争讼,讼则终凶。"的确,家和万事兴,中国传统文化特别主张以和为贵。家庭成员之间,联系极其紧密,真正是"抬头不见低头见"。有时虽然难免像碗筷碰锅沿,产生矛盾,但大家一定要正确看待和处理这种矛盾,绝不可"争讼"。朱用纯要求,每一个家庭成员都要多站在对方立场冷静思考,反复思量自己言行的对与错。即使面对他人妄议与污蔑,也要包容大度,主动消除隔阂,化干戈为玉帛。

朱用纯高度重视孝道的弘扬。他训令子女要孝敬父母、勿忘先辈。他明确要求,祖宗虽已远逝,但也不能忘怀他们对子孙的恩惠,祭拜先人要诚心敬意。他希望子女处理好与父母的关系,不能因钱财而不照顾或忽视父母。他直言:"重资财,薄父母,不成人子!"也就是说,看重钱财,刻薄父母,不配为人。家庭是中国传统社会最基本的组织结构,父母儿女有着共同的生命脐带。朱用纯守礼齐家、平等待人、父慈子孝、兄弟和睦等一系列治家思想,对我国新时代家庭、家风建设,尤其是未成年人家庭教育,具有直接指导意义。

五、修身自律,友善处世

《治家格言》提出的修身路径与方略,包括读书修身与处世修身等,可以作为当前未成年人家庭教育的重要内容。读书修身方面,朱用纯认为,子孙即使愚钝,也一定要读经典。这从一个侧面说明,即使天资平平,我们也可以通过读书学习涵养气质、提升文化水平、锤炼道德节操。这正所谓"腹有诗书气自华"。"读书志在圣贤,非徒科第。"对于读书学习的目的,朱用纯有着明确回答,即:不能只追求功名利禄,还应该立志学习圣贤品行。就算是做了官,也要心存君国,不可算计自家私利。本着这一原则,朱用纯提出:"读书须先论其人,次论其法。"[①]其意思是,读书不光要记背文章的词句、结构,更要理解其内容蕴含的道理。要想获取功名,中进士、举人,必须读书;要想做个普普通通的好人,涵养德性,成家立业,就更要读书。朱用纯的上述思想,对于当前中小学生家校共育,全面推进素质教育,力避应试教育之害,具有重要启示。

处世修身方面,朱用纯教导后人要中庸处世、友善处世。中庸处世方面,要

---

① 朱用纯:《劝言·读书》,载翟博主编:《中国家训经典》,海南出版社2002年版。

做到适中、适用,事事留有余地,注意应时、应事而变。他说:"勿饮过量之酒";"处世戒多言,言多必失";"乖僻自是,悔误必多";"得意不宜再往"。这些话语,都是在强调中庸处世,修身自律。

友善处世方面,要做到"忠恕","己所不欲,勿施于人"。任何时候都不能伤害别人,都要满怀仁爱之心与人相处,与人为善。他要求,"人有喜庆,不可生妒忌心;人有祸患,不可生喜幸心";"与肩挑贸易,勿占便宜;见穷苦亲邻,须加温恤"。他还告诫,"善欲人见,不是真善;恶恐人知,便是大恶""施惠无念,受恩莫忘"。这都是在强调友善处世,以善修身。

在处世交友与待人方面,朱用纯要求子女谨慎交友、平等待人。他指出:"狎昵恶少,久必受其累;屈志老成,急则可相依。"意思是,长期和不良少年走得太近,必受牵连,而那些地位不高但老成持重的人,特别可靠。他同时强调,不要因贫贱差异而区别待人。趋炎附势,见到有权有势的人就阿谀逢迎,最为可耻;趾高气扬,见到贫穷苦难的人就不可一世,最为低贱。

在中国传统天人合一思想影响下,朱用纯主张子女坚守"守分安命,顺时听天"的处世观。如前所述,这种处世观的消极保守思想显而易见,我们理应去其糟粕。不过,如《中庸》所言,"天命之谓性,率性之谓道,修道之谓教",在生活、学习与工作都是快节奏的当下,中小学生家长理应引导孩子根据自身天资与个性特征,顺应自然,平和内心,把握恰当的时机,做恰当的事情。这也是家庭教育修身养性的重要内容。从这个意义讲,朱用纯"守分安命,顺时听天"的处世观,也有其精华可取。

(本章编撰:班振)

19　严以教之

——蒋伊《蒋氏家训》[①]要义

● **家教要言**

"子弟举动,宜禀明家长。"

"不得从事奢侈,暴殄天物[②]。"

"厨灶之下,不得狼藉米粒。"

"若遇饥荒,须量力济人。"

"族党子弟有志读书而贫不能达者,宜引掖[③]之。"

"宜慎交游,不可与便佞[④]之人相与。"

"不得恃才凌傲前辈,轻易非笑人文字。"

"不得破人婚姻。"

"不可好胜作炫耀事,糜费财力。"

"盖择交不慎则必导以骄奢淫荡之事。"

● **作者简介**

蒋伊（1631—1687）,字渭公,号莘田,江苏常熟人,清代著名书画家、诗人。蒋伊生于书香门第,其父为明朝官员,从小受到了很好的文化熏陶和家庭教育。康熙十二年,蒋伊中进士,其后历任翰林院庶吉士、陕西道监察御史等职。

蒋伊一生为官正派,清廉朴素,同情百姓,有"公明第一"之称。康熙十八

[①] 本章原典引文主要参考包东坡选注:《中国历代名人家训精粹》,安徽文艺出版社 2000 年版。

[②] 暴殄(tiǎn)天物:残害灭绝天生万物,形容任意糟蹋东西,不知爱惜。

[③] 引掖:扶持、帮助。

[④] 便佞(nìng):花言巧语、心术不正的人,损友。

173

年,蒋伊当时担任监察御史,在告假回家途中,看见旱灾带来河塘干涸、庄稼枯萎、灾民纷纷逃难。他感慨万千,满怀同情,很快绘成《旱灾图》《鬻儿图》《难民卖女图》《疲驿图》等12幅"流民图",并火速撰写反映相关情况的《难民状》,一同进呈康熙。康熙非常重视,将12幅"流民图"挂在墙上,时刻提醒自己关注民间疾苦。康熙二十年,蒋伊调任广东粮储参议,他废除向农户增收摊派的各种做法,严禁官员行贿。他率先从自身做起,亲自卖干鱼自食其力,以减轻百姓向官员供给俸禄的负担。蒋伊非常推崇真才实学,注重提高民众文化素养。他在广东、河南任职期间,奖励和提拔贫寒的饱学之士,杜绝请客送礼、买官卖官等不正之风,康熙亲赐"怀荩①兴文"的匾额以示嘉奖。

蒋伊治家教子极为严谨细致,凡事均以礼制为先。比如,他在《蒋氏家训》中告诫子弟:对贫困者不能逼租债,对族中贫穷子弟求学要资助,平时要囤粮防饥荒,量力救助灾民,择婿娶媳品行为重。在蒋伊的悉心教育和严格规训之下,他的两个儿子非常出色,其治世、治学成就都远超蒋伊。长子蒋陈锡,康熙二十四年进士,历任陕西富平知县、礼部主客司主事、祠祭司员外郎、河南按察使、山东布政使兼巡抚、云贵总督等职。次子蒋廷锡,康熙、雍正时期官员,著名画家、文献学家、藏书家。他为官秉公抚政、剔除积弊,声誉甚著,并博学精敏,尤善诗画。后官居文华殿大学士,太子太傅。

● **经典概览**

《蒋氏家训》写于康熙年间。据记载,蒋氏先人曾经制定了一部家训,蒋伊在其基础上补充修订,完成了现存《蒋氏家训》。这部家训共60多条,主要告诫、指导家人和子孙后代在日常生活中积极修身,严谨治家。

蒋伊重视勤俭持家、宽以待人、奖罚分明、行善积德等传统儒家道德规范,也在家训中明确提出了"妇女改嫁"的主张。他讲:"妇人三十岁以内,夫故者,令其母家择配改适,亲属不许阻挠";"妾媵四十岁以内,夫故者,即善嫁之"。这在高度强调男尊女卑和妇女忠贞观念的明清时期,确实难能可贵。

《蒋氏家训》对所有治家事务,如子女管教、亲戚来往、接待宾客、积谷防饥、救火器具、管理童仆等都提出了明确要求,对后世家庭建设和家教发展影响深

---

① 荩(jìn):忠诚。

远。其特意强调道德教育,高度关注孩童身心健康,重视榜样示范,注重言传身教,强调自我修养,为后世家庭教育提供了积极的思想借鉴与有效方法的参考。

● 原著选段

"子弟举动"

子弟举动,宜禀明家长。有败类不率教者,父兄戒谕之;谕之而不从,则公集家庙责之;责之而犹不改,甘为不肖,则告庙摈之,终身不齿。有能悔心改过及子孙能盖愆者,亟奖导之,仍笃亲亲之谊。

译文:子弟做事,要向家长明确报告征得同意。有败类不听教导的,父亲兄长要告诫他;告诫后不听从,大家就聚集到家庙批评教育;批评教育还不改正而甘于堕落的,就在家庙报告祖宗后逐出家门,终身不再作为家族一员。当然,有能真心悔过和子孙能弥补过错的,要及时奖励引导,仍然要与他保持亲族间的深厚情谊。

"不得从事奢侈"

不得从事奢侈,暴殄天物。厨灶之下,不得狼藉米粒。下身裹衣,不得用绫纱,其绵绸茧绸或间用之。不得逼迫穷困人债负,及穷佃户租税,须宽容之,令其陆续完纳,终于贫不能还者,焚其券。人有缓急,挪移取利不得过二分。

译文:生活不得奢侈,不得任意糟蹋东西。厨房灶台下,不能有被浪费的粮食。穿在下身的衣物,不可以用绫纱材质,绵绸茧绸只可偶尔穿用。不得逼迫穷困人家还债和穷困佃户缴纳租税,一定要宽容他们,让他们慢慢完成缴纳,实在贫困无法偿还的,就把欠债契约烧毁。人都有紧急的时候,借钱给人家收取利息不得超过两分。

"少年血气未定"

少年血气未定,戒之在色,刻削元气,必至不寿,甚至恶妓娈童不择净秽,多致生毒,势必攻毒之剂投之,而此身真气消烁殆尽矣。以是身婴疾苦,终为废人,出不得博一命之荣,入则贻父母之忧,非不孝而何?父兄当严以教之。

译文:少年人血气没有成熟,要戒除色情。沉溺色情耗损元气,一定导致短寿。品行恶劣的妓女和供人玩弄的美男,大多会导致毒病侵害,而用攻毒的猛药治疗,身体的元气一定会因此消耗殆尽。从此病痛缠身,最终成为废人,在外不能博取一生的荣耀,回家则给父母留下不尽的担忧,这不是不孝还是什么呢?所以父亲兄长要严加管教。

"子孙有出仕者"

子孙有出仕者……宁宽厚勿刻薄,并不必好名,此事关系阴骘不小。至讼事勿牵连妇女,我父于闽粤两任,力持此约,我幼时目击之。凡非人命强盗重情及钦件事,不可轻监禁人。不可以势利强取人财,财命相连,得无以此伤人命乎?吕祖尚不肯误五百年后人,况目前哉。

译文:子孙有出仕为官的……一定要宽厚,不能刻薄。这样做并不是为了好名声,而是与阴德的关系很大。对于诉讼案件,不要牵连妇女。我父亲在福建广东担任两任知县,就很注意这方面,我小时候曾经亲眼所见。凡不属于人命、强盗,或关系朝廷的重案,就不要轻易关押人。不能仗势抢夺别人财产。财产与人命相连,难道要因此害人命吗?吕洞宾尚且不肯耽误五百年以后的人,何况现在呢?

"积谷本为防饥"

积谷本为防饥,若遇饥荒,须量力济人,不得因歉岁反闭粜以邀重价。子孙中有大贤者,更能推我之所未尽救贫济乏养老育婴种种善果,天必佑之。

译文:积蓄谷米本来是为了防止挨饿,如果遇到饥荒年月,需要量力帮助他人,不能因为歉收反而不出卖粮食,等待涨价后高价售卖。如果子孙中有具备大贤大德的人,能进一步去做我没有说完的诸如救济贫困、赡养老人、哺育婴儿等种种好事,上天一定会保佑他。

"儿女长至十岁以大"

儿女长至十岁以大,兄妹姊弟即不得同房而居,合席而食。若兄弟多者,男子长而有室,一二年间即令分居。古人治家,男女不杂坐,不同巾栉(zhì),不亲授受,亦此意也。

译文:儿女长大到十岁以上,兄妹姐弟之间就不能同一卧室居住,不能在同一个饭桌吃饭。如果兄弟多的家庭,男子成年有了家室,一两年内就要和兄弟们分开居住。古人管理家庭,男女不混杂就座,不共用毛巾和梳子,不互相递接东西,也是同样的意思。

● **家教指南**

《蒋氏家训》是一部富含人生智慧和教育哲理的家教经典,它不仅仅是对蒋氏家族子弟的谆谆教诲,更是对中华民族传统伦理道德的深刻诠释。其核心内容包括"仁义礼智信,忠恕孝悌俭"等传统儒家道德要求。虽然其中有迷信神明、奴仆妻妾、长幼尊卑等具有时代局限性的内容,但"知今宜鉴古,无古不成今",文中的崇论宏议同样对今人的道德修养、读书治学、立身成材、理家聚财等都有不可低估的指导作用。全文大量细致入微的教诲与规劝对于当前儿童青少年的家庭教育,更是具有直接的帮助。

一、敬惜字纸

蒋伊在家训中很明确地表达了要敬惜字纸:"糊窗裹物不得用有字纸张。童仆有能善体此意者,亟奖励之。"可能现今社会的很多人难以理解古人为什么对写有文字的纸张如此重视。其实,敬惜字纸在中国古代文化传统中具有广泛而悠久的影响,可谓我国很具代表性的民俗文化之一。在古人看来,文字是知识的载体,是智慧的化身,是文明的象征,敬惜字纸就是"惜字敬文",代表着对文化知识和人类智慧的虔诚与敬畏。正是有了这种态度,无数古代文人才甘愿成为笔墨纸张的虔诚守护者,最终才创造并传承了中华民族数千年的璀璨文化。

敬惜字纸与耕读传家、留余惜福等观念紧密相连,共同构筑了我国传统社会良好的世风民俗,也具体规定了古人修身养性的行动规则,众多古文献对此都有明确要求。比如,《颜氏家训》以极其严肃的语气告诫后人:"纸有五经,词义及贤达姓名,不敢秽用也。"北宋名臣范仲淹家训强调:"字纸莫乱废,须报五谷恩。"清代金缨《格言联璧》则明言:"只字必惜,贵之根也;粒米必珍,富之源也;片言必谨,福之基也;微命必护,寿之本也。"《燕京旧俗志》记载:"污践字纸,即系污蔑孔圣,罪恶极重,倘敢不惜字纸,几乎与不敬神佛、不孝父母同科罪。"

当前,随着电脑、网络、手机等的广泛使用,人们通过纸张书写进行学习工作的方式走向衰微。这从提高效率、节约纸张、保护生态的角度讲是一大进步,但从文化传承和文字审美的视角看,难免是一大遗憾。2022年10月,习近平总书记在考察殷墟遗址时指出:"中国的汉文字非常了不起,中华民族的形成和发展离不开汉文字的维系。"文字记录时代的灵魂,它流淌着历史的血脉,蕴含着文明的精髓。每一个汉字都是一幅画,都是一首诗。保护文字,就是守护时光的记忆与永恒的智慧。中国历代社会对于字纸的敬重与珍惜,是保护汉字的具体行为规则,也为后世留下了丰厚的文化遗产。如果没有这种信仰和行为,举世闻名的敦煌文献及其承载的人类文化,以及几乎所有的中华文化经典都将荡然无存。

所幸当前社会仍有共识:敬惜字纸就是守护文化、传承文明,呵护和丰盈我们民族的灵魂。冀教版小学四年级语文教材收录了著名儿童文学作家乔传藻的文化散文《字的敬畏》,充分说明传统敬惜字纸文化经过创造性转化和创新性发展后,在现代教育中可以产生重要的育人价值。文中写道:"汉字,在我的眼里是有生命的……方块字这种言简意赅的特点,确实与集成电路板相似,面积小,所包含的信息量却是惊人的……'翠翠红红,处处莺莺燕燕;风风雨雨,年年暮暮朝朝',也就是二十个字,它所渲染出来的,却是一幅气象万千的图画。"任何一代儿童青少年敬重汉字,书写汉字,研习汉字,欣赏汉字,都能够涵养品质,陶冶情操,塑造良好的学风文风,更能获得来自中华传统文化的智慧和力量,以及关于中华文化自觉的透彻思想。

与汉字密切相关的笔墨纸砚、琴棋书画等,一直是中华优秀传统文化的重要载体和构件。尽管信息化时代已经到来,但敬惜字纸、珍爱笔墨、崇尚书画所包蕴着的内在精神仍然至关重要。当前,家庭教育引导孩子落实这些要求,就不只是不在纸页、板壁等地方乱涂乱画,更要在网络等新媒体上负责任地发布信息,传播思想,以体现和提高自己的公德意识与文化品位。

在一切信息高度数字化,且人工智能已经快速发展的今天,任何人都不可能螳臂当车,重返蔡伦造纸、仓颉造字的时代,但敬惜字纸所承载和关联的文化内蕴依然具有普遍的修身养性意义和重要的文化传承价值。崇尚文明、敬重文化、勤俭节约、诚敬惜福、克己慎行等精神,无论是在当下还是未来,都将持续发挥积极影响,让每一位华夏儿女都更好地传承和发展伟大的中华文明。

二、量力助人

中国古代儒家思想中"仁爱慈善"的根本要求是爱人助人、利人度人。这一宝贵传统在历代家训中都得到了充分体现。一部部家训,一条条规劝,大到捐谷救灾,小到免费烧茶,世人不断告诫子孙后代与族中子弟家人要"达则兼善天下",或"不因善小而不为"。

比如《袁氏世范》要求:"乡人有纠率钱物,以造桥修路及打造渡船者,宜随力助之,不可谓舍财不见获福而不为。"《了凡训子书》将"兴建大利"作为积善的重要途径之一,劝勉子孙"小而一乡之内,大而一邑之中,凡有利益,最宜兴建"。与上述教育传统极为相似的是,《哈佛家训》和《斯托夫人的教育》这两部国外家教经典,也特别主张"量力助人",提倡理性思考和独立行动,引导儿童在自己的能力范围内去帮助他人。

《蒋氏家训》规定,"不得逼迫穷困人债负,及穷佃户租税,须宽容之,令其陆续完纳,终于贫不能还者,焚其券";"积谷本为防饥,若遇饥荒,须量力助人,不得因歉岁反闭粜以邀重价"。这种爱众亲仁、博施济困的仁爱慈善精神的教育,对现今家庭教育具有重要参考价值。现代社会竞争激烈,压力巨大,很多人往往只关注自己的利益,而忽视了他人的感受和需求,一些儿童也表现出了以自我为中心、缺乏同理心、不懂换位思考的性格缺陷。蒋伊要求"量力助人"是希望后代子孙明白帮助他人是一种美德,也是一种责任,而不是一种负担。当前家庭教育帮助儿童形成关爱他人、尊重他人的良好品质,就可以从"量力助人"入手。

蒋伊提出的"须量力助人"除了告诫弟子要以仁爱之心待人之外,还强调了要在个人能力和责任之间寻求平衡。现代家庭教育体系中,在"望子成龙,望女成凤"等传统育儿观念的影响下,儿童常常被鼓励追求卓越,但很少有人切实引导如何在追求个人成就的同时,考虑到自身的实际能力和责任。蒋伊一句"须量力助人",提醒父母家长既要鼓励子女帮助他人,积极参与社会活动,努力奋发取得大进步,也要帮助子女学会评估自己的能力和需求,而不是盲目追求表面的成就或赞誉。

三、宜慎交友

蒋伊认为朋友的选择直接关系个人的成长和发展,他在家训中说:"宜慎交友,不可与便佞之人相与";"盖择交不慎则必导以骄奢淫荡之事,诱以贪利黩货之谋,而家风隳人品坏矣"。他劝诫子弟保持朴实和本真的习性,远离奸佞小人及骄奢淫逸的纨绔子弟,以免自己沾染上恶习。

法国教育家卢梭在《爱弥尔》中与蒋伊有着类似主张,他强调父母应该引导孩子选择朋友,避免他们受到不良影响。而关于交友之道,我们祖先早有精妙诠释。《诗经》"嘤其鸣矣,求其友声",用鸟在林间低吟寻觅可以共鸣的伙伴来表达朋友的不可或缺。《论语》将朋友划分为"益者三友"与"损者三友",提醒我们一定要辨识良朋。《孟子》则进一步强调,交友应追求心灵的契合,以德行相投,而非利益相结。

现今社会,人际关系复杂多变。未成年人处在"三观"形成和确立的关键期,又面临着各种交友诱惑,特别容易受到同伴的不良影响。家长应该引导孩子认识到真正的友谊是建立在相互尊重、信任和支持基础上的,而不是仅仅追求物质利益或者表面上的亲近,同时更要引导儿童逐步明白"是以君子必慎其所与处者焉"的道理。

那么作为家长如何引导孩子"择善而交"呢?① 一是要注重品行。"与善人居,如入芝兰之室,久而不闻其香;与恶人居,如入鲍鱼之肆,久而不闻其臭。"要引导孩子多与那些品行高尚、知书识礼、孝良贤达的人交往,让朋友的芝兰之香经常熏沐灵魂,随时洗涤内心。

二是要相互提高。"三人行,必有我师焉。择其善者而从之,其不善者而改之。"家长要引导孩子善于向身边的朋友学习,还要互帮互助,发现自己的朋友有犯错误的苗头,就要及时提醒,做"诤友"而不是"损友"。

三是要尊重包容。"君子和而不同,小人同而不和",家长必须引导孩子杜绝对朋友的吹毛求疵,要真正尊重朋友的个性和差异,包容朋友的缺点和不足。当然,与朋友相处,在必要之时也应持有自己的独立见解,追求真正的和谐沟通,而不是盲目附和。

四、积谷防饥

《蒋氏家训》中提到了"积谷防饥"的观念,告诫家族子弟应该储备粮食以应对自己和他人很可能遭遇的饥荒。当前理解不应止于此,"积谷防饥"更多是要求具有一种前瞻性的生活态度和理财观念,即要在平日里未雨绸缪,为可能出现的困难和挑战做好准备。这种观念在蒋伊的时代可能主要关注的是物质生活的保障,但在现代社会,它的适用范围已经大大扩展。

"积谷防饥"意味着要时刻保持警惕,预见可能出现的风险和问题。例如,

---

① 可参考朱熹《与长子受之》。朱熹有如下教导:"交游之间,尤当审择,虽是同学,亦不可无亲疏之辨,此皆当请于先生,听其所教。大凡敦厚忠信,能文无过者,益友也;其谄谀轻薄、傲慢亵狎、导人为恶者,损友也。推此求之,亦可自见得五七分,更问以审之,百无所失矣。见人嘉善行,则敬慕而录纪之,见人好文字胜己者,则借来熟看或传录之而咨问之,思与之齐而后已。"

对家庭经济状况的清晰认知和对社会经济发展动向的关注和预见。家长应引导孩子理解,无论是个人还是家庭,都需要有一定的经济储备来应对可能出现的困难。这种危机意识不仅能帮助我们在风险来临时从容应对,也能促使我们在日常生活中更加理性和审慎地进行消费和投资。

在"积谷防饥"理念启示下,家长要对孩子进行长期和稳定的财务规划教育。这包括定期储蓄、多元化投资、保险规划等。这样的理财教育不仅可以培养儿童在物质生活上追求更加安全和稳定的方法技能与思想意识,也有助于培养儿童的责任感和自律性。

"积谷防饥"的家教观念也强调了节俭的重要性。现代社会随着生活水平的提高和消费观念的改变,很多人往往容易坠入过度消费和奢侈浪费的陷阱。"积谷防饥"的观念提醒我们,无论经济状况如何,都应该保持节俭和自律的生活态度。这不仅有助于儿童更好地管理自己的财务,也能涵养其品德,提高其修养。当然,"俭"在老子《道德经》中,是"人生三宝"之一,其内涵就不仅仅是减少有形物资与钱财的消耗,在更大程度上是减少生命能量的过度或胡乱消耗,以"无为"实现人生的"无不为"。这就要求家庭教育在引导孩子适度学习、劳逸结合,以及欲望管理等方面有所注意了。

2015年6月1日,习近平总书记给全国各族少年儿童的寄语强调:"要做一个好人,就要有品德、有知识、有责任,要坚持品德为先。"蒋伊勤俭持家、宽厚待人的道德情操,以及"穷则独善其身,达则兼善天下"的处世态度启示我们,必须积极引导现今身处智能时代的儿童青少年立足当下,着眼未来,严于律己,积极修为,在纷繁复杂的生活中逐步澄清和确立自己的正确"三观",做一个"有品德、有知识、有责任"的好人。

(本章编撰:孙磊)

20　人之居家立身

——张英《聪训斋语》[①]要义

● **家教要言**

"阅耕是人生最乐。"

"书卷乃养心第一妙物。"

"读文,必期有用,不然,宁可不读。"

"与人相交,一言一事皆须有益于人,便是善人。"

"古人以眠食二者为养生之要务。"

"读书者不贱,守田者不饥,积德者不倾,择交者不败。"

"盖士人读书,第一要有志,第二要有识,第三要有恒。"

"惟人之才思气力,不用则日减,用则日增。"

"万物做到极精妙处,无有不圆者。"

"昔人论致寿之道有四:曰慈、曰俭、曰和、曰静。"

"终身让路,不失尺寸。"

"受得小气,则不至于受大气,吃得小亏,则不至于吃大亏。"

● **作者简介**

张英(1638—1708),字敦复,号学圃,安徽桐城人,大清首辅张廷玉之父,政治家、文学家。康熙六年(1667)进士,最初负责起草诏书。康熙十六年,奉命入值南书房,因其"问学贯通、言行端正、老成厚重、识达大体"而为皇帝讲论经史。有《笃素堂文集》《四库著录》《书经衷论》《恒产锁言》等著作传世。

---

① 本章原典引文主要参考张英:《聪训斋语》,刘超评注:《聪训斋语全鉴》,中国纺织出版社2019年版。

张英先后任礼部侍郎、兵部侍郎、翰林院学士、工部尚书、翰林院掌院学士，官至文华殿大学士，兼任礼部尚书。他一生勤勉务实，与人为善，为官清正，慎密笃厚，是康熙最亲近的大臣。康熙赞誉其"始终敬慎，有古大臣之风"。

张英为世人所称颂的，除了人品、政绩和著述，还有家庭教育和治家方略。他非常重视子女教育，长期言传身教，严谨持家，其优良家风传承久远，子孙后代堪称卓越。其子张廷玉历任礼部尚书、户部尚书、吏部尚书、首席军机大臣等职。张英之后六代子孙中，有146人获得功名，占其总数的82%，后世有人基于这种统计，盛赞张氏家族是"父子双宰相""三世得谥""四世讲官""五朝金榜题名""六代翰林""七世为官"。

2024年10月17日，在安徽考察时，习近平总书记走进了桐城古城内的六尺巷，这里是张英及其家人感染邻居共同创造千古美谈的地方。相传康熙年间，张英远在桐城的家人与邻居吴家发生宅基纠纷，家人驰书京城向官至极品的张英求助。张英的回信题诗一首："千里修书只为墙，让他三尺又何妨？万里长城今犹在，不见当年秦始皇。"张家人收信后很羞愧，就主动退让了三尺；吴家人很受感动，也退让了三尺。由此，成就了"桐城六尺巷"的千古佳话。

在六尺巷，习近平总书记指出："谦让，谦虚，和为贵，这些都是中华民族的美德，已经融入到中国人的基因中，无论我们走到哪里，都自觉传承这种精神。"他还特别强调："六尺巷体现了先人化解矛盾的历史智慧，要作为弘扬中华优秀传统文化的教育场所，发挥好中华民族讲求礼让、以和为贵传统美德的作用，营造安居乐业的和谐社会环境。"

如今，桐城市大街小巷都有"争一争行不通，让一让六尺巷"的公益广告，街头巷尾墙壁也张贴着关于"六尺巷"的宣传漫画。互联网上，歌曲《六尺巷》广为流传："我家一条巷，相隔六尺宽。包容无限大，和谐诗中藏……日落星移，月转风起，走在六尺巷，婆娑光影记忆着谦让……"文艺舞台上，黄梅戏《六尺巷》唱腔婉转："莫道谦让无所获，送人玫瑰留余香。让他三尺成佳话，和气致祥日月长……"

● **经典概览**

《聪训斋语》汇集了张英家庭家教家风建设的智慧，主要谈论读书、修身、交友、养生、品艺、怡情等，融入了作者的人生经历和生命体悟。全书用语自然率真,情感真实恳切,自始至终娓娓道来,如同与家人促儿女膝面谈,字里行间处处蕴含着深刻的人生哲理。

该书写于持续时间长达40年并成为清王朝统治最高峰的康熙盛世。彼时清朝进入全盛时期,疆土辽阔,国富民强,政治经济、文化教育空前发达。张英一生辅佐康熙皇帝,在他人生壮年期,恰逢康熙盛世,这让他少了许多身处战乱年代的烦忧,工作之余,有更多精力思考齐家教子。

不过,清廷一直担心被汉人倾覆政权,对汉人官宦戒备有加,汉人为官无不谨小慎微。在这样的历史背景下,深受儒家农耕文化影响、崇尚中庸思想的张英深谙低调谦和与韬光养晦之道,同时希望通过涵养心性以追求生命存在的最高意义。于是,他把自己的思想经验、处世哲学等流诸笔端,立训以教后人。

《聪训斋语》共有"四纲",分别是立品、读书、养身、择友。每纲包括"三目",共"十二目",依次是:戒嬉戏、慎威仪、谨言语、温经书、精举业、学楷字、谨起居、慎寒暑、节用度、谢酬应、省宴集、寡交游。这部经典家训不仅为张氏家族带来了世代繁荣,而且广泛流传。时人认为,"凡为人子弟者,当家置一册,奉为明训",后世赞其"篇篇药石,言言龟鉴",曾国藩则感叹:"句句皆吾肺腑所欲言""教家者极精"。

● **原著选段**

"治家之道"

治家之道,谨肃为要。《易经·家人卦》,义理极完备,其曰:"家人嗃(hè)嗃,悔厉吉。妇子嘻嘻,终吝。"嗃嗃近于烦琐,然虽厉而终吉;嘻嘻流于纵轶,则始宽而终吝。余欲于居室自书一额,曰"惟肃乃雍①",常以自警,亦愿吾子孙共守也。

译文:治家之道,谨慎严肃最为重要。《易经·家人卦》把道理讲得很清晰完整,里面说:"一家人相处严肃恭敬,即便再严厉,也是吉利的事。如果妻儿终日嬉笑打闹,最终一定导致家庭败落。"治家太严可能会让家人心烦愁叹,然而严厉最终会吉利;只图享乐放纵,就会开始宽松愉快,最后家庭败落。我想亲自书写一副"惟肃乃雍"匾额挂在居室墙上以此时常自我警示,也希望我的子孙后代共同遵守。

---

① 惟肃乃雍:只有庄重才会和睦,也常用于形容家庭或团体内部和谐且秩序井然。

"人心至灵至动"

人心至灵至动，不可过劳，亦不可过逸，惟读书可以养之。每见堪舆家，平日用磁石养针，书卷乃养心第一妙物。闲适无事之人，整日不观书，则起居出入身心无所栖泊，耳目无所安顿，势必心意颠倒，妄想生嗔，处逆境不乐，处顺境亦不乐。每见人栖栖皇皇，觉举动无不碍者，此必不读书之人也。

译文：人心最智慧也最易浮躁，不能过于劳心，也不能过于安逸闲适，只有读书可以滋养心性。常常可见风水师用磁石养护罗盘里面的指南针，而书籍就是滋养心性最好的物品了。闲来无所事事的人，整天不看书，那么起居出入都会身心不安，无所依托，所见所闻都觉得没有意义，势必心烦意乱，胡思乱想，迁怒于人，在逆境中很不快乐，在顺境也很不快乐。每当看到某人惶惶不可终日，言行举止都不顺畅，就知道这人是不读书的人。

"人之居家立身"

人之居家立身，最不可好奇。一部《中庸》，本是极平淡，却是极神奇。人能于伦常无缺，起居动作、治家节用、待人接物，事事合于矩度，无有乖张，便是圣贤路上人，岂不是至奇？若举动怪异，言语诡激，明明坦易道理，却自寻奇觅怪，守偏文过，以为不坠恒境，是穷奇梼(táo)杌(wù)之流，乌足以表异哉？布帛菽粟，千古至味，朝夕不能离，何独至于立身制行而反之也？

译文：人在居家和安身立命方面，一定不能追求新奇。《中庸》这部书好像极为平常，但又极为神奇。按照这书指导，人们能够在伦理纲常上不逾矩，衣食住行、持家节省、待人接物方面都有规矩礼节，没有偏执，就走上了成为圣贤的路，这不就是最神奇之处吗？如果举动怪异，言语奇怪偏激，明明是简单的道理，却偏要追求怪异荒诞，掩饰自己的错误，还认为这是突破传统，其实这只是一种类似于凶暴野兽的人，怎么能体现过人之处呢？布匹和豆子、小米等粮食，自古以来人们都觉得很有品位，朝夕不离，那为何要在安身立命、规范行为等方面反其道而行之呢？

"与人相交"

与人相交，一言一事，皆须有益于人，便是善人。余偶以忌辰，著朝服出门，巷口见一人,遥呼曰:"今日是忌辰!"余急易之。虽不识其人,而心感之。如此等事,在彼无丝毫之损,而于人为有益。每谓同一禽鸟也,闻鸾凤之名则喜,闻鸺(xiū)鹠(liú)之声则恶。以鸾凤能为人福,而鸺鹠能为人祸也。同一草木也,毒草则远避之,参苓则共宝之,以毒草能鸩(zhèn)人,而参苓能益人也。人能处心积虑,一言一动,皆思益人,而痛戒损人,则人望之若鸾凤,宝之如参苓,必为天地之所佑,鬼神之所服,而享有多福矣。此理之最易见者也。

译文:和他人相处,一言一行都有益于他人,这就是善良的人。我有一次在最重要的忌日穿上朝的官服出门,在巷口碰到一个人,他远远冲我喊:"今天是忌日!"我急忙回家把官服换了。我虽然不认识这个人,但是发自内心感谢他。类似的事情,对于他来讲没有丝毫坏处,但是对别人来讲非常有益。经常说,都是鸟,听到鸾凤的名字就高兴,听到猫头鹰的声音就非常厌恶。因为传说凤凰能给人带来福气,而猫头鹰会给人带来祸害。同样是草木,看到毒草就远远避开,人参、茯苓等药材大家都视其为宝贝,是因为毒草会毒死人,而人参、茯苓有益于人。人们如果能千方百计让自己的一言一行都有益于他人,而决不有损于他人,那么,人们看他就好比看到鸾凤,待他就好比对待参苓一样宝贵,他也必定会让天地保佑,鬼神敬服,从而享有更多福分。这个道理是最容易看明白的。

"学字当专一"

学字当专一。择古人佳帖或时人墨迹与己笔路相近者,专心学之。若朝更夕改,见异而迁,鲜有得成者。楷书如端坐,须庄严宽裕,而神采自然掩映。若体格不匀净,而遽讲流动,失其本矣。汝小字可学《乐毅论》。前见所写《乐志论》,大有进步,今当一心临仿之。每日明窗净几,笔精墨良,以白奏本纸临四五百字。亦不须太多,但工夫不可间断。纸画乌丝格,古人最重分行布白,故以整齐匀净为要。学字忌飞动草率,大小不匀,而妄言奇古磊落,终无进步矣。

译文:学习书法应当专心致志。在选择古人好的字帖,或者今人的书法作品时,要选与自己书写笔法相近的专心学习。如果经常换帖,见异思迁,很少有练成的人。楷书字体好像人端正落座,必须庄严宽松,留有余地,这样字的神采就自然显现了。如果字体格式不匀称不干净,突然追求流畅,就失去了楷书的根本。你写小字可以效法《乐毅论》。前段时间看到你写的《乐志论》,进步很大,现在应该坚持专心临摹。每天书房都要窗明几净,笔墨都要精致良好,在白纸上临摹四五百个字。也不用写太多,但是不能间断练习。在纸上画好墨线格子,古人最看重整篇字的分行布白,所以布局一定要整齐、匀称、干净。学习写字切忌笔画漂浮不稳,大小不一,却想当然地辩解这是什么奇特古朴、气势宏大,这样最终是不会有什么进步的。

● 家教指南

《聪训斋语》虽然有些内容早已不符合社会现实及时代发展需求,但书中读书修身、与人为善、克己复礼、勤勉节约等思想,在历经岁月洗礼之后,对如今儿童青少年的家庭教育仍然具有很好参考价值和指导意义。

一、读书最能修养心性

读书对于个人社会、家庭民族的意义,怎么强调都不过分。张英也高度重视读书,他认为无论身处何种境遇都要坚持读书,为追求功名也好,为观照内心也罢,读书都是不二选择。他告诉子女,一切欲望都会让人产生苦与乐,唯有读书只会让人快乐而不会痛苦。不读书会导致人"心意颠倒,栖栖皇皇",只有坚持读书,才能让心灵得以寄托,让智慧得以增长,让气质得以涵养。

当然,读书还要得法,才能读有所获。张英告诫子女读经典之作要"细心玩味之",否则难以领会其中妙处,读了也没有用;而应试文章可以择其精华而读,重点在于长期坚持写作练习。这与新时代中小学语文课程的阅读与写作教学改革何其相似!张英还强调,读书要趁早,"二十岁以前所读之书,与二十岁以后所读之书迥异"。因为年少读书经久不忘,但随着年龄增长,记忆力衰退,读书易忘,所以要在年轻的时候多读书,多积淀。读书还要善于积累,对于经典之作,"必加温习",最好要能背诵,这样才能积少成多,厚积薄发。

张英有诸多诗文洞见,高屋建瓴而一览众山小。比如,他说:"唐诗如缎如锦,质厚而体重,文丽而丝密,温醇尔雅,朝堂之所服也;宋诗如纱如葛,轻疏纤朗,便娟适体,田野之所服也。"他认为,"五律断无胜于唐人者,如王、孟五言两句,便成一幅画";"《论语》文字,如化工肖物,简古浑沦而尽事情,平易涵蕴而不费辞……《大学》《中庸》之文,极闳阔精微而包罗万有。《孟子》则雄奇跌宕,变幻洋溢。秦汉以来,无有能此四种文字者"。张英这些精辟论断,无一不与其善读经典而乐于积累密切相关。

二、勤俭节约是一种美德

司马光在《训俭示康》中写道:"由俭入奢易,由奢入俭难。"这是普遍存在的人性弱点,张英深知其中奥义,大力主张节俭、崇尚农耕。在他眼中,节俭处事,树立等身消费的观念是"最美名"与"最美事"。他立誓归隐之后,"誓不着缎,不食人参",粗布衣服、粗茶淡饭足矣。他教导子孙"守田者不饥",解甲归田之后要勤劳耕种,自食其力。他劝诫子孙"决不可好"奇珍异宝,甚至连喝茶的杯子也不要买太贵的,摔坏了可惜,喝茶时也小心翼翼,若买既好看又便宜的茶杯,摔坏亦不足惜,使用也称心如意。字画玩器"皆不可蓄",从长远来看,这些什物会招来祸患,"子孙深受斯累"。

张英眼中的节俭不等同于吝啬,而是发自内心的自律和善良。他劝说自己的妻子放弃为他生日安排梨园戏班宴请亲友的想法,用这笔钱做了100套棉衣棉裤,送给沿路乞讨的人,不得不令人油然起敬。他还计划告老回家之后,每个月除去生活必需的开支,把朝廷发放的养老俸禄攒起来,作为救济贫困的善款。他认为节俭于人身体有福,于心灵有益。勤俭是家国兴盛的根基,奢靡是世风没落的表征。勤俭节约是中华民族最为推崇的一项美德,从古至今的典范不胜枚举。张英本人的勤俭是光辉的榜样,他在《聪训斋语》中列举的苏东坡、陆梭山也值得家庭教育参考。尤其是"俭于嗜欲,则德日修,体日固;俭于饮食,则脾胃宽;俭于衣服,则肢体适;俭于言语,则元气藏,而怨尤寡;俭于思虑,则心神宁;俭于交游,则匪类远……俭于嬉游,则学业进"等训俭言辞,值得亲子阅读深入研习,并在日常生活中持续共勉。

三、与人为善就是与己为善

作为中国历史上"桐城六尺巷"故事的主角,张英经常讲:"终身让路,不失尺寸。"的确,满招损而谦受益,一个人看似表面吃亏,实际上可以让内心得到宁静,终会得到好的回报。人生不如意者十之八九,尤其是拥有常人所不能企及的财富和地位的时候,更要懂得居安思危。张英教导子孙,对自家这种大富大贵,"勿以为可喜可幸、易安易逸",面对别人的非难和指摘,更要换位思考,容忍得下,这样才可以长久富贵。

张英在朝多年,之所以口碑很好,连皇帝也大为赞赏,是因为他深知与权势相交的险恶,处处小心,时时谨慎,尤其注重把握人际关系的平衡。"勿以善小而不为,勿以恶小而为之",张英认为,哪怕是小小的善意也会给人无限的温暖,做人必须"处心积虑",一言一行都要考虑到对人有益而无害,这样才能让人"享有多福"。张英61岁时问心无愧地说,他生平没有送过一人到衙门,更没有动手打过一人,他举荐有才之人,也从来不会让被举荐的人知道是谁举荐的。可见,张英的仁善情怀实在令人称道。

虽然人类历史可以说是一部善、恶斗争的历史,善与恶之间有时也难以划清界限,对恶的善,也很可能就是对善的恶,但一味向善、与善同行依然是人类永远的梦想。张英的与人为善不仅仅是一种精于世故、谋求自保的与己为善,当前父母家长更应该站在与人为善就是与整个人类为善的高度来看待张英对善良人性的主张,并和孩子一道踏踏实实学习张英的善良,努力使这个世界少一些丑恶,多一些美好。

四、严于律己与淡泊宁静

想有较大作为的人必须严于律己,让自己内心端端正正而不生邪念。同时,要淡泊宁静,践行老子"无为而无不为"的思想——如天地一样"不自生而长生",也如圣人一样"后其身而身先,外其身而身存,以其无私而能成其私",最终创造自己最大的人生价值,实现人生理想。位高权重的张英就特别强调自我约束,以及淡泊明志、宁静致远。

严于律己方面,张英不断反省,时时不忘祸福相依。他对家人要求很严格,认为治理家庭最重要的是"谨肃"二字,如果整日嘻嘻闹闹,长幼不分,胸无大志,过于追求享乐,那么家庭一定败落。他指出,越是富足的家庭越要加倍谨慎。人们往往不会在富贵子弟面前说真话,因为走得太近会担心别人说他趋炎附势,而谋求利益不成又会产生怨恨,有人甚至通过专挑富贵子弟的毛病来赢取敢于挑战权贵的名声。富贵子弟即便付出比别人更多的努力,也未必会换来人们的称赞,更不要希望稍微"谨饬简肃、谦下勤苦"就能得到别人的认可。所以,张英告诫家族子弟,无论何时何地都要加倍地严格要求自己,万万不能为富不仁,自鸣得意。

张英要求子女在学习、生活、交友等诸多方面都必须再三强化自我约束。比如,他认为读书写字离不开一个"专"字,读书要专心,经典之作必读常读,幼年读经典是为了积淀深厚,如同存钱,成年了学以致用,就像取钱。如果读了一遍就束之高阁,则像衣兜里揣着珍珠,却"不知探取"一样令人遗憾。写字要专一,选择临帖的对象时要选和自己书写风格相近的书帖,"当一心临之",不能朝三暮四,不停更换,更不能三天打鱼两天晒网。他要求子弟学习写字每天坚持"工夫不可间断",方才能有所长进。

又如,饮食起居方面,张英认为遵循规律是延年益寿的良方。饮食要有节制,则"可以养脾胃",饮酒要有节制,则"可以清心养德"。相反,暴饮暴食,毫无节度,伤害身体、缩短寿命不说,还败坏品德。寒来暑往,四季流转,生命的繁衍生息就是一个循环往复的过程,张英明确指出人属于大自然的一部分,顺应天时是健康之本。一年之计在于春,一日之计在于晨,所以他要求自己和家人"居家最宜早起",养成早睡早起的习惯,利于健康,也利于学业与家业。

在淡泊宁静方面,张英反复强调对物质的欲望要低,奢靡的生活往往是人性堕落、家庭没落的诱因。比如,他认为养生之道首在"谨嗜欲",不能有太多的欲望,欲望过多,令人心浮气躁,心神不宁,更无从谈养生。对于服用人参,他觉得"吾乡米价,一石不过四钱,今日服参,价如之或倍之",一人每天就吃掉上百人的口粮,无论如何也不忍心,因此拒食人参,实为君子之风。居家要"肃雍简静",修身要"恬淡寡营",不争名夺利,这样才能让自己的道德修养得到真正的提升。

同时,张英希望子女们明白名利不是通过钻营取巧获得的,而是在努力提升自我修养,增强自身才识,不断完善自我之后水到渠成的事情。他认为,名利只是身外之物,如果能"平心体察",就会消除"许多妄念",从而少了许多烦恼。他想自撰一副对联挂于屋内:"富贵贫贱总难称意,知足即为称意;山水花竹无恒主人,得闲便是主人"。

毋庸置疑,张英的言传身教取得了显著成效。其子张廷玉在很大程度上承袭了张英的"淡泊明志,宁静致远",也充分运用了老子"夫唯不争,故天下莫能与之争"的谋略。《道德经》讲:"不自见,故明;不自是,故彰;不自伐,故有功;不自矜,故长。"张廷玉能够建功立业,生死荣宠,就是靠一颗"不争"之心。

比如,雍正十一年,张廷玉的儿子张若霭参加科举,在殿试过程中成为雍正帝御点探花。雍正看重张廷玉,更喜欢其子,就及时传谕告知张廷玉好消息。结果张廷玉脱下官帽,跪伏在地,苦口婆心地向雍正推辞说,天下学富才高士子不计其数,他家孩子不能与寒门子弟争先。张廷玉的言行说明,其父张英"有荣则必有辱,有得则必有失,有进则必有退,有亲则必有疏"训诫已经深入灵魂,他的淡泊宁静与谦逊退让已经成为一种无法更移的秉性。正是有了张廷玉这种秉性,雍正才对他深信不疑,任命其为首席军机大臣。

　　对于官至极品,备受康熙皇帝器重的张英来讲,也一定在出世和入世之间苦苦寻找一处精神寄托,寻找那个真正的自己。这有身为朝廷重臣不可推卸的责任担当,也有他内心深处对逍遥自由的无尽渴望。他在《聪训斋语》中袒露的淡泊名利思想,乃至寄情山水田园的宁静选择,值得后人学习借鉴。

（本章编撰:潘飞）

21　圣与贤,可驯致[①]

——李毓秀《弟子规》[②]要义

● **家教要言**

弟子规,圣人训。首孝悌,次谨信。
身有伤,贻[③]亲忧,德有伤,贻亲羞。
朝起早,夜眠迟,老易至,惜此时。
对饮食,勿拣择,食适可,勿过则。
借人物,及时还,人借物,有勿悭[④]。
行高者,名自高,人所重,非貌高。
道人善,即是善,人知之,愈思勉。
能亲仁,无限好,德日进,过日少。
不力行,但学文,长浮华,成何人?
勿自暴,勿自弃,圣与贤,可驯致。

● **作者简介**

李毓秀(1647—1729),字茂重,号养癖堂主人,山东省济宁府曲阜县(今曲阜市)人。他在儒学研究和教育教学方面颇有建树,经过深入研究《论语》《大学》《中庸》等经典著作,并基于自己的教育实践,写成了《弟子规》这部启蒙教育经典。李毓秀主张"教育以修身为本,德行为先",认为从儿童时期开始,教育就

---

① 驯致:逐渐到达。出自《易·坤》:"履霜坚冰,阴始凝也;驯致其道,至坚冰也。"此话讲从很小的变化开始逐渐发展,持续不断,可到达非同一般的结果。
② 本章原典引文主要参考李毓秀:《弟子规》,篆愁君编,福建少年儿童出版社2020年版。
③ 贻:留给,带给。
④ 悭(qiān):吝啬,小气。

应该高度重视道德和智能的全面发展,对后世教育影响较大。

● **经典概览**

《弟子规》以简明的语言和实用的内容,教导孩子如何做人、如何行事,特别强调尊敬父母、遵守规矩、关心他人等,对促进儿童青少年的道德修养具有重要作用。《弟子规》原名《训蒙文》,三字一句、朗朗上口。后经雍正乾隆年间贾存仁改编并更名为《弟子规》。全文以《论语·学而篇》"弟子入则孝,出则悌,谨而信,泛爱众,而亲仁,行有余力,则以学文"为核心,对学童子弟从小到大,在家,以及外出与长辈朋友交往、生活学习等应遵照的道德观念、行为规范和文明礼仪等予以详细规定。

《弟子规》遵循儒家"仁、义、理、智、信"等思想,包括"孝、悌、谨、信、泛爱众、亲仁、学文"七个部分,涉及家庭伦理道德、个人品德、社会公德等内容,严谨详备,逻辑清晰,具有较强可操作性。这部经典在清代对学童启蒙教育有着极为广泛的影响,被誉为"开蒙养正之最上乘者",有"人生第一步,天下第一规"[①]之称。晚清以来,流传更广,成为妇孺皆知、历久弥新,且深受学童喜爱的修身读物。当前,《弟子规》仍然具有一定影响力,不少幼儿园、小学和家庭都在选择其中金句引导儿童诵习践行。

● **原著选段**

"父母呼"

父母呼,应勿缓。父母命,行勿懒。父母教,须敬听。父母责,须顺承……身有伤,贻亲忧。德有伤,贻亲羞。亲爱我,孝何难。亲憎我,孝方贤。

"兄道友"

兄道友,弟道恭,兄弟睦,孝在中。财物轻,怨何生?言语忍,忿自泯。或饮

[①] 若按时间排序,中国古代教育史上第一份系统完整的学规是《弟子职》。其作者是春秋时期齐国著名的政治家、军事家及法家代表人物管子。这篇经典详细规定了弟子的早作、受业、对客、馔馈、乃食、洒扫、执烛、请衽、进退之礼,涵盖学生学习、生活的各个方面。其开篇《学则》原文如下:先生施教,弟子是则。温恭自虚,所受是极。见善从之,闻义则服。温柔孝悌,毋骄恃力。志毋虚邪,行必正直。游居有常,必就有德。颜色整齐,中心必式。夙兴夜寐,衣带必饬。朝益暮习,小心翼翼。一此不解,是谓学则。

食,或坐走,长者先,幼者后。长呼人,即代叫,人不在,已即到。

"缓揭帘"

缓揭帘,勿有声,宽转弯,勿触棱。执虚器,如执盈。①入虚室,如有人。事勿忙,忙多错,勿畏难,勿轻略。斗闹场,绝勿近,邪僻事,绝勿问。

"唯德学"

唯德学,唯才艺,不如人,当自砺。若衣服,若饮食,不如人,勿生戚。闻过怒,闻誉乐,损友来,益友却。闻誉恐,闻过欣,直谅士,渐相亲。

"人不闲"

人不闲,勿事搅,②人不安,勿话扰。人有短,切莫揭,人有私,切莫说。道人善,即是善,人知之,愈思勉。扬人恶,即是恶,疾之甚,祸且作。善相劝,德皆建,过不规,道两亏。

"同是人"

同是人,类不齐。流俗众,仁者希。果仁者,人多畏。言不讳,色不媚。能亲仁,无限好。德日进,过日少。不亲仁,无限害。小人进,百事坏。

"不力行"

不力行,但学文。长浮华,成何人。但力行,不学文。任己见,昧理真。读书法,有三到。心眼口,信皆要。方读此,勿慕彼。此未终,彼勿起。宽为限,紧用功。工夫到,滞塞通。

● **家教指南**

短短1080个字的《弟子规》,不仅是童蒙养正的宝典,而且是值得系统研读的儒学代表作之一,里面蕴含着做人、做事、做学问的大智慧。习近平同志强调:

---

① 执虚器,如执盈:拿着空的器皿,要像端着装满水的器皿一样小心。
② 人不闲,勿事搅:别人没空闲,就不要因为自己的事情去打搅。

"要通过研读优秀传统文化书籍,吸收前人在修身处事、治国理政等方面的智慧和经验,养浩然之气,塑高尚人格,不断提高人文素质和精神境界。"[1]遵循习近平总书记的指示精神,当前家庭教育吸纳《弟子规》的文化教育思想精华,可以从小处着力,循序渐进地塑造儿童高尚人格,不断提高他们的人文素质和精神境界。

一、衣食之规

一个人要在社会上立足,一定要有良好的个人形象。具体来说,衣与食就是比较重要的两个方面。在着装方面,李毓秀要求孩童"冠必正,纽必结,袜与履,俱紧切"。穿衣打扮整洁即可,穿出一个人的气质为最佳,而不要追求华丽,这正所谓"衣贵洁,不贵华"。服饰穿戴要与自己的身份相匹配,也要根据家庭情况量力而行。对于中小学生之间盲目攀比穿衣戴帽的不良风气,家庭和学校必须通力合作,严加纠正。

在饮食方面,《弟子规》要求"无拣择",也就是对食物不能挑三拣四,也不能有过于特殊的喜好选择。当今家长虽然能够明其理,但在日常生活中能够严格要求、耐心引导或以身示范者的确不多。《弟子规》还要求"食适可,勿过则",也就是饮食要适度,切忌暴饮暴食,从小养成良好饮食习惯。《弟子规》也明确要求青少年不可饮酒——"年方少,勿饮酒",还特别强调,"饮酒醉,最为丑"。

在有关儿童青少年形象修养方面,《弟子规》还提出"步从容,立端正""晨必盥,兼漱口,便溺回,辄净手""缓揭帘,勿有声,宽转弯,勿触棱""用人物,须明求,傥不问,即为偷"等要求。父母要立足于培育孩子的高尚人格,提升其人文素质和精神境界的高度,严格落实"纽必结""衣贵洁""食适可""勿饮酒""步从容""晨必盥""缓揭帘"等要求,悉心引导孩子塑造自己的良好形象。

二、言语之德

孔子有言:"人而无信,不知其可也。"孟子也说:"诚者,天之道也。"一个人的言语之德首先在于对真实、诚信的坚守,《弟子规》"信"篇的核心观点就是"言必真,言必信,言必谨,言为德"。

家长一定要从小培养孩子"以诚为本"的德行,教孩子说真话,实事求是,切

---

[1] 习近平:《领导干部要爱读书读好书善读书——在中央党校2009年春季学期第二批进修班暨专题研讨班开学典礼上的讲话》,《学习时报》2009年5月13日。

忌胡编乱造。要让孩子明白诚实的重要性,知道诚实是人际交往的基础,缺乏诚信的人在社会上寸步难行。要引导孩子明确区分人际交往中事实与"想当然"之间的关系,鼓励他们讲事实,而不能凭借想象或自己的一厢情愿讲"想当然"的话,更不能利用语言的多义性和模糊性钻空子,糊弄他人,否则损人不利己。要通过具体的事例让孩子亲身体验,教导孩子敢于承担自己的言语责任,知道"言必行、行必果",君子一言驷马难追,兑现承诺是有责任感的表现。在日常生活中,孩子一旦许下诺言,就要督促、支持和帮助他全力以赴实现诺言,实在不行,也要及时道歉,并做真诚沟通,如实解释。同时,要引导孩子言语谨慎,切忌夸夸其谈。要知道乐于助人与量力助人都是美德,必须克制轻易许诺的不良习惯,尤其是对于那些不符合道义、有悖常理,或者超过自己能力范围的事项,千万不能轻易允诺,以免自己陷入道德困境。

孩子的言语表达体现着一个家庭的家风和父母教育的质量。家长必须严格禁止孩子使用侮辱、威胁、歧视等恶意言辞与他人交流,并让孩子明白这样可能引发争吵、冲突甚至暴力行为,给自己和他人带来身心伤害。如果孩子小小年纪,一开口就是"老子""他妈的",那么家长必须做深刻反思。当然,家长也要积极引导孩子不能经常使用消极、自卑、自责的言辞来表述自己,并让孩子明白这样不仅会加重自己的负面情绪和心理压力,还会影响别人的心情和自己的人际形象。言辞的力量是巨大的,父母要鼓励和教导孩子运用得体的言辞表达积极友善的信息,促进人与人之间的和谐相处、理解尊重。

现代社会,家长要鼓励孩子大胆主动地说,也要引导他们小心谨慎地说。眼见为实之前不要轻信他人的一面之词,即使亲眼所见,也还要辨明是非、掂量轻重后再说。对于不能确定真伪的事情,不能肆意传播。轻信并传播谣言,可能会给自己和他人带来误导和伤害。对已经确认的负面消息更要谨慎,即使是真实的,也一定要想到对方的接受情绪,能不说最好不说,如必须说,则要讲究方式方法。对于年幼的孩子,家长要引导他们切忌在社交媒体或公共场合,随便泄露个人敏感信息,如家庭住址、财务状况等,以免引来麻烦。对于年龄稍大的孩子,必须提醒他们少"八卦",不说三道四,要妥善保护他人和自己的隐私。当与他人观点或意见出现分歧,不一定必须表达时,最好不说。一定需要表达时,首先应该把握一个度,要有商量讨论的心理准备,不要强词夺理,切勿将自己认为正确的事情视为理所当然的"真理",应根据自己的身份、说话目的、环境等因素采取不同策略。

《弟子规》有言:"亲有过,谏使更,怡吾色,柔吾声。谏不入,悦复谏,号泣随,挞无怨。"这提示家长要引导孩子对长辈尊重、谦逊,用委婉的语气表达自己的意见,避免直接批评。发现长辈有错误,要发自内心地进行真诚劝说,帮助他们改正,要和颜悦色、柔声细语。长辈如果不能采纳,甚至发怒,就要先考虑对方的感受,暂时停止劝说,等他们心情好转后再劝。当今很多孩子或许根本没有这种耐心和修养,那么家长就有必要反省自己的言行,改进自己的家教了。

至于言语的技巧和艺术,首先莫过于"言之有理,理之有据",其次是"晓之以理,动之以情"。《触龙说赵太后》这个故事中,触龙顶着极大压力取得劝说成功,其关键是语言艺术炉火纯青,说辞内容情理交融。他能够理解赵太后已经上了年纪,爱子之心远大于爱国之心,就先以对赵太后生活的关怀作为铺垫,并直言自己腿疾不便快走,拉近同赵太后的心理距离。基于这样的情感,触龙指出所有劝赵太后的人都是只考虑赵国的安危,而忽视了太后之子长安君。这很快得到了赵太后的认同和共鸣。紧接着,触龙拿长安君的未来作为筹码,向赵太后明以利害,引导赵太后最终答应送长安君去齐国当人质。

可见,对他人进行劝诫不可太急,直截了当的劝说往往要失败。真诚共鸣,动之以情,条分缕析,言之有理,才能使对方更好醒悟,达到劝告目的。《弟子规》讲:"号泣随,挞无怨。"就是说,如果反复劝说父母长辈仍然不听,就要一边哭泣着一边追随着继续劝,哪怕受到打骂都没有怨言。这是鼓励孩童要具有触龙的耐心、勇气和真诚的情感。家长指导孩子涵养言语之德,习练言语之能,如果能够学习借鉴触龙的智慧,成效一定会更好。

三、习养之行

《弟子规》有言:"不力行,但学文;长浮华,成何人。"意思是说,若一个人只埋头读书,忽视规范自己为人处世的行为并持之以恒,就会浮华不实,纸上谈兵,难以成为真正有用之人。《弟子规》同时强调:"但力行,不学文;任己见,昧理真。"说明一味埋头做事,而不重视学习圣贤教诲,就会自以为是、刚愎自用,看不到别人的经验教训,主动屏蔽对真理的认知。可见,《弟子规》要求孩童读书学习、修养品性都必须做到知行合一。

为了促进孩童"笃行",《弟子规》有不少讲道理,启蒙孩童"认知"的内容。比如:"行高者,名自高,人所重,非貌高。才大者,望自大,人所服,非言大";"同是人,类不齐,流俗众,仁者希";"能亲仁,无限好,德日进,过日少。不亲仁,无限害,小人进,百事坏";等等。不过,比较而言《弟子规》对孩童日常生活中的"笃行"要求更为具体翔实。因此,引导孩子学习《弟子规》,最重要的是付出正确行动,养成良好行为习惯。

《颜氏家训·勉学篇》讲:"人生小幼,精神专利,长成已后,思虑散逸,固须早教,勿失机也。"在日常生活中,家长必须抓住小孩用心专一、可塑性最大的时机,引导孩子读书得法,修身为要。《弟子规》要求:"读书法,有三到:心眼口,信皆要。"这"三到"①,实为孩子高效学习的法宝。现在部分家长,只重视孩子读书,但在怎么读书方面缺少教育孩子的方法,如果参考"三到"进行激励引导,孩子学习自然会扎根有实效。其实,高效读书方法很多,父母家长要积极引导孩子找到适合自己的方法。比如,华罗庚讲究"细嚼慢咽",喜欢从零基础学起,把一本书从厚读到薄,不断地翻看一本书,反复琢磨。巴尔扎克则认为,"反问法"是获取一切科学知识与智慧的钥匙。鲁迅提倡"三性法",即读书高度注重目的性、灵活性、广泛性。家长可以根据孩子的实际情况,有选择地指引教导。

在修养品性方面,《弟子规》极力主张"泛爱亲仁"。"凡是人,皆须爱,天同覆,地同载。"同在一片蓝天下,仁爱、博爱、大爱,是人人都需要付出和享受的爱。英国唯美主义运动的倡导者和著名作家奥斯卡·怀尔德说:"关爱他人,你就会被爱所包围。"父母家长要教育小孩从小都常怀"仁爱"之心。不仅爱自己的亲人,更要推己及人爱一切人;既要满怀仁爱处理人与人的关系,也要对广阔自然仁爱。天人合一是中华文化的核心思想,人与自然和谐相处是新时代生态文明建设的重要策略。所以家长引导孩子修养品性方面,要学习《弟子规》,更要超越《弟子规》,培育孩子善待万物的仁爱情怀和行为习惯。亚里士多德认为修身养性是做人的首要任务,学习文化知识则次之,《弟子规》也持有同样观念。如果当今家长在儿女教育上只重文化知识学习而轻品德教育,孩子终将难当大任。

---

① 朱熹《童蒙须知》早于《弟子规》强调"三到",并且要求更细致,道理也讲得更清晰:"凡读书,须整顿几案。令洁净端正。将书册整齐顿放。正身体,对书册,详缓看字,仔细分明读之。须要读得字字响亮。不可误一字。不可少一字。不可多一字。不可倒一字。不可牵强暗记。只是要多诵遍数,自然上口,久远不忘。古人云,读书千遍,其义自见。谓熟读,则不待解说,自晓其义也。余尝谓读书有三到,谓心到、眼到、口到。心不在此,则眼不看仔细。心眼既不专一,却只漫浪诵读,决不能记。记,亦不能久也。三到之法,心到最急。心既到矣,眼口岂不到乎?"

无论是颜之推的上行下效,曾国藩的身教明理,还是傅雷的为子之镜,都强调父母家长以自身的品行和修养为孩子树立榜样,具备为人处世的仁爱德性和行为惯性。德性乃成人之本,但德性并非天生而成,颜之推就曾说"不教不知"。令人遗憾的是,当今很多家长,既不会教,也不重视教。一些家长不注重自身的德性修养,在孩子面前表现随意,缺乏礼仪,不知不觉丧失了家长的威信和身教的力量。一些家长认为品德不需要教,或总以忙于工作、赚钱养家为由,漠视孩子的日常行为表现,也有家长过度关注考试成绩,严重忽视孩子不良习性,听之任之。近年,不少高学历、高智商者自私自利、丧失公德、违法犯罪的案例令人震惊,究其根源,与家庭教育中德育缺失有重大关系。当代家长一定要重视孩子的德行,把孩子的品性培育放在首位,并落实到行动上,为孩子扣好人生第一颗扣子,奠定美好人生的坚实基础。

(本章编撰:李言)

22　世人各有本分

——石成金《传家宝全集》[1]要义

● **家教要言**

"父母大恩比同天地高厚。"

"福在丑人[2]边。"

"有志不在年高,无志空长百岁。"

"成名每在穷苦日,败事多因得意时。"

"夫妻和好,自然淑气满门。"

"勤则无废弛之事,俭则无空乏之虞[3]。"

"教子全要慎择同伴。"

"读书朗诵,字句分明。"

"天地人生各有先,但逢长上要恭谦。"

"富不可恃,贫不可欺。"

"许人一物,千金不移。"

● **作者简介**

石成金(约1659—约1739),扬州人,字天基,号惺斋,又称觉道人等。名门望族出生,受过良好家庭教育。他一生勤俭,常年粗茶淡饭,乐于捐资行善,修桥建路,曾十年不吃荤食。他躬耕10亩薄田,训诫后人不可变卖田产,且每年收入大多要用来做公益。石成金恪守传统礼仪,是个大孝子,父母生病,他时刻守候,侍奉汤药,并向天祈祷,希望自己替代父母承受病痛。

---

[1] 本章原典引文主要参考石成金:《传家宝全集》,百花洲文艺出版社2011年版。
[2] 丑人:不在乎自己外貌丑的人。
[3] 虞:忧虑。

石成金自幼聪慧,才智过人,成年后专注于学术研究。他儒、释、道皆通,医理医术俱晓,是著名作家、医学家,到70岁已写著作92部,有《医学心法》《四书浅说》《金刚经石注》等数十种传世。这些著作有小说、诗歌、笑话、寓言、对联等多种体裁,思想内容深刻广泛,比如,他融合儒、道、佛三家,在幸福学研究等方面具有独到见解。

● **经典概览**

《传家宝全集》从浩如烟海的文献中辑录大量圣贤的智慧精华,并充分融合了石成金自己的人生体会、处世方略及创新之作,其内容涵盖古往今来的人情世事,宇宙万象。

全书分为四册。第一册,基于儒学主张,兼容佛、道精华,主要论述如何修养身心、治家处世,作者在点破许多人生大事的同时,启导世人警醒并各守本分,行善戒恶,在"致良知"的过程中共享福寿太平。第二册,主要论述如何保护自己,应付世间纷繁万事,道理简明透彻,人生态度积极上进而顺其自然。第三册,堪称具有划时代意义的"快乐学"专著,主要阐述"惟将快乐作生涯"的思想观念。其中有作者自创的众多快乐写意画、抒情诗、印章作品,以及先贤所写的快乐名篇金句,还有佛学《金刚经》通俗易懂的注释。第四册,是一本劝善书,强调改过修身、利人利己、时时行善,也叙写了各种逸闻趣事和生活常识。

《传家宝全集》有专门论述孩童启蒙教育的大量篇章,详细介绍养育孩童的系列基本知识,从中可知清代家庭对子弟实施的教育堪称系统全面。比如,关于习惯培养,时间跨度从胎儿期、幼儿期,再到人生各年龄段,内容涉及长幼有序、读书立志、待人接物等方面,具有浓厚的生命意识和人文关怀。又如,初生孩童的调养护理,及不测之时的急救方法等,也有细致入微的介绍。

这部百科全书式的传世宝典妙语连篇,生动有趣,时人赞其"言言通俗,事事得情"。那一行行俗谚童谣,诠释着身家盛衰循环的大道理;那一句句格言俚语,结构出参破人生奥妙的大文章。书中红日彩霞、明月清辉、淡云轻风、青山流水、跃鱼鸣虫,也颇能净化心灵。不过,《传家宝全集》成书已300余年,难免存在时代局限和思想糟粕,当今父母家长宜引导孩子批判继承。

● **原著选段**

"你仔细想"

你仔细想,你身体是何人生出来的,就知道父母大恩了;你仔细想,你乳哺饥寒,是何人抚养的,就知道父母大恩了;你仔细想,你怀抱时痧麻痘疹①,一切风寒病症是何人医救的,就知道父母大恩了;你仔细想,你今知南知北,识长识短,是何人教的,就知道父母大恩了。要知父母一团心血,全全放在儿子身上,然后才得长大成人。是以父母大恩比同天地高厚,并非虚言。

"何为安父母的心"

何为安父母的心?凡事要听父母教训,做个好人,行些好事,不敢越理犯法、惹祸招灾。大则扬名显亲,小则安分乐业,父母心中方才欢喜。为何孝字连个顺字?为子者须要时刻把父母的心细细体贴,着意尊敬,不敢有一些冲撞,言语遵从,不敢有一些违拗。不但承欢膝下不悖逆,就是父母不在面前,所作所为的事,略要父母担忧的,提起父母的念头,便急忙改正,惟恐亏体辱亲②,这才叫孝顺。

"教子不必远求多条"

教子不必远求多条,只是我这书上的十件事,须要时时讲与他听:即如生身的父母,是该孝顺的;年纪长大的人,无论亲族朋友,都是该敬重的;夫妻们是该和的;子孙弟侄们是该教他学好的;治家是该勤俭的;待人是该谦恭的;各人本分的事业是该不懈怠的;良善的好事是该行的;违理犯法的歹事是该戒的。若是教得人依从这几件,就是他一生受用不小。

"人家须要早起早睡"

人家须要早起早睡,则事无懈怠而家道兴隆。我没见有等人家,晚间虽无

---

① 痧(shā)麻痘(dòu)疹(zhěn):指当时小儿常见的天花、麻疹、水痘和风疹等一类出疹性疾病。由于古代没有预防接种,这些病很凶险,昏迷、惊厥、高热、抽搐,几乎每个症状都严重威胁小儿生命。

② 亏体辱亲:因伤害自己的身体而不尊重父母双亲。

事,或是闲谈,或是饮酒,亦必更深才睡,乃日高几丈,人家敲门,尚在睡梦。以日作夜,以夜作日,阴阳颠倒,消败之兆。人家"勤俭"二字乃是根本,勤则无废弛之事,俭则无空乏之虞。人所不能做的事我能做得,勤也;人所易尽的物我犹存得,俭也。婚丧诸事,各要相称,宁可朴实,莫学奢华。不然,用多进少,未免贫苦求人。

"亲戚有三党"

亲戚有三党,或是父党,或是母党,或是妻党。与我既有亲谊,便不同于路人了。朋友有几等,或是同学,或是共事,或是道义相交,或是资财相通,与我既有朋情,便不同于路人了。何为乡里?凡城市村庄同街共社、居址相近、地土相连都叫做乡里。这乡里的人,最为重要,最为要紧。

"世人各有本分"

世人各有本分,虽有大小不同,若肯安分,到底都有受用。如何叫做本分?凡为士的,只去读书;为农的,只去耕田;为工的,习学技艺;为商贾的,买卖经营,这就是本分了。如何叫做安分?凡为士农工商的,各务了本等的事业,也不去游惰放荡,也不去作歹为非,一心只在本业上做工夫,这就是安分了。世上不安分的,有两个病相:其一病在懒,其一病在贪。

"吾有记书之法"

吾有记书之法:取文一篇,分为三四度,一度四五行,须要清心肃志,最要心到。心依口,口依眼,眼依书,打成一片,立求一遍即记。一遍未能,再读数遍,比既成诵,遂掩卷于几上,心口暗诵约十余遍,至于纯熟轻快,口若悬河而后止。尝试挑灯读之,漏下数刻,而三四度俱遍记矣。盖读之之时虽少,而记之之念甚切,自然之理。故能以一当十,以十当百。若泛然对书而读,其初与书尚不相熟,口之所到,目亦到焉,目之所到,心亦到焉。十遍以后,目口虽到而心已横飞,读至百遍,真黄粱之一梦而已。斯则愈烦而愈厌,愈读而愈生矣!如得此法而读之,反愚为明,反钝为敏,岂不至快哉!

乐学歌（王心斋原本①）

人心本自乐，自将私欲缚。私欲一萌时，良知还自觉。
一觉便消除，人心依旧乐。乐是乐此学，学是学此乐。
不乐不是学，不学不是乐。乐便然后学，学便然后乐。
乐是学，学是乐，于乎！天下之乐，何如此学？
天下之学，何如此乐？

安居歌（改沈石田②）

居之安，平为福，万事分定③要知足。粗衣布履山水间，放浪形骸④无拘束。好展卷⑤，爱种竹，花木数株喜清目。涤烦襟⑥，远尘俗，静里蒲团⑦功更熟。渴烹茶，饥煮粥，雅淡交游论心腹。中则正，满则覆⑧，推己及人人心服。不妄动，不问卜⑨，衣食随缘何碌碌？遇饮酒，歌一曲，欢会无多歌再续。常警省，念无欲，世事茫茫如转轴。人生七十古来稀，百岁光阴真迅速。对青山，依水绿，造物同游何所辱。及时勉励乐余年，一日清闲一日福。

顽顽歌

得顽顽，且顽顽，不顽空生天地间。可笑贪名又贪利，自寻苦恼惹愁烦。
试看金谷麒麟阁，争如五柳七里滩！好时光，莫空闲，眼前绿水共青山。
书酒花月休辜负，便宜只在会顽顽。

---

① 王心斋原本：此诗是对明代哲学家王艮（字汝止，号心斋）的原文引用。
② 改沈石田：此诗是明代书画家、文学家、医学家沈周（字启南，号石田）作品的修改稿。
③ 万事分定：旧指人生一切事情都是命里注定的。
④ 放浪形骸(hái)：指行动不受世俗礼节的束缚。最初出自晋王羲之《兰亭集序》。
⑤ 好展卷：喜欢书画。展卷，展开书卷或者画卷。
⑥ 涤烦襟：洗净心中烦愁。
⑦ 蒲团：坐在圆形的蒲草垫子上练功。
⑧ 中则正，满则覆：出自《荀子·宥坐》，是孔子教育弟子的话。本义是描述古代一种叫"欹(qī)器"的器皿，呈梭形，不能竖立，中间部位有左右两耳，可用绳子穿着悬空提起。当里面空着的时候，因重力作用，器皿是倾斜的；里面装水六成（接近黄金比值，象征所谓"中"），器皿垂直而立；水超过七成（象征所谓"满"），器皿倾倒，水就会全部倒出。欹器"中则正，满则覆"，启迪做人做事要"极高明而道中庸"，要虚怀若谷，待人处事尽可能"恰到好处"，否则过犹不及。
⑨ 问卜：用算卦来解决疑难的迷信做法。

快活祛病歌

人或生来气血弱,不会快活疾病作。病一作,心要乐;心一乐,病都却。
心病还将心药医,心不快活空服药。且来唱我快活歌,便是长生不老药。

"积财千万两"

积财千万两,不如薄技在身。技之易习而可贵者,莫如读书。世人不问贤愚,皆欲识人之多,见事之广,而不肯读书,是犹求饱而懒营馔①,欲暖而懒制衣也。

"夫心者"

夫心者②,万法之宗、一身之主、生死之本、善恶之源,与天地可通,为神明主宰,病健之所系也。盖③一念萌动于中,六识④流转于外,不趋于善,则五内⑤颠倒,大病缠身矣。若一真澄湛⑥,则万祸消除。孟子曰:"养心莫善于寡欲⑦。"所以,妄想一病,神仙莫医。正心之人,鬼神亦惮⑧。养与不养之分也。⑨

● **家教指南**

《传家宝全集》语言浅显,内容广博,思想精深,标格高尚,其中丰富的人生哲理、崇尚真善美的价值观念,及诸多系统实用的教育方法,对当今家庭教育大有裨益,下面仅举例详述两点。

一、读书养心性

对于读书目的,石成金明确指出:"世上教子读书,只图做官,这也不是""请

---

① 营馔:置办膳食,煮饭做菜。
② 夫心者:人心。"夫",句首语气助词,无实义。
③ 盖:文言句首助词,表示接下来要发表议论,提出观点。
④ 六识:眼识、耳识、鼻识、舌识、身识和意识。这些识分别对应于人体的六种感觉器官或认识能力。
⑤ 五内:中医指的五脏,即心、肝、脾、肺、肾,主要功能是贮藏精气。
⑥ 一真澄(chéng)湛(zhàn):一颗真心,宁静纯净,淡泊清皙。
⑦ 寡欲:少欲,无贪欲。
⑧ 鬼神亦惮:鬼神也害怕。
⑨ 养与不养之分也:这就是养心与不养心的区别啊。

伊莫只图科第,还教儿孙学圣贤"。对于读书方法,石成金系统论述了诸多"读书心法",其中,"读书端的要坚心""读书须要振作精神,明目细心",切勿"心散神飞"等观点明确强调了"心"的作用,这与朱熹强调读书"三到"而首谓"心到",及"只专心去玩味义理,便会心精,心精,便会熟"一样,高度重视"心"的功能与涵养。

医学经典《黄帝内经》在诸子百家学术思想影响下,高屋建瓴地指出:"心者,君主之官也,神明出焉。"中医认为的"心",并不只是解剖学意义的心脏,而是人体的中心、生命的核心,它主宰着人的精神、思维和情感,"气定神闲,心安体健",心与健康息息相关。

哲学经典《传习录》对作为生命核心的"心"有着更为丰富和明确的论断:"心存良知","心即理","心外无物","心外无理";"心者身下主宰,目虽视而所以视者,心也;耳虽听而所以听者,心也;口与四肢虽言动而所以言动者,心也","凡知觉处便是心"。①

作为一代医家与哲人,石成金基于中医"心为君主之官"的理论和王阳明等先贤的心学思想,在读书修炼圣贤之心并促进人全面健康成长方面,有很多真知灼见,值得当今家庭教育仔细参考。

石成金首重"立志"之心的修炼与涵养。他说:"吾儒读书,首要立志,立志贵坚,坚而有恒,其学必成。一切世事,俱要立志,读书希圣希贤,志尤为最。是看越王之复吴仇,张良之报韩恨,以及狄仁杰之复唐室,志有所在,而事必成。"人们常说,三军可以夺帅,匹夫不可夺志,由此可以推知,志为心之帅,在很大程度也可以说,志就是心,心就是志,"心志""志心"都是心,也都是志。所以,后文所述石成金强调涵养修炼心之"精纯""发愤""细致""专注""坚恒",以及葆有恬淡喜乐之心,都是正心立志、养志护心、守志存心的具体方法和应有之义。当然,心、体不可两离,石成金在强调"内志正"的同时,也要求"外体直"。他

---

① 中国历史上著名才女蔡文姬之父,东汉文学与书法大师蔡邕堪称家庭教育领域的"心育之祖"。他在写给女儿文姬的训导名文《女训》中,以"面"比"心",对"修面""修心"做的论述极为精辟:"心犹首面也,是以甚致饰焉。面一旦不修饰,则尘垢秽之。心一朝不思善,则邪恶入之。咸知饰其面,不修其心,惑矣。夫面之不饰,愚者谓之丑。心之不修,贤者谓之恶。愚者谓之丑犹可,贤者谓之恶,将何容焉? 故览照拭面,则思其心之洁也。傅脂,则思其心之和也。加粉,则思其心之鲜也。泽发,则思其心之顺也。用栉,则思其心之理也。立髻,则思其心之正也。摄鬓,则思其心之整也。"

用射箭能手打比方:"射者,心内志正,外体直,况我辈读书写字时乎? 近见诸生偏者侧坐,种种违式,何以变其气质耶? 写字时,须令端坐,两手均平,两足齐一;读书时,目无旁视,身无动摇,字句清朗。万一有时气昏,宁令静息片晌,勿草草了事。即平常无事时,坐必如齐,立必如尸,不独儒体原该如是,抑生严敬之思,收拾放心,莫逾此法。"由此观之,日常所言"站如松,坐如钟,行如风,睡如弓",就不单单是形体生理训练所需了,更关涉心志的涵养与精气神的全面提升。

循着心志一体的逻辑,石成金高度重视"精纯"之心的冶炼。石成金说:"读书秘诀,须置一册,记每日所读书文,逐日检点,至十日二十日,将所习者循序闻之,所谓'日知其所亡,月勿忘其所能!'读书之功,无逾于此。"他还说:"读书不精熟此篇,不复又读他篇,胸中始能酝酿精纯。若东读西读,这篇不熟,那片不精,岂不枉费工夫? 须置书柜谨闭,只留一本在眼前,俟精熟了这本,才换第二本,再循序温理,自然有成。一切世事,最怕杂而不纯,若不切戒,事必难成。纵成而亦不能精萃,出人头地。读这一篇,就要把精神注意在这一篇上,切不可读着这篇,又想着那篇,譬如一锅水,煮许多时,自然滚熟,倘水尚未熟,又换水另煮,虽煮了许多水,到底不能滚熟。好胜物博者,往往犯此病。每见贪多之人,专务广博,读书之时,自恃才思敏捷,连篇连卷,从目中口中流水竟过,其实何曾用心? 精研虽多,亦奚以为? 今后须要宁少而精,勿多而粗。昔兵法有云:'兵在精而不在多。'予于读书亦然。"石成金同时强调:"读书先要除去了杂念,才能熟得透彻,记得久远。"石成金以上论述充分借鉴了朱熹的思想。比如,朱熹推崇苏轼读书"每一书皆作数次读之",并说:"读书,须就那一段本文意上看,不必又生枝节。看一段,须反复看来看去,要十分烂熟,方见意味,方快活,令人都不爱去看别段,始得。"

有志必奋发,守志必发愤,石成金强调读书立志,必须凭借和强化发愤之心。他说:"读书不发愤,须要想着考场之内,出一题目,茫然不知作何解说,斯时何等苦楚? 何等急躁? 自然发愤读书矣! 如之何不读? 读书不发愤,须要想着作文构思时,他人何以容易,我何以独食? 想到困苦之极,自然发愤读书矣。读书不发愤,须要想着宾客聚会时,他人谈的话何等文章,我的说话何等粗俗? 更有听他出言,茫然不知意味,自己如哑如痴,被人暗笑,羞愧无地,坐若针毡,如何还不读书?"他也从正面强调:"读书须于五更清晨时用功,较之辰以后,几倍有益。

盖平旦乃天地清爽之气,最当挹取①。前人云:'一日之计在于寅②。'人于此时学事,事必精详;人于此时读书,书必熟透。""读书切不可间断,假如勤劝一月,已凑上乘矣,只肖间断十五日,彼上乘者不知何在,更不得援③前月之勤以自恃④。读书不怕少,不怕缓,只怕一暴十寒⑤。譬如赶路的人,虽然紧走了些路,却歇息了多时,凡不如徐行缓步者,转先到地头了。谚云:'不怕慢,只怕站。'信哉!"石成金认为,发愤之心的重要体现就是熟读经书:"子弟读生书,须于清晨令其连续,自百遍至二百遍,熟如流水,乃及别事。盖今日之根本既深,嗣后永不遗忘。及理书时,不烦多读,即通本一气滚下,何等省哩!"他还讲述了自己幼年发愤读书的经历与体会:"曾记幼年尝用前记书法,约以鸡鸣钟响之际,半醒半梦之中,努力振起,复诵前记。时方眼未能睁,口未能开,而心舌默诵,其响若雷,从前记忆到此,更觉亲切。此记书之妙诀,犹炼丹之火候。夫火候到而丹自熟,夫丹熟而仙自成。"

  石成金强调读书必须"明目细心",专注"坚心",也是他力主心志一体修炼的体现。他说:"字有一定之式,一点一画,不可造次。""要精熟须静室危坐,读二三百遍,只要极熟,不必记数。好字字句句须要分明。又每日须连三五授,通读五七十遍,只要极熟,不必记数。务令成诵,不可一字放过,此读书最妙之法。"他还特别说明:"读书须要振作精神,明目细心,如将军在阵,如刑官在廷,着丝毫昏沉忽略不得。读书最忌讳说闲话,管闲事,盖闲话闲事俱令人心散神飞,无益而有损也。"《传家宝全集》专门收有《正学歌》十首,第一首《诵书》就对读书的"坚心"做了细致指导:"读书端的要坚心,义理求详口辨音。诵过务宜多遍数,讲来须欲细推寻。先经后史工层用,作破行文力递深。片刻莫闲勤习字,窗前时趁好光阴。"当然,父母家长培养孩子学习的专注"坚心",除了石成金的言论,还可以参考朱熹众多更为细致的论述。比如,朱熹讲:"看文字须仔细,虽是旧曾看过,重温亦须仔细。每日可看三两段。不是于那疑处看,正须于那无疑处看,盖功夫都在那上也。""只是要人看无一字闲。那个无紧要的字,越要看。"

---

① 挹(yì)取:汲取。
② 寅:寅时。指凌晨三点钟到五点钟之间的两个小时。
③ 援:持;执拿。
④ 自恃(shì):过分自信而骄傲自满、自负。
⑤ 一暴十寒:原意指哪怕是最容易生长的植物,如果晒一天,冻十天,也不可能生长。常用来比喻学习或工作时勤时懒,没恒心和毅力。

"看文字……如酷吏治狱,直是推勘到底……看文字如捉贼,须知道盗发处,自一文以上,赃罪情节,都要勘出。""读书,须是看着他那缝罅①处,方寻得道理透彻,若不见得缝罅,无由入得。看见缝罅时,脉络自开。"

相比于众多儒学精英,石成金最难能可贵的是,他在力主"心志一体化修炼"的过程中,能够以人为本,希望读书人时时葆有恬淡喜乐之心。作为大医家,石成金认为读书学习必须促进孩童健康快乐成长。他很推崇王阳明的观点:"凡授书不在徒多,但贵精熟,量资禀能二百字者,止可授以一百字,常使其精神力量有余,无厌苦之患,而有自得之美。"在原文引述王文后,他补充:"如念书能念十行,只与之七八行念。一则力省易熟,二则养其精神。"他特别提醒:"读书虽不可停缓,亦不可过于急遽。"他举例说明:"譬如善走路的人,每日走得百里,只走七八十里,则气力有余,正筋骨不疲;若倚恃着气力强健,走过百里之外,自然疾趋忙奔,必至疲倦,次日反不能行矣!"石成金很担心"读书者往往读出病来",并分享自我教训:"予自六岁至十六岁,读书十年,因贱性愚拙,随读随忘,自恨空疏无成,乃发愤苦读,未几时,即患病年余,竟至危笃②,费劲调养医治,始得愈可,书反由此而弃去,岂不可惜?后之急遽用功者,当以予为鉴也。"为了确保孩童身心健康,石成金建议:"夏秋昼永,正务易完,不妨令其随师闲步,或问其平日所习字义,当日所讲书理;或见草木鸟兽,俱与志名识义;或古今帝王师相,历代贤儒名佐,俱就便叙论。久之开益神智,积累自富,正不独散其困倦已也!"他还列出了读书保健的若干方法,比如:"读书读到身体困倦时,可将两肩上下前后用力扭转数十遍,则周身血脉流通,精神爽快,不生诸病,修养家所谓'辘轳双关'是也。凡看书以及作一切事,但觉体倦,俱当为之,又能袪一切寒邪。或绝早,或黄昏,看书看不甚明,必待天明,或点灯才看书,则不伤眼目。若于昏暗时就强着眼力看书,定大损于目。或未老而昏,或成近视,皆由于此。读书或完或歇,但无事就将两目垂闭,养我精神。若欲再看书或做事,不妨再睁睛,则目力不伤,到老不昏。不可以神光施于无用之地。"

欲速则不达,退一步海阔天空。结合石成金在《传家宝全集》中收录的《知足歌》《快活歌》《耍耍歌》《顽顽歌》《得过歌》《知福歌》《喜睡歌》《爱睡歌》《安

---

① 缝罅(xià):缝隙。
② 危笃:病势危急。

居歌》等文本考察,他对"闲来熟读圣贤书,倦时随意花边坐"的闲情逸致满心向往。这启发当今父母家长,在教育极端内卷化的时刻,必须努力贯彻落实中央"双减"政策,积极涵养孩子恬淡喜乐的心性,确保孩子健康快乐成长。

二、三件传家宝

石成金《传家宝全集》有无数精华,也有不少糟粕,当前新时代,我们在家庭教育等方面只能作为参考。但另有"三件传家宝",必须成为我们工作、学习、生活的根本遵循,那就是习近平总书记特别要求的"群众路线""调查研究"和"勤俭朴素"。习近平总书记指出:"群众路线是我们党的生命线和根本工作路线,是我们党永葆青春活力和战斗力的重要传家宝。不论过去、现在和将来,我们都要坚持一切为了群众,一切依靠群众,从群众中来,到群众中去,把党的正确主张变为群众的自觉行动,把群众路线贯彻到治国理政全部活动之中。"

在高屋建瓴论断和脚踏实地践行党的群众路线的同时,习近平总书记在不同场合也反复强调要大力推动全党大兴调查研究之风,并亲力亲为,率先垂范。习近平总书记形象地打比方:"调查研究是我们党的传家宝,是做好各项工作的基本功。""调查研究就像'十月怀胎',决策就像'一朝分娩'。调查研究的过程就是科学决策的过程,千万省略不得、马虎不得。"

"勤俭朴素"也是习近平总书记长期坚持的优良作风和明确要求。在2021年春季学期中央党校(国家行政学院)中青年干部培训班开班仪式上的讲话中,习近平总书记强调,我们生活条件好了,但艰苦奋斗的精神一点都不能少,必须坚持以俭修身、以俭兴业,坚持厉行节约、勤俭办一切事情。他说:"勤俭是我们的传家宝,什么时候都不能丢掉。""我们的财力是不断增加了,但决不能大手大脚糟蹋浪费!"

习近平总书记特别强调的新时代的"三件传家宝",在《传家宝全集》中没有如此精辟高远和系统深入的论述,但也有朴素生动的言说和一定程度的体现。比如,"勤俭朴素"方面,《传家宝全集》从医学角度对"俭"的意义进行了阐释,得出了"俭可养德,俭可养寿,俭可养神,俭可养心"的结论。石成金主张"节俭"和"寡欲",认为这样符合人性特点,能保持内心的和谐安宁,让人增寿、得福。此外,在治家层面,石成金强调五谷凝聚着劳动人民的汗水,比金珠还要珍贵,告诫人们不要浪费粮食。

《传家宝全集》还专门收录了元末明初军事家、政治家、文学家刘伯温强调

"勤俭持家"的《传家宝》一诗:"勤俭立身之本,耕读保家之基……一年只望一春,一日只望一晨。有事莫推明早,今日就讲就行……请看天上日月,昼夜不能停留。臣为朝君赶早,君为治国操心。寒窗读书君子,五更席案银灯。官商盐埠当店,千山万水路程。大街小巷铺店,还要自己操心。若做小本生意,必要早起五更。乡农春耕播种,一年全靠收成。男人耕读买卖,女人纺织殷勤。用物体惜俭点,破坏另买费神。纵有房屋田地,乱用不久必贫。每日开门两扇,要办用度人情。衣食油盐柴米,总须自己操心。一家同心合力,何愁万事不兴。若要你刁我拗,家屋一事无成。"

《传家宝全集》几乎没有直接讲述"群众路线""调查研究"的言辞,不过,从某种意义上讲,《传家宝全集》整部书,在很大程度就是通过走"群众路线",做"调查研究"编撰而成的。石成金的著作顺应当时普通民众喜闻乐见的文化潮流,不但体裁丰富多样,笑话寓言、论说考据、画题画赞、俗谚联瑾、小说歌谣、书信日记等应有尽有,而且内容驳杂广泛,儒道释经典、逸闻趣事、农医历数、社会风情、民间习俗、阴阳地理,等等,无所不包。《光绪增修甘泉县志》记载:"《传家宝》一书,流传海内,其书上至仕宦,下逮士农商贾百工,与其日用服食居处之琐,分门备载,卷轴颇繁,无不切近易行。"《传家宝全集》不仅语言通俗易懂,而且有插图、印章和小笺等活泼灵动的作品穿插其间。老百姓耳熟能详的日常事务广泛多样,包括生活琐事、人际交往、读书求学、养生保健及人生历程所需的各种智慧。文章体裁方面,包括村俗俚语、格言庭训、诗文童谣、谚语小曲、小说笑话等。可以说,如果不走与"士农商贾百工"等底层百姓贴心的"群众路线",不做现代科学研究方法论层面的"调查研究",石成金根本无法完成这样一部日常生活百科全书式的经典大作。

在继往开来的新时代,广大儿童青少年必须从小学习"群众路线""调查研究"和"勤俭朴素"。2020年"六一"国际儿童节前夕,习近平总书记对全国少年儿童的寄语强调,当代中国少年儿童既是实现第一个百年奋斗目标的经历者、见证者,更是实现第二个百年奋斗目标、建设社会主义现代化强国的生力军。少年强则国强,少年进步则国进步。少年儿童是祖国的希望、民族的未来。孩子们成长得更好,是我们最大的心愿。促进少年儿童这一生力军的健康成长,能够为国家可持续发展提供宝贵人力资源和不竭动力。所以,当前家庭教育,必须立足于实现中华民族伟大复兴的高度,系统参考《传家宝全集》的思想精粹,不折不扣地把习近平总书记强调的三件"传家宝"传给儿童青少年,他们才能真正成为德智体美劳全面发展的社会主义建设者和接班人,从而勇担新使命,建功新时代。

除了以上详述"读书养心性""三件传家宝"的重要启发,《传家宝》在"行孝守礼仪""戒恶去贪欲"等很多方面对当今儿童青少年家庭教育都具有借鉴参考价值。该书流传过程中,被人赞为"不啻警世之木铎①,利人之舟楫","悉皆教人以善,绳人以正"②。相信广大父母家长深入阅读此书后,会深以为这些赞誉的确名副其实。

(本章编撰:荆仙玉)

---

① 不啻(chì)警世之木铎:如同警醒世人的木铎。不啻:不仅是;无异于。木铎,以木为舌的铜铃,古代宣布政教法令,为引人注意而巡行摇动此类铜铃。
② 悉皆教人以善,绳人以正:全都是教人行善,为人提供准绳以端正品行。

23 第一要明理做个好人

——郑板桥《郑板桥家书》①要义

● **家教要言**

"家人②儿女,总是天地间一般人,当一般爱惜,不可使吾儿凌虐他。"

"夫读书中举中进士为官,此是小事,第一要明理做个好人。"

"夫择师为难,敬师为要。"

"奋发有为,精勤不倦。"

"以人为可爱③,而我亦可爱矣;以人为可恶,而我亦可恶。"

"要须长其忠厚之情,驱其残忍之性。"

"天道福善祸淫。"④

"新招佃地人,必须待之以礼。"

"万物之性,人为贵。"

● **作者简介**

郑板桥(1693—1766),原名郑燮,字克柔,人称板桥先生,江苏兴化人。清代书画家、文学家。乾隆元年(1736)中进士,后任河南范县和山东潍县知县,政绩显著。板桥诗、书、画均旷世独立,世称"三绝",尤其擅画兰、竹、石、松、菊,画竹50余年,成就最为突出。

郑板桥为"扬州八怪"之首。他的"怪",怪中总含几分真诚,几分幽默,几分酸辣。比如,贪官奸民被游街示众时,他会画一幅梅兰竹石,挂在犯人身上作为

---

① 本章原典引文主要参考陈书良、周柳燕评点:《郑板桥家书评点》,岳麓书社2004年版。
② 家人:家中仆人。
③ 以人为可爱:认为别人可爱。
④ 天道福善祸淫:天理就是让行善之人得到福报,让淫恶之人遭遇灾祸。

围屏,以此吸引观众,借以警世醒民。

又如,郑板桥弃官到扬州卖字画,求之者多,收入颇为可观。但他最厌恶那些附庸风雅的暴发户,扬州一些脑满肠肥的盐商之类,纵出高价,他也不加理会。有人求画,高兴时马上动笔,不高兴时,不予答应,还要骂人。

郑板桥在为官为民方面堪称典范。他清正廉明、重农助桑、赈灾济民,深得百姓拥戴。其诗《潍县署中画竹呈年伯包大中丞括》如下:"衙斋卧听萧萧竹,疑是民间疾苦声。些小吾曹州县吏,一枝一叶总关情。"这是流传久远的爱民经典。写这首诗时,潍县大闹灾荒,郑板桥千方百计解决民生疾苦。习近平总书记特别喜欢这首诗,他在多个场合都引用过。比如,2014年5月9日,习近平总书记参加河南省兰考县委常委班子专题民主生活会,在讲话中,他就引用这首诗表达深厚的为民情怀。习近平总书记经常引用的类似话语还有"政之所兴在顺民心,政之所废在逆民心"(《管子·牧民》),"治国有常,而利民为本"(《淮南子·氾论训》),以及清代著名经学家万斯大《周官辨非·天官》里面的名句"利民之事,丝发必兴;厉民之事,毫末必去"。郑板桥在"为官一任,造福一方"的过程中,生动诠释了这些至理名言。

郑板桥在家庭教育方面有其独特见解。他一生子息艰难,结发夫人徐氏在郑板桥30岁时已生了两个女儿和一个儿子,但儿子早夭,他悲痛不已。后来续弦夫人郭氏不曾得子,直到乾隆九年(1744),其妾饶氏才生下幼子郑麟。板桥年逾50,居然得偿夙愿,其舐犊之情,可以想见。但他爱子之道非同寻常,主张厚养孩子的诚朴之情和良善之性。

● **经典概览**

长期在外的郑板桥对儿子郑麟心心念念,经常写信给在家照顾儿子的堂弟郑墨。这类家书总数不少,但因其性格放诞洒脱,往往随手散佚,现仅存十之二三。乾隆十四年(1749),郑板桥为了播扬自己的家庭教育思想、为人处世及读书作文观点,亲自修订并手书16通家书,刻印成《板桥家书》行世。其中包括自序、16通家书小引、寄舍弟墨6封、范县署中寄舍弟墨5封、潍县署中寄舍弟墨5封。雍正十年(1732),板桥40岁,有家书《杭州韬光庵中寄舍弟墨》,排十六通家书之首。乾隆十四年(1749),板桥57岁,作《潍县署中与舍弟第五书》,排最末。乾隆十七年(1752),《板桥家书》再印时,补写《自序》。

《板桥家书》的写作初衷是嘱咐在老家照顾孩子堂弟和妻子重视家庭教育，正确施教，悉心引导，把儿子培养成有用之才，所以全书主要内容是基于儒家道德传统谈论修身齐家。除了如何教育儿子，这些家书也间接或者直接地训诲了比板桥小25岁的堂弟郑墨。郑板桥虽高中进士，有为官经历，但《板桥家书》是清代以来平民色彩最浓、亲民思想最重的传世家书。他基于自己追求人格平等与个性自由，以及博爱怜悯的人本思想，对其弟、其子循循善诱，教育他们为人处世必须温柔敦厚、谦恭宽和，努力做忠厚仁慈、尊师明理、有益于世的好人。

这部家书语言文白混杂，一切文字都随兴写来，但绝无谈天说地的散漫闲淡。其中所述日用家常，无一矫饰，有自然质朴之美；针砭世事，毫不留情，痛快淋漓，往往言近而指远。全书既通俗易懂，又撼人心魄，较好反映了郑板桥的人生哲学与处世智慧，也勾勒了一个性情真诚、自由洒脱、高洁博学的板桥形象。

● **原著选段**

"谁非黄帝尧舜之子孙"

谁非黄帝尧舜之子孙？而至于今日，其不幸而为臧获①，为婢妾，为舆台、皂隶，窘穷迫逼，无可奈何。非其数十代以前即自臧获、婢妾、舆台、皂隶来也。一旦奋发有为，精勤不倦，有及身而富贵者矣，有及其子孙而富贵者矣，王侯将相岂有种乎！而一二失路名家，落魄贵胄(zhòu)，借祖宗以欺人，述先代而自大。辄曰："彼何人也，反在霄汉；我何人也，反在泥涂。天道不可凭，人事不可问！"嗟乎！不知此正所谓天道人事也。天道福善祸淫，彼善而富贵，尔淫而贫贱，理也，庸何伤？天道循环倚伏，彼祖宗贫贱，今当富贵，尔祖宗富贵，今当贫贱，理也，又何伤？天道如此，人事即在其中矣。

译文：谁不是黄帝、尧、舜的后代子孙呢？不过时至今日，有些人不幸作了臧获、婢妾，或者沦为舆台、皂隶一类的下人，生活贫穷窘迫而毫无办法。他们并非几十代以前就是各类下贱人。人一旦奋发有为，专心致志，勤劳努力，他本人就会富贵起来，或者是到儿孙辈就富贵起来。王侯将相也不是天生的贵族种！然

---

① 臧(zāng)获：古代对奴婢的贱称。常与后文"婢(bì)妾(qiè)""舆(yú)台""皂隶"等并列使用，都是古时所谓的"贱人"。"舆台"之"舆"和"台"是奴隶社会两个低等级的名称；"皂隶"是旧时衙门里的低等级差役。

而,也有这么一些不得意的名门后代或落魄贵族子弟,依靠他们的先世欺凌别人,炫耀祖宗而自大,动不动就说:"他是什么东西,反而高高在上;我是何等人,反而身处贫贱。这完全是天理不公,人事莫测啊!"哈哈!这些人不懂得这就是天理和人事的公平啊!天理赐福给好人,降祸于坏人,别人行善就富贵,你作恶就贫贱。这就是公理,有什么可感伤埋怨的呢?天理就是如此,人事也就包括其中了。

"以人为可爱"

以人为可爱,而我亦可爱矣;以人为可恶,而我亦可恶。东坡一生觉得世上没有不好的人,最是他好处。愚兄平生谩骂无理,然人有一才一技之长,一行一言之美,未尝不啧啧称道。囊(tuó)中数千金,随手散尽,爱人故也。至于缺厄(è)欹(qī)危之处,亦往往得人之力。

译文:认为别人可爱,那我也就可爱了;认为别人可恶,那我也就可恶了。苏东坡一生都认为世间没有不好的人,这是他最大的长处。哥哥我生平随便骂人、不讲究礼貌,但别人如有一点才气、一技之长,一个行为、一句话的优点,我就没有不啧啧称赞的。口袋里几千两金银,我随手就送完了,是因为关爱别人的原因。这样我到了艰难危急之时,也往往能得到别人帮助。

"总是读书要有特识"

总是读书要有特识,依样葫芦,无有是处。而特识又不外乎至情至理,歪扭乱窜,无有是处。

译文:读书要有独立的见解,自己不用脑子,跟着别人依样画葫芦,就没有收获。而独立的见解又离不开通情达理;随意曲解篡改,也不会有收获。

"天寒地冻时"

天寒地冻时,穷亲戚朋友到门,先泡一大碗炒米送手中,佐以酱姜一小碟,最是暖老温贫之具。暇日咽碎米饼,煮糊涂粥,双手捧碗,缩颈而啜之。霜晨雪早,得此周身俱暖。

译文:天寒地冻之时,穷苦亲戚朋友来做客,先用滚水泡一大碗炒米送到他们手里,再加上一碟酱姜,这是温慰老人、穷人的好东西。冬闲时吃碎米饼,煮一锅糊涂粥,双手捧碗,缩着脖子喝。霜冻雪天的早晨,有了它就会全身暖和。

"愚兄平生最重农夫"

愚兄平生最重农夫,新招佃地人,必须待之以礼。彼称我为主人,我称彼为客户,主客原是对待之义,我何贵而彼何贱乎？要体貌他,要怜悯他;有所借贷,要周全他;不能偿还,要宽让他。

译文:哥哥我生平最重视农民,新雇的佃户,一定按照礼节对待他们。他们称呼我为主人,我称呼他们为客户。主客本来就是平等关系,我凭什么高贵而他们为什么低贱呢？要礼貌地对待他们,要同情照顾他们;商借钱物,要满足他们;不能归还时,也要宽容,让着他们。

"千古过目成诵"

千古过目成诵,孰有如孔子者乎？读《易》至韦编三绝,不知翻阅过几千百遍来。微言精义,愈探愈出,愈研愈入,愈往而不知其所穷。虽生知安行之圣,不废困勉下学之功也。

译文:从古至今过目成诵的人,有谁能够比得上孔子呢？他读《易》,翻来覆去地读,以至于把穿连简册的牛皮绳多次磨断,真不知翻阅了几百、几千遍。书中微妙的内容、精深的道理,越是钻研越有发现,越是探索越有收获,而越深入探究就越难以穷尽。即使像孔子那样不用学习就通晓事理,并能遵行本愿从容不迫行走大道的圣人,也没有放弃刻苦勤勉学习人情事理基本常识的努力啊！

"然爱之必以其道"

然爱之必以其道,虽嬉戏顽耍,务令忠厚悱恻,毋为刻急也。平生最不喜笼中养鸟,我图娱悦,彼在囚牢,何情何理,而必屈物之性以适吾性乎！至于发系蜻蜓,线缚螃蟹,为小儿顽具,不过一时片刻便折拉而死。夫天地生物,化育劬(qú)劳,一蚁一虫,皆本阴阳五行之气絪(yīn)缊(yūn)而出。上帝亦心心之爱念。而万物之性,人为贵,吾辈竟不能体天之心以为心,万物将何所托命乎？

译文:不过喜欢孩子也要遵循其成长规律,即使在嬉戏玩耍的时候,也必须培养他忠厚而富有同情心的性格,不要急切而刻薄。我平生最不喜欢在笼中养鸟,自己图高兴,而让鸟儿在囚牢中,这是何情何理？一定要让生物性情屈服来将就我的玩兴吗？至于用头发系住蜻蜓、用线捆住螃蟹作为小孩玩物,不过一时片刻就会把它们折腾死。天地生长万物的造化养育过程相当艰辛,哪怕一只蚂蚁,一条小虫,都是根源于阴阳五行之气的运化而出,上天也心心念念地爱护着它们。天地万物,以人最为尊贵,我们竟然不能与上天一样怀有同样好心,天地万物的命运还能寄托在哪里呢?

"要须长其忠厚之情"

要须长其忠厚之情,驱其残忍之性,不得以为犹子而姑纵惜也。家人儿女,总是天地间一般人,当一般爱惜,也不可使吾儿凌虐他。凡鱼飧(sūn)果饼,宜均分散给,大家欢嬉跳跃。若吾儿坐食好物,令家人子远立而望,不得一沾唇齿;其父母见而怜之,无可如何,呼之使去,岂非割心剜肉乎!夫读书中举中进士作官,此是小事,第一要明理做个好人。[①]

[①] 对于为何读书,王阳明《赣州书示四侄正思等》也有明确说明:"近闻尔曹学业有进,有司考校,获居前列,吾闻之喜而不寐;此是家门好消息。继吾书香者,在尔辈矣。勉之,勉之!吾非徒望尔辈但取青紫,荣身肥家,如世俗所尚,以夸市井小儿!尔辈须以仁礼存心,以孝弟为本,以圣贤自期。务在光前裕后,斯可矣。"在《又与克彰太叔》中,王阳明请叔父教育儿子正宪读书尽孝,"一切举业功名等事皆非所望,但惟教之以孝弟而已"。在《寄正宪男手墨》中,要求儿子"立志向上",而不必志在"科第",称"科第之事,吾岂敢必于汝,得汝立志向上,则亦有足喜也。"而对于读书立志,王阳明在写给儿子的小诗中明言:"汝自冬春来,颇解学文义。吾心岂不喜,顾此枝叶事。如树不植根,暂荣终必悴。植根可何如?愿汝且立志。"

对于如何做好人、为善事,王阳明多封家书也有说明。在《寄正宪男手墨》中说:"吾平生讲学,只是'致良知'三字。仁,人心也;良知之诚爱恻怛处,便是仁,无诚爱恻怛之心,亦无良知可致矣。汝于此处,宜加猛省。"在《与克彰太叔书》中说:"夫恶念者,习气也;善念者,本性也;本性为习气所汩者,由于志之不立也。故凡学者为习所移,气所胜,则惟务痛惩其志。久则志亦渐立,志立而习气渐消。学本于立志,志立而学问之功已过半矣。"在《寄诸弟》的家书中说:"人孰无过?改之为贵。……古之圣贤,时时自见己过而改之,是以能无过,非其心果与人异也。戒慎不睹、恐惧不闻者,时时自见己过之功。吾近来实见此学有用力处,但为平日习染深痼,克治欠勇,故切切预为弟辈言之。"

王阳明在《教条示龙场诸生》中,则提出了"立志、勤学、改过、责善"四条学规。其中,"责善"强调:"'责善,朋友之道';然须'忠告而善道之',悉其忠爱,致其婉曲,使彼闻之而可从,绎之而可改,有所感而无所怒,乃为善耳。"他要求弟子和家人"求古圣贤而师法之",在致妹夫兼弟子的家书《与徐仲仁》中说:"勿谓隐微可欺而有放心,勿谓聪明可恃而有怠志;养心莫善于义理,为学莫要于精专;毋为习俗所移,毋为物诱所引;求古圣贤而师法之,切莫以斯言为迂阔也。"

上述系列主张,王阳明96字家训(又称《示宪儿》)讲得更为全面和易于儿童接受:"幼儿曹,听教诲:勤读书,要孝悌;学谦恭,循礼仪;节饮食,戒游戏;毋说谎,毋贪利;毋任情,毋斗气;毋责人,但自治。能下人,是有志;能容人,是大器。凡做人,在心地;心地好,是良士;心地恶,是凶类。譬树果,心是蒂;蒂若坏,果必坠。吾教汝,全在是。汝谛听,勿轻弃。"(上述所有引文出自《王阳明全集》)王阳明力主"知行合一、致良知",其系列家教言论集中体现了他尊崇、弘扬良善人性的"心学"思想核心。

译文：一定要培养他忠厚的品性,驱除他残忍的情性,不要认为是侄子就溺爱放纵。家中奴仆的子女,总归是天地间一样的人,应当一同爱惜,不能让我的儿子欺负他们。一切鱼肉果饼,应该平均分发给孩子们,让大家都欢呼雀跃。如果我的儿子坐着吃好东西,让仆人的孩子都远远地站着看,不能尝上一点,他们的父母见此情况会非常心疼,但又无可奈何,只能喊他的孩子走开,难道不是像割心剜肉一样痛苦吗?孩子读好书中举人、中进士、做官,这些都是小事,最主要的是要明白道理,做个好人。

"夫择师为难"

夫择师为难,敬师为要。择师不得不审,既择定矣,便当尊之敬之,何得复寻其短?吾人一涉宦途,即不能自课其子弟。其所延师,不过一方之秀,未必海内名流。或暗笑其非,或明指其误,为师者既不自安,而教法不能尽心。子弟复持藐忽心而不力于学,此最是受病处。不如就师之所长,且训吾子弟不逮。如必不可从,少待来年,更请他师;而年内之礼节尊崇,必不可废。

译文：选择老师困难,但尊敬老师更重要。选择老师不能不仔细考虑,但一旦选定就要尊敬他,怎么能够再挑剔他们的毛病呢?我们这些读书人一旦进入官场,就不能自己教育自己的子弟。聘请的老师,不过是地方上的优秀人才,不一定是全国有影响的名师。有时暗地里讥笑他的不是,有时当面指责他的错误,做老师的既然不能心安自信,教育子弟就不能尽心尽意。子弟又抱着对老师轻视怠慢的心态,不肯下功夫学习,这是最大的弊病。不如多看老师的长处,用以教育子弟主动弥补自己的不足。如果确实不合适,就稍等到明年再重新聘请其他老师,但本年度中的礼貌与敬重,一定不能忽略。

● **家教指南**

和众多传世家书、家训一样,《板桥家书》也主要是讲述儒家道统之中的修身齐家理论,并引领和促进后辈进行高质量的生命实践。当今父母家长阅读《板桥家书》,在明了其家庭教育思想、为人处世及读书作文观点的同时,还必须加强自我修养和以身示范,严格教导子弟做好以下几点。

一、平等待人

就世俗或现实而言,人与人肯定不平等,比如财富、权力、颜值、寿龄、智慧、阅历等，唯有不平等才能支撑和促进人类社会的运行发展。绝对意义的平等很有可能只存在于死去的人之间，或人类社会不复存在的那一天。不过，按照老子"道生一、一生二、二生三，三生万物"的理论，万物不平等的世间万象都生于"一"，而这"一"生于"道"，而这"道"，在这个话题中，显然就是"人人生而平等，平等与生俱来"的真理。

这也许可以从一个侧面阐释老子所谓"天下万物生于有，有生于无"的至论。对此，可以化难为易，简单理解为：无须区别家族血统的所谓贵贱、家庭钱财的所谓贫富，以及世间万物不平等的一切表象，每个人作为人的人格地位，以及只有一次的生命都是平等的。唯有具备这种基本的认同，一个人才有可能成为纯粹的人、真正的人。康有为曾说："人人相亲，人人平等，天下为公，是谓大同。"这种纯粹的人类大同的理想境界，是引领每一个人和整个人类社会不断进步的强大动力，每一个人格高尚、灵魂纯粹的人，都要不断倡导和践行"人人平等"。

郑板桥"人人平等"的思想或许没有康有为那么高远，但他有老子的意味，讲得也更为现实而接近情理。他认为，天下所有的人均是黄帝、尧、舜的子孙，王侯将相也并非生来就高人一等，他们与普通百姓并没有本质的区别。富贵人家与贫贱人家会相互演变更替，这是天道循环往复、世界持续发展的必然规律。当然，郑板桥这种思想，早在2000多年前，老子《道德经》用"反者道之动"几个字也做了精准概括。

在以儒道互补为典型特征的中国传统文化熏染下，郑板桥有着比较独特的言行。他要求弟弟教育儿子存心忠厚，与人为善，凡事要宽让，不可拿捏他人把柄，更不能算计构陷别人。他还是秀才时，看见家中旧箱子里有家奴的卖身契约，就拿到油灯下焚烧掉，他担心直接归还这东西会引起仆人内心的羞愧和不安，留着又可能滋生后辈奴役他人的恶念。郑板桥雇用仆人，也不要求对方签契约，以免留下子孙后代欺压勒索仆人的依据。

郑板桥不算显贵，但相比于下层穷苦民众，他一定是贤达之士。在他所处的历史年代，能够具有如此平等待人的做法和清晰长远的考虑，实在令人赞叹和钦佩。当今父母家长，不一定需要完全赞同郑板桥的言论，也不一定需要深入研究郑板桥的思想，但对他教导孩子平等待人的做法一定要好好学习借鉴。

家长要踏踏实实引导孩子学会尊重他人。真诚尊重是平等待人的关键。尊重身边每一个人,让他人觉得自己的人格尊严受到重视,是给予他人最好的友爱。人同此心,心同此理,给予别人足够的尊重,可以帮助他们愉快、幸福、充满价值感地生活,同时也可建构自己生活与生命的价值与意义之网。

如今的孩子大多条件优渥,往往集全家宠爱于一身。很多孩子是家庭的焦点,只要是"小少爷""小公主"想要的、想吃的、想玩的,父母家长就会不惜一切代价满足。这样过度关爱,使他们很可能只懂得自己被他人看重,而心中没有他人,不能体会和顾及他人的感受,更不能主动帮助和体恤他人。所以,父母家长一定要避免过度关注孩子,要让他们心中有他人,更要明白这个世界不只是他一个人,人人都应该得到尊重,一个人只有学会尊重他人,自己才能得到应有的尊重。

"我爱人人,人人爱我",也包括郑板桥所言"以人为可爱,而我亦可爱矣;以人为可恶,而我亦可恶",都是非常简单朴素的真理。对于此类道理,父母对孩子不必反复赘述,最好的选择是行为示范,身教为先。大人的一言一行,孩子都看在眼里,记在心里。在父母的耳濡目染下,孩子会成为父母的翻版。父母尊重、善待他人,孩子就能从言语和行动上做到谦恭有礼,积极理解和帮助他人,学会善待他人,设身处地为他人着想,多考虑他人的感受,在积极维护他人自尊心的过程中,推己及人,提升自我,强化自尊。常言道:欲人尊己先自尊,欲人爱己先自爱。父母长辈平等对待身边的人,平日与人交流,多说"请""谢谢""您",让别人真诚地感受到尊重。"良言一句三冬暖,恶语伤人六月寒",长期接受父母家长的耳濡目染,孩子绝不会出言不逊。这样的孩子与人交往,也一定会谦虚有礼,平等友善,切切实实地帮他人之所需,解他人之所急。

二、善良忠厚

善良忠厚是古代君王、王公贵族、各级官吏,乃至布衣农夫、山野渔樵都必须具备的品质,也是最受欢迎的一种美德。"忠厚传家久"的箴言可谓家喻户晓。苏东坡《刑赏忠厚之至论》则对国君的忠厚善良提出了明确建议:要像唐尧、虞舜、夏禹、商汤、周文王、周武王、周成王、周康王那样深深地爱着百姓、切切地替百姓担忧,并用君子长者的态度来对待天下人。

郑板桥也高度重视忠厚善良,他反复嘱咐堂弟,对待儿子"要须长其忠厚之情,驱其残忍之性";"务令忠厚悱恻,毋为刻急也"。他告诉弟弟,对自己儿子不要溺爱放纵;对待家中奴仆的子女,应当一同爱惜;孩子即便在他嬉戏玩耍的时候,也务必要培养他的同情心;对待身边的贫家妇儿,要有爱心,赠与纸笔墨砚;对待来做客的穷苦亲戚、朋友,要将温暖身体的食物送到手上……

封建社会强调的忠厚,第一是要忠诚于皇帝,但郑板桥看重的忠厚,则以厚道善良为主。俗话说,做人要厚道,说话得积德。郑板桥深谙做人的最高境界是厚道,修身的最高境界是善良。所谓厚道,就是心地单纯,心胸宽广,心存善良,心向美好,简简单单处世,宽宽让让待人,多栽花少栽刺,即使人负我我亦不负人。

郑板桥认为自己儿子作为官宦子弟,对待同学,不可不慎。"其同学长者当称为某先生,次亦称为某兄,不得直呼其名。纸笔墨砚,吾家所有,宜不时散给诸众同学。每见贫家之子,寡妇之儿,求十数钱,买川连纸钉仿字簿,而十日不得者,当察其故而无意中与之。至阴雨不能即归,辄留饭;薄暮,以旧鞋与穿而去。彼父母之爱子,虽无佳好衣服,必制新鞋袜来上学堂,一遭泥泞,复制为难矣。"

郑板桥的心思何其细腻!尤其是赠送"贫家之子,寡妇之儿"仿字簿,必须"无意中与之",就要决绝赠送者高高在上,又要防范旁人觉察,从而妥妥地呵护受赠贫弱儿童的自尊自爱。从中可见,引导孩子习得忠厚善良的美德,应该教导他们多做身边可做的小善事,而不必一定有惊天动地的大善举,这正所谓"勿以善小而不为,勿以恶小而为之"。要教导孩子从关心身边的亲人和朋友开始,把自己的衣物捐赠给贫困的家庭,扶起摔倒的小伙伴,把自己的礼物赠予家中长辈……要让孩子在力所能及的行动中,去感受善良带给他人的快乐,体验成长的感觉和力量。同时,要教育孩子不恶作剧,不做熊孩子,坚决弃恶从善,始终向善,严防霸凌他人的成长风险。为此,要多培养孩子体恤他人、同情弱者的情怀。郑板桥为了让儿子发自内心地善待贫弱,特别要求儿子诵读五言绝句四首——"月夜下坐在门槛上,唱给两位祖母、两位母亲、叔叔、婶娘听";"二月卖新丝,五月粜新谷;医得眼前疮,剜却心头肉。""耘苗日正午,汗滴禾下土;谁知盘中餐,粒粒皆辛苦。""昨日入城市,归来泪满巾;遍身罗绮者,不是养蚕人。""九九八十一,穷汉受罪毕;才得放脚眠,蚊虫猎蚤出。"

现在社会所缺乏的不是聪明人而是善良人,孩子的品德教育必须从摇篮中就开始,厚植儿童青少年善良忠厚情怀的方法也很多。可以多诵读相关诗文,也可观看有关影视作品,深入边远贫困地区体验生活也是一种选择。当然,最重要的还是父母长辈以身作则,时时处处做孩子的榜样,和孩子一道积极热心地帮助他人,诚实守信,忠诚待人,让孩子目之所及,甚至自己的言谈举止都是善言善行。比如,郑板桥早年做过多任塾师,深知《学记》所述"亲其师,信其道;尊其师,奉其教;敬其师,效其行"的道理,也特别体谅塾师的辛苦与尴尬。他提醒堂弟和儿子对待塾师,"既择定矣,便当尊之敬之",如若"或暗笑其非,或明指其误",会导致"为师者既不自安","子弟复持藐忽心而不力于学"的严重弊端。郑板桥要求家人奉行"一日为师终身为父"的古训,也意在教导儿子善良行事,忠厚待人,厚植仁善情怀。

历代传世家书、家训都把子孙后代修养道德、为人处世的指导作为最重要的主题之一,郑板桥也特别强调,"读书中举中进士作官,此是小事,第一要明理作个好人。"此中思想与策略,当代父母家长可直接学习借鉴。除此以外,中国传统文化博大精深,有不少颂扬忠厚品行的脍炙人口的经典故事流传至今,父母家长可以经常讲给孩子听,或者鼓励孩子经常阅读,大量汲取不断向上向善的精神力量,努力做一个真正的明理好人。

三、善读求精

清代名臣大儒、礼部尚书张英在书房挂着一副亲自书写的对联:"读不尽架上古书,却要时时努力;做不完世间好事,必须刻刻存心。"张英作为康熙帝早年最重要的贴身文臣,年长郑板桥接近60岁。郑板桥是否受到张英人格学识的巨大影响,未曾考证,但张英这副自勉楹联放在郑板桥身上也无丝毫不妥。

《板桥家书》中有专论读书写诗的《潍县署中寄舍弟墨第一书》《范县署中寄舍弟墨第五书》等,比较充分地反映了郑板桥读书治学的观点。不过,另有一则名为《板桥读书》的文言故事,对其读书情况介绍得更为全面客观:"板桥幼随其父学,无他师也。幼时殊无异人之处,少长,虽长大,貌寝陋,人咸易之。然读书能自刻苦,自愤激,自竖立,不苟同俗,深自屈曲委蛇,由浅入深,由卑及高,由迩及远,以赴古人之奥区,以自畅其性情才力之所不尽。人咸谓板桥读书善记,不知非善记,乃善诵耳。板桥每读一书,必千百遍。舟中、马上、被底,或当食忘匕箸,或对客不听其语,并自忘其所语,皆记书默诵也:书有弗记者乎?"

故事大意是说,板桥小时随父学习,并无名师。幼年也无过人之处,相貌平平,并不受人看重。但他自己刻苦读书,自己发愤,自己确立观点,不与世俗同流合污,自己不断深钻细研,由浅及深,由低到高,由近到远,抵达古人学问最深奥的地方,使自己天赋不多的性情才智发挥到极致。人们都说板桥读书善于记忆,却不知道他不是记忆力好,而是善于诵读。他每读一书,定要诵读千百遍,在船上、马上、被子里,有时吃饭忘了勺子筷子,有时面对客人没有听到他们的话语,也忘了自己说的话,他都是在暗诵默记书上的内容。

以上故事的具体细节不一定经得起考证,但郑板桥酷爱读书,并归纳提炼的一套读书方法,却一定要引导儿童青少年学习借鉴。比如,他所用"善读书者曰攻,曰扫""不泥古法,不执己见"等方法,实在值得推广。下面几点是板桥读书之法的精华。

一是读书"求精"。他在《板桥自序》中说:"板桥居士读书,求精不求多。非不多也,惟精乃能运多,徒多徒烂耳。"他写信要求儿子:"凡经史子集,皆宜涉猎。但须看全一种,再易他种。切不可东抓西拉,任意翻阅。徒耗光阴,毫无一得。"他还以阅读《史记》为例解释何谓"求精":"百三十篇中,以《项羽本纪》为最,而《项羽本纪》中,又以巨鹿之战、鸿门之宴、垓下之会为最。反覆诵观,可欣可泣,在此数段耳。若一部《史记》,篇篇都读,字字都记,岂非没分晓的钝汉!"郑板桥为扬州马氏小玲珑山馆撰写的对联也表明了他的读书"求精":"咬定几句有用书,可忘饮食;养成数竿新生竹,直似儿孙。"

二是杜绝"眼中了了,心下匆匆"。《潍县署中寄舍弟墨第一书》开篇即言:"读书以过目成诵为能,最是不济事。"他认为,"眼中了了,心下匆匆,方寸无多,往来应接不暇,如看场中美色,一眼即过,与我何与也?"他主张学习孔子读《易》:"韦编三绝,不知翻阅过几千百遍来,微言精义,愈探愈出,愈研愈入,愈往而不知其所穷。"关于精读细研,郑板桥还说:"我辈读书怀古,岂容随声附和乎,世俗少见多怪,闻言不信,通病也";"书从疑处翻成悟,文到穷时自有神"。他认为,精读细研,形成自己的观点,可以较好避免"读书数万卷,胸中无适主,便如暴富儿,颇为用钱苦"的窘迫之境。

三是勤读多行。对于勤奋读书,郑板桥自己体验深刻,也堪称榜样。他有很多诗词楹联作品对勤奋读书也多有推崇,比如:"年年种竹广陵城,爱尔清光没变更,最是读书窗纸外,为争夜半起秋声。""十年作客广陵城,落落身如竹叶轻,最是五更凄响处,唤人早起读书声。""百尺高梧,撑得起一轮月色;数椽矮屋①,锁不住五夜书声。"等等。除了勤读万卷书,郑板桥还力主行万里路,广交朋友。

---

① 数椽(chuán)矮屋:只有几条椽木的矮小房屋。椽:指承载屋瓦的圆木。

他说:"板桥非闭户读书者,常游于古松、荒寺、平沙、远水、峭壁、墟墓之间。然无之非读书也。"他也曾自豪地宣称:"板桥游历山水虽不多,亦不少;读书虽不多,亦不少;结交天下通人名士虽不多,亦不少。"对于知心书友,郑板桥心心念念,曾写下了令人无限遐想与感叹的文字:"尔时读书古庙,深更半夜,谈文娓娓不去,虽天寒风劲亦不顾。有时一人烧粥,一人斧薪①,以豆子下粥,大啖②大笑,腹饱身暖,剔灯再读,如是其乐。或短衣骑石狮子脊背上,纵谈天下事,谁可将十万兵,谁可立功边徼③,以异国版图献天子者,又如是其乐。今一念及之,古庙无恙耶?石狮子无恙耶?谁得再与我古庙谈文?谁得再与我在石狮子背上论兵?谁得再与我啖咸豆子下粥?"

"腹有诗书气自华",用钱装扮美貌远不如傍身书香。要培养气若幽兰,谈吐文雅的子女,父母家长自己心中务必多装几滴墨水,对孩子耳濡目染。郑板桥之父郑之本是品学兼优的秀才,家居授徒,是板桥启蒙老师。郑板桥从小就在父亲的学塾里读书习字,诵读儒家经典,父亲的教诲和影响对郑板桥的成长和后来的成就极为重要。板桥曾说:"父立庵先生,以文章品行为士先。教授生徒数百辈,皆成就。板桥幼随父学,无他师。"④郑板桥勿忘父恩,满怀感激和尊重。当今智能时代,父母家长在勤奋刻苦,乐于善于读书方面,可以做个永远的"笨爸爸""傻妈妈",陪伴孩子一起探索、钻研和发现,并对孩子分享的读书所得真心感谢,大加赞赏,让孩子充分体会到读书精细研判的快乐。久而久之,孩子就会在书香的熏染中"脱胎换骨"。

(本章编撰:罗露)

---

① 斧薪:用斧头砍木材作为燃料。
② 大啖(dàn):痛快地吃。
③ 边徼(jiào):边界、边疆,国家的边境地区。
④ 板桥之父是真正意义的"人父"。鲁迅曾经说过令人警醒的话语:"但这父男一类,却又可以分为两种:其一是孩子之父,其一是'人'之父。第一种只会生,不会教,还带点嫖男的气息。第二种是生了孩子,还要想怎样教育,才能使这生下来的孩子,将来成一个完全的人。因为我们中国所多的是孩子之父,所以以后是只要'人'之父!"(摘自鲁迅:《随感录二十五》,最初发表于一九一八年九月十五日《新青年》第五卷第三号,署名唐俟)

24 父母爱子,无微不至

——林则徐《林则徐家书》①要义

● **家教要言**

"闲事闲非,不特少管,更应少听。"

"接人处事,当从大处落墨。"

"做事须有定时,朝早起而晚早睡。"

"友朋固不可少,然须择人而友"

"男儿读书,本为致君泽民。"

"勿贪利禄,勿恋权位。"

"得钱不易,家中可省则省。"

"上不负君恩,下不负祖训。"

"科名身外物,得失寸心知,不必介介。"

"慎勿贪恋家园,不图远大。"

"光阴可贵,勿自暴弃。"

"父母爱子,无微不至。"

"若不勤不和之家,未有不败者也。"

● **作者简介**

林则徐(1785—1850),字元抚,福建省侯官(今福州市区)人,晚清著名政治家、思想家、文学家,伟大的爱国者。生于"家无一尺之地、半亩之田"的一个读书人家,全家生计都靠父亲在私塾教书,以及母亲、姐妹为别人做针线活。父母高度重视家庭教育,林则徐4岁时,父亲林宾日便把他带进学塾,抱在膝上,口耳

---

① 本章原典引文主要参考李金旺主编:《林则徐家书》,外文出版社2012年版。

相授四书五经。母亲知书识礼,要求林则徐"务为大者、远者……读书显扬"。少年林则徐坚韧向上,勤奋好学,立志"致君泽民"。20岁中举,27岁中进士。入仕后,历任翰林编修、江苏按察使、东河总督、江苏巡抚、湖广总督等职。道光十九年(1839),他以钦差大臣身份赴广东负责禁烟,主持推动震惊中外的"虎门销烟",捍卫国家和民族尊严,及时唤醒和鼓舞了全国人民的爱国热情。

林则徐长期被老百姓誉为"林青天",因为他"保民如赤子"。他是腐败清廷中的一股清泉,有着"但当保涓洁,弗逐流波奔"的清廉品格。他治水兴农、保民惩奸、御敌卫国、大胆改革的历史功勋,"愿闻己过,求通民情"和"海纳百川,有容乃大"的胸襟,以及"苟利国家生死以,岂因祸福避趋之"的思想情怀,一直深刻影响并大力激励着后世革命志士和每一位中华儿女。林则徐视野开阔,思想先进,他一生力抗外敌入侵,但对于西方文化教育、科学技术能够积极接纳,并主张学其优长而用于建国御敌。他积极学习探索先进的科学文化知识,主持编译的《四洲志》对晚清洋务运动,乃至日本明治维新都具有重要影响,被誉为中国近代"开眼看世界第一人"。

习近平同志为《福州古厝》作序指出"指挥军民在虎门销烟"是"林公则徐气壮山河的壮举"。习近平总书记盛赞林则徐的爱国主义精神,并多次引用其经典诗句"苟利国家生死以,岂因祸福避趋之"。在国际上,林则徐也广受赞誉。比如,曾任英国驻香港总督兼驻华公使的包令认为,林则徐"是圣人,而且是万圣之圣",是"中国政治家中最卓越的人物"。1996年6月,中国科学院天文学家发现一颗小行星(国际永久编号7145),随后此星被国际权威组织命名为"林则徐星"。

● **经典概览**

《林则徐家书》有多个版本,本章原典引文主要参考的版本收录了林则徐在广东禁烟和抵御外敌、谪戍新疆伊犁、平息甘肃少数民族叛乱、任陕西省巡抚及云贵总督期间的46封家书,共十余万字。这些家书充分展现了林则徐的精忠报国、夙夜为公,也显露了他治家与家教的严谨,以及作为爱国英雄的温情细腻,甚至儿女情长的一面,不少语段虽措辞严厉却内蕴慈柔,情真意切,感人肺腑。

《林则徐家书》有着特殊的写作背景。在英国奸商走私鸦片给中华民族带来深重灾难和重大危机之际,林则徐果敢无畏地主持"虎门销烟",并英勇抗击外敌,却被含冤降职发往新疆戍边。他不计个人名利,以"戴罪"之身在数万里边塞创造了伟大而泽被千古的治疆奇迹。其后,林则徐被赦免重用,直到1849年秋才因病辞职回家休养。数十年间,林则徐辗转多地,忙于政务军事,与妻儿长期分离,全靠一封封书信与家人保持密切联系。

林则徐家书多数篇幅较长,内容包括饮食起居、日常工作、孩子教育、住地见闻、与人交往等。其中写给夫人、弟弟等亲人的大量书信都是在详细描述自己经历或办理的军政大事,字里行间皆为拳拳报国之心。作为家书,为什么用大量笔墨写工作呢?细细品味发现,除了让家人免于挂念之外,他更希望子弟像自己一样身体力行,引领子弟"致君泽民","磨砺自修",以"上不负君恩,下不负祖训"。[1] 林则徐写给3个儿子的多封家书,则直接指导儿子如何立志,如何为学,如何做人,殷殷爱子之情和充满智慧的家教之辞令人肃然起敬。

林则徐54岁时曾写下"十无益"作为家训:"存心不善,风水无益;不孝父母,奉神无益;兄弟不和,交友无益;行止不端,读书无益;心高气傲,博学无益;做事乖张,聪明无益;不惜元气,服药无益;时运不通,妄求无益;妄取人财,布施无益;淫恶肆欲,阴骘无益。"对于这些人生哲理和修身齐家方略,林则徐在家书中多有表达,在处理家书所述军政事务的过程中,他也在忠诚笃定地践行。

● **原著选段**

"若于世事"

若于世事,则应息息谨慎,步步为营,若才不逮而思徼幸[2],或力不及而谋躐等[3],又或胸无主宰,盲人瞎马,则祸患之来,不旋踵[4]矣。此为父五十年阅历有得之谈,用以切嘱吾儿者也。

---

[1] 同为精忠报国千古楷模的岳飞,留给儿子的家训体现出了与林则徐完全一致的良苦用心。其《家训》如下:"廉洁奉公,养浩然气;严以律子,厚以待人;令出如山,赏罚分明;不纵女色,事母至孝;武艺绝伦,勇冠三军;身先士卒,行若明镜"(引自《岳父家训》,见荣格格等编著:《中国古今家风家训一百则》,武汉大学出版社2014年版)。

[2] 徼(jiǎo)幸:抱着非分企求,希望获得意外成功。

[3] 躐(liè)等:逾越等级,破格提拔。

[4] 不旋踵(zhǒng):来不及转身,比喻时间极短。

"又闻长媳甚贤孝"

又闻长媳甚贤孝,此真林氏之幸。但夫人亦须善视之,吾林姓从无不慈之姑,及不孝之媳者。明知夫人决不出此,所以又谆谆者,以夫人平日疾恶如仇,或以偶有不经意之处,而遽肆斥责①。须知年轻人做事,总有一二不小心处,善为训诫可也。遽行斥责,殊令人难堪。夫人明慧心慈,当亦能体会及此,毋烦谆谆嘱咐也。

"况吾儿年虽将立"

况吾儿年虽将立,而居家日久,未识世途,读书贵在用世,徒读死书,而全无阅历,亦岂所宜?……此间名师又多,吾儿来后更可问业请益,以广智识,慎勿贪恋家园,不图远大。男儿蓬矢桑弧②,所为何来,而可如妇人女子之缩屋称贞哉③!

"不死于烟"

不死于烟,即死于法。纵孽由自作④,原不可活,然不教而诛,治民者太觉忍心。用是再定两种简便戒烟药方,皆费钱极少,而收效甚捷。一曰四物饮,一曰瓜汁饮,药味制法录后。尔速照方抄录,刊目三万纸,遣人散发乡里,庶使穷乡僻壤之地,舆台奴隶之微,苟一念知悔,无论有钱无钱,皆可立刻配合,则恶癖易除,而显戮⑤可免矣。

"予明知禁烟妨碍奸夷大利"

予明知禁烟妨碍奸夷大利,必有困难,而毅然决然不敢稍存畏葸⑥之心者,盖以身许国,但求福国利民,与民除害,自身生死且尚付诸度外,毁誉更不计及也。

---

① 遽(jù)肆斥责:突然放声责骂。
② 蓬矢桑弧:古代男子出生,礼官要用桑木做的弓和六支蓬草做的箭,射向天、地,及东西南北四方,表示男儿志向远大。
③ 而可如妇人女子之缩屋称贞哉:难道能够像妇女姑娘一样躲在闺房标榜自己贞洁吗?
④ 孽(niè)由自作:罪恶由自己造成。
⑤ 显戮(lù):根据法典斩杀示众。泛指因罪被处死。
⑥ 畏葸(xǐ):畏惧、害怕。

"无如岁月不居"

无如岁月不居,忽忽余已六十有一岁矣。毛苍苍,齿牙脱落,精神日益苶败。昨午自教场阅操返署,陡觉头晕目眩,咳呛兼作,呕血半盂,心旌摇摇,似惊似饿。飞召秦丽川医士来署诊视,云系劳心过度所致,止血容易,欲期复原,须静养百日,不问外事,不动天君,一面服药调治,方有效验。余自知实系日夜焦劳而起,但是欲求静养,必得卸除政柄,否则边陲重地,军政民政日出事生,岂能尸位素餐①,以无为而治?纵渎职之咎②可原,而误国之罪难遭矣。于其因循坐误,不如陈情乞休之为逾也。现已整备将病状药方,附摺③奏闻,引疾乞归田里④。

● **家教指南**

《林则徐家书》的编译者徐玲玲认为:"林公为文,大气磅礴处直如钱塘海潮,细致入微处恰如江南烟雨,其遣词造句简直是神来之笔。"文如其人,人尽其事,事尽其美。林公家庭教育的境界,恰如其文:格局大如钱塘海潮,心思细如江南烟雨,其情绵绵不绝,其意纯粹率真。当今父母家长若能细细欣赏学习林公家庭教育艺术,一定获益匪浅。

一、格局大

作为光耀寰宇、永垂青史的一代大儒,林则徐是中国近代民主革命的启幕主角。他的一生可谓起伏跌宕,但其爱国爱民、治国平天下的赤诚初心始终不改,其"苟利国家生死以,岂因祸福避趋之"的献身精神始终如一。比如,虎门销烟前后,他全力以赴,殚精竭虑,甚至做好了殉国准备,后来被忌惮他的人中伤,皇帝把他贬到新疆,一时间舆论大哗,都为他鸣不平。可林则徐依然一如既往地投入治理边疆的军政工作,其典型事件为:他到伊犁不久,即奉命勘办田地开垦事宜,塞外三万余里,水利事业因他而兴。晚清学者金安清在《林文忠公传》中评论:"朝夕孜孜不倦者,国政民瘼⑤两大端而已。公盛德纯忠,丰功伟绩,他人得

---

① 尸位素餐:空占着职位,不尽职守。
② 咎(jiù):本义指灾祸,灾殃。这里指罪过。
③ 摺(zhé):同"折",指奏折,清朝高级官员向皇帝奏事进言的重要文书。
④ 引疾乞归田里:以病痛原因请求辞职,归田养老。
⑤ 民瘼(mò):人民的疾苦。

一已足名世,而公所树立,偻指①未能尽。其尤著者,新疆屯田、江南漕赈②、云南回务③三事,皆以一时贻百世之利,一心布万民之泽。"

林则徐崇高的品德和博大的胸怀,在其家庭教育中表现得非常充分。比如,他教育儿子,"男儿读书,本为致君泽民";"勿贪利禄,勿恋权位";"勿儿女情长,勿荒弃学业,须磨砺自修";"慎勿贪恋家园,不图远大";"科名身外物,得失寸心知,不必介介";"上不负君恩,下不负祖训";等等。

林则徐这样说,也这样做,为儿女兄弟树立了楷模。关于虎门销烟,他在家书中谈论:"予明知禁烟妨碍奸夷大利,必有困难,而毅然决然不敢稍存畏葸之心者,盖以身许国,但求福国利民,与民除害,自身生死且尚付诸度外,毁誉更不计及也。"他的身体因为长期透支而衰弱到难以想象的程度后,他首先想到的依然是肩上沉甸甸的责任。他在家书中坦言:"余自知实系日夜焦劳而起,但是欲求静养,必得卸除政柄,否则边陲重地,军政民政日出事生,岂能尸位素餐,以无为而治?纵渎职之咎可原,而误国之罪难遭矣。"

林则徐写给家人的大量信件都在讲述或谈论军国大事,他以此拓展子弟心胸格局的意图非常明确。比如,他写给郑夫人的诸多家书,主题内涵大抵如下:告知使粤查办贩烟夷;告知奸夷呈缴鸦片;详告轰击夷船情形;寄示谕饬④夷商不准贩卖鸦片原稿;告知用石灰盐卤销化烟土;论英轰兵船游弈情形;论禁烟严防栽赃诬陷……他写给弟弟元抡的家书,也有如下主题内容:告知春次轰击夷船情形;告知奸夷喳吨畏罪先逃;论英领事义律之种种违法……

林则徐拓展子弟心胸格局的教育还巧妙融合进了指导后辈学业的过程中。比如,他的女婿(也是外甥)沈葆桢年轻时虽然才华横溢,但清高不羁。沈葆桢曾写下两行诗:"一钩已足明天下,何必清辉满十分。"林则徐读后,在赞赏其文才的同时感觉措辞颇有不妥,就替他把"何必"改为了"何况"。沈葆桢的诗句托月言志,骄慢偏狭之态流诸笔端。经林则徐一改,诗句的内涵迥然不同,意在特别强调自己应该修身积识以备济世之用,应该积极进取以图更好地治国安邦。

---

① 偻(lǚ)指:屈指而数。
② 漕(cáo)赈(zhèn):疏通水道,运输粮食,救济灾民、贫民。1823—1825 年,林则徐在江苏、浙江致力于"漕赈"。
③ 云南回务:指林则徐 1848 年在云南办理与回民相关军政事务而稳定边疆社会秩序。
④ 谕饬(chì):官府行文告诫。

沈葆桢本是智识超群之人,自然瞬间就懂其中深意。此后,他平衡内心,努力修为,最终也成了著名政治家、军事家、民族英雄,并为中国近代航运事业和海军建设奠定了必要基础。

二、心思细

林则徐放眼世界,在治理苏浙、销禁鸦片、兴修水利、强化塞防等方面能够取得卓著功勋,自然具有思维缜密、作风严谨的秉性。而更为可贵的是,作为伟丈夫,他在日理万机的情况下,还能心细如发、无微不至地关心家人,实施家庭教育。

受林家"累世皆儒业"的影响,林则徐积极引导儿女家人重教尊师。他为儿子诚意聘请优秀先生,嘱咐夫人"三儿明年须去应试,西席①如有不慊意②处,可托大伯父更物色一人。"他也特别与夫人沟通,爱儿子就要尊敬老师,要优裕厚道地对待老师,切勿轻慢刻薄。

林则徐以身示范,引导儿子勤读诗书,修身养性。前往广东禁烟时,林则徐带的行李中绝大多数是书籍。即使被谪戍伊犁,随行的仍有20多箱书。林则徐担心儿子汝州受官场习气影响太重,劝儿子辞官回家,并教导儿子"勿荒弃学业,须磨砺自修","且可重温故业,与古人为友,足以长进学识也","而用力之要,尤在多读圣贤书,否则即易流于下"。三子拱枢年幼贪玩,他在家书中多次提醒夫人和长子一定要时刻督促并教导其读书,不能因为玩乐耽误了学业。

林则徐深知授人以鱼不如授人以渔,他仔仔细细向儿子传授学习方法,强调做文章要博览群书,熟背上百名篇,借鉴名家经典。"笔下太嫌枯涩,此乃欠缺看书功夫之故",所以他教导儿子多阅读历史类书籍,并要求从头至尾详细看完每一部书,切忌东拉西扯。为了避免阅过即忘,他要求儿子准备笔记本,或摘录体会深刻的词句,或记下自己的困惑以备请教老师。林则徐反对儿子一味死读书,他秉持"贵在用世"的理念,要求学以致用。他还重视社会实践知识的学习和处世能力的提升。次子聪彝长期在家读书,与社会隔离,林则徐就要求他到广州进行历练,学习如何处世。

---

① 西席:古代对教师的尊称,源于座席礼仪。古人座席安排体现尊卑有序的礼仪规范,家塾教师和宾客通常坐在西侧(向东)以示尊重,主人则坐东(向西),坐西者被尊称为"西宾",主人则自称"东家"。

② 慊(qiè)意:满意。

24 父母爱子，无微不至

林则徐童年开始就真切体验到了"一粥一饭，当思来不易；半丝半缕，恒念物力维艰"的道理，所以严格要求子女艰苦奋斗，勤俭持家。他细心地发现儿子拱枢寄来的文章是别人眷写的，就严肃批评："如此懒惰，即其不肯用功可知。独不思进场之时，亦能带伊来写否乎？年轻之人写字岂是难事？"他详细介绍自己当年的勤奋苦读，语重心长地告诫儿子："果有志向，首以戒懒为要，切切，切切。"林则徐还责备已是编修的汝舟："尔性懒，书案上诗文乱堆，不好收拾洁净，此是败家气象。"并要求汝舟给弟弟们做好表率："尔能勤，二弟皆学勤。"

以林则徐为官后的地位和薪俸，他家完全可以衣食无忧，但他常常叮嘱夫人"家中用途如何，可省则省"，"得钱不易，家中可省则省"，并直接告诫子孙要"慎守儒风，省啬用度"。

唐朝诗人李商隐在一首咏史诗中写下千古名句："历览前贤国与家，成由勤俭破由奢。"勤俭节约不但是家庭生活的美德与智慧，而且是民族复兴的责任与担当。林则徐长期细致地督导家人勤学俭用，就是基于对俭成奢败这一历史规律的深刻洞察。他治家严谨，仔仔细细向家人讲明道理："凡家庭间能守得几分勤敬，未有不兴；能守得几分和睦，未有不发。若不勤不和之家，未有不败者也。"家国一体，延续林则徐的话可讲："凡国家民众能守得几分勤敬，国家未有不兴；能守得几分团结，未有不旺。若不勤不和之国，未有不衰者也。"当今家长在日用富余的情况下，应该更好地立足于国家民族的大义教育子女勤俭奋斗。

林则徐的父亲长期都与志高行洁的人交朋友，他自幼都在父亲"朋友圈"的濡染下成长，深知"清者自清，浊者自浊"的道理。所以，他也喜欢交朋友，但对待交朋友这件事有自己的原则。听说在京城为官的儿子汝舟广交朋友，他以己度人，首先表示理解："人在外作客，交朋固不可少。"紧接着话锋一转，"然须择人而友"，朋友之间应酬虽必不可少，但要有一定的节制。他还告诫汝舟："近朱者赤，近墨者黑，这些选择朋友的道理你应该知道的。"可怜天下父母心，从中可见，林则徐这位身居高位而智勇双全的父亲，完全就像婆婆妈妈一样苦心不已。

林则徐一生铭记父亲的教诲："齐家治国平天下，此等事儿曹任之！"不过，他在以身许国、建功立业的过程中，一直淡泊名利，不计个人荣辱。林则徐也悉心教育儿子这样追求，他特意写信告诉身为翰林院庶吉士的长子汝舟："服官勿贪利禄，勿恋权位……吾儿其牢记之！"他敏锐体察到汝舟在京受到了官场不良习气影响，就严厉教育他不要贪图官位虚名，要先学做人，学做事，勤政为民，并约法三章:"切不可自满,宜守三戒:一戒傲慢,二戒奢华,三戒浮躁"。

林则徐也细心了解每一个子女的优长与不足,并切实做到因材施教。次子聪彝不善科举,19岁还是秀才,林则徐就毅然建议他放弃诗书,改学农事。他对聪彝进行人生指导,只要能跟随雇工学习耕田种庄稼,踏实劳动,就是生长在田园里的优秀的年轻人,这样即使做一名农民,他也会为聪彝感到欣喜。在那"万般皆下品,惟有读书高"的时代,能够说出如此话语实属不易,而林则徐这样一位封疆大吏能够对儿子如此体贴入微,关怀备至,更是值得当今父母学习思考。

三、用情深

透过《林则徐家书》,可以真切感受到林则徐的仕宦一生真可谓舍家为国、呕心沥血!他辗转南北,奔波东西,是一位过着孤苦清贫生活的晚清重臣。几十年中,林则徐与家人离多聚少,多次出现数年不能见面的情况。他的孤独、忧愤、期盼,他对家人的至爱,在一封封家书中绵延流淌,而他借助这些书信实施的家庭教育,也成为他深厚情感的永恒载体。

林则徐在家书中自述:"余在粤署公事忙甚,则觉居官不易,颇思急流勇退,以清闲岁月。一至更深烛阑,客署凄凉,则又倍觉天伦之乐盎然。"天伦之乐的确弥足珍贵,让他本想带着家人前往广东,但"三儿又来入学,明春急须应试,长媳又年轻,又易犯风涛,故意已决而中止,然非得已也"。连续数月,他在禁销鸦片的过程中,"与外商舌敝唇焦①。每日看阅公事,自早至黄昏,几无一刻暇,而曾无一骨肉至亲为之慰藉,为之侍奉,有时中夜不寐,静心自思,辄为叹息"。在长子回家,不用担心夫人寂寞,长媳又很贤孝,足以分担家务的情况下,林则徐"急促次儿来此,以伴晨昏"。当然,也是为了给次子"再聘一名师,为之教导,以长智识。有暇当再使之参阅公事,以资阅历"。他"务恳夫人急治装",要求次子十二月中旬到广东,"愈早愈妙"。可下一封信,因为"风雪严寒,道途跋涉,实足令为父母者不安",他果断提出:"次儿今岁可不必来……姑俟明春三月,再来未迟。"

林则徐率真淳朴地表达自己纷繁复杂的情感,完全出于自己本心。也正因为他把自己的心捧给家人,所以能够很好地凝聚全体家人的情感,为自己对子弟实施言传身教奠定了坚实的基础。他对儿子严之又严,但对儿子的些许进步,也

---

① 舌敝唇焦:说话说到舌头破烂,嘴唇干焦,形容费尽了唇舌。

不吝表扬:"枢官此次寄来文字,比前次却有进境,其字句累坠不清者固多,然遇题尚有生发,不至十分干窘,阅之颇喜。其先生批改处,虽亦未尽谛当①,而路径却尚不错。"

林则徐对于自己的夫人更是"相敬如宾"。前述教促次子早日到粤的家书,他对夫人的措辞是"务恳夫人"。另有一封信,是因为女儿"患暗疾不育",他要求夫人"嘱婿家访名医为之调治",不可被游方郎中借妖言以惑。他批评夫人:"岂可信佣妇之言,购其药丸,给淑儿吞服?不仅暗疾难瘳②,且恐另起新恙。盖此种药丸泰半③是热烈药草,克伐异常,淑儿体质虚弱,奚能再服此等热烈攻伐之剂?"他要求夫人:"从速戒其勿食,至要至要。"说完此话后,他唯恐夫人委屈伤心,赶忙称赞夫人"素向贤明",这"一时受愚",是因为"游方郎中之魔力伟大",他还进一步为夫人开脱:"贤明如夫人,尚且入之中,莫怪愚夫愚妇受若辈妖言之蛊惑,至死不悟也。"为了进一步安慰和说服夫人,林则徐"长夜不寐,不惮繁琐",专门为夫人叙述"一妖匪以药惑众之口供",以便夫人认同"游方郎中之言断不可深信也"。

还有一封信,林则徐对夫人讲:"又闻长媳甚贤孝,此真林氏之幸。但夫人亦须善视之,吾林姓从无不慈之姑,及不孝之媳者。"在现代人看来,此话足够严厉,尤其是"吾林姓从无不慈之姑,及不孝之媳者"让人很难接受。林则徐自然对夫人是倍加呵护,说完上述话语后,他即刻解释:"明知夫人决不出此,所以又谆谆者,以夫人平日疾恶如仇……夫人明慧心慈,当亦能体会及此,毋烦谆谆嘱咐也。"另有家书表明,在大疾缠身,"整备将病状药方,附摺奏闻,引疾乞归田里"的时候,林则徐温情脉脉地向夫人倾诉:"苟能如愿,与夫人相晤,当在金香时尔。"

林则徐对夫人发自肺腑的关怀疼爱与一片赤诚,从最肤浅、最功利的层面而言,有利于化解夫人长时间独担家务的辛劳与独守空房的孤寂,可以更好地抚养教育子女。从比较深层次考察,则是林则徐高尚人格的必然,也是其高度负责地践行中国数千年"父父、子子、夫夫、妇妇"传统伦理道德规范的必然。

(本章编撰:陈明兰)

---

① 谛(dì)当:恰当。
② 瘳(chōu):病愈。
③ 泰半:大半,过半。

25 当有正大光明气象

——《围炉夜话》[①]要义

● **家教要言**

"教子弟于幼时,便当有正大光明气象。"

"贫无可奈惟求俭,拙亦何妨只要勤。"

"处事要代人作想,读书须切己用功。"

"信是立身之本,恕是接物之要。"

"教小儿宜严,严气足以平躁气。"

"看书须放开眼孔,做人要立定脚跟。"

"教子弟求显荣,不如教子弟立品行。"

"敬他人,既是敬自己;靠自己,胜于靠他人。"

"为学不外'静''敬'二字,教人先去'骄''惰'二字。"

"处世以忠厚人为法,传家得勤俭意便佳。"

● **作者简介**

王永彬(1792—1869),字润芳,号宜山,清代著名学者。他一生经历了乾隆、嘉庆、道光、咸丰、同治五个时期,对世事可谓洞察入微。

年少时,王永彬到私塾读书,因二哥去世,家贫而缺乏劳动力,险些辍学。后因读书发愤,学业优异,得以进入县学继续读书。但他科举不顺,再者家道中落,只好当私塾先生维持生计,同时不断读书、著书。

王永彬不慕荣华富贵,生性淳朴淡泊。他好读书,晚年仍卷不去手,经史子集无一不通。他涉猎广泛,著述丰富,有《六书音义辨》《帝统年表》《孝经衬解》

---

① 本章原典引文主要参考王永彬:《围炉夜话》,张德建译注,中华书局2016年版。

《禊帖楹联》等刊印行世,未刻印的有《讲学录》《说古韵言》《桥西山馆诗文杂著》等。国家图书馆现藏《桥西山馆杂著》八种,除《围炉夜话》外,分别是《六书辨略》《历代帝统年表》《孝经衬解》《音义辨略》《禊帖集字楹联》《朱子治家格言》《先正格言集句》各一卷。

王永彬受儒家思想熏陶,修养己身而后教。他致力于通过教育来塑造孩童,培养弟子高尚情操,在当地享有卓著声誉。在教学中,他主张孩童修身为先,读书治学不以中举、中进士为唯一目的。对于乡人,见善必赞;见过必反复规劝,一定要使其彻底改正。他还积极参加当地的救灾、防乱、修志等公益活动。

作为一名乡村知识精英,王永彬特别关注乡村道德伦理建设,并身体力行,积极传播读书修身、安贫乐道、齐家教子、忠孝勤俭等理念,对改良社会风气多有贡献。他以格言、俚语、俗话写成的系列劝诫作品,如《先正格言集句》《丈夫诗》《警心篇》《弟子八箴》《醒世歌》等,都极力倡导孝、悌、谨、信、爱众、亲仁、力行、学文等思想,流传广泛。

● 经典概览

《围炉夜话》是一部劝世著作,成书于清朝咸丰年间,其后盛传不衰,并与成书于前朝的《菜根谭》《小窗幽记》合称为"处世三大奇书"。王永彬生活的时代,世风日下,人心不古。作为读书人,王永彬对政治改良与道德重建有着独特思考,也在探求劝诫世人的有效方式,编撰《围炉夜话》便是一种积极尝试。

全书共221则,以"安身立业"为核心主体,对读书修身、忠孝传家、勤俭安贫等进行重点论述,表达了作者对生命价值及其实现路径的深刻思考,揭示了所谓三不朽(立德、立功、立言)必须以"立业"为本的哲理。

书中虚拟了一个冬日拥着火炉,至交好友畅谈文艺的情境,语言亲切自然,文辞浅近明晰。每则内容短小精辟,意境深远,富有哲理。对于现代人而言,送走喧嚣的白昼,若能捧着《围炉夜话》,伴着清光静辉,独听穿越近200年的先贤哲语,迎来内心的彻悟与畅达,又何尝不是一种至乐?

王永彬特别重视对孩童的教育和培养,他认为父母教育是子弟能否成才的关键。《围炉夜话》有多处表达子弟教育的心得与感悟,涉及如何教导子弟以正确的态度学习、生活、交往,学会明是非、辨曲直,注意谨言慎行等。他主张,要引导孩童学会正确对待个人欲望,培育勤俭劳苦品质;要学会贫而不谄,富而不骄,对己要严格,待人要宽和;既要志存高远,又要立足当下,既要追求功名利禄,又要处世淡泊。应该说,《围炉夜话》蕴含的家庭教育理念与方法颇有见地。

● **原著选段**

"与朋友交游"

与朋友交游,须将他好处留心学来,方能受益;对圣贤言语,必要我平时照样行去,才算读书。

"积善之家"

积善之家,必有余庆①;积不善之家,必有余殃②。可知积善以遗子孙,其谋③甚远也。贤而多财,则损其志;愚而多财,则益其过④。可知积财以遗子孙,其害无穷也。

"每见待弟子严厉者易至成德"

每见待弟子严厉者易至成德,姑息者多有败行,则父兄之教育所系也。又见有弟子聪颖者忽入下流,庸愚者较为上达⑤,则父兄之培植所关也。人品之不高,总为一"利"字看不破;学业之不进,总为一"懒"字丢不开。德足以感人,而以有德当大权⑥,其感尤速;财足以累己,而以有财处乱世,其累尤深。

"父兄有善行"

父兄有善行,子弟学之或不肖⑦;父兄有恶行,子弟学之则无不肖;可知父兄

---

① 余庆:遗留给子孙的恩泽。
② 余殃:遗留给子孙的祸患。
③ 谋:打算、谋划。
④ 益其过:增加他的过失、错误。
⑤ 上达:品行高尚而有作为。
⑥ 有德当大权:有高尚品德又掌握大权。
⑦ 或不肖:可能不相似。这里指可能学不会善行。

教子弟,必正其身以率之①,无庸②徒事言词③也。君子有过行,小人嫉之不能容;君子无过行,小人嫉之亦不能容;可知君子处小人,必平其气以待之,不可稍形激切④也。

"气性不和平"

气性不和平,则文章事功⑤俱无足取;言语多矫饰,则人品心术尽属可疑。

"观朱霞"

观朱霞,悟其明丽;观白云,悟其卷舒;观山岳,悟得灵奇;观河海,悟其浩瀚;则俯仰间皆文章也。对绿竹,得其虚心;对黄华⑥,得其晚节;对松柏,得其本性;对芝兰,得其幽芳;则游览处皆师友也。

"见人善行"

见人善行,多方赞成;见人过举⑦,多方提醒,此长者待人之道也。闻人誉言,加意奋勉;闻人谤语⑧,加意警惕,此君子修己之功也。

"愁烦中具潇洒襟怀"

愁烦中具潇洒襟怀,满抱皆春风和气;暗昧⑨处见光明世界,此心即白日青天。

"常存仁孝心"

常存仁孝心,则天下凡不可为者皆不忍为,所以孝居百行之先;一起邪淫念,

---

① 率之:成为表率带领子弟成长进步。
② 无庸:无须,不用。
③ 徒事言词:徒劳无功地作言语表达。
④ 稍形激切:稍微表现出激动、直率的神情。
⑤ 文章事功:学问和事业的成就。
⑥ 黄华:菊花。
⑦ 过举:有过失的行为。
⑧ 谤语:批评的话语。
⑨ 暗昧:昏暗。这里指人生处境暗无天日,不见希望。

则生平极不欲为者皆不难为,所以淫是万恶之首。

"子弟天性未漓"

子弟天性未漓①,教易行也,则体②孔子之言③以劳之,勿溺爱以长其自肆④之心。子弟习气已坏,教难行也,则守孟子之言⑤以养之,勿轻弃以绝其自新之路。

"世之言乐者"

世之言乐者,但曰读书乐,田家乐;可知务本业者,其境常安。古之言忧者,必曰天下忧,廊庙⑥忧;可知当大任者,其心良苦。

"桃实之肉暴于外"

桃实之肉暴于外,不自吝惜,人得取而食之;食之而种其核,犹饶生气焉⑦,可见积善者有余庆⑧也。栗实之肉秘于内,深自防护,人乃破而食之;食之而弃其壳,绝无生理⑨矣,此可知多藏者必厚亡⑩也。

"博学笃志"

"博学笃志,切问近思"⑪,此八字,是收放心的功夫;"神闲气静,智深勇

---

① 未漓:还没有受到不良风气影响。
② 体:亲身践行。
③ 孔子之言:指孔子所言"爱之,能勿劳乎"。见《论语·宪问》,意思是:既然爱他,能够不为他操劳吗?
④ 自肆:自我放纵。
⑤ 孟子之言:指孔子所言"中也养不中,才也养不才,故人乐有贤父兄也"。见《孟子·离娄下》,意思是:品德修养好的人要教育培养品德修养不好的人,有才能的人要教导培养没有才能的人,所以人人都以拥有德才兼备的父兄为乐。
⑥ 廊庙:本指庙堂,后多指朝廷或国家政事。
⑦ 犹饶生气焉:还能长出生气勃勃的小树苗。
⑧ 余庆:余福,留给后人福气。
⑨ 绝无生理:一定没有生存的状态。
⑩ 多藏者必厚亡:见《道德经》"是故甚爱必大费,多藏必厚亡"。意思是:过分吝惜必定会付出更大代价;过于敛财,必定会遭致惨重损失。
⑪ 博学笃志,切问近思:源自《论语·子张》"博学而笃志,切问而近思,仁在其中矣。"意思是:广博地求取学问,坚定志向,极力向人请教,仔细思考。

沉",此八字,是干大事的本领。

"事但观其已然"

事但观其已然①,便可知其未然;人必尽其当然,乃可听其自然。

"敦厚之人"

敦厚之人,始可托大事,故安刘氏②者,必绛侯③也;谨慎之人,方能成大功,故兴汉室④者,必武侯⑤也。

"家之富厚者"

家之富厚者,积田产以遗子孙,子孙未必能保;不如广积阴功,使天眷⑥其德,或可少延⑦。家之贫穷者,谋奔走以给衣食,衣食未必能充⑧;何若自谋本业,知民生在勤,定当有济。

"在世无过百年"

在世无过百年,总要作好人,存好心,留个后代榜样;谋生各有恒业,哪得管闲事、说闲话,荒我正经工夫。

● **家教指南**

孩子是国家和民族的未来,也是一个家庭的希望所在。为了孩子的成功,当今大多数家长不惜血本,文化补习、艺体特长、出国游学、学区房等无不好好应付。在激烈比拼中,家长很累,孩子也很累。家长付出大把的时间和金钱就一定能培养孩子成功吗?孩子未来应该怎样安身、立业、处世?应该怎样关照孩子内

---

① 已然:已经发生的情况。
② 刘氏:指西汉开国皇帝汉高祖刘邦。
③ 绛(jiàng)侯:指西汉开国功臣周勃。
④ 汉室:汉王朝的江山。这里指三国时期刘备所建蜀汉皇室江山。
⑤ 武侯:即诸葛亮,后世敬称其为"武侯"。
⑥ 天眷:上天眷顾。
⑦ 少延:稍微延续。
⑧ 充:充足,够用。

心的宁静与平和？父母家长不妨从《围炉夜话》中去探寻一些答案。

一、"做人要立定脚根"

"教子弟于幼时,便当有正大光明气象";"做人要立定脚根";"人之足传,在有德,不在有位"……《围炉夜话》强调,德行操守是人生能否取得成就的关键,家庭教育必须从小就培养孩子坦荡的胸怀和正派的言行。习近平总书记多次指出,各级各类学校都要把立德树人作为首要任务,把"德"放在第一位;各级党政机关选拔领导干部的首要标准必须是德才兼备,并且要"以德为先"。英国教育家洛克也曾说过:"在一个人或一位绅士应具备的各种品性中,我将德行放在首位,视之为最必需的品性;他要有存在价值,受到敬爱,被他人接受或容忍,德行乃是绝对不可缺少的。"[①]当前父母家长教育孩子,把德行放在第一位,是唯一正确选择。

《围炉夜话》讲:"无位非贱,无耻乃为贱……无子非孤,无德乃为孤。"没有地位不算贱,没有廉耻才是真贱;没有子嗣不算孤,没有德行才是真孤。中国传统文化和伦理法则对人的品德操行极其看重,一个德行亏输的人在任何一个行业都很难取得成功。因为这样的人会被社会贴上不可信任的标签,无法获得他人认可和成长资源,人们都会刻意和他保持距离,他在遭遇困难时也难以得到帮助。才干不足,还可以有很多弥补机会,但若失去了德行这个至关重要的人生支点,一个人往往就会被"一票否决",还怎能成就人生呢?

家长在关心孩子学习成绩,各种奖杯证书之前或其中,必须时时注意从"德"的维度好好测评自己孩子的"是非""廉耻"与"善恶"。《围炉夜话》有言:"心能辨是非,处事方能决断;人不忘廉耻,立身自不卑污";"大丈夫处事,论是非,不论祸福";"天地生人,都有一个良心;苟丧此良心,则其去禽兽不远矣。圣贤教人,总是一条正路;若舍此正路,则常行荆棘之中矣"。只要引导孩子守好了"是非""廉耻"等关口,其德行必不会有大的亏输,人生也不至于误入荆棘歧途。

当然,行胜于言,若想引导孩子真正守住人生关口,立定脚根,还要多与孩子一道"积善",做"朴实浑厚"的人,纯化和美化家风。这正如《围炉夜话》所言:"积善之家,必有余庆;积不善之家,必有余殃。可知积善以遗子孙,其谋甚远

---

① [英]洛克:《教育漫话》,杨汉麟译,人民教育出版社2006年版,第128页。

也。"而对于子孙的好坏,《围炉夜话》也有明确标准:"打算精明,自谓得计,然败祖父之家声者,必此人也;朴实浑厚,初无甚奇,然培子孙之元气者,必此人也。"这其实也是强调引导子孙以德为支点,好好立定脚根。

二、"养心须淡泊"

"天下熙熙,皆为利来;天下攘攘,皆为利往。"古今中外,人追求功名利禄具有普遍性。

古人也说得透彻,名与利都是身外之物,家庭教育还是引导孩子把功名利禄看淡一些为好。《围炉夜话》指出:"自家富贵,不着意里,人家富贵,不着眼里,此是何等胸襟";"名利之不宜得者竟得之,福终为祸";"人品之不高,总为一利字看不破……财足以累己,而以有财处乱世,其累尤深"。不该得到的名与利却得到了,最终是祸患。世人皆竭力追求财富,却不成想,财富往往会给自己和家庭带来灾祸。中国的人世哲学并不反对名利,而是主张要把名利追求控制在合理限度,且取之有道。

《围炉夜话》讲:"人生境遇无常,须自谋吃饭之本领";"养心须淡泊,凡足以累吾心者勿为也"。社会发展越快,人们压力越大,人心就越容易趋向浮躁,时时说"心好累"。这个时候,理应反其道而行之,以淡泊来抗拒浮躁,逐步做到宁静致远与淡泊明志。人要谋生,应该有一份职业;人要发展,应该奋发图强,以获得更大的认可、荣誉和收入。人生在世,通过自身努力成就功业,获得实至名归的名与利,值得赞赏。[①] 但是,奋发图名利,不可过于执着,否则就很可能走火入

[①] 唐宋八大家之首韩愈有写给儿子韩昶(字有之,小名曰符,大和元年进士)的《示儿》《符读书城南》两诗极力主张这种观点。《示儿》如下:"始我来京师,止携一束书。辛勤三十年,以有此屋庐。此屋岂为华,于我自有余。中堂高且新,四时登牢蔬。前荣馔宾亲,冠婚之所于。庭内无所有,高树八九株。有藤娄络之,春华夏阴敷。东堂坐见山,云风相吹嘘。松果连南亭,外有瓜芋区。西偏屋不多,槐榆翳空虚。山鸟旦夕鸣,有类涧谷居。主妇治北堂,膳服适戚疏。恩封高平君,子孙从朝裾。开门问谁来,无非卿大夫。不知官高卑,玉带悬金鱼。问客之所为,峨冠讲唐虞。酒食罢无为,棋槊以相娱。凡此座中人,十九持钧枢。又问谁与频,莫与张樊如。来过亦无事,考评道精粗。跰跰媚学子,墙屏日有徒。以能问不能,其蔽岂可祛。嗟我不修饰,事与庸人俱。安能坐如此,比肩于朝儒。诗以示儿曹,其无迷厥初。"

《符读书城南》如下:"木之就规矩,在梓匠轮舆。人之能为人,由腹有诗书。诗书勤乃有,不勤腹空虚。欲知学之力,贤愚同一初。由其不能学,所入遂异闾。两家各生子,提孩巧相如。少长聚嬉戏,不殊同队鱼。年至十二三,头角稍相疏。二十渐乖张,清沟映污渠。三十骨骼成,乃一龙一猪。飞黄腾踏去,不能顾蟾蜍。一为马前卒,鞭背生虫蛆。一为公与相,潭潭府中居。问之何因尔,学与不学欤。金璧虽重宝,费用难贮储。学问藏之身,身在则有余。君子与小人,不系父母且。不

魔,为其所累。以高考填报专业为例,如果家长孩子静下心来,仔仔细细想一想,问一问,议一议,考生到底对什么专业有志趣,自己内心到底需要什么?那么,填报的专业就很可能是考生真正的"志愿",而不是家长和孩子被名利所左右的想当然的"自愿"。那么,每年非正常死亡大学生也很可能大大减少。

淡泊养心尤其不能放纵自己的贪念,陷入沽名钓誉、追名逐利的旋涡之中。否则,必将得不偿失,甚至毁掉终身。孔子说得好:"不义而富且贵,于我如浮云。"如果芸芸众生暂时无法领悟圣人的心胸与思想境界,可以强化相关心理常识的认知:一个人物质上拥有得越多,占有物质所能带来的快感反而呈现边际效应的递减。想要维持同样的快感,就必须通过占有更多的物质来实现。这就很容易让人采取非正常的,甚至是违纪违法的手段去铤而走险。古往今来,不知有多少人在名利二字上栽了大跟斗,最终身败名裂,一生的奋斗一朝归零。当前各种媒体频频披露的众多反面案例,真值得养儿育女者高度警醒!

三、"行善济人"

一个人应心存善念,当别人遇到困难和危险时,自己如果能帮就一定要出手帮一把,这样就可以广结善缘。人生切忌心存恶念,满脑子厚黑和奸诈,那样只会让自己的路越走越窄。立身处世要经常自省,凡事都要对得起自己的良心,不做亏心事,时时刻刻做一个品德端正的自善之人。

人人都有缺点,善解人意,善于理解他人的局限是善,宽容他人错误,不求全责备,也是善。时时善言善行,既可以提升自己的人格品行,又能创造良好的人际氛围。王永彬深谙人间善恶,他用非常精炼的话语告诫世人:"处事要代人作想";"肯救人坑坎中,便是活菩萨";"行善济人,人遂得以安全,即在我亦为快意;逞奸谋事,事难必其稳便,可惜他徒自坏心"。

见公与相,起身自犁锄。不见三公后,寒饥出无驴。文章岂不贵,经训乃菑畲。潢潦无根源,朝满夕已除。人不通古今,马牛而襟裾。行身陷不义,况望多名誉。时秋积雨霁,新凉入郊墟。灯火稍可亲,简编可卷舒。岂不旦夕念,为尔惜居诸。恩义有相夺,作诗劝踌躇。"

这两首诗在历史上毁誉参半。苏东坡评价"退之示儿云云,所示皆利禄事也";朱彝尊评价《示儿》"率意自述,语语皆实,亦淋漓可喜。"(以上韩愈诗文及苏、朱评价见《韩昌黎诗系年集释》,钱仲联集释,上海古籍出版社1984年版,第956—957页)

综合考虑韩愈的贫寒出身、时代背景及他们父子的历史贡献,应该高度肯定韩愈对家族、家人的爱和责任,他率真而无丝毫虚伪,奋发而无半点自卑,他食尽人间烟火,又立志为圣。其坚持艰苦奋斗,勤奋有为的家教思想和以身示范、言辞谆谆的教育方法,值得当今家长高度重视。

真正要做到善言善行,必须"严于律己,宽以待人"。这八个字,说起来简单,但要真正做到却并不容易。因为这第一需要反思借鉴,《围炉夜话》讲,"知往日所行之非,则学日进矣;见世人可取者多,则德日进矣。"第二,要深明义理,王永彬说:"但责己,不责人,此远怨之道也;但信己,不信人,此取败之由也";"事当难处之时,只让退一步,便容易处矣"。第三,真正付诸行动,《围炉夜话》的标准是:"不与人争得失";"求个良心管我,留些余地处人";"自奉必减几分方好,处世能退一步为高"。

现实世界中,大多数人都是对己宽而对人严。刀刃向外时势大力沉,刀刃向内时却怎么都下不了手。人最大的敌人其实是自己,人人都应以责人之心来责己,以信己之心来信人。人生想要成功,就要对自己狠一点,不放过自己身上的任何缺点,不断完善自己,让自己变得更好。同时,想要成功,就要对别人好一点,再好一点。特别是在面对自己和他人之间的利益冲突时,必须透彻理解"财聚人散,财散人聚"的道理,格局和气量都要大一些。真正做到善言善行,就要团结人、包容人、帮助人、相信人、体谅人,善于看到别人的长处,虚心学习。这样也就能够获得他人的助力,强大自己。从这个角度讲,"行善济人"也就是"行善自助",如此两全其美之事,家庭教育一定要引导孩子多行不厌。

四、"神紧骨坚,乃能任事"

《围炉夜话》有多处强调神紧骨坚的任事之能。比如:"贫无可奈惟求俭";"困穷之最难耐者能耐之,苦定回甘"。一个人如何对待贫困,最能看出他的品性。家境贫寒,生活清苦,但如果能咬紧牙关,勤劳持家,处处节俭,就会逆境崛起,先苦后甜。反之,亦然。《围炉夜话》的原话是:"然使享一生饱暖,而气昏志惰,岂足有为?饥寒人所不甘。然必带几分饥寒,则神紧骨坚,乃能任事。"

人无法选择自己的出身,有的人生下来就在罗马,而有的人只能靠自己的双腿跨越漫漫征途一步一步地走到罗马。英雄不问出处,艰苦的环境往往能造就一个人坚韧不拔的性格,而这种性格正是日后成就大事的重要资本。崇俭戒奢是个人和团队长期保持强悍战斗力的重要手段。历史上,元朝的铁骑,清朝的八旗都是在长期富足安逸的环境中慢慢玩物丧志,最后把自己给玩废了。

习近平同志15岁时就从首都北京来到自然环境和生活条件均十分恶劣的陕北梁家河村插队当知青劳动锻炼,一待就是七年。他一边从事农业生产,一边坚持学习,在艰难困苦的环境中实现了精神的升华,了解了农村一线基层的真实情况,增长了才干。

经过近半个世纪的改革开放,当前中国的经济实力强大了,人民的生活水平提高了。不论城市还是乡村,生活、工作条件都比上世纪六七十年代有了大幅度改善。2021年2月25日,习近平总书记在全国脱贫攻坚总结表彰大会上庄严宣告:"经过全党全国各族人民共同努力,在迎来中国共产党成立一百周年的重要时刻,我国脱贫攻坚战取得了全面胜利!"在这样的时代背景下,应该怎样培养孩子们"神紧骨坚的任事之能"呢？较好的答案就是引导孩子走出衣来伸手饭来张口的舒适圈,家校社协同实施劳动教育。

著名教育家苏霍姆林斯基在《给父母的建议》一书中说:"人在用劳动创造物质财富和精神财富的同时也在创造自己。如果我们希望我们的孩子成为真正的人,我们就不要再为他们精心营造轻松安逸、无忧无虑的童年。没有劳动,没有身体和精神的紧张,青少年时代的生活是难以想象的。"①智者所见略同,王永彬在《围炉夜话》中强调:"富家惯习骄奢,最难教子";"念祖考②创家基,不知栉风沐雨,受多少苦辛,才能足食足衣,以贻后世;为子孙计长久,除却读书耕田,恐别无生活,总期克勤克俭,毋负先人";"善谋生者,勤修恒业";"耕读何妨兼营,古人有出而负耒③,入而横经④者矣";"耕所以养生,读所以明道,此耕读之本原也"。

五、"生命有穷期,学问无定数"

劝学是中国历代家教经典最为重要的主题。与其他多数经典相比,《围炉夜话》的劝学更为朴实、明确,可谓妇孺皆懂,这与其浅近精明的言语风格完全一致。比如,"天地无穷期,生命则有穷期,去一日便少一日;富贵有定数,学问则无定数,求一分便得一分。""人生光阴易逝,要早定成器之日期。""学无长进,我何以对天？"

学习的确是生存发展之根本。21世纪是一个知识爆炸时代,现在每天新产生的知识甚至超过以前一个世纪的总量。早在上世纪有关国际组织就强调:

---

① 苏霍姆林斯基:《给父母的建议》,罗亦超译,长江文艺出版社2017年。
② 祖考:对故去祖父的尊称,也可泛指已去世的祖先。
③ 负耒:背负农具,从事农耕。
④ 横经:横陈经籍,受业读书。

"每一个人必须终身继续不断地学习。"[1]那些不具备终身学习习惯和能力的人,都将被无情淘汰。学海无边,学无止境。[2]家长也好,孩子也罢,都应该活到老学到老。

《围炉夜话》有言:"好光阴,莫错过。"学习需要投入时间,而每天的时间是有限的,因此对孩子进行时间管理教育就十分必要。当前信息技术已经完全渗透到人们日常生活的方方面面,智能手机就像人的器官一样长在人们身上,那块小小的屏幕每天都会占据人的大量时间。孩子如果沉迷于手机打游戏、刷视频,几个小时一下子就过去了,学习、生活都会大受影响。所以,家长要引导孩子严格自控每天接触智能手机的时间,留足更多时间读书学习和锻炼身体,同时保护视力。家长自己也要做好榜样,闲暇时间要尽可能少使用手机,多捧书阅读,潜移默化地引导孩子养成经典阅读习惯,并在心里真正爱上经典。当然,和孩子一道外出锻炼,积极休息,也是善于学习的体现,可多安排户外亲子活动。

"吾生也有涯,而知也无涯。"面对海量的知识,即使是全世界最聪明的头脑终其一生最多也只能学到其中的万一。家长要努力培养孩子对知识的热爱,对学习的兴趣,尽可能超越和克服应考升学的功利性,引导孩子自主激发学习的强大动力。《围炉夜话》指出:"为学无间断,如流水行云,日进而不已也。"学习不能急躁冒进,学问增长没有捷径,只有孩子产生了自主学习的强大动力,才能一天一天深耕,一分一分精进,保持足够的耐心和定力,在岁月流转中马到功成。

习近平总书记学习的耐心和定力特别值得所有儿童青少年学习。读书是总书记多年一以贯之的习惯,他说:"我爱好挺多,最大的爱好就是读书,读书已成为我的一种生活方式。"2013年5月4日,习近平总书记和各界优秀青年代表座谈时讲:"学习是成长进步的阶梯,实践是提高本领的途径。青年的素质和本领直接影响着实现中国梦的进程。古人说:'学如弓弩,才如箭镞。'是学问的根基就好比是弓弩,才能就好比是箭头,只要依靠厚实的见识来引导,就可以让才能更好地发挥作用。"在此,习近平总书记引用清代文学家袁枚《续诗品·尚识》名

---

[1] 联合国教科文组织国际教育发展委员会:《学会生存——教育世界的今天和明天》,教育科学出版社1996年版。
[2] 曾子《大学》很好地阐释了这种学习境界:大学之道,在明明德,在亲民,在止于至善。知止而后有定,定而后能静,静而后能安,安而后能虑,虑而后能得。物有本末,事有终始,知所先后,则近道矣。

句"学如弓弩,才如箭镞",特别强调:"应该把学习作为首要任务,作为一种责任、一种精神追求、一种生活方式,树立梦想从学习开始、事业靠本领成就的观念,让勤奋学习成为青年远航的动力,让增长本领成为青年青春搏击的能量。"

习近平总书记是怎样学习的呢?他曾在陕西延川梁家河村下乡插队7年,当年梁家河的村民王宪平回忆说:"他是白天是在山上劳动,回来以后主要利用晚上,晚上吃完饭以后,就在那土窑洞里边用煤油灯,在煤油灯下边看书学习。因为当时那个煤油灯那个亮光不够,就很小,再往大放一点,那个烟很大。所以一晚上看书完了,第二天早上起来,鼻孔里面和眼眉上面全是黑的。……只要第二天早上一看他,就是全是烟熏的,是黑的。"王宪平还讲,习近平总书记当年看的书有政治、历史、经济方面的,还有国外一些名著,有中国的名著,像《鲁迅全集》《聊斋志异》等。

在学什么、怎么学方面,习近平总书记有着精辟而高远的见解。2014年9月24日,在参加纪念孔子诞辰2565周年国际学术研讨会暨国际儒学联合会第五届会员大会开幕会时,习近平总书记讲:"'独学而无友,则孤陋而寡闻。'对人类社会创造的各种文明,无论是古代的中华文明、希腊文明、罗马文明、埃及文明、两河文明、印度文明等,还是现在的亚洲文明、非洲文明、欧洲文明、美洲文明、大洋洲文明等,我们都应该采取学习借鉴的态度,都应该积极吸纳其中的有益成分,使人类创造的一切文明中的优秀文化基因与当代文化相适应、与现代社会相协调,把跨越时空、超越国度、富有永恒魅力、具有当代价值的优秀文化精神弘扬起来。"

对于具体的学习方法与态度,习近平总书记的论述极为深刻。2014年5月4日,习近平总书记在北京大学和师生座谈的时候讲:"道不可坐论,德不能空谈。于实处用力,从知行合一上下功夫,核心价值观才能内化为人们的精神追求,外化为人们的自觉行动。《礼记》中说:'博学之,审问之,慎思之,明辨之,笃行之。'有人说:'圣人是肯做工夫的庸人,庸人是不肯做工夫的圣人。'年轻有大好机遇,关键是要迈稳步子、夯实根基、久久为功。心浮气躁,朝三暮四,学一门丢一门,干一行弃一行,无论为学习还是创业,都是最忌讳的。"

2018年5月2日,在北京大学和青年学生交流时,习近平总书记分享了自己当年的读书心得:"通过不断重新审视,达到否定之否定、温故而知新……这种通过自己思考、认识得出的结论,就会坚定不移。"他告诉同学们:"学习就必须求真学问,求真理、悟道理、明事理,不能满足于碎片化的信息、快餐化的知识。"习近平总书记还特别重视在劳动实践中学习。2023年5月,在北京育英学校的学生农场,他看到孩子们认真积极地为黄瓜、西红柿秧苗等松土、除草、浇水,就特别高兴。他说,很多知识和道理都来自劳动、来自生活。习近平总书记希望孩子们培养劳动习惯,提高劳动能力,因为"有利于他们更好地学习知识"。

学习方法千千万万,习近平总书记最看重勤勉认真。《围炉夜话》也反复强调:"读书须切己用功";"学业之不进,总为一懒字丢不开";"读书无论资性高低,但能勤学好问,凡事思一个所以然,自有义理贯通之日";"心不外驰,气不外浮,是读书两句真诀";"知足之心,可用之以处境,不可用之以读书"。学习是一件并不轻松的事,偷懒不得,唯有刻苦用功,勤奋不辍,才会日进而已。家长要以身示范,适时鼓励,引导孩子多带着问题去学,知其然并知其所以然,多平心静气地去学,耐得住寂寞,抗得了浮躁,始终保有上进求知的热情与志向。

(本章编撰:古丹)

26　惟以勤俭谦三字为主

——曾国藩《曾国藩家书》①要义

● **家教要言**

"世事多因忙里错。"

"家勤则兴,人勤则俭,永不贫贱。"

"孝、友为家庭之祥瑞。"

"吾人为学,最要虚心。"

"功课无一定呆法,但须专耳。"

"人而无恒,终身一无所成。"

"自修之道,莫难于养心;养心之难,又在慎独。"

"天下古今之庸人,皆以一惰字致败。"

"惟读书则可变化气质。"

"为人不可过于聪明。"

"一个品格好的人,一生的运气不会差到哪去。"

"君子愈让,小人愈妄。"

"凡事不可占人半点便宜。"

"大处着眼,小处着手。"

"步步前行,日日不止,自有到期。"

"柔非卑弱之谓也,谦退而已。"

● **作者简介**

曾国藩(1811—1872),初名子城,字伯涵,号涤生,湖南湘乡人,宗圣曾子第

---

① 本章原典引文主要参考曾国藩:《曾国藩家书》,李瀚章编,黎福安整理,广东人民出版社 2022 年版。

70世孙。晚清著名政治家、军事家、理学家、文学家,位列"晚清中兴四大名臣"之首。官至两江总督、直隶总督、武英殿大学士,封一等毅勇侯,去世后被追赠太傅,谥"文正"。

曾国藩出生于晚清一个地主家庭,自幼勤奋好学,6岁入塾读书,8岁能读四书、诵五经,14岁能读《周礼》《史记》《文选》。道光十八年(1838)中进士,入翰林院,累迁内阁学士、礼部侍郎等职。太平天国运动时,曾国藩组建湘军,力挽狂澜,经过多年鏖战后攻灭太平天国。曾国藩一生奉行"为政以耐烦为第一要义",主张凡事勤劳廉俭,不可为官自傲。他修身律己,以德为官,以忠谋政,在官场获得巨大成功,对晚清政治、军事、经济、文化等影响重大。

中国自古有"立功、立德、立言"三不朽之说,在中国古代历史上被公推的"三不朽圣人"是孔子、王阳明,曾国藩则被公认为唯一的"半个圣人"。虽被折半,但也足够伟大。同为晚清重臣的胡林翼说:"曾公素有知人之鉴,所识拔多贤将。"左宗棠说:"谋国之忠,知人之明,自愧不如元辅①。"李鸿章说:"(曾国藩)威名震九万里,内安外攘,旷世难逢天下才。"梁启超评价曾国藩是"立德立功立言三不朽,为师为将为相一完人",并说:"吾以为曾文正公今而犹壮年,中国必由其手获救。吾谓曾文正集,不可不日三复也。"毛泽东则用"予与近人,独服曾文正"表达对这位同乡的推崇,现藏韶山纪念馆的《曾国藩家书》数卷扉页上都有毛泽东手书的"咏之珍藏"。

● **经典概览**

《曾国藩家书》初名《曾文正公家书》,李瀚章编撰、李鸿章校勘,传忠书局出版,收集了曾国藩从授翰林院检讨(1840)到去世前一年(1871)所写的1400多封家书。全书内容极为广泛,如实记录了他一生的修身治学、齐家教子,及政治军事活动。从成书开始,这部家书就极具吸引力、感召力和传播力,100多年来,一直盛传不衰。其间,有多人取舍增删、分类整理,形成了众多版本。

曾国藩未曾留下宏大专著,而其家书虽然只是安排大量平淡家事,记录分享日常军政事务,但也蕴积着海量真知灼见和才情智慧。这些家书形式自由,挥笔从容,随想随写,但无不严谨恭肃。每一封家书都浸透了鸿儒墨香,无论长短,字

---

① 元辅:首辅,第一辅政大臣。曾国藩是晚清无可争议的第一大臣,故被时人尊称为"元辅"。

里行间都充盈着曾国藩浓浓的亲情,①闪烁着人性的温馨良善之光。

《曾国藩家书》的写作背景有两点特殊。其一,作者早年痴迷于学问,对历史、古文、书法、理学及各种典章制度有较好研究,可与当时学术大师梅曾亮、何绍基等媲美。但是,他未能成为著作等身的大学者,主要原因是仕途迁升太快,短时间就成了二品大员。此后,他不断忙于官场政务和戎马征战,在无法固守书苑、潜心学问的情况下写作了大量家书。其二,曾国藩在攻灭太平天国的过程中,功高震主,权势极大,清廷对他极为提防。比如,在曾国藩攻克武汉时,咸丰帝长叹:"去了半个洪秀全,来了一个曾国藩。"在这种情况下,曾国藩勤写家书并刊印发行,是想较好表达自己效忠清廷,别无他心。

《曾国藩家书》堪称传世宝典。国学大师南怀瑾说:"清代中兴名臣曾国藩有十三套学问,流传下来的有两套,其中之一就是《曾国藩家书》。"历史学家、教育家章开沅认为,这部家书是中国传统文化思想在近代的集大成之作,具有极高思想深度。历史学家茅海建认为,这部家书对于研究中国近现代史具有重要参考价值。哲学家冯友兰认为,这部家书是中国传统人生哲学的集大成之作。政治学家张鸣认为,《曾国藩家书》的政治智慧是处理现代政治问题的重要参考。著名作家钱锺书认为,《曾国藩家书》的文学风格是中国传统散文的典范。哲学家、教育家傅佩荣认为,这部家书是家庭教育的经典之作,为现代家长提供了宝贵的借鉴。

 原著选段

"孙所以汲汲赠者"

孙所以汲汲赠者,盖有二故:一则我家气运太盛,不可不格外小心,以为旧债尽清,则好处太全,恐盈极生亏,留债不清,则好中不足,亦处乐之法也;二则各亲戚家皆贫,而年老者,今不略为资助,则他日不知何如。孙自入都后,如彭满舅曾祖、彭王姑母、欧阳岳祖母、江通十舅,已死数人矣,再过数年,则意中所欲馈赠之人,正不知何若矣。家中之债,今虽不还,后尚可还,赠人之举,今若不为,后必悔

---

① 再豪放伟大的人,也无不时时牵挂儿女家人。比如,浪漫豪放的诗仙李白也有苦苦思念孩子的诗句:"楼东一株桃,枝叶拂青烟。此树我所种,别来向三年。桃今与楼齐,我行尚未旋。娇女字平阳,折花倚桃边。折花不见我,泪下如流泉。小儿名伯禽,与姊亦齐肩。双行桃树下,抚背复谁怜?念此失次第,肝肠日忧煎。"(见李白《寄东鲁二稚子》)

之！此二者，孙之愚见如此。

译文：孙儿之所以急于赠送，是因为有两个原因：一是，我家气运太盛，一定要格外小心，旧账还尽，好处最全，恐怕不能持盈保泰，留点债不还清，那虽美中不足，但也是处于快乐吉利境地的办法。二是，各亲戚家都穷，而年老的，现在不略加资助，以后情况难以预料。孙儿进京以后，如彭满舅曾祖、彭王姑母、欧阳岳祖母、江通十舅，已去世好几个人，再过几年，我们想要帮助的人，还不知道会怎样。家里的债，今天虽不还，以后还可以还，帮助别人的事，今天不做，以后就只有后悔了。这两个原因，是孙儿的愚见。

"然九弟前信"

然九弟前信，有意与刘霞仙同伴读书，此意甚佳。霞仙近来读朱子书，大有所见，不知其言话容止，规模气象如何？若果言动有礼，威仪可则，则直以为师可也，岂特友之哉？然与之同居，亦须真能取益乃佳，无徒浮慕虚名。人苟能自立志，则圣贤豪杰，何事不可为？何必借助于人？我欲仁，斯仁至矣。我欲为孔孟，则日夜孜孜，惟孔孟之是学，人谁得而御我哉？若自己不立志，则虽日与尧舜禹汤同住，亦彼自彼，我自我矣，何与于我哉？

译文：不过九弟前一封信中说他想与刘霞仙一道读书，这个想法很好。霞仙近来读朱熹的书，很有自己的见解，但不知他谈吐容貌、规模气象怎样？如果言语行为有礼，威仪可做表率，那么直接拜他为师就好，难道还只限于朋友吗？但与他同住，也必须真能获益才好，不要徒然仰慕别人虚名。一个人如果能自己立志，那么圣贤豪杰的事情有什么不能做呢？何必一定要借助别人呢？我想做到仁，便能做到仁。我想要做孔孟，就日日夜夜孜孜以求，专注学习孔孟，那谁还能阻挡我成为孔孟呢？如果自己不立志，就算天天与尧、舜、禹、汤同住，结果他还是他，我还是我，与我有何关系？

"余自去岁以来"

余自去岁以来，日日想归省亲，所以不能者，一则京帐将近一千，归家途费，又须数百，甚难昔办。二则二品归籍，必须具折，折中难于措辞。私心所愿者，得一学差，三年任满，归家省亲，上也。若其不能，或明年得一外省主考，能办途费，后年必归，次也。若二者不能，只望六弟九弟，明年得中一人，后来得一京官，支持门面；余则告养归家,他日再定行止。如三者皆不得,则直待六年之后,至母亲七十之年,余誓具折告养,虽负债累万,归无储粟,亦断断不顾矣。然此实不得已之计,奢能于前三者之中,得其一者,则后年可堂上各大人,乃如天之福也!不审祖宗默佑否?

译文:我从去年以来,天天都想回家探亲,之所以不能成行的原因是:一,在京城欠别人的债近一千,回家的路费又要几百,害怕难以筹集。二,我是二品官,回家必须写奏折报告皇上,很难措辞。我内心是想,得一个学差,任满三年,就回家探亲,这是上策。如果不行,有可能明年到外省当一个主考官,就可筹集到路费,后年一定回家,这是中策。如果两条都不行,只希望六弟、九弟两人之中明年考中一人,后来得一个京官,支持门面,我便告养归家,以后再确定怎么办。如果三条都不行,就等六年后,母亲七十岁时,我坚决奏明皇上,告老归家。虽说欠债上万,回家没有存好路费,也坚决不顾了。然而,这实在是不得已的办法,奢望前三条能有一条可行,那么后年我就可以见到家中长辈亲人,真是天大的福气,不知祖宗是否暗中保佑?

"'涵泳'二字"

"涵泳"二字,最不易识,余尝以意测之曰:"涵"者,如春雨之润花,如清渠之溉稻。雨之润花,过小则难透,过大则离披,适中则涵濡而滋液,清渠之溉稻,过小则枯,过多则伤涝,适中则涵养而湾兴。"泳"者,如鱼之游水,如人之濯足。程子谓鱼跃于渊,活泼泼地,庄子言濠梁观鱼,安知非乐?此鱼水之快也。左太冲有"濯足万里流"之句,苏子瞻有《夜卧濯足》诗,有《浴罢》诗,亦人性乐水者之一快也。善读书者,须视书如水,而视此心如花、如稻、如鱼、如濯足,则"涵泳"二字,庶可得之于意言之表。尔读书易于解说文义,却不甚能深入,可就朱子"涵泳""体察"二语悉心求之。

译文:"涵泳"二字,最不容易理解,我曾从语义上加以揣测。所谓"涵",好比春雨滋润花朵,又如清渠灌溉秧苗。春雨润花,太小难以浇透,太大就把花打乱打坏,适中滋润渗透才恰到好处。渠水灌溉秧苗,太少秧苗会枯,太多秧苗会被冲毁淹死,适中灌溉滋养秧苗才会兴发起来。所谓"泳",就像鱼游水中,也像人在浴足。程子说鱼儿在水潭跳跃,快活可爱;庄子说濠梁观鱼,怎知鱼儿不快乐呢?这些言辞一定能让我们想到鱼儿在水中的快乐情形吧?左思曾有"濯足万里流"的句子,苏轼也有《夜卧濯足》《浴罢》等诗,也都写出了人的天性就喜欢水呀!善于读书的人,必须把书看作水,而将自己的心想象成花朵、秧苗、游鱼和在水中洗浴的脚,那么"涵泳"二字,就可意会而言谈了。你读书解说文章大义比较容易,但不太能深入体会,可以从朱熹所言"涵泳""体察"这两条去用心求索。

"吾教子弟不离八本、三致祥"

吾教子弟不离八本、三致祥。八者曰:读古书以训诂为本,作诗文以声调为本,养亲以得欢心为本,养生以少恼怒为本,立身以不妄语为本,治家以不晏起为本,居官以不要钱为本,行军以不扰民为本。三者曰:孝致祥,勤致祥,恕致祥。吾父竹亭公之教人,则专重孝字。其少壮敬亲,暮年爱亲,出于至诚。故吾纂墓志,仅叙一事。处兹乱世,银钱愈少,则愈可免祸;用度愈省,则愈可养福。尔兄弟奉母,除劳字俭字之外,别无安身之法。吾当军事极危,辄将此二字叮嘱一遍,此外亦别无遗训之语。尔可禀告诸叔及尔母无忘。

译文:我教育子弟要求"不离八本"和"三致祥"。这"八本"是:读古书要以字句精准解释为本,作诗文要以讲究声调为本,奉养父母要以得到他们的欢心为本,修养身心要以少恼怒为本,立身处世要以不乱讲话为本,管理家事要以不睡懒觉为本,做官要以不贪钱为本,行军打仗要以不骚扰百姓为本。"三致祥"是:孝顺能带来吉祥,勤奋能带来吉祥,宽恕能带来吉祥。我的父亲竹亭公教育人,就专门注重一个孝字。他在少壮时敬爱父母,晚年时疼爱儿女,都出于心中一片至诚,所以我为他写的墓志铭,就只说这一件事。处在这个乱世之中,钱越少,就越能免除祸患;开支越俭省,就越能保持幸福。你们兄弟奉养母亲,除"劳"字和"俭"字,没有其他安身立命的办法。我目前军中事务极其危急,就将这两个字叮嘱你们一遍,此外也就没有什么遗训给你们了。你们可以将这个意思禀告给几位叔叔和母亲,不要忘掉。

"人生唯有常是第一美德"

人生唯有常是第一美德,①余早年于作字一道,亦尝苦思力索,终无所成。

---

① "昔孟母,断机杼"的典故可以充分诠释培养"有常"这一美德的重要意义。刘向《列女传》记载孟轲母亲仉氏教子有方,堪称贤母典范。原文如下:孟子之少也,既学而归。孟母方织,问学所至,孟子自若。孟母以刀断其织,孟子惧而问其故。母曰:子之废学若吾断斯织也。夫君子学以立名,问则广知。今而废之,是不免于厮役而无以离于祸患也。孟子惧,旦夕勤学不息,祖师子思,遂成天下之名儒。

近日朝朝摹写,久不间断,遂觉月异而岁不同。可见年无分老少,事无分难易,但行之有恒,自如种树畜养,日见其大而不觉耳。尔之短处在言语欠钝讷,举止欠端重,看书能深入而作文不能峥嵘。若能从此三事上下一番苦工,进之以猛,持之以恒,不过一二年,自尔精进而不觉。言语迟钝,举止端重,则德进矣。作文有峥嵘雄快之气,则业进矣。尔前作诗,差有端绪,近亦常作否?李、杜、韩、苏四家之七古,惊心动魄,曾涉猎及之否?

译文:人生中只有持之以恒是第一美德。我早年对于书法之道,也曾经冥思苦想,但最终一无所成。目前我每天都不断摹写,持久不间断,就渐渐感到每月每年都有新的进步和感悟。可见无论年龄大与小,事情难与易,只要能够持之以恒,做任何事情都会像种树和畜养牲口一样,每天都会有大的进步,只是没有感觉到而已。你的缺点在于说话欠稳重,举止欠端庄,看书能深入研究,但写文章没有气势。如果能从这三方面下一番苦工夫,勇猛进取、持之以恒,那么不到一两年,自然会有很大进步而自己感觉不到。言语稳重,举止端庄,德行自然会进步。写文章有了峥嵘雄快的气势,学业也就进步了。你前些天写的诗,已经有些起色,近来还时常写诗吗?李白、杜甫、韩愈、苏轼的七言古诗,有很多惊心动魄的佳句,你是否已经有所涉猎呢?

"澄弟左右"

澄弟左右:沅弟营中久无战事,金陵之贼,亦无粮尽确耗。杭州之贼目陈炳文,闻有投诚之信,克复当在目前。天气阴雨作寒,景象亦不甚匪。吾在兵间日久,实愿早灭此寇,仰斯民稍留孑遗。而睹此消息,竟未知何日息兵也?纪泽兄弟及王甥罗婿读书,均属有恒。家中诸侄,近日勤奋否?弟之勤,为诸兄弟之最。俭字工夫,日来稍有长进否?诸侄不知俭约者,常常训责之否?

译文:亲爱的澄侯弟弟:沅弟营中很久没有打仗了。南京的敌寇,得到确切信息他们已经没有粮食,杭州的敌寇头目陈炳文,听说他写有投降的信,都应当在眼下攻克收复。天气阴雨寒冷,景象也不大好。我在军营太久了,真想早日消灭敌人,希望老百姓稍微留几个后人。不过,即使看了这些好消息,也不知哪一天可以结束战争。纪泽兄弟及王甥罗婿读书,都很有恒心。家里每一个侄儿,近来勤奋吗?弟弟你的勤奋,是兄弟中最突出的。"俭"方面的努力,近来略微有长进吗?所有侄儿中不知道节俭的,弟弟你经常训斥责罚他们了吗?

"主敬则身强"

主敬则身强。内而专静纯一,外而整齐严肃,敬之工夫也;出门如见大宾,使民如承大祭,敬之气象也;修己以安百姓,笃恭而天下平,敬之效验也。聪明睿智,皆由此出。庄敬日强,安肆日偷。若人无众寡,事无大小,一一恭敬不敢怠慢,则身强之强健,又何疑乎?

译文:信仰程朱理学的"主敬"思想而修养道德,自身就会强健有力。内心专一宁静,浑然一体,外表衣着整齐,态度严谨,这是"主敬"应下的工夫。出门办事就像接待贵宾一样,让百姓办事就像主持重大祭祀一样,这是"主敬"应有的样子。凭借自己修身使百姓安居乐业,纯厚恭敬使天下太平,这是做到"主敬"应该有的效果。人的聪明睿智,就是在这种"主敬"过程中产生的。严谨恭敬,就会一天天壮大自己,傲慢无礼、肆意而为,就会一天天削弱自己。如果无论人多还是人少,无论事大还是小,都能做到恭恭敬敬、一丝不苟地对待,自身就会不断强健,这还值得怀疑吗?

● **家教指南**

一个人思想的形成和发展,必然受到个体内在多种因素和外部环境的影响。曾国藩家庭教育思想的形成和发展有着深刻而复杂的个人经历、文化渊源和时代背景等原因。比如,就文化影响而言,曾国藩既深受儒家传统的深刻影响,又离不开湖湘文化"任性刚直、好勇崇俭、气太强"等特质的长期熏陶。学习了解曾国藩家庭教育思想,有利于当今父母家长直达本质,从文化建设和思想引领的层面辩证剖析和修正自己的家庭教育,从而启迪和促进亲子共同成长。下面,择要说明三点。

一、言教和身教需紧密结合

常言道:身教重于言教。曾国藩以廉律己、以勤治世,在持家教子方面,曾家大院正中厅堂挂有曾国藩手书的《曾家八本家训》,要求家人勤俭持家,努力治学,睦邻友好,谦虚仁恕,读书明理。他是语言文化的大师,更是恒常行动的巨人,其言教和身教都是后人学习的典范。

除了上述"八本家训",曾国藩的言教主要体现在一封封家书里。那些朴实的话语是醒世箴言,字里行间充盈着中华优秀传统文化和历代文人士大夫推崇的美德。透过这些家书可以清晰地看到一代圣贤深厚的道德修养和文化积淀。曾国藩是好哥哥、孝顺的儿子、严谨的好父亲。他总是教导子弟好好读书,认真研究学问。遇到问题,他总能够先从自身找错,反省自己的缺陷;在与兄弟发生矛盾时,他总是冷静处理,仔细呵护兄弟之间的感情,"兄友"二字在他身上得到了完美诠释。他曾对其弟说:"凡兄弟有不是处,必须明言,万不可蓄疑问。"

曾国藩的身教之一是每天都坚持用楷书写日记,每天读史书十页,每天记录茶余偶谈一则,这三件事,一天也没有间断过。如溪水汇江,日夜不息,终成其大,曾国藩作为战略家、军事家和文人的厚重功底,也自然源于自己的勤敬不辍。他常常叮嘱家人:凡一家之中,能勤能敬,未有不兴;不勤不敬,未有不败者。好习惯让人受益终身,曾国藩一生勤俭自持,兼善他人。"家中有人做官,则待邻里不可不略松,而家用不可不守旧",曾国藩以身作则,宁穷也不贪腐,为身边人树立了光辉榜样。

言传启迪思想,身教引导行为,思想与行为的持续优化铸就文化的丰碑,提升生命成长与精神生命繁衍的质量。正是因为曾国藩的言传身教,曾氏家族后代无一"败家子",还涌现240余位人杰,且五世以后仍然不乏杰出人才,打破了"君子之泽,五世而斩"的预言。曾氏家族的巨大成功,可对当今家庭教育带来诸多启发。比如,不少年轻的父母早早躺平,得过且过,看见孩子学业怠惰或晚睡晚起则厉声呵斥,如此"身教言传",其水平层次与成效后果,显然不言而喻。

二、勤俭自持方能永不贫贱

曾国藩集自己毕生修身齐家智慧而笃定地认为,教子持家兴业务必勤俭。他有十六字箴言:"家俭则兴,人勤则健;能勤能俭,永不贫贱。"勤俭节约为修身立人之本,兴业持家之道,人人勤俭自持,全社会一定风清气正,欣欣向荣。

勤俭自持,不分官宦百姓。"余服官二十几年,不敢稍染官宦气习,饮食起居,尚守寒素家风。"曾国藩位至"元辅",却能长期俭朴,远离奢华。他在京城见到世家子弟一味奢侈腐化,挥霍无度,便不让子女来京居住。他的原配夫人一向带领子女住在乡下老家,门外不许挂"相府""侯府"的匾牌。曾国藩要求"以廉率属,以俭持家,誓不以军中一钱寄家用"。他穿的衣服、布袍、鞋袜多为夫人亲手所做,嫁女时,陪嫁费用不超过二百两白银。时人无不赞誉曾国藩"道德文章冠冕一代"。

曾国藩在家书中写道:"余教儿女辈惟以勤俭谦三字为主。弟每用一钱,均须三思,诸弟在家,宜教子侄守勤敬。吾在外既有权势,则家中子弟最易流于骄,流于佚,二字皆败家之道也。"他希望子弟兢兢业业,努力治学,主张不把财产留给子孙,因为子孙不肖留亦无用,子孙图强,也不愁没饭吃。这正体现了他"盈虚消长"的人生理念与哲学思考。

治家须勤俭,曾国藩对子女、弟弟的教育,体现了他对中华民族传统美德的继承与发扬。他崇尚简朴,身体力行,即使当了大学士,每餐也仅仅是一个荤菜,人称"一品宰相一荤也"。这样克勤克俭的圣贤重臣,天下能有几人?从古至今,铺张浪费的现象并不少见,也有勤俭一生的父母将家产留给儿女,任其不劳而获,甚至大肆挥霍,这又怎能保证后代子孙终身不贫贱呢?

三、读书守常培养明理君子

曾国藩黎明即起,诵读经典,饭后作字,撰写日记,其每天的"必修课"终身坚持。书是人类的"长生果",读海量的经典佳作方能"腹有诗书气自华"。那么,读书到底应该怎么读呢?曾国藩引导子女读书的主要方法如下。

其一,精读经典。选择经典之作,真正领悟、靠近乃至超越经典,是曾国藩对子弟的期待。选择经典方面,他有多次翔实指导。比如,他对儿子曾纪泽说:"小学凡三大宗。言字形者,以《说文》为宗……言训诂者,以《尔雅》为宗……言音韵者,以《唐韵》为宗。"他列举韩愈、柳宗元等大儒以《周易》《尚书》《诗经》等少数经典为宗的例子说明读书不在多而在精的道理。对于阅读经典的方法,他则对纪泽有过如下教导:"读书之法,看、读、写、作,四者每日不可缺一。"看《史记》《汉书》,读《四书》《诗》等,非高声朗诵则不得其雄伟之概,非密咏恬吟则不能探其深远之韵。按曾国藩的观点来说,这些历经岁月检验的伟大经典,其思想智慧必须经过反复的"看、读、写、作"之法,才能学习与吸取,并逐步走进经典所具有的高能量场。

其二,"一书不尽,不读新书"。曾国藩要求子弟一本书没读完,就不要忙着去读其他书。这是沉浸专注而善始善终的读书方法。他对儿子说,"凡读书,不必苦求强记。只须从容涵泳,今日看几篇,明日看几篇,久久自然有益",还要"略作札记,以志所得,以著所疑"。曾国藩倡导,要把读书时的所思所感,不论是心得体会,还是疑难困惑,都随手记下来,这样才能有助于读而后学。曾国藩主张的"读书不二",其根本目的在于涵养踏实守恒、专注笃行的治学处事性情与习惯,表面看可能让人误以为所学视野狭窄、效率不高,但其实质效果,远超一目十行而好高骛远之徒。

其三，顺应天性。曾国藩很注意顺应个人的先天禀赋和读书志趣支持子弟的学业发展，这在他对两个儿子的教育中体现得比较充分。长子曾纪泽不擅长死记硬背，厌恶八股教条的科举考试，曾国藩就积极鼓励他按自己的兴趣方向去读书，大力鼓励他学习西学，了解西方现代文明。后来，曾纪泽不但通经史，工诗文，而且精算术，能够客观比较欧洲数学和中国古代算术的优劣。受洋务运动影响，曾纪泽还力学英语，研究西方科学文化，堪称"学贯中西"。最终，曾纪泽作为中国近代史上第二位驻外公使和晚清外交家、爱国者，凭借外交之力，将已被俄国占领的新疆伊犁南境特克里斯河流域的万里疆土收取回来，成为在中国近代史上成功运用现代意义外交思想的第一人。

次子曾纪鸿也不擅长科举，多次应试都无果而归。曾国藩并未凭借自己的权势走不正当路子为其谋取功名，而是鼓励他学习西方语言文字，细心研究西方代数学。后来，曾纪鸿25岁就独立完成了《对数详解》5卷，又与人合作撰成了《圆率考真图解》。这部合著借鉴并改进西方数学家尤拉的方法，删繁就简，计算出了圆周率值到100位的数码，被时人评价为"从古所未有"。曾纪鸿是年轻有为的数学家，他勇进锐思，创立新法，还预言数千年后地球运行岁差，推算地球绕太阳运行的自转速率。

曾国藩说："人之气质由于天生，很难改变，唯读书改变气质。"对儿子成功的家庭教育进一步实证，曾国藩的确极其重视后辈读书学习，且有特殊的谋划与独到的经验。曾国藩在家书中讲："余于《四书》《五经》之外，最好《史记》《汉书》《庄子》《韩文》四种，好之十余年，惜不能熟读精考。又好《通鉴》《文选》及姚惜抱所选《古文辞类纂》、余所选《十八家诗钞》四种。共不过十余种。早岁笃志为学，恒思将此十余书贯串精通，略作札记，仿顾、王怀祖之法。今年齿衰老，时事日艰，所志不克成就，中夜思之，每用愧悔。儿若能成吾之志，将《四书》《五经》及余所好之八种，熟读而深思之，略作札记，以志所得，以著所疑，则余欢欣快慰，夜得甘寝，此外别无所求矣。"曾国藩的切身体会、家教方法和思想言论，对当今家庭教育具有重要参考价值。各位父母家长在重视孩子品德健康、数理基础、艺术外语的同时，若能积极引导孩子阅读传统文化经典，且读书有法，好之乐之，孩子一定能够更好成长。

（本章编撰：杨朝霞）

27　上以报国，下以振家

——胡林翼《胡林翼家书》[①]要义

● **家教要言**

"士先器识[②]而后文艺[③]，唯庸人乃斤斤于功名之得失[④]。"

"是可知人苟常存知足之戒，自无不快之怀。"

"吾人做事，第一须赖学问，第二须靠精神。"

"早起勤，则精神爽，运动勤，则筋骨坚。"

"有十分精神，方能办十分事业。"

"上以报国，下以振家，庶不负此昂藏七尺之躯[⑤]。"

"夫学问之道，当先端趋向[⑥]，明去取。"

"读书当旁搜远览，博通天下。"

"读书一事，本贵恒而贱骤。"

● **作者简介**

胡林翼（1812—1861），字贶生，号润芝，湖南长沙府益阳县人，清代著名政治家、军事家，与曾国藩并称"曾胡"，与曾国藩、左宗棠、彭玉麟并称晚清中兴四大名臣，其修身齐家思想与治国安民功勋对后世影响深远。

胡林翼出生在官宦世家，父亲胡达源在嘉庆年间以一甲第三名进士及第，官

---

① 本章原典引文主要参考胡林翼：《胡林翼家书》，中国长安出版社2014年版。
② 器识：器量、见识，指人的胸怀与人生格局。
③ 文艺：文章、艺术，指人的才能与文化修养。
④ 乃斤斤于功名之得失：才对功名得失斤斤计较。
⑤ 庶不负此昂藏七尺之躯：希望可以不辜负这高大健壮的男儿之躯。昂藏，仪表雄伟，气宇不凡。
⑥ 端趋向：端正做学问的态度和价值取向。

至詹事府少詹事,为四品京堂。其岳父是嘉庆、道光时期重臣、学者,经世派主要代表陶澍,胡林翼从八岁开始受岳父器重栽培。

胡林翼自小才华横溢,志向远大,嗜读《左传》《史记》《汉书》《资治通鉴》等经典,对"山川厄塞、兵政机要"等多有研习,写文章能提笔挥就并畅达深刻,且能积极投身于经世安民的实践活动。他24岁中进士,后担任贵州安顺、镇远、黎平及四川、湖北等地重要官职。为官期间,他积极参与地方治理,审理案件不偏不倚,坚持公正公平,且效率极高,短时间内就清理了大量积案。

咸丰三年(1853)冬,胡林翼开始率领军队进入湖北、湖南等地与太平军作战,屡建奇功。他奖惩分明,积极发现和选拔智勇清廉兼备的将领。用兵作战策略方面,他力主水军、陆军结合,骑兵、步兵呼应,善于集中优势兵力出其不意消灭敌方有生力量。在财政方面,他创立"厘金"税收制度,设置盐局,短时间内使湖北财力与军力在全国各省份中独占鳌头。曾国藩高度评价胡林翼:"润芝之才胜我十倍",还称胡林翼"忧国之诚,进德之猛,好贤之笃,驭将之厚,吏治之精,无善不备,无日不新,同时辈流,固无其匹,即求之古人中,亦不可多得"。

胡林翼精于史地和军事,著有《胡氏兵法》《读史兵略》等著作,绘制了我国早期较为翔实完整的全国地图。他还是一位杰出的教育家,晚年在长沙城南书院担任主讲,在益阳创办箴言书院,还极为重视对家族子弟的言传身教,为后世留下了丰厚的思想文化遗产。毛泽东同志深受胡林翼影响,1945年他曾对张恨水谈到,他以前常用"润芝"一名,是因为在母校湖南一师(前身为城南书院)学习时非常尊敬胡林翼,杨怀中就仿照司马长卿崇拜蔺相如改名为相如的典故,给他取了"润芝"一名。

● 经典概览

《胡林翼家书》收录胡林翼从道光二年(1822)至咸丰十年(1860)写给叔父、父亲、弟弟、侄辈等88封具有代表性的家书,内容涉及修身立心、齐家治学、安民理政、领军用兵、选才用人等方面,集中体现了胡林翼主动学悟、勤恳节俭、忧国爱民、清正廉洁、守土负责的优秀品质。

胡林翼对当时社会积弊的深刻洞察在家书中也有所体现。比如,八股取士限制了人才的选拔,而人才的缺乏导致国事渐颓;官吏贪污成风,地方官尸位素餐,百姓负担沉重、受尽欺压,直至官逼民反;军事方面,兵士缺乏训练,腐败堕落,面对强敌难以招架……这些严重时弊激发了胡林翼的强烈斗志,他一心期望自己能够力挽狂澜,鞠躬尽瘁也在所不惜。这些家书流淌着赤诚,字里行间饱含着深情,而其中所表达的这位治世能人的兴国理想、风骨节操,以及家庭家教家风建设的真知灼见和亲力亲为,无不令人由衷敬佩。

● 原著选段

"吾国人士"

吾国人士,向不肯注意于身体之健康,而又心思过用,以致年未四十,而视茫茫,而发苍苍,而齿牙动摇者,滔滔皆是。当强仕之年,而已衰颓若是,则一旦畀以斧柯,又将何以肩负耶!兄现颇注重卫生,而其入手方法,则维一动字。

译文:我们国家的读书人,从来都不够重视身体健康,而又劳心过度,以至于还不到四十岁,就视力模糊、白发苍苍、牙齿松动脱落,这样的情况比比皆是。正当事业上升的黄金时期,身体却衰老到这种地步,如果一旦被委以重任,又能用什么去肩负呢?现在我非常重视保健,其入手方法就是运动。

"夫今日最要之图"

夫今日最要之图,首在有所养。蒙庄有言:"水之积焉不厚,则其负大舟焉无力。"养者,即积之谓也。积之道如何,亦唯勤敏悦学而已。举凡切合于政治民生之学,穷原竟委,专心研贯,一事毕,更治一事,如是,则他日出而用世,庶不致折足覆餗之消,而愚妄之讥自可免。

译文:现在最重要的追求,首先就是要有所"养"。庄子说过:"如果水不够深,就没有承载大船的力量。"所谓"养",就是指要有深厚的积累。积累的方法是什么呢?也只有勤敏而喜爱学习罢了。凡是关系到国家治理和百姓生活的学问,都应该追本溯源,用心钻研透彻,学习完一门,再去学习另一门。只有这样做,日后出来为官治理社会,才不会遭致因能力欠缺办不成事的嘲笑,自然也能免受那些愚昧狂妄的讥讽。

"唯读史第一须有判断"

唯读史第一须有判断,第二须有抉择。判断所以定古人之优劣,古事之正否,详察当日之情形，扫去陈腐之议论，而后判断斯不误。抉择所以定史书之价值，盖史书甚多，而皆各就本人之见解以发挥，或失之偏，在所难免，非加抉择，易为人欺。

译文：只是学历史首先要有自己的判断，其次是必须有所选择。判断就是要厘清古人的长处和缺点，识别历史事件的表述是否正确，细致分析当时情形，剔除陈旧迂腐的论断，然后得出自己的观点才不会错。选择就是要确定史书的价值，因为史书太多了，每一本都是作者结合自己的立场观点而有所发挥，出现偏颇在所难免，如果不加以选择，就很容易受到蒙蔽。

"盖士习为民风之本"

盖士习为民风之本，文章亦道德之华，世变循生，所以维礼教于不衰，扶廉耻于既敝者，皆赖读书明道之功。文教昌明，则士气蒸蒸日上，风俗所由纯焉。夫士先器识而后文艺，固不徒以宏博争长。然穷义理之精微，考古之事变，所为文章，可通政事，使非豫养于平时，胡能致用于一朝！

译文：为官者的行为习气是社会民风的根源，文章是社会道德的升华。虽然世事变化，但要维持礼教而不衰，并从破败的社会风气中扶正廉洁知耻风气，都有赖于读圣贤之书而明白道理。文化教育兴盛发达，则读书人学习的风气日益浓厚，地位更受尊崇，社会风俗就会纯洁向上。如果读书人先具备器量见识，然后读书写文章，就一定不会只是把知识的宏博作为自己的优势。只有对经典文章的精妙穷根究底，考察过去和现在不同的变化，那样写出的文章，才能为当下的政治大事提供参考。如果平时不能在积累上作好充分准备，怎么会有把自己的所学发挥出来的那一天啊！

"人生衣食住"

人生衣食住，诚为不可缺一者。然衣仅求其暖，食仅求其饱，住仅求其安。初不必衣罗绸，厌膏腴，而处华美之室也。吾家素尚俭朴，祖父在时，年届古稀，而辄喜徒步，不甘坐肩舆。父亲亦常劳筋骨，饿体肤，不自逸豫。吾兄弟数人，虽所禀不同，然体质均尚健硕，年又值盛壮，安可甘自暴弃，放荡形体？沃土之民不材，瘠土之民向义，如之何而可忘怀耶！

译文：人的一生，衣食住确实是一个都不能少。但穿衣只要能保暖，吃饭只要能吃饱，住所只要能安身就可以行了。没有必要一定穿绫罗绸缎，吃丰盛肥美的食物,住豪华壮美的房屋。我们家向来崇尚节约朴素的家风。祖父在世时,年纪七十多岁了,出门还喜欢徒步行走,不愿坐轿子。父亲也经常从事体力劳动,使身体有饥饿感,不让自己处在安逸的环境里。我们兄弟几个,虽然每个人的秉性不同,但身体都还健康结实,又正值壮年,怎么能甘心自暴自弃、放浪形骸呢?在优渥环境中生活的人很难成才,而在艰难困苦里成长的人更重道义,千万别忘记了这些呀!

"若亲友间有窘乏而来告贷者"

若亲友间有窘乏而来告贷者,力所能及,则慨予之。他日面能归赵,受之可,不还亦不必索偿也。亲友之凶终隙末者,大半由于债务纠葛也。兄常牢记,而未敢渝。

译文:如果亲戚朋友中有人经济困窘而来借钱,只要是在能力范围内,就应该慷慨地借给他们。将来如果他能归还,就接受;如果还不了,也不去讨要。亲戚朋友之间产生的矛盾和隔阂,大多是因钱财债务造成的。对于这些,我时常牢记于心,而不敢改变。

"苟常存知足之戒"

苟常存知足之戒,自无不快之怀。否则人之所欲无穷,而物之可以足我欲者有尽。美恶之辨战乎中,去取之择交乎前,则可乐者常少,而可悲者常多,此亦不移之理也。

译文:如果人们能经常保持知足的心态,自然就没有不快乐的心情。人的欲望是没有穷尽的,然而能满足欲望的东西是有限的。内心充满对美好和丑恶东西辨识的斗争,眼前完全是利益取与舍的纠结,那么原本快乐的事情就少了快乐,可悲的事情就更多悲伤,这也是不可改变的真理。

● **家教指南**

作为一部蕴含胡林翼治学、治吏、治军、治民、治家等思想主张与策略方法的书信集,《胡林翼家书》为后来者直观展示了一代名臣的心路历程,以及他的不凡人品、丰厚学养和高远志向。当前阅读这部家书,理应高度认可胡林翼的家国赤诚与不朽修为,并积极引导每一位孩子努力继承胡林翼留给后世的宝贵精神财富。

一、重自省、倡节俭,报效家国

胡林翼从青年时期开始就十分重视立德修身,这为当代家长更好帮助子女全面提升道德修养与干事创业的能力提供了重要启示。比如,胡林翼常常深夜自省,并能做到闻过则改。20岁时,在写给父亲的信中,胡林翼诉说自己深夜扪心自问、深度反思自我的情况,表达自己虽已弱冠却一事无成的愧疚之情,以及不敢留恋燕婉之私而奋发向上的青云之志。对自己时时葆有觉察和反思,是家庭教育可以给予孩子的重要修养。

胡林翼对人的成长有着清醒认知,教育子弟也特别严谨慎重。作为一代军政重臣,他对弟弟"事物不论是非,但凭势力强弱"的偏激观点很不认同。胡林翼主张"是非当清夜以思、返问于己",以彰显自己的光明磊落。在写给侄子的信中,胡林翼说,人非圣贤孰能无过,贵在能改,只要"自稔其过,勿尚意气、不自以为是,则前程远大"。在江宁为官时,胡林翼写给弟弟的信表达了谋事在人、成事在天的感叹,提醒大丈夫存世应尽人事、听天命,凡事当尽力而为,不管结果如何,始终自强不息。

胡林翼的自我修养,还突出地体现在对待奢逸生活的态度方面。他感觉到族人有贪图安逸的苗头后,就写信追忆祖父、父亲在世时素朴生活的细节[①],劝

---

① 习近平总书记2001年写给父亲习仲勋的拜寿信也深情而自豪地回忆了类似情况。相关片段是这么写的:"五是学父亲的俭朴生活。父亲的节俭几近苛刻,家教的严格也是众所周知的,我们从小就是在父亲的这种教育下养成勤俭持家习惯的。这是一个堪称楷模的老布尔什维克和共产党人的家风。这样的好家风应世代相传。"

这封家书其他重要内容如下:

自我呱呱落地以来,已随父母相伴四十八年,对父母的认知也和对父母的感情一样,久而弥深。希望从父母这里继承和吸取的宝贵与高尚品质很多,给我最深印象的大约如下几点:

一是学父亲做人。父亲受到广大人民群众和我党同志的普遍尊敬,首先是因为您为人坦诚、忠厚。您曾教诲我,您一辈子没有整过人和坚持真理不说假话,并一以贯之,这正像毛泽东说的,"一个人做点好事并不难,难的是一辈子做好事,不做坏事"。

二是学父亲做事。父亲的一生充满传奇色彩,为党和人民建功立业,我辈与父亲相比,太过平庸,汗颜不已。但更令我们感动的,是父亲从不居功,从不张扬,对自己的辉煌业绩视如烟云。这才是成大事者的风范,永远值得我辈学习和效仿。

三是学父亲对信仰的执著追求。无论是白色恐怖的年代,还是极左路线时期;无论是受人诬陷,还是身处逆境,您的心中始终有一盏明亮的灯,永远坚持正确的前进方向。在社会上喊我们是"狗崽子"的年代,我就坚信我的父亲是一个大英雄,是我们最值得自豪的父亲。历史已经证明,您是一个无愧于党、无愧于人民的坚强的无产阶级革命家。

四是学父亲的赤子情怀。您是一个农民的儿子,您热爱中国人民,热爱革命战友,热爱家乡父老,热爱您的父母、妻子、儿女。您用自己博大的爱,影响着周围的人们。您像一头老黄牛,为中国人民默默地耕耘着。这也激励着我将自己的毕生精力投入到为人民群众服务的事业中,报效养育我的锦绣中华和父老乡亲。

诫弟弟们尚俭戒奢,不要因为家里有人做官便花钱大手大脚、贪图享乐,而更应该让大好年华绽放在如何自立、如何报效家国上面。听说16岁的侄子在老家时常鲜衣怒马、驰骋街衢,胡林翼就写信规劝其自立自强、力图上进。发现有族人向往老庄隐遁,消极避世,他就修书劝勉鼓励他树立远大理想,努力用平生所学报效国家,为家族争光。高度重视修心立身的胡林翼还很看重强身健体。在家书中,他专门告诫弟弟们要学会把自己从长时间的伏案学习中解脱出来,注意强身健体,并介绍了自己依靠勤早起、勤劳动来保持身体健康的方法。

意大利教育家蒙台梭利认为,一个人的进步就是经由把不自觉变为自觉的过程,这与胡林翼的修身思想有很大一致性。可以说,只有对自我的严格要求,以及持续不断的省问和觉察,才能实现成长进步和生命增值。胡林翼能够在家书中引导子弟族人重自省,勤俭上进,立志报效家国,当今父母家长也应该鞭策激励孩子积极进取,豁达开阔,志存高远,拥有生命自主展开的最好方式。

二、勤读书、重积累,敏思悦学

受家庭氛围影响,胡林翼很小就知晓日常勤学苦读对个人成长和事业发展的重要性。随父在京期间,他每日用笔记录听到或读过的名言佳句,以防遗忘,还经常誊抄,寄给自己非常尊敬的伯父请教。在岳父等长辈教诲下,胡林翼坚持读书治学,尤其喜欢读史,甚至对司马迁的《史记》烂熟于心。他自己读书注重旁搜远览,也提醒弟弟们读史要有自己的抉择和判断,力求通晓古今。

到了婚配年龄,胡林翼向伯父谈及早婚的弊处,希望先在学问上有所建树,再论婚姻大事。奉父母之命成婚后,胡林翼随岳父赴江宁,依然坚持每日阅读《资治通鉴》和练习书法,并时常向担任总督的岳父深入请教如何为人处世和安民济世。乡试中举后,胡林翼怀着激动的心情写信禀告父亲佳讯,同时诚恳表达了自己将持续学习、继续上进的志向。在写给弟弟们的信中,胡林翼时常勉励他们敏思悦学,把增长学养作为当前最重要的事情,并提出"学须穷原竟委,做到有始有终"等观点。

胡林翼既重视书本所学,也看重在现实世界的实干实学。利用陪同父亲、岳父公务差旅等机会,他先后在北京、贵州、江宁等地访古游学,考察当地人文民风,或组织参与赈灾济民等公益活动,为将来治世安民积累经验。在广采博闻和实践探究的基础上,胡林翼主张学贵以专、力求精研。在给伯父的信中,他讲述自己碰上庸医险些丧命的案例,深刻指出医者手握生杀大权,若没有过硬本事和严谨态度,无异于杀人于无形。这既是对世事的关怀,又是对自我的警醒。

胡林翼高度重视教育的兴国育才作用。他积极支持家人兴办义学带动更多年轻人读书,并以身示范,持续优化整个家族的家庭教育理念、环境、方式与方法。回顾历史,放眼当下,可以发现,知识教育和应付考试似乎一直是中国家庭教育的重头戏。但是,胡林翼更看重人的见识器量、胸怀格局,更重视日常积累,强调持续学习和学以致用。胡林翼家书及其学习成长经历体现的这些思想,与西方众多教育学者明确强调的博雅教育、自主学习、终身学习等相比,毫不逊色。当今家庭教育在引导儿童青少年敏思悦学,增长阅历才干的过程中,对这些思想与方法可以多加借鉴。

三、尊长辈、贵和睦,家风优良

胡林翼宦海羁旅,戎马半生,虽身不由己、无暇顾家,但仍然尽心尽力料理家族事务,关怀家族成员,引领家族建设优良家风。他的家书对这些情况有着众多直接和间接的反映。

胡林翼对父亲、伯父等长辈十分敬重,他的大部分家书就是写给这些长辈的。在信中,他时常详细汇报自己的所见所闻、所思所感,深入全面地向长辈学习请教。他十分重视营造和谐、勤俭、尚文的家庭文化氛围。在给父亲的信件中,他专门提及新妇的性情温和,曾读书识字,知节俭,可见胡林翼对美好家庭和优良家风建设的一些标准和愿景。

家和万事兴,深入理解并切实践行"以和为贵"的思想是家庭家教家风建设的一大重点。听闻族人因家产分配不均而失和,胡林翼写信劝慰,指出所争钱财并不多,而双方互不相让是意气之争,明确告知打官司失和的结局,希望双方接受调解,着眼将来,和睦相处。胡林翼也反复告诫家中子弟,治家贵在人际和谐,尤其是要处理好婆媳、妯娌、姑嫂之间的关系,积极继承和发扬家人骨肉和美互助的好传统。当然,他也不忘鼓励并感激弟弟们为维持家庭和睦作出的持久努力。

毋庸置疑,和睦温馨的家庭氛围是个人成才的关键,也是每个家庭成员自带的生命底色。在一封封家书和一生的修为中,胡林翼都在引领家族传承长幼有序、相敬和睦、永续发展的优良家风。这是对儿孙、家庭、家族的高度负责,也是对中华优秀传统文化的传承创新。这为当今家庭教育积极涵养和谐包容、友爱沟通、共同进步的亲子关系和家庭文化氛围带来了深刻启示。

四、爱人民、分国忧,建功立业

在很多家书中都可以发现,胡林翼从青年时期就对国家民族的危机和老百姓的疾苦有着深刻体察,为官他分担国忧,力图兴国安邦,亲力亲为改善民生,为老百姓创造尽可能好一点的生产生活环境。这是中国传统知识精英阶层"民本思想"的具体体现,这一点当今家庭教育务必高度重视。

胡林翼在向伯父汇报自己读书心得时讲述,当时官吏的贪婪和对老百姓的漠视甚至虐待,实在有不可遏止的态势,以至于民不聊生,祸患无穷。他还认为,"士习为民风之本",政风民风息息相关,而政风又与学风紧密关联。"文教昌明,则士气蒸蒸日上,风俗所由纯焉",读书人、官吏群体有什么样的风气,就会深刻影响到当地的民风。

在贵州为官时,他始终保持谨慎节俭、廉洁清明,心系当地百姓。看到有不少人因为到官府打官司,悬案久久不结导致破产,他就探索出一套兼顾效率和公平的断案办法,从机制上尽量杜绝下级官吏在办案中勒索乡民。他还写信劝诫亲人不要为官司的当事人说情,以免妨碍司法公正,让老百姓失去法律的保障,甚至酿成冤案。见到当地群众一有矛盾就轻涉诉讼,导致劳民伤财,他及时发出止讼的公告,提示当地群众以德为本,恪遵法度,息争止讼,以和为贵。①

为保当地老百姓安居乐业,胡林翼不顾危险,亲自率领勇卒搜剿盗匪。对于盗贼,他毫不姑息,一经擒获必依法严办,为此他专门在书信中解释自己的"严酷":如果放纵盗贼,那还会使千百生灵受其荼毒,尽法惩治才能速改。作为地方官,他身体力行,多加走访,遍寻积弊,积极推动治理革新。"为官一任,造福一方",这是对他的真实写照。

胡林翼,以及中国历代知识精英、仁君明臣的民本思想,是当今新时代以人民为中心的发展思想的源泉。家庭教育必须立意高远,必须为家族负责,必须关爱孩子一生,但更重要的是务必为国为民。因为任何人都只有如胡林翼一样心中装着老百姓,心系老百姓的生计和安危,才能更好实现人生价值。

比如,胡林翼选人用人,都以国家和百姓的需要为标准。他辗转各地为官

---

① 胡林翼颇有包公遗风。包拯清廉为民,殚精竭虑,并留下了如下《家训》:"后世子孙仕宦,有犯赃滥者,不得放归本家;亡殁之后,不得葬于大茔之中。不从吾志,非吾子孙。"他还要求儿子包珙把上述37字刻石竖在堂屋东面的墙壁旁,用来告诫后代子孙(荣格格等编著:《中国古今家风家训一百则》,武汉大学出版社2014年版,第96页)。

后,深切地感受到国家中兴、百姓安居,关键要靠人才。在贵州,他感叹当地"风化固淳,人才却鲜";在湖北,他积极发现和举荐人才。他总结军事经验认为,领兵作战最重要的是要有一个好的将领,尤其是那些英勇廉洁、善于谋划的将领,要优先选拔任用。因为在军队里,将领的英勇意味着军队士气的高涨,而将领的廉洁可以确保军粮向军士足额供应,不至于因为克扣军粮中饱私囊导致士兵埋怨。胡林翼基于自己的阅历与思想,确立了家庭教育必须追求家国一体、实干兴邦的崇高定位。受此启发,当今家长必须努力培养孩子的道德品质、家国情怀和奉献社会的实际能力。

胡林翼对明清以来的科举考试有过深刻反思:八股取士的危害比之秦始皇焚书坑儒带来的消极影响更甚,让读书人白白消磨掉大好青春而难以成才,国家需要的奋发有为的人才却难以通过科举获得。他指出应该改革科举,选拔奋发干练的国之栋梁。无论回顾历史,还是放眼未来,人才都是社会发展的第一资源。胡林翼基于国家和百姓的需求而重视人才提醒我们,家庭教育一定要积极营造孩子全面成长成才的良好氛围,积极培养孩子为国为民的理想信念[①]、智慧才干、健康身体。

胡林翼爱才惜才,但在举荐人才上特别谨慎。他在信中向亲人袒露了自己的心声:荐举贤能,推荐的必须是真正的人才,推荐者必须严加考察,审视其能力素质,还要顾及当时的社会现实,经过深思熟虑后才可荐举。如果不择人而滥举,"鸡鸣狗盗依附杂沓",会使真正有才能的人不屑为伍、反将避去,于国于民无益。胡林翼的这些观点反映出他对国家选贤用能的深入思考,也带给家庭教育如何培养对社会有用之才以积极启示。

爱人民、分国忧,建功立业,"庶不负此昂藏七尺之躯",是胡林翼选人用人的标准,也是他笃定践行的人生信条。咸丰十一年(1861)农历八月二十六日,忧国忧民、忧思过劳的治世能臣胡林翼不幸在武昌咳血病逝,终年50岁。胡林翼忧太平军制造的局面如何平定,忧催生了太平军的社会制度如何改良,忧外敌

---

① 2013年6月28日,习近平总书记在全国组织工作会议上讲:"理想信念就是人的志向。古人说:'志之所趋,无远勿届,穷山距海,不能限也。志之所向,无坚不入,锐兵精甲,不能御也。'意思是说,志存高远的人,再遥远的地方也能达到,再坚固的东西也能突破。在革命、建设、改革各个历史时期,有无数共产党员为党和人民事业英勇牺牲了,支撑他们的就是'革命理想高于天'的精神力量。"

洋船往来长江"迅如奔马,疾如飘风"……

虽然英年早逝,功业未竟,但胡林翼留下的大量家书,与他的不凡作为,共同见证着这位历史伟人的高洁坦荡。他的勤俭严谨、奋发有位、鞠躬尽瘁,以及一系列关于家国社会与人生教育的真知灼见,为新时代家庭教育带来了深深的思考和不尽的启迪。他家书中"士先器识""博通天下""上以报国,下以振家"等金玉良言,定能超越历史的苍穹,鼓舞新时代儿童青少年为中华民族伟大复兴开启一次次探索实践,并勇往直前。

(本章编撰:秦伟媛)

28　务实学之君子

——左宗棠《左宗棠家书》①要义

● **家教要言**

"一字求一字下落,一句求一句道理,一事求一事原委。"

"取与皆当准之于义②,而又不可不近人情也。"

"识得一字即行一字③,方是善学④。"

"读书能令人心旷神怡,聪明强固。"

"可以自立自达之处甚多,何必陷溺于科名。"

"用财之道,自奉宁过于俭,待人宁过于厚。"

"读书在穷理,做事须有恒。"

"务实学之君子,必敦实行。"

"不欲以一丝一粟自污素节。"

"读书做人,先要立志,志患不立,尤患不坚。"

● **作者简介**

左宗棠(1812—1885),湖南湘阴人,字季高,晚清民族英雄,著名政治家、军事家,与曾国藩、李鸿章、张之洞并称为"晚清中兴四大名臣"⑤,有《左文襄公全集》行世。

左宗棠出身于七代秀才传家的书香门第,自幼接受儒家学统熏陶,6岁开始

---

① 本章原典引文主要参考左宗棠:《左宗棠家书》,李金旺主编,李轩译,外文出版社2012年版。
② 取与皆当准之于义:索取和给予都应该以道义作为标准。
③ 行一字:用行动落实这个字讲的道义。
④ 方是善学:才是善于学习。
⑤ 另说:其中李鸿章和张之洞二人是胡林翼和彭玉麟。

诵读《论语》《孟子》等经典。成年后，就读于长沙城南书院。该书院创办人是南宋大儒张栻，当时书院的教育宗旨"明辨义利，匡正人心，立志穷经，学以致用"对左宗棠影响深远。

左宗棠是伟大的爱国者，他彪炳千秋的历史功勋是：抬棺出征，收复新疆。《清史稿》评价："宗棠事功著矣，其志行忠介，亦有过人。廉不言贫，勤不言劳。待将士以诚信相感。善于治民，每克一地，招徕抚绥，众至如归。"曾国藩盛赞左宗棠："刚明耐苦，晓畅军机，有裨时局。"时人称："天下不可一日无湖南，湖南不可一日无左宗棠。"左宗棠去世后，清朝廷给予他极高评价，称其"生为社稷之臣，没壮山河之色"，"为一代之伟人"，"长垂青史"。

左宗棠在全世界都具有很大影响。比如，1937年美国人贝尔斯在上海以英文出版了学位论文《左宗棠：旧中国的军事家和政治家》，评价左宗棠："他热爱自己的祖国，为他的国人在悠久的历史中取得的成就而自豪，他尊重圣贤，不懈地听从他们的教诲。他把自己的力量和才智毫无保留地用于服务祖国……左宗棠不愧为其祖国和人民的光荣。"1944年，美国时任副总统华莱士在甘肃发表演说："左宗棠是近百年世界历史最伟大人物之一，他将中国的前门，自上海搬到迪化①，使中国人的视线扩展到俄罗斯，到中亚细亚，到整个世界……我对他抱有崇高的敬意。"

● 经典概览

《左宗棠家书》体现了左宗棠作为儒家知识分子和传统士大夫的价值追求与人生信仰。他深受湖湘理学影响，终身以齐家治国为己任，以内圣外王为理想。他高度重视自我修身、以身作则。这些内容在其家书中都有较好体现。

左宗棠从1852年离家到去世，30余年南征北战，很少与家人在一起。这期间，他作为丈夫、父亲和一家之长的沉甸甸的责任和厚重绵长的亲情，就蕴含寄托在这总计10万余字的一封封家书之中。左宗棠希望用家书凝聚家人，强化大家对家国一体的认同，字字句句都饱含着他与亲人的骨肉之情和厚重的家国情怀。

这些家书不但涉及家教家务，而且简要记叙了左宗棠治国平天下的重要事

---

① 迪化：新疆乌鲁木齐市的旧称。

迹。他率领新建的五千湘军解祁门之困,攻占杭州,剿捻平乱,西征新疆,可谓血雨腥风,惊心动魄,劳苦功高。艰难困苦的西征,老病之躯的挣扎,虽然只几笔带过,但像一家人坐在庭院听他娓娓道来,让妻子儿女如亲眼看到。孩子们知道了老父亲的作为与情感,妻子也"见字如面",聊慰相思之苦。征战、调防、筹饷、用人、皇帝恩赏、人际交往,很多本不需要向家人叙说的事情,他都一一提及。既不是邀功,也并非炫耀,仅仅是平等的分享,仅仅是如常的信任。这让全家人在同一个时空和情感氛围中共存,让孩子发自肺腑地认同这位千里之外的父亲和这个天各一方的家。

通过家书,左宗棠让孩子和夫人跟他一起艰苦奋斗,跟他一起驰骋疆场,跟他一起齐家治国,跟他一起长时间思索与成长。这用心何其良苦,用情何其渊深!32年的至珍家书连起来,堪称一部晚清简史,或湘军征战史,也可以作为左宗棠的人生传记。读罢掩卷,一个真实生动、丰富深刻、功勋至伟的左宗棠跃然纸上,一代长垂青史的历史伟人也向我们越走越近。

● **原著选段**

"吾察人颇严"

吾察人颇严,用人颇缓,信人颇笃,此中稍有分寸也。中丞任我最专,故能驱使人各尽所长。即如黄南坡、王汉山、裕时卿、萧启江,皆人所不满者,完之,所误何事,人亦不得议之。厨丁作食,青果都是此种,味之旨否分焉,解此便可知用人之道。凡用人,用其朝气,用其所长,常令其喜悦。忠告善道,使知意向所在,勿穷以所短,迫以所不能,则得才之用矣。

译文:我考察人选很严格,用人很宽松,信任人非常坚定,这其中需要掌握好分寸。张中丞用我最擅长的这方面才能,因此我能够发挥每个人的长处,使他们各尽所能。即便像黄南坡、王璞山、裕时卿、萧启江这样的人,别人都对他们不满,那么我就深入追查原因,看他们做错了什么事,别人也就不再私下议论。不同的厨师做饭,最初准备的食材菜肴瓜果虽都是一样的,但做出来的味道是否鲜美却截然不同,从这里就能知道用人的方法。凡是任用人才,都是用他们的朝气和活力,用他们所擅长的方面,常常让他们感到高兴。忠言相告,善加诱导,让他们知道我的意图所在,不要揭穿他们的短处,也不要逼迫他们做不能做的事,这样就能让他们发挥作用了。

"吾以德薄能浅之人"

吾以德薄能浅之人,忝窃高位,督师十月,未能克一郡,救一方,上负朝廷,下孤民望。尔辈闻吾败,固宜忧;闻吾胜,不可以为喜。既奉抚浙之命,则浙之土地人民皆责之我;既奉督办之命,则东南大局亦与有责焉。自入军以来,非宴客不用海菜,穷冬犹衣缊袍,冀与士卒同此苦趣,亦念享受不可丰,恐先世所贻余福至吾身而折尽耳。

译文:我品德寡薄,才能粗浅,很惭愧处于如此高的地位。督导军队十个月了,却没能攻克一个郡县,拯救一个地方,对上辜负了朝廷的重用,对下则辜负了百姓的希望。你们听到我战败的消息,固然应该担忧;但是听到我打了胜仗,就不能为此感到高兴。我已经奉命治理浙江,那么浙江土地上的人民都需要我来负责;已经奉命督办,那么东南地区的大局也都需要我来负责。自从进入军队以来,不是宴请宾客的时候绝不用海产品做菜,寒冬腊月的天气我还穿着乱麻和旧棉絮做的衣服,希望能和士兵同甘共苦,同时也顾念到生活不能太享受,恐怕前辈留下来的福分到我这里就用尽了。

"闻汝幸入府学"

闻汝幸入府学,为之一慰。吾家本寒儒,世守耕读,吾四十以前,原拟以老家廉终于陇亩,迫于世难,跃马横戈十余年,几失却秀才风味矣。尔之天资非高,文笔亦欠挺拔,侥幸青衿,切勿沾沾自满,须知此是读书本分事,非骄人之具也。吾尝谓子弟不可有纨绔气,尤不可有名士气,名士之怀即在,自以为才,目空一切,大言不惭,只见其虚骄狂诞,而将所谓纯谨笃厚之风悍然丧尽,故名士者,实不祥之物。从来人说佳人命薄,才人福薄。非天赋之薄也,其自戕自贼,自暴自弃,早将先人余荫,自己根基斫削尽矣,又何怪坎坷不遇,憔悴伤生乎!戒之戒之。

译文:听说你有幸进入府学,我感到很欣慰。我们家本来就是贫寒书生家庭,世世代代以耕读为业。我四十岁以前,原本打算作为老举人终老田园,但由于时局所迫,带兵打仗十几年,差点就丢掉了读书人的风尚了。你天资不算高,文笔也欠缺挺拔,侥幸进入府学,千万不能沾沾自喜。你要知道这是读书人本来就应该做的事,并不是用来自傲的工具。我曾经告诫弟子不能有纨绔子弟的习气,尤其不能有名士的习气。如果心中认为自己是名士,就会以为自己是很了不起的人,目空一切,大言不惭,只会显得虚荣、骄傲、狂妄、怪诞,而把纯良严谨、老实忠厚的良好风气丧失殆尽,所以名士这个称谓实在是不吉祥的东西。自古以来人们都说美人薄命,有才之人福浅。其实,不是上天让他们福浅命薄,而是那些人自己害自己,自暴自弃,尽早把先辈积累的恩德和自己先天的资本耗费光了,又怎么能怪命运坎坷,怀才不遇,从而憔悴不堪,伤感生平呢?你一定要吸取教训,不断诫勉。

"同儿县、府试均为阅者所称赏"

同儿县、府试均为阅者所称赏,文诗尚妥,外间似不致有议论。唯勋儿以试事不如乃弟,私自惭愧,而体弱多病,殊为可忧。汝须告以读书在求学问,识道理,做事业,可以自立自达之处甚多,何必陷溺于科名。且吾亦未尝责望于他,又何必因此戚戚致伤其生,重贻老父之忧耶!

译文:孝同在县试和府试中都被阅卷的人大加赞赏,作文写诗还算妥帖,外人好像也不至于有什么议论。只是孝勋考试不如他的弟弟,自己感到惭愧,而且孝勋体弱多病,我很为他担心。你们要告诉他,读书是为了求取学问,通晓道理,做事业,可以自立和实现自我价值的方式有很多,没必要陷入功名而不能自拔。况且我也没有责怪和抱怨他,他又何必因此而心有戚戚,损伤身体,再给老父增加忧虑呢?

"恩旨晋爵"

恩旨晋爵,不独功微赏厚,非所敢承,自念寒士忝窃非分,宜怀盛满之戒。又见当世高爵厚禄之家,鲜有能传数世者,其间岂无佳子弟?特坐而富贵,足以陷溺其心,故难望其保世滋大耳。谚云,富贵怕见花开。就弟一身言之,则开花且结果矣。怀忠抱意,夙夜祗惧,或翼晚节末路可免他虞。易世而后,则视此为应得之荣,寒素风味不及领略,生而富贵,凡可陷溺其心者,玮而攻之,其倾覆顾待问哉!

译文:承蒙朝廷的恩典,我能够得到爵位。自己功劳小,但是赏赐厚重,这不是我所能承受的。我只是一个穷书生,辱居高位,心里应该时刻告诫自己不能自满。我还见证了当朝一些高官厚禄的家庭,很少能有传承几代的。难道是他们家没有优秀的子弟吗?只是因为那些子弟生在富贵之家,心志完全沉溺在财富与权势中,所以很难期望他们葆有祖上的功业并发扬光大。有谚语说:富贵怕见花开。从我自身而言,就是开花并且结果了。心地忠厚,行事周密,日日夜夜都小心谨慎,也许希望晚年的时候可以免除别的忧患。而到了下一代,他们就把这些看成是本来就应该得到的荣耀,却没有体会到贫寒朴素的传统家风。生下来就处于富贵家庭里,只要是能够让他们心思沉溺的,就都环绕着攻击他们,那么这个家族的倾覆还用问吗?

● **家教指南**

左宗棠的家庭教育颇富时代意蕴和个人风格。他身处晚清危亡时期,作为中兴名臣的满怀忧患与责任,以及他对亲人和家族深厚绵长的爱,在以一封封家书为依托的家庭教育过程中体现得非常充分。特别难能可贵的是,他的爱饱含理性与智慧,且基于儒家忠孝仁恕、家国一体的文化传统。在尽职尽责与爱的付出中,左宗棠对子女读书、做人等方面的教育,可为当前儿童青少年家庭教育提供诸多借鉴和启发。

一、读书:实学实行

"一字求一字下落,一句求一句道理,一事求一事原委。"这是左宗棠对后辈的明确要求。他不是鼓励儿孙读死书,死读书,而是主张把读书明理与做人做事结合起来,时刻把自己摆进去,以圣贤豪杰为榜样,努力学好人,做好事,不必一心追求功名。具体而言,左宗棠教导子孙读书求学,特别强调以下四点。

(一)树立读书志向

古代圣贤大都把立志摆在人生首要位置,左宗棠在家书中也多次教导子女要明确读书志向,并且用心细,用情深,令人感叹。比如,咸丰十年(1860)的一封家信中,左宗棠说:"读书作人,先要立志。"并且细致引导:要想过去的圣贤和豪杰在自己这般年纪时,是什么样的气象?是什么样的学问?是什么样的才干?要想自己目前在哪一件事上可以比肩?要想父母为什么送自己去读书,又为什么请老师来上课?自己哪一件事可以对得起父母?还要看看同一辈人,父母在其背后夸赞的是什么好榜样?被父母斥责的是什么坏典范?好的榜样要学习,坏的典范要引以为戒,自己在心中要想个明白,坚定自己的信念,每件事都要做好。自己做得不好的地方,要全部好好反省并改正,绝不可以给自己找借口,一定要像古时候的先贤和英雄那样立下志向,这样才能让父母之心得到慰藉,以免被别人所当作笑柄。左宗棠强调:"志患不立,尤患不坚。"他认为,子弟如果能一心向上,无论什么事业都能够成功!

(二)明确读书目的

在古代传统家训中,"读书"占据了举足轻重的地位。左宗棠在家书中,同样也强调读书的重要性,但是他关于读书的理念与目标,与绝大多数时人都有所不同。古代读书人几乎都把读书当作应付科举考试博取功名的第一重要手段。科举及第,可使普通人获得扬名显亲、耀祖光宗、门闾光大等旷世之荣。天下之读书人,莫不以金榜题名作为人生重大追求。大多家族长辈对儿孙最大的希望,也不外乎是科举中第,光耀门楣。左宗棠虽然认可"非科名不能自养,则其为科名而读书,亦人情也",但他也认为,读书只要能够坚持下去,执着而不间断就可以了,不用太过功利。"读书只要明理,不必望以科名。"子孙是否贤达,不在于能否取得功名,也不在于取得功名时间的早晚。"是佳弟子,能得科名固门闾之庆;子弟不佳,纵得科名亦曾耻辱耳。"左宗棠主张读书不纯为科名,而为明理经世,是其家教思想的一大精华。

(三)精选读书内容

左宗棠认为首先要读儒家经典。他时常以"一介寒儒"自嘲,但立下了"不为名儒,即为名将"的宏愿,所以极力推崇儒家经典。左宗棠曾得到理学家夏炘所赠刻印精美的四种儒家经典,极为珍视。他把书转交给儿子时,反复叮嘱:"尔在家专意读书为要……今以与尔曹,好为藏之。"

其次是多读经世致用之书。左宗棠十八岁就购买了顾炎武的《郡国利病书》、顾祖禹的《方舆纪要》、齐道南的《水道提纲》等经世之书,从早到晚地阅读核查,探索研究,如果书中内容"有所证发""辄手自条证"。左宗棠在家书中语重心长地对儿子说:"多读经书,博其义理之趣,多看经世有用之书,求诸事物之理。"他鼓励儿子立志干一番轰轰烈烈的大事业,但不一定只走八股科举一条路。左宗棠为了让儿子读书高度重视经世致用,就举自己的例子,说他40多岁仍然是一名举人,但自己能做一些大事,"亦何尝由进士出身耶?"的确,左宗棠虽然从小就富有才华,但科考不顺,三度名落孙山。后来他不再参加会试,但并未沉沦,而是潜心耕读。他撰写对联"身无半亩,心忧天下;读破万卷,神交古人"自勉。41岁开始,左宗棠应邀出山任事;50岁任浙江巡抚;55岁筹建福州船政;69岁抬棺西征;73岁,指挥"恪靖援台军"抗击法寇,渡海作战。他敢于担当的底气和善于担当的才华,都源于"读破万卷"经世之书。

(四)注重读书方法

对于读书求学的方法,左宗棠基于自己的"名儒"体验,借用自己的"名将"谋略,对后辈进行谆谆教诲。观其家书发现,读书方法的指导在其所有家书中所占分量最重。

1. 读书要"三到"。左宗棠在家书中教导儿子:"读书要目到、心到、口到。"读书三到,源于朱熹,这一观点虽然不是左宗棠原创,但他有真知灼见。他讲,读书没有看清楚字的笔画和偏旁,不能准确掌握文辞的休止、行气与停顿,记不住语句的上下文,这是眼睛没有跟上。喉咙、舌头、嘴唇、牙齿等发音器官,不能够准确清楚地发出字音,只是不清不楚地敷衍了事,让别人听不懂,或多读几个字,或少说几个字,一味追求蒙混过关,完全属于自欺欺人,这显然是嘴巴没有到位。如果读书碰到问题自己思索得不到答案,就要马上请先生解说;如果不明白文章句子的意思,就要通过推断上下文,或别的章节里意思相近的部分,去反复追寻思索,务必让文章内涵了然于心,朗然于口,这样做才能算"心到"。

2. 读书要有恒无间,量力而为。左宗棠教导儿子说:"少时苦读玩索而有得者,皓首犹能暗诵无遗。"如果读书,一读就上口,一上口就再也不去读了,那么不用几个月,过去读过的内容就会全部忘掉,这正所谓容易得到的东西就容易失去。因此,左宗棠强调读书要"有恒无间",不在功课之多。他在家书中,还一再叮嘱儿子,对孙子的学习教导,不要规定过多课程,不要过分约束。左宗棠建议,要根据孩子的年龄,允许孩子量力而为,给他们一定自由。

3. 读书不仅要穷其理,更要践其行。"天地民物,莫非己任;宇宙古今,融彻于心",这是左宗棠要求的读书明理境界。不过,他的家书更多在强调:"读书在穷理,做事须有恒""务实学之君子,必敦实行""识得一字即行一字,方是善学""所学大进,可知人情世故上有真学问、真经济在。"他曾以如何读《小学》一书为例教导儿子读书。左宗棠认为,怎样对待自己的父亲、母亲,怎样对待自己的上级,怎样处理兄弟朋友间的关系,夫妻之间应该如何相处,以及怎样洒扫庭院,在日常生活中如何进退与应对,该如何吃饭与穿衣……对这些具体事务,口里读着一句,心里就要想着一句,还要审视自己能够照样做否。如果能如古人,那就是好;如果不能,那就不好,就需要改,那样才是会读书,将来才有可能成为真正的人才。

二、做人：爱人克己

孔子主张：仁者爱人，既克己又爱人。左宗棠虽为严父、名将，但实在是一位大仁之人。比如，他重感情，爱家人，爱下属，爱同僚，他讲："取与皆当准之于义，而又不可不近人情也。"又如，他"自奉宁过于俭，待人宁过于厚"；"不欲以一丝一粟自污素节。"他说的是克己爱人，做的是爱人克己；他自己这样做人，也要求子孙这样做人。他教导子孙的方法，值得当今家长深思笃行。

（一）亲情感染

左宗棠对子孙要求非常严格，但也关怀备至。他说："年齿尚小，每日功课断不可多，能念两百字只念一百字，能写百字只令写五十字。起坐听其自由，不可太加拘束。"他认为不顾孩童感受，强行灌输知识，不仅对读书无益，还会扭曲性情。所以，他强调："苦读能伤气，久坐能伤血。小时拘束太严，大来纵肆，反多不可收拾。"

左宗棠的观点，源于王阳明《教约》："凡授书，不在徒多，贵精熟。量其资禀，能二百字者，止可授以一百字。"对于王阳明这种以人为本的教育思想，左宗棠在与朋友往来的书信中给予了很高评价。基于这种人本思想，左宗棠对自己的家人付出了绵长厚重的爱。他总是惦记着夫人、孩子的身体健康，他在家书里描述着儿子从出生到长大的过程，用心用情无微不至，教育指导心细如发。

作为晚清官场"怒汉"，左宗棠性格刚直，嫉恶如仇，但他对儿子孝威也有柔情表白："吾三十五岁，始得尔，爱怜备至，望尔为成人。"他在用爱感化儿孙的同时，也用爱感化爱妻。他的贤内助周夫人虽然身体状况不佳，但坚持亲自教育子女。孝威3岁，她开始教儿子读书写字。她"博通史书，还继承家业，长于吟咏"，她尽自己的责任，也代表丈夫对子女养而有教，教而有爱，真是一位难得的贤妻良母。

左宗棠治军治国平天下堪称日理万机，但他深情牵挂着家人。他的家书告知子女应如何读书，如何为人处世，字字句句，充盈着浩然的天地正气与浓厚的家国情怀。左宗棠所处晚清时代虽有一定现代气息，但毕竟交通还极端落后，他虽然身居要位，但家书传递依然面临重重关山。家书抵万金，可以想象，左宗棠的妻子儿女收到家书，会怀着一种怎样的崇敬感恩和思念之情反反复复阅读！孩儿们又会怎样把父亲的教导叮嘱铭记在心，践行于身！

(二)身教示范

1."自奉宁过于俭,待人宁过于厚"

左宗棠一生勤劳俭朴,恪尽职守,即使身居高位,也保留着"非宴客不用海菜,穷冬犹衣缊袍"的平民本色。他日常穿普通的棉布衣袍,只有在公事场合才穿官服。他被加封为太子少保,被时人尊称为"左宫保"后依然保持着勤俭之风。因为酷爱读书写字,他的衣袖经常被磨破,就请人专门缝制了一副袖套戴在衣袖外面,以免频繁洗刷修补衣袖,门人把这个袖套取名"宫保袖"。当时还有人作《宫保袖歌》,在西北大营传唱。左宗棠任浙江巡抚时,有位下属因公事来拜见他。适逢冬日,天气寒冷,他却只穿一件布面袍子会客。他热情留下客人吃饭,客人以为左巡抚有盛宴款待,但桌上只有几小块儿白肉和一盆鸡汤。

左宗棠在自身示范下,也严格要求子孙。咸丰十年(1860)他为长子孝威定下了严格的家庭开支标准:每年只能计划200两银子作为家庭和塾师的开销,严禁浪费和过度消费。他强调节俭的重要性,认为奢华会败家,因此要求自己和家人简朴再俭朴。他告诫儿子孝威不要忘记家族的寒素本色,必须保持平民的耕读之风,以防子孙成为纨绔子弟。为了防止孩子们在城市中沾染不良习气,他让夫人带着子女回乡下耕田读书。对于已长大成家的孝宽,左宗棠要求主持家务的他带领诸弟及弟妹保持节俭,早起晚睡,做好各自的事。左宗棠还教育儿子们生活要简朴,不要依赖他的薪水养家,要及早自谋生计,自给自足。[1]

左宗棠不缺钱,朝廷每年拨给他个人的养廉薪资就有二三万银两,当然也并不是吝啬鬼。他认为,节俭不仅是一种个人品德,也是一种家庭美德。通过节俭,家庭可以减少不必要的开销,为未来发展打下坚实基础,以保持长盛不衰。同时,节俭也有助于历练家人的家国责任感和自我控制的意志力,让家人学会珍惜和感恩,并有可能把钱用到可以产生更大的价值地方。1879年,左宗棠的下属刘典积劳成疾,病逝于甘肃军营,他一次性便给了刘典家属6000两银子抚恤;1866年,湘阴义举,他捐廉银支持;1869年,湖湘水灾,他捐廉银赈灾;1877年,

---

[1] 奉行节俭之道的先贤比比皆是。比如,曹操,坚决反对奢靡之风,力主俭朴节约,他身体力行,并严格要求家人。他有《内戒令》传世:孤不好鲜饰严具。所用杂新皮韦笥,以黄韦缘中。遇乱无韦笥,乃作方竹严具,以帛衣粗布作里,此孤之平常所用也。……吾衣被皆十岁也,岁岁解浣补纳之耳。……昔天下初定,吾便禁家内不得香薰。后诸女配国家为其香,因此得烧香。吾不好烧香,恨不遂所禁,今复禁不得烧香,其以香藏衣着身亦不得。房室不洁,听得烧枫胶及蕙草。

他再度慷慨解囊,赈陕甘大灾……据不完全统计,左宗棠家书提及"助赈之事"有66处之多。

同治七年(1868),长子孝威进京参加会试,左宗棠写信嘱咐他要留意身边的寒士,并寄去1000两银,设立资助湖南籍贫困考生回乡路费的"奖学金",令孝威将这些银两慎重分发。同治十年,左宗棠为子侄写下一副对联:"慎交游,勤耕读;笃根本,去浮华。"这或许也是他珍爱自我高洁而克己,对待他人宽厚而爱人的基本原则与旨归。

当然,左宗棠的"待人宁过于厚"也是有原则的,他视嫖赌、吸鸦片的纨绔子弟为"下流种子",对他们深感厌恶,并警告儿子绝不能与他们交往。当他得知侄子左世延在省城与这类人混在一起时,就写信严厉批评,并劝告左世延离开长沙回到湘阴乡下,那里可以专心读书,同时可以通过努力耕田养活自己。

2."不欲以一丝一粟自污素节"

左宗棠的克己也是爱自己。他说:"不欲以一丝一粟污素节。"在生活中保持应有的清白和纯洁是左宗棠的人生信仰,他不接受任何形式的玷污或妥协。这种自我要求不仅是左宗棠人品修养的准则,也是一种普遍适用的道德底线。

左宗棠所谓素节,是纯洁、高尚的品德和情操,是一种不受世俗玷污的精神境界。为了保持素节,左宗棠时刻警惕自己的言行,抵制诱惑,不接受任何不正当的利益,始终保持清醒和独立。他常年领军征战,亲自经手大量军饷,比如西征新疆,朝廷拨款,各地筹资,平均每年军费开支不低于800万银两。在贪腐成风的晚清,这可是一大笔可以捞取的油水,但左宗棠未取一分一毫。

《清史稿》盛赞左宗棠"有霸才"。的确,他爱憎分明,言出必行,锋芒毕露,是一个十足的"湖南霸蛮",也得罪了不少官员,多次遭到非议与弹劾,但在贪污受贿方面,从来没有受到任何指控。深谙大清官场潜规则的美国人贝尔斯曾经感叹:"对他的指控中,唯独没有贪污公款这一条。左宗棠最强硬的对手从来未能指责他从公款中攫取一个铜板据为己有。"左宗棠真不愧为晚清污浊政治环境中的一股清流,一蓬白莲。

光绪二年(1876),左宗棠给儿子写信说得非常明白:"我廉金不以肥家,有余辄随手散去,尔辈宜早自为谋!"他的化私为公、洁身自好、廉洁恤民、崇俭广惠、挺身任事,以及严格细腻的家教,为其大家族留下了极其宝贵和丰厚的遗产,那就是"耕读为本、端庄肃穆"的严正家风。左宗棠在世之时就有人盛赞他:"公立身不苟,家教甚严。入门虽三尺之童,见客均彬彬有礼。虽盛暑,男女无袒褐者。烟赌诸具,不使入门,虽两世官至通显,又值风俗竞尚繁华,谨守荆布之素,从未沾染习气。"

在左宗棠逝去100多年后,撰写出版《狂澜之下:左宗棠的十张面孔》《左宗棠:帝国后的"鹰派"》《左宗棠与李鸿章》《左宗棠与曾国藩》等著作的湖南作家徐志频在其《左宗棠的正面与背面》一书中介绍:到左宗棠孙子左念恒一代,清朝已经覆亡,左家已无传家资产,经济状况和左宗棠当年自号"湘上农人"的贫寒情形一样。但在艰难困苦中,左家凭借左宗棠遗留下来的家风坚强崛起,其后代人才辈出,在医学、生物、化学、文学等多个领域都取得了显著成就。

(本章编撰:苏虹)

29　为人第一须留心

——林纾《林纾家书》①要义

● **家教要言**

"故欲平盛气②,当先近情。"

"人子之在父母心头,较之性命尤重。"

"饮食谨慎,风寒谨慎,言语谨慎。"

"学问之道,不可欲速。"

"凡物不可贪,惟学问一道,不厌'贪'字;凡事不必争,惟学问一道,必要'争'字。"

"凡为人子,要体贴亲心,先要保养身体,次则勤力学问,此便是孝。"

"先求沉静,一沉静,学问亦易增长。"

"能有恒,能耐性用功,学自有成。"

"肯留心,事事都办得到;肯立志,古人都学得到。"

"凡事须精勤,方克有成。"

● **作者简介**

林纾(1852—1924),字琴南,号畏庐,福建闽县(今属福州市)人。近代著名文学家、翻译家、教育家、书画家,福建理工大学前身"苍霞精舍"的重要创办人。林纾致力于译介西方文学,用文言文翻译了180余部欧美小说。其中《巴黎茶花女遗事》一经出版,引起全国轰动。他的文学创作也颇丰,著有《畏庐文集》《春觉斋论文》等。

---

① 本章原典引文主要参考林纾:《林纾家书》,商务印书馆2016年版。
② 盛气:怒气即将爆发的样子。

作为一位杰出的教育家,林纾从21岁执教至73岁逝世,终生都未离开讲坛。他深谙传统典籍,满怀爱国热忱,但对外来文化并不盲目排斥。在接触并翻译西方文学作品后,他更深刻地认识到国内旧式教育的不足,急切呼吁并积极推动教育改革。他与友人共同创办了新式学堂"苍霞精舍",并在儿童教育和女性教育方面提出了具有前瞻性的观点,是当时教育改革的先驱。

林纾家族人丁兴旺,共有五女七子,并收养了两位亡友之子。他将教育子女,培养他们成为有品德、有才能的人,视为自己一生的使命,为此他付出了极大心血。林纾坚持不让家里购置房产土地,担心子女会因此依赖长辈,失去独立性和求学的动力。他将积蓄悉数存入商务印书馆,作为子女的教育基金。他的孙子孙女上小学的费用,都来自他生前留下的稿费。除了经济支持,林纾还通过家书亲自教导子女如何为人处世、求学问道。同时,他通过撰写家族人物传记和记录自己一生的诗文(如《七十自寿诗》20首),让子孙了解家族历史,传承优良家风。

● **经典概览**

本章原典引文所参考的《林纾家书》精心编选了林纾的104篇信札,其中75篇是他写给女婿郑礼琛及儿子林珪、林璐、林琮的书信,另有25篇是富含格言智慧的《示林琮书》,其余4篇是他认为最为重要的《训子遗书》。此外,该书还收录了林纾亲自批注的林琮作文13篇,附录了林纾的相关诗文,以及其侄林实馨撰写的《畏庐老人训子遗书》,其孙林大文的回忆性文章《后人心目中的林纾》。通过这些丰富的内容,读者能够全面地了解林纾在教书育人、翻译创作背后的心路历程与情感世界,从而更深刻地感受这位文学巨匠与教育家的人格魅力。

林纾一生致力于传播爱国主义思想。比如,戊戌变法前,林纾密切关注国家大事,几乎天天与朋友谈论朝廷新政。他还作有《闽中新乐府》50首,其中《村先生》《兴女学》等,主张为了国家和民族富强必须改革儿童教育,兴办女子教育。他明确提出:"今日国仇似海深,复仇须鼓儿童心。"《林纾家书》在表达林纾深沉父爱的同时,也高度强调爱国爱民。比如,对于从政的长子林珪,林纾在家书中多次强调廉政和吏治的重要性,叮咛他要"心心爱国,心心爱民",并强调这不仅是为官之道,更是对父亲尽孝的表现。

林纾对当时社会新事物、新变化给传统家庭带来的冲击深感忧虑,其家书也注重向子女们传授立身处世的智慧与方法。尽管林纾对延续古文传统抱有殷切期望,但他也明白必须站在子女未来生计的角度,为他们做出更为实际的指引和规划。比如,对于三子林璐,林纾鼓励他保重身体、持之以恒做学问,特别指出要用七成精力学习外文,这样才能确保将来有谋生之地。而对于四子林琮,林纾寄予了延续传承古文的厚望,期望他"努力向学,绍余书香",但同时也请人教授他英文和算法,以备不时之需。尽管对每个子女的期望有所不同,但林纾都恰如《战国策》所言:"父母之爱子,则为之计深远"。

● **原著选段**

"以不负人为第一义"

事事总须留心,好不在讨人爱,要久久不讨人嫌,才有本领。不讨人嫌处,不是事事巴结,是事事实心。凡巴结人者,全副精神并在外面作用,中间毫无把握,一经勘破①,半文不值。且勘破我之人,不是旁观,即是受我巴结之人。须知常常食甜吃鲜,不尝酸辣,总无回甘之味。我一味以甜与人,被人勘出无味,于我实有何得? 故不如事事实心做去,以不负人为第一义。

"唯名誉万万不可吃亏"

同房之人总要和睦。第一节勿贪便宜,听人便宜②,即是自己便宜。须知天下吃亏之事,饮食钱财,均不妨事,唯名誉万万不可吃亏。名誉之吃亏,即听人作弄。

"凡事都须存一个'豫'字"

可见凡事都须存一个"豫③"字。譬如少年力学早成,即是赴青早④到之二日,便有房舍可居;少年不力学,到晚无成,即是赴青晚到二日,便无后来立足之地。天下之事,看得到,悟得出,即是一个道理。

---

① 勘(kān)破:看破。
② 听人便宜:占别人的便宜。
③ 豫:同"预",预备谋划,及早准备。
④ 青早:天色还青的早晨,清早。

"'勤'者,有恒之谓"

勤学非"一暴十寒①"之谓,后生用功,往往起手勇,到后来便懈,此不算"勤"。"勤"者,有恒之谓,常常不肯间断。不间断便时时熟在胸中,应考时即不落人下。吾非急汝成功,不过汝能时时体贴父母望子之心,不肯懒惰,便可出人头地。

"用功须择其切要者"

用功须择其切要者②,以盛年之脑力,则于洋文、算学,易于记忆。趁此下手,正为得时;更长则脑力少钝,颇不易易③。至于汉文,随时可以用功,有根柢④在,尚属无难。汝年轻不更事,吾二人故刻刻挂怀。

"为人靠天良,亦靠学问"

为人靠天良,亦靠学问。无天良,虽有学问无济也。既有天良,既有学问,尤须阅历多。阅历则通知世故人情,不贪人之便宜,亦不至招人菲薄⑤。

"何谓'本分'"

安分者,守本分也。何谓"本分"?学生以读书、卫生、立品、励学为本分。言语要谨慎,百凡⑥须听老父之言,才是学生之本分。内为人子,外为学生,二而一,一而二也。

"凡血气未定之人"

凡血气未定之人,容易为人诱骗,尔之朋友亦不是有心陷害,不过同是青年之人,阅历不深,毫无后顾之忧,一日畅快便过了一日,不知不觉,将堂堂岁月积

---

① 一暴十寒:比喻学习或工作一时勤奋,一时又懒散,没有恒心和毅力。
② 其切要者:抓住关键的地方。
③ 颇不易易:就很不容易改变。
④ 根柢:同"根底",指学习基础。
⑤ 招人菲薄:指德才等被人鄙视。
⑥ 百凡:同"凡百",泛指一切。

渐抛荒。

"为人第一须留心"

为人第一须留心:读书留心,则得书中之益;饮食留心,则无疾病之虞①;说话留心,则无招怪及招祸之事;做事留心,则不致有偾败之处;交友留心,则不致引小人近身;起居留心,则不致冒暑伤寒,旋生疾病。古人谓之"居敬",浅言之则谓之"留心"。汝时时当体贴吾意也。

"总在自家定力"

做人须得一个"勇"字,又须得一个"忍"字。不勇无以趋事业,不忍无以就事业。盖能勇则猛进不畏难,能忍则耐性不避难。总在自家定力,不必待人励辅,方是好男子。

"凡作文"

凡作文,不可一下笔即思向要好边着想。一思要好,即把文理抛却,满怀参以人欲,那能将文章咬出浆汁?汝惮于读古文,知用字造句,不知行气,故文字不能过七百字,由不读之病。此后每日宜读《过秦论》三篇。(一篇可五六遍,不要高声,默诵亦得。)②

"做不到事"

做不到事,万万不可轻诺,轻诺即寡信,寡信即无人信。谋不到事,万万不可

---

① 虞(yú):忧虑。
② 当代家长指导孩子阅读经典,长期坚持亲子阅读活动非常重要,因为读写结合是中国传统语文教育最为宝贵的经验,而阅读是孩子写作能力、学习能力,乃至人格品性培养的重要基础。宋代苏东坡具有照彻古今的风骨与智慧,他被林语堂誉为"是不可无一,难能有二的人间绝版""不可救药的乐天派""伟大的人道主义者",被钱穆誉为"罕见的千古完人"。苏东坡给弟弟、儿子及后辈影响最重要的莫过于修身处世和读书治学。他有一封写给已经及第的侄孙的信,可以较好说明这一点。其中说道:"侄孙近来为学何如?恐不免趋时,然亦多读史,务令文字华实相副,期于实用乃佳。勿令一得第后所学便为弃物也。海外亦粗有书籍,六郎亦不废学,虽不解对义,然作文极峻壮,有家法。二郎、五郎见说亦长进,曾见他文字否?侄孙宜熟先后汉史及韩柳文。有便寄旧文一两首来,慰海外老人(苏轼自称)意也。"(见《与侄孙元老书》)

强求,强求便蒙耻,蒙耻即无耻。力学是苦事,然如四更起早,犯黑而前①,渐渐向明;好游是乐事,然如傍晚出户,趁凉而行,渐渐向黑。

● **家教指南**

《林纾家书》是林纾家庭教育智慧的结晶,也是中华传统教育的一份宝贵遗产。林纾所倡导的立德修身、友善待人、诚实守信,以及勤奋治学等,都是中华优秀传统文化的精华。认真学习林纾的家教之道,对于传承弘扬中华优秀传统文化,创新发展现代家庭教育,构建和谐家庭关系,具有重要意义。

一、"崇德向善"的为人之道

崇德向善作为儒家思想的核心,在林纾的训子书中得到了充分体现。他反复强调,一个人若想在社会立足,其根基必然建立在高尚的德性和善良的品行之上。这不仅是个人修养的要求,更是社会发展所需。

(一)立身之本,道德为先

林纾这位儒家思想的忠实传承者,将崇德向善理念的执着践行坚持了一生。他在家书中不仅提出了相关道德行为规范,而且注入了自己的信念和情感。他坚信道德是立身处世的根本。林纾告诫子辈:"于伦常尽一分之力,即人品增高一层。"他要求子辈无论身处何地,即便是远渡重洋,道德二字也必须牢记在心,彰显于行。

德国哲学家康德说:"道德确实不是指导人们如何使自己幸福的教条,而是指导人们如何配享有幸福的学说。"对于道德的内涵,林纾阐释道:"遵正途而行也。"他强调,"道"是做人做事都应遵循的规范,包括端正的品性和有道义的行为,儒家"孝、悌、忠、恕、礼、知、勇、恭、宽、信"等核心价值导向就是"道"。而"德",则是"谨守吾应为之事,不涉邪慝②之谓也",即坚守本分,远离邪恶。

林纾认为,中国文化中的"一本万殊"理念表明,一切文化都有一个共同的基础,那就是道德。莎士比亚指出:"道德和才艺是远胜于富贵的资产。堕落的子孙可以把贵显的门第败坏,把巨富的财产荡毁,而道德和才艺却可以使一个凡人成为不朽的神明。"通过《莎士比亚故事集》在我国的第一个全译本而拉开中

---

① 犯黑而前:摸黑前行。
② 邪慝(tè):邪恶。

国莎剧与莎学大幕的林纾,也如莎士比亚一样深知德性和品行对个人成长的重要性。因此,他反复强调,做好学问的前提是守好道德。他谆谆教诲子辈:"汝文字将来可靠,然德性尤宜端整。有了品行,而学问方有根据。"文章虽能立名,但更需立品以正灵魂。这种对道德的坚守和对品行的重视,是林纾家庭教育思想的核心所在。

(二)为人子女,须行孝道

孝道文化,深深植根于中华大地的千家万户。"百善孝为先"是儒家思想的核心理念,孝道文化更是中华优秀传统文化的重要支柱。基于深厚的父子亲情、家族情感与强烈的社会责任,林纾高度重视儿子的孝道教育。比如,林璐自13岁起便开始在学堂寄宿,15岁时更是踏上了外地求学的旅程。林纾在家书中教导林璐谨遵孝道有十余次,字里行间饱含着他对儿子的殷殷期望和对教育的深刻理解。

林纾所倡导的孝,包含爱国爱民的高尚情怀,要求体现在日常生活的点滴细节之中。无论是爱护身体、端正品行,还是言行谨慎、勤奋学习,乃至节俭日用,都是林纾教育子辈必须遵守的符合孝道的行为准则。林纾的孝道教育,并非父辈向子女的一种索取,而是对子辈的爱,是对为社会培养优秀人才的责任的敬重。家庭教育只有饱含这种爱,才能如教育家苏霍姆林斯基所言:"激发起孩子对周围的世界,对人所创造的一切关心,激发起他为人民服务的热情。"

林纾坚信,健康的身心是为人处世、成事立业的基础。他反复叮嘱在外求学的林璐要爱惜身体,认为这既是对自己负责,更是对父母行孝的起点。他写道:"作为子女,要体贴父母的心意,首先就要从保养身体做起。"这种对身体的珍视和爱护,在林纾看来,是孝道的重要体现,也是一个人奉献社会的基础。

林纾还在家书中谈了"孝"的另一层含义。他鼓励林璐要勤奋向学,持之以恒地求学行孝。他认为,学生阶段应该端正学习态度,努力不落后于人,同时保持勤俭节约的美德,这也是孝的重要表现。针对林璐在外求学花钱过多的问题,林纾严肃地指出:"每一分钱都来之不易,父亲年迈力衰,你应该学会节俭生活。这既是对自己的负责,也是体贴老父、尽孝之道。"

林纾对孝的教育还注重因材施教。对于在外为官的林珪,林纾教导他要爱国爱民、清正廉洁,认为这是对父母行孝的最好体现。而对于还是学生的儿子们,林纾则更加关注他们的身体和学习状况。他引用《论语·里仁》所言"父母在,不远游,游必有方",启发远游求学的儿子品行端正、奋发学习、爱国爱民,做到"游必有方",也是行孝。

林纾在家书中深情地写道:"你应该明白,我作为父亲所期望的,并不是你能够做高官、得厚禄。我只希望你在学生时代,能够遵循学生的规矩,专心求学;长大成人后,能够成为一个品德高尚的好人。记住,不要玷污了你父亲的名誉,这便是尽孝之道。"从中可见,林纾要求子辈的"孝",并非以世俗的高官厚禄、光宗耀祖为标准,他更注重子辈"成为一个品德高尚的好人",这是对儿子、他人和社会的高度负责。

(三)待人处世,时时谨慎

虽然林纾本人年轻时便以风骨嶙峋、清高狷介著称,但在教育子辈时,他格外强调谨言慎行。在训子书中,小心、自重、检点、谨慎、留心等词汇频频出现。这些谆谆教诲,是他深刻认识到子辈处世方式与自己有所不同后,所做出的智慧引导。

林纾明白,子辈们生活在一个与自己截然不同的时代,他们需要更加谨慎地应对各种复杂的人际关系和社会挑战。因此,他用自己观察体悟到的处世经验为子辈指明方向,教导他们时时处处都要保持谦逊、低调、谨慎的态度,以避免麻烦和冲突。

雨果曾说:"世界上最宽阔的是海洋,比海洋更宽阔的是天空,比天空更宽阔的是人的胸怀。"林纾教导子辈谨慎行事,也是为了拓展后辈的心胸。他写道:"你还年轻,凡事需有大度量。当遇到小人陷害时,首要之策是不予计较,此乃最明智之举。我若与之争斗,不仅自降身份,还会惹人嘲笑,同样是失策。"语重心长的叮嘱,是林纾自身处世哲学的朴实写照,也是为子辈"计深远"的拳拳父爱的真挚流露。

二、"贵勤务实"的为学之道

对于儿童青少年,立德为善的主要路径就是勤奋学习。林纾明确指出:"读书则生,不则入棺"。在家书中,林纾反复阐释学习的重要性,特别强调学习勤奋、诚信与务实。他认为,只有以勤奋的精神、诚信的态度、务实的行为对待学习,才能真正汲取智慧,提升自我,从而在立德为善的道路上走得更远、更稳。

(一)勤学苦学,恒心向学

林纾幼时家贫,却爱书如命。他不能买书,只好向别人借来自己抄,并按约定时间归还。他每天晚上坐在母亲做针线活的清油灯前孜孜不倦地读书,常常废寝忘食。

亲历寒窗苦读并博览群书后,林纾对于学习的真谛有着自己独到的见解。他教导子辈:"凡欲成大学问之人,先须耐劳耐苦";"须知为人必先苦而后甜,不宜先甜而后苦"。

林纾不遗余力地向子辈们灌输这样的理念:学习绝非一朝一夕之功,而需倾注大量的精力和时间。他告诫子辈:"学问之道,不可欲速,亦不必专务虚名,总以实在为上。"

林纾以自己的人生经历教导子辈珍惜时间,勤学苦读。① 他讲:"汝父一生于'勤'字甚着力。"的确,他从孩童到青年、中年,直至晚年,终身勤奋,博学强记,能诗,能文,能画。勤勉学问的林纾有资格训导子辈:"'勤'者,有恒之谓,常常不肯间断。"他明确要求儿女"凡事须精勤",即使居家生活,每周一到周五也要专心学习,"此五日中应用功,必勿出。星期六日及星期日由汝可也"。

(二)贪学争学,务实诚信

在为人处世方面,林纾反复教导子辈"不贪","不争","不至当先出头"。然而,在求知学习方面,他认为只有"贪"和"争"才是优秀品质。所谓"贪",要求不满足于现状,要不断追求更多知识;所谓"争",不是在学习成绩上与他人争高低,而是积极争取学习的机会,利用一切可以利用的时间,保证学习的持续性和稳定性。同时,对于学问的内容,要认真计较,要敢于与他人进争论、争辩,只有这样,才能拥有真才实学。

林纾深知诚信在治学中的重要,所以家庭教育始终倡导诚信为上。他强调诚信对待考试,在家书中多次嘱咐子辈遵守考场纪律,不要做出有违诚信的行为。林纾认为,一个人是否诚信,不仅关乎学习态度,更关乎道德修养和生存发展。

的确,诚信是中华民族的传统美德,是做人的根本。林纾曾在北京五城中学和北京大学任教,了解学生面对考试的各种心态。他引用古人的话语"君子教

---

① 清代中期学者钱泳《履园丛话》有名文《示子》,该文开篇讲:"欲子弟为好人,必令勤读书,识义理,方为家门之幸,否则本根拔矣。今人既不能读书,岂能通义理,而欲为好人得乎?天下岂有不读书、不通义理之好人乎?"钱泳还强调在做中学,珍惜时间,要做则做。《履园丛话》有如下话语:"后生每临事,辄曰'吾不会做',此大谬也。凡事做则会,不做则安能会耶? 又,做一事,辄曰'且待明日',此亦大谬也。凡事要做则做,若一味因循,大误终身。有《明日歌》最妙,附记于此:'明日复明日,明日何其多! 我生待明日,万事成蹉跎。世人若被明日累,春去秋来老将至。朝看水东流,暮看日西坠。百年明日能几何? 请君听我《明日歌》。'"

子以正",告诫子辈考试成绩不是最重要的,严守考场纪律、诚信应考才是关键。他明确指出哪些行为是不能做的,如夹带资料、借别人卷子核对等,都违反考场纪律,甚至可能触犯法律。

(三)因时而学,中外兼通

林纾教导子女要因时而学,善于利用身心发育过程中的黄金学习时间。他指出:"用功须择其切要者,以盛年之脑力,则于洋文、算学易于记忆。""汝但极力向德文、算学及几何用功,盖少年精力可以图功,若年纪稍大,便赶不上矣。"

培根曾说,历史使人明智,诗歌使人聪慧,数学使人精确,哲学使人深刻,伦理使人庄重,逻辑使人善辩。林纾也特别强调学习内容的兼容并包,尤其难能可贵的是,他作为中国传统文人,竭力反对白话文而拥护文言,但他对于外来文化并不排斥,在子女学习上更是鼓励积极学习洋文、算学、伦理学和逻辑学。他明确告诉儿子:"余望汝之学问,是在中外兼通。"

林纾高度注重子辈对中国文化的学习与传承。虽然当时他抱怨自己"读书到老,治古文三十年,今日竟无人齿及",但是,《林纾家书》中收有13篇他悉心批阅林琮文言习作的真迹,他希望儿子坚持学习古汉语,要求"德文应专重,汉文亦不能抛荒",并对儿子说:"转盼暑假回家,再读汉文";"《通鉴》仍日看四五页,尺牍、《左传》、古文皆当温习"。

在对待西学方面,林纾也极为重视。他身处激烈动荡和变革的时代环境,认识到传统知识分子在未来社会一定会面临生存困难,所以希望子辈审时度势,学习西学,培养谋生技能。他甚至为啖饭觅食反复告诫子辈:"方今舍西学外,万无啖饭之地";"然方今觅食,不由出洋进身,几于无可谋生";"汝能承吾志、守吾言者,当勉治洋文,将来始有啖饭之地";"出洋必须算学";"吾意以七成之功治洋文,以三成之功治汉文";"英文最要紧,务先学语言文字,尤以会话为急"。

林纾把儿子送到德国人办的德华学堂学习,还把英语老师请到家中教授林氏兄弟洋文。他的相关言行直接反映了中国近代社会大变革给中国传统知识分子带来的巨大冲击。林纾主张儿女学习"中外兼通",虽然主要基于生计考虑,但其作为教育大家和文化伟人所追求的开放向学与学贯中西,对新时代家长支持实施国际理解教育,拓展孩子国际视野,具有切实的参考意义。

(本章编撰:徐婷)

30　表里心身并治,不宜有偏

——严复《严复家书》要义[1]

● **家教要言**

"以期儿子多读点书,千万千万!"

"虽然一息尚存,不容稍懈。"

"为学须有优游自得之趣,用力既久,自然成熟,一时高低毁誉,不足挂怀也。"

"男儿志在四方,世故人情,皆为学问。"

"日日行,不怕千万里。"

"人要节俭,但万万不可贪私不公。"

"勿嗜爽口之食,必节必精;勿以目前之欲,而贻来日之病。"

"处世固宜爱惜名誉,然亦不可过于重外,致失自由。"

"欲为有用之人,必须表里心身并治,不宜有偏。"

● **作者简介**

严复(1854—1921),原名宗光,字又陵,后改名复,字几道,福建侯官县(今属福州市)人,近代启蒙思想家,著名翻译家、教育家,北京大学首任校长。

1877年,严复作为福建船政学堂毕业生与29名同学一道,被清廷派往欧洲各国留学。学成归来后,严复因各方面成就卓越,成为中国最早向西方寻找建国真理的代表性人物。他翻译的《原富》《天演论》《群己权界论》《穆勒名学》等多部西方名著备受推崇。

---

[1] 本章原典引文主要参考王思义编著:《生斯世何必无情:严复家书》,辽宁古籍出版社1996年版。

严复回国后长期在北洋水师学堂任教,并担任安徽高等学堂监督、复旦公学及北京大学校长等职,任教长达30余年。他结合具体国情和任教经验提出了"鼓民力""开民智""新民德"的教育救国主张。鼓民力,主要是全民健身,禁绝鸦片,禁止缠足恶习;开民智,主要是以西学代替科举;新民德,主要是废除专制统治,实行君主立宪,通过教育促进变法维新。相比于传统中国教育只重视智育、德育而忽略体育的情况,严复的首重民力对中国近现代教育发展影响较大。

严复家庭教育力求西学与中国文化道统融合,并着力突出中国传统文化精华。他以孝为出发点厚植儿女家国情怀,认为"孝则中国之真教也","国民道德发端于此,且为爱国主义所由导源"。基于这种判断,他推崇理性的孝道,反对儿女愚孝和父母强权。严复五子四女,依次名为"璩、瓛、琥、玭、璆、璿、珑、顼、玷",都与美玉有关。在中国文化传统中,玉内蕴仁、智、义、乐、忠、信等品性,用玉给子女命名,充分显示严复期望每一个子女都崇德尚贤。《中庸》有言:"致广大而尽精微,极高明而道中庸。"严复恪守中庸之道,为人处世力求不偏不倚、平和宽容,其家庭教育亦然。

严复家庭教育卓有成效,其子女除次子七岁早夭之外,其余大多成就斐然。长子严璩官居二品,曾任福建财政监理官等;民国时期多次担任要职,三度出任财政部次长;抗日战争期间,他坚守民族大义,在贫病交迫中严词力拒日伪政府高官诱惑。三子严琥先后就读于清华大学、交通部唐山工业专门学校,后任福州市副市长。四子严璿、五子严玷在现代建筑工程技术等方面建树颇高。长女严倬云、次女严停云等在各自事业领域与人生创造方面也成绩骄人。

● 经典概览

《严复全集》收录有严复写给夫人、子女(包括侄子、侄女)的160封家书。鲁迅曾说,书信是最不掩饰、最显真面的文章,更是一个人灵魂的直露。《严复家书》很大程度上反映了严复的思想。

严复在尊重中国道统的同时,极力推崇西学,希望借此以救时弊。严复在信中常常流露出对现实的愤懑,他十分关注当时中国的政治、文化等弊病,认为国家的症根在于学问,必须提升人民的智力水平。严复长期在教育界担任多项要职,深深体会到教育对提高国民素质的重要作用,并对教育有着深刻思考和卓著贡献。他的诸多教育思想主张,在其家书中都有一定体现。

大量书信表明,严复教育子女非常有耐心,特别关注子女的德行才智。他教育子女做学问要能吃苦,要敢于走向社会,以社会发展为要,急社会民生之所急。当时妇女地位低下,严复强调尊重女性,主张夫妻平等,并大力倡办女学。在他所有家书中,写给其妻朱明丽的信,多达60余封,超过了总数的三分之一。信中内容多为对妻子无微不至的关怀和爱护,鼓励她学习文化知识,并耐心修改她信中的错别字。

严复对中华优秀传统文化的继承和发扬,在其家书中也有诸多表现。如敬孝老人,以公心示人,律人先律己,对人宽容,节俭持家等。一封封家书,充分体现了严复深厚的国学功底,以及学贯中西的大师风范。这些家书用语亲切,情感细腻,字里行间虽常夹有英文词汇,但仍能给予读者如行云流水般的感受。信中众多金句闪烁着熠熠的思想光辉,读来令人兴奋不已,由衷钦佩。

● **原著选段**

"人欲为有用之人"

人欲为有用之人,必须表里心身并治,不宜有偏。又欲为学,自十四至二十间决不可间断,若其间断,则脑脉渐痼①,后来思路定必不灵,且妻子仕官财利之事一诱其外②,则于学问终身门外汉矣。

"凡事稍徇俗情"

吾非望汝媚世阿俗,然亦甚不愿吾儿为无谓之忤俗。吾前者即缘率意径行③,于世途之中不知种下多少荆棘,至今一举足辄形挂碍④,顷者⑤自回国以后,又三四次睹其效果,深悔前此所为之非。此事非父子见面时不能细谈也。故今者第一嘱咐,乃吾儿于役之后⑥,必往京师⑦一行,是为至要。汝今声名日益藉甚⑧,

---

① 痼(gù):病经久难治,比喻长期养成不易克服的不良嗜好和习惯。
② 且妻子仕官财利之事一诱其外:并且有妻儿、工作、财利等外在因素干扰或诱惑。
③ 吾前者即缘率意径行:我之前行事就是出于一时冲动。
④ 一举足辄形挂碍:每迈出一步都感到艰难。
⑤ 顷者:最近。
⑥ 吾儿于役之后:你在战事结束之后。
⑦ 京师:京师大学堂,北京大学的前身。
⑧ 日益藉甚:一天比一天显赫。

到京之日,必有人拉汝出山,吾儿当念毛义捧檄①之意,凡事稍徇俗情②,藉以献酬群心③,念为亲而屈可耳④。亦不必向人乞怜,但不可更为高亢⑤足矣。

"凡学书"

凡学书⑥,须知五成功夫存于笔墨,钝刀利手⑦之说万不足信……第二须讲执笔之术,大要不出"指实掌虚"四字,此法须面授为佳。再进则讲用笔,用笔无他谬巧⑧,只要不与笔毫为难,写字时锋在画中,毫铺纸上,即普贤表弟所谓不露笔屁股也。最后乃讲结体⑨,结体最繁,然看多写多自然契合,不可急急。邓顽伯谓密处可不通风,宽时可以走马⑩,言布画⑪也。

"然此却是改良进步之机"

因旧时社会拘束女子太过野蛮,所以今日决裂⑫往往太过;且风俗之变共有几年,自然不能恰好。然此却是改良进步之机,苟不如此,将永世如旧等语,渠意⑬似尚未以为然也。我因悟:人要晓得旧日礼俗不文明,必其人已身经过不幸之事,受其磨折者,方能知之;若不经此,必以旧法为到极好地位,无可更变。

"嘱儿女辈千万勤学"

吾到京后,诸事仍极懒息⑭,但精神尚可支持,亦无病痛,汝可毋庸悬挂。金

---

① 毛义捧檄:指汉代的毛义因为孝顺父母而出仕的故事。这里指严璩会接到委任官职的通知。
② 稍徇俗情:稍微迎合世俗的人情。
③ 藉以献酬群心:以此来回报大家的爱戴之心。
④ 念为亲而屈可耳:看在父亲我的情分上委屈一下。
⑤ 高亢:高傲自大。
⑥ 凡学书:凡是学习书法。
⑦ 钝刀利手:虽然刀不锋利,但是使用者的手法高超、熟练,仍能发挥很好的效果。
⑧ 谬(miù)巧:诈术与巧计。
⑨ 结体:结构形体。
⑩ 密处可不通风,宽时可以走马:笔画多的字,笔画之间的距离可以密不通风;笔画少的字,笔画之间的距离可以让骏马奔跑。相传此话为清代书法家邓石如(字顽伯)所说。
⑪ 布画:布局画面。
⑫ 决裂:改革,彻底变革。
⑬ 渠意:渠的意思、观点。渠:指严复的三儿子严琥。
⑭ 懒息:懒散、缺乏活力或精神不振。

先生,当已到馆,嘱儿女辈千万勤学,不可自误。此间秋气已深,早晚甚冷,午后又转热,出门甚难穿衣恰好也。此报。

"此时家用自应从省"

生当乱世,进款既难靠得住,此时家用自应从省,以望稍有余资,以为无馆时之地①。况子女五六皆幼,所须教育婚嫁之费,皆非无钱所能了事。居家伙食油煤尚可限制,惟添置必宜斟酌②,千万不可爱好就买也,切切③此嘱。

"卫生之道"

惟是体气之事,不宜仅恃医药④,恃医药者,医药将有时而穷。惟此后谨于起居饮食之间,期之以渐⑤,勿谓害小而为之,害不积不足以伤生;勿谓益小而不为,益不集无由以致健;勿嗜爽口之食,必节必精;勿从目前之欲,而贻来日之病。卫生之道,如是而已⑥。吾儿颇乏纳谏之度⑦,故舅不以口而以书,想吾儿能察其诚而稍回慧听也⑧。

"外示优容,内怀冷淡"

须知好姊赏识梦华,固无可议,梦华聪明,性格诚亦可嘉⑨。至于其假母⑩则的确是倡优⑪行业中人性质。今将彼当一门亲戚往来,热熟如此,此乃严门世代所无之事。你曹⑫皆清白女儿,遇此等辈,只可外示优容,内怀冷淡,不可以好

---

① 以为无馆时之地:以备在没有固定居所的情况下使用。
② 惟添置必宜斟酌:只是在购买必需品时也要谨慎考虑。
③ 切切:用于书信结尾,请对方一定牢记照办。
④ 惟是体气之事,不宜仅恃医药:对于身体健康的事情,不应仅仅依赖医药。
⑤ 期之以渐:希望通过逐渐调整让身体更健康。
⑥ 如是而已:照这样做就可以了。
⑦ 吾儿颇乏纳谏之度:孩子啊,你很缺乏接受忠告的气度。
⑧ 想吾儿能察其诚而稍回慧听也:希望你能察觉其中的真诚并逐渐回心转意,聆听其中的劝告。
⑨ 诚亦可嘉:确实也值得称赞。
⑩ 假母:义母。
⑪ 倡优:古代以乐舞戏谑为业的艺人。旧时鄙视戏剧演员,常把他们和妓女并列,合称"倡优"。
⑫ 你曹:你们。

姊所为，遂谓无过①，致与之不分彼此也。梦华堕落火坑，乃是前生孽债，不知何日清偿，言之令人气噎②，此真无可奈何。好姐一向对牛弹琴，决其终归无效而已。天气早晚冷暖不常，病后尤宜谨慎，余不多谈。

"男儿生世，弧矢四方"

吾儿初次出门就学，远离亲爱，难免离索之苦③，吾与汝母亲皆极关怀；但以男儿生世，弧矢四方④，早晚总须离家入世，故令儿就学唐山耳。尚幸有銮哥一家在彼，而伯曜、季炽兄弟又系世交熟人，当不至如何索寞⑤。现开学伊始，功课宜不甚殷⑥，暇时仍当料理旧学，勿任抛荒。闻看《通鉴》⑦，自属甚佳；但《左传》尚未卒业⑧，仍应排日点诵⑨，即不能背，祇令遍数读足亦可。文字有不解处，可就近请教伯曜或信问先生，庶无半途废业之叹⑩。校中师友，均应和敬接待，人前以多见闻墨识⑪而少发议论为佳；至臧否人物⑫，尤宜谨慎也。

"为学须有优游自得之趣"

我们既入学校，而国文⑬分数，又有升班⑭关系，自不得不勉强从俗，播弄⑮些新名词之类，依教员所言，缴卷塞责⑯；至于真讲文字，固又是一宗事，后来从

---

① 遂谓无过：就认为这样做没错。
② 令人气噎：让人因愤怒或不满而感到气闷，难以言语。
③ 离索之苦：与亲人、故乡离别的痛苦。
④ 弧矢四方：志在四方。
⑤ 索寞：孤苦寂寞。
⑥ 宜不甚殷：应该不会很忙。
⑦ 闻看《通鉴》：听说你正在看《资治通鉴》。
⑧ 尚未卒业：还没有完成学业，这里指还没读完《左传》这部书。
⑨ 排日点诵：每天安排时间阅读、背诵。
⑩ 庶无半途废业之叹：这样就不会有半途而废的遗憾了。
⑪ 多见闻墨识：多听、多看、多学习。
⑫ 臧否(pǐ)人物：对他人进行评价，予以赞扬或批评。
⑬ 国文：民国时期语文课程被称为"国文"（或"国语"）。
⑭ 升班：升级，升学。
⑮ 播弄：把玩，掌握。
⑯ 缴卷塞责：完成作业以应付要求。

汝所好为之①,不关今日之事也。孟子云:"鲁人猎较②,孔子亦猎较"。正是此意。夫孔子尚有时随俗,况吾辈乎?考试原求③及格,但人事专尽④之后,即亦不必过于认真,转生病痛。总之,为学须有优游自得之趣,用力既久,自然成熟,一时高低毁誉,不足挂怀也。

"吾儿得书,想一笑也"

多日不见儿信,甚深悬盼⑤。此番信嘱两姊来南,未及吾儿者,乃因五弟无人伴读之故,想不至为此不乐也。晨起吟得五绝四首,兹特写寄⑥:吾儿得书,想一笑也。诗曰:

老去怜娇小⑦,真同掌上珍。昨宵羁旅梦⑧,见汝最长身⑨。

已作还乡计,如何更远游?当年杜陵叟,月色重鄜州⑩。

笔底沧洲趣,应夸两女兄。何当学吟咏,冰雪斗聪明⑪。

别后勤相忆,能忘数寄书?无将小年日,辛苦读《虞初》⑫。

此四诗吾颇得意,但不知儿能解说与否?第一首好解。第二言吾本拟还乡,

---

① 从汝所好为之:根据你自己的喜好学习(或工作)。
② 猎较:打猎时人们相互竞争以争夺猎物。这里指从众随俗的行为。
③ 原求:希望达到。
④ 人事专尽:尽心、尽力而为。
⑤ 悬盼:非常盼望,悬心盼望。
⑥ 兹特写寄:此时特别写下来寄给你。
⑦ 怜娇小:特别喜欢你这个娇小的女儿(指收信人四女严顼)。
⑧ 昨宵羁旅梦:昨晚旅居在外做梦。
⑨ 见汝最长身:看到你长得最高。
⑩ 当年杜陵叟,月色重鄜(fū)州:当年杜甫在长安,写下"今夜鄜州月,闺中只独看",表达对小儿女的思念。鄜州,今陕西省富县。杜甫对儿子,也可谓舐犊情深。他的次子叫杜宗武,杜甫为其留下了《宗武生日》《又示宗武》等诗篇。《宗武生日》中,"诗是吾家事,人传世上情。熟精文选理,休觅彩衣轻"使此诗堪称"最有寄托的父爱诗"。"凋瘵筵初秋,欹斜坐不成。流霞分片片,涓滴就徐倾"反映杜甫病中为儿子生日开筵,侧着身子斜靠在椅子上慢慢细饮,至深亲情跃然纸上。《又示宗武》如下:"觅句新知律,摊书解满床。试吟青玉案,莫羡紫罗囊。暇日从时饮,明年共我长。应须饱经术,已似爱文章。十五男儿志,三千弟子行。曾参与游夏,达者得升堂。"杜甫也如普通父亲一样,不厌其烦地教诲儿子珍惜时光,努力学习,胸怀大志。
⑪ 冰雪斗聪明:通过吟诗咏冰雪比赛谁聪明。
⑫ 《虞初》:指西汉小说家虞初的小说集《周说》,原书已失传,这里指代不属于经典的通俗小说、故事书等儿童不宜多读的书。

所以复出者①,如杜甫之爱儿女故耳;杜原诗可检看也。第三言二、三姊能画,汝可学作诗,与之斗胜②。第四言当常寄信与我,不必拼命尽看小说也。正作书间,接到二姊六月十六及四哥同日信,俟③有神再复。

"或南或北,吾辈端须有家"

儿回京后若非屋主促逼④,似不必即与断绝关系。前书云又七月⑤兑银尚来得及,今才阴历六月廿一,恐又七月吾已到京,届时当面商量,再作决断何如耶?总之,或南或北,吾辈端须有家⑥。大抵吾病则思归,吾愈则思出耳。新妇喜信既实,亦不妨北来,孕妇过于畏护⑦,亦非法也。三弟年杪⑧出洋此说与吾意合,但渠意⑨欲赴欧,不愿赴美,学费虽贵,而以六七千金留学四五年,所差当不远耳⑩。暑热旅行谨慎,以感亲心⑪。

● **家教指南**

从严复留下的众多家书中,可以看到他作为父亲,是如何为儿女们呕心沥血,竭精尽虑的。他在家书中关心子女的学习和成长,不厌其烦地教导子女为人处世的道理,千方百计厚植子女家国情怀。他认为"子孙者汝身之蜕影也",所以十分注重以身作则,言传身教。应该说,严复用实际行动为其家族后辈做出了表率,也为当今家长树立了典范。他家庭教育的思想光辉足可以照亮广大父母和孩子共同成长的道路。

一、健康第一

严复在与多位家人的书信往来中,都对自己的身体状况进行了描述。他深

---

① 吾本拟还乡,所以复出者:我本来准备回家,结果又出来的原因。
② 与之斗胜:与她们比赛。
③ 俟(sì):等待。
④ 屋主促逼:指房东催促。
⑤ 又七月:到了七月。
⑥ 或南或北,吾辈端须有家:不管南下还是北上,我们到底都要有个家。
⑦ 孕妇过于畏护:对孕妇过于小心保护。
⑧ 年杪(miǎo):年底。杪,本义指树枝的细梢,一般年月或四季的末尾。
⑨ 渠意:这里指三弟渠的意愿。
⑩ 所差当不远耳:(与其他留学地方相比)差别应该不会太大。
⑪ 以感亲心:以感念父母双亲的心意。

受哮喘等病困扰,也深知身心健康的宝贵。他在信中多次告诫子女要讲究卫生,相信科学,以此来维护健康。并且反复强调:"须知人要乐生,以身体健康为第一要务。"他甚至在三儿生病之时,顺儿子迷信鬼神之意,许愿儿子病愈回闽一定还愿。也就是说,为了儿子的健康,严复作为一位学贯中西的学者也愿意做求神拜佛一类的事情。

严复苦口婆心告诉儿子:"只要身体强健,其余皆可置为徐图,儿须深察。此言不可当作东风吹马耳也。"他希望儿子能够明白,只有身体健康,才会有更多机会和可能去追求自己的梦想和目标。对于外甥女,严复同样关怀备至。他告诫她不可贪恋爽口食物,不可放纵欲望,要讲求卫生之道。他深知健康不是一时之事,需要长期积累和坚持,同时因为"吾儿(外甥女)颇乏纳谏之度",所以"不以口而以书",专门写信劝导:"惟此后谨于起居饮食之间,期之以渐,勿谓害小而为之,害不积不足以伤生;勿谓益小而不为,益不集无由以致健。"他还不厌其烦,直抒胸臆,希望外甥女"能察其诚而稍回慧听",做到身心健康。

毫无疑问,坚持健康第一,不仅仅是一种生活智慧,更是尊重生命道义的体现。严复家书的这些训诲之词,虽然朴实无华,但揭示了健康人生的必由之路和健康教育的基本策略,很现实,很管用,值得每一位家长深思践行。

二、中西会通

严复对近代西方思想文化、科学技术发展情况有较早且深入的研究,康有为曾盛赞他"为中国西学第一"。严复曾发表《论世变之亟》,极力主张中国的唯一出路就是"全盘西化",在政治、经济、军事、文化、外交等方面系统学习西方。但是,在子女教育方面,他能够始终坚守传统,坚决拒绝全盘西化。他认为,"无人格谓之非人,无国性谓之非中国人,故曰经书不可不读也。"

针对当时有人认为幼童难以理解晦涩的儒学经典而学之无用的观点,严复严厉反驳:他们虽不能理解文言的"辞奥义深","然如祖父容颜,总须令其见过"。严复基于自己的学习成长历程认为:幼童读书允许不求甚解,只须反复诵读记忆,随着年岁、阅历渐长,终会得解受益。① 他曾明确要求四子严璿:"《左

---

① 诵读记忆,不断积累,是本书倡导的最为重要的经典学习方法之一,也是家庭教育引导儿童青少年勤奋学习必须经历的"捷径"。正如荀子《劝学》所言:"积土成山,风雨兴焉。积水成渊,蛟龙生焉。积善成德,而神明自得,圣心备焉。故不积跬步,无以至千里。不积小流,无以成江海。"

传》尚未卒业,仍应排日点诵,即不能背,祗①令遍数读足亦可。"他还深入指导三子严琥通读二十四史:可以先从前四史着手,且持之以恒,一定要在30岁之前将这些书读好,等到40以后,"因人事日烦,记忆力渐减",效果往往很差。为了督导严琥真读、实读,严复还谈了自己的读书体验:"吾五十以还,看书亦复不少,然今日脑中,岂有几微存在? 其存在者,依然是少壮所治之书。"为了系统深入指导儿女学习古诗文,严复高薪聘请名师,让子女基于自己的禀赋与志趣,在经史、诗文、哲学等方面夯实根基,并对绘画、书法、篆刻等领域有所涉猎。

当然,对于西学的学习,严复也极为重视。他认为,孩子16岁以后,应当拿出十分之七的时间学习西学,尤其是西方科学的学习,要作为重中之重,而剩余的时间才有必要用来继续学习中文功课。严复认为,学习西学首重西文,15岁必须开始学习英、法、德、意等国语言,任何一门皆可。他还详细给出了四个理由:其一,"一切科学美术,与夫专门之业,彼族皆已极精,不通其文,吾学断难臻极";其二,"中国号无进步,即以其文字与外国大殊,无由互换智识之故。惟通其文字,而后五洲文物事势,可使如在目前,资吾对勘";其三,"通西文者,固不必皆人才,而中国后此人才,断无不通西文之理,此言殆不可易";其四,"更有异者,中文必求进步,与欲读中国古书,知其微言大义者,往往待西文通达之后而后能之"。

对于西方科学,严复主张:"西学之最为切实,而执其例可以测万事、御蕃变②,此名、数、质、力四者之学是已","四者皆科学也"。名、数、质、力就是今天的逻辑学、数学、化学、物理学。严复主张系统学习西方科学知识,并要求动手实践:"学几何、三角者,必日事于测高仞深,学理、化、动、植者,必成业于冶铸树畜也。"

严复强调西方科学的重要性,积极鼓励儿子出国学习先进的科学技术。他认为要有充分准备,出国留学才可事半功倍,盲目留学很可能徒劳无功而返。在

骐骥一跃,不能十步。驽马十驾,功在不舍。锲而舍之,朽木不折。锲而不舍,金石可镂。"习近平总书记对诵读积累这种方法也特别看重。2014年5月,他参加北京市海淀区民族小学少先队主题队日活动。在学校藏书阁,倾听孩子们朗诵《弟子规》和《少年中国说》时,习近平总书记很感慨:"我现在能脱口而出引用古诗典籍,很多都是小的时候背诵的,终身受益。"

① 祗(zhǐ):只是。
② 御蕃变:对付世界的变迁或变化。

仔细规划和充分准备之下,1896年,严复让长子严璩跟随驻英钦差大臣罗丰禄去英国,一面在使馆做随员,一面到剑桥、伦敦各大学选课进修。1911年,15岁的三子严琥考取清华学堂后还计划让他留学欧洲,结果一战爆发,未能遂愿。1915年,严琥考入交通部唐山工业专门学校学习数学和化学,未及毕业,严复就将他从唐山召回,再次准备让他赴德留学,后因严琥的婚事和严复旧疾复发而未果。四子严璿1923年则直接去了美国留学,专攻建筑设计。五子严玷是天津南开高中毕业生,也先后留学比利时、荷兰,学习土木工程与水利专业。严复对子女的这些学习安排,体现了他对西方先进科技的重视,以及希望子女兼收并蓄、中西会通的愿望。

在当今全球化发展的背景下,国际交流比严复所在时代更为频繁和深入,中西文化思想更是在身边各类生活场景中紧密交织。如何引导青少年高度重视全球先进科技伦理与科学知识学习的同时,有效抵制西方文化糟粕和错误价值观念的腐蚀,继承和弘扬中华优秀传统文化是当前家庭教育、学校教育和社会教育面临的严峻挑战。儿童青少年尚无完全独立的甄别、判断能力,家长有义务为他们做精神引领,在中华优秀传统文化中汲取能量,为生命打好中国底色,进而实现中西文化的兼收并蓄和多学科知识技术的融会贯通。如此看来,严复一百年前"中西会通"这一家庭教育理念当今仍然具有重要借鉴意义。

三、志在济世

严复的一生都与教育、文化和国家的命运紧密相连。毕业于福建船政学堂和英国皇家海军学院的他,融中、西文化精华于一体,在齐家、治国,乃至平天下的大事业中都卓有建树。比如,他先后在京师大学堂、上海复旦公学、安庆高等师范学堂以及北京大学任教并担任要职,为中国现代教育发展奠定了坚实基础。

基于自己的人生经历与志向追求,严复在那个"万般皆下品,惟有读书高"的年代,并不盲目追求子女的科举成绩或官职高低,而是更加注重培养子女的社会责任感、担当精神和实干能力。他对子女说:"今日之世,有志之士,当以兼济天下为己任。"这句话不仅体现了他深厚的爱国主义情怀,也表达了他对儿童青少年的殷切期望——人人都能成为志在天下、经世致用的贤才,为国家和民族作出应有贡献。

严复这种以国家为先、以民生为重的思想,在家庭教育中有着具体表现。比如,1909年,族侄严伯鋆面临专业选择时,严复建议他学习西医。他在信中明言:"盖西医一科,欧美进步奇猛,为国民计,须得多数人勤治此科,一也;又医学所关于教育、法政甚大,刻吾国人亦渐知之,十余年以往,必大看重此学,二也。"又如,当得知外甥女何纫兰想创办女子学校时,他马上写信鼓励:"虽千辛万苦,总须于社会着实有益,可与后来人取法。"他还表示愿意亲自到学校担任教员。

严复认为"志在济世"的理念在儿童启蒙教育期间就显得非常重要。他在《蒙养镜》的序言中强调:"夫一国一种之盛衰强弱,民为之也。而民之性质,为优胜,为劣败,少成为之也。"为了强化孩子"志在济世"的观念,他特别看重德育。严复指出:"而德育之事,虽古今用术不同,而其著为科律,所以诏学者,身体而力行者,上下数千年,东西数万里,风尚不齐,举起大经,则一而已。"在严复看来,德育必须"举起大经",强化培养孩子"兼济天下"的德性。

严复希望子女十五岁以后的教育能够通实务而济世,能够帮助子女成为"八面应敌之才","他日入世,达为王侯将相,隐为师农工商,皆可为社会之所托芘①"。为了培养子女经世致用的才能,严复提倡将学问研究深入到现实世界当中去。比如,他对孩子外出旅游的指导,就如当前组织实施研学课程一样具有明确的学习目标:"一是历史学识,如古人生长经由,用兵形势得失,以及土地、产物、人情、风俗之类。有此,则身游其地,有慨想凭吊之思,亦有经略济时之意与之俱起,此游之所以有益也。其次则地学知识,此学则西人所谓 Geology。玩览山川之人,苟通此学,则一水一石,遇之皆能彰往察来,并知地下所藏,当为何物。此正佛家所云:'大道通时,虽墙壁瓦砾,皆无上胜法'。真是妙不可言如此。再益以摄影记载,则旅行雅游,成一绝大事业,多所发明,此在少年人有志否耳。"

对于立志济世、空谈误国,习近平总书记有着深刻论述。2013 年 3 月 17 日,习近平总书记在十二届全国人大一次会议上讲:"'功崇惟志,业广惟勤',我国仍处于并将长期处于社会主义初级阶段,实现中国梦,创造全体人民更加美好的生活任重而道远,需要我们每一个人继续付出辛勤劳动和艰苦努力。""功崇惟志,业广惟勤"出自《尚书·周书》,强调大志向与勤勉笃行才能成就大功业。习近平总书记是有实干精神的战略家,也是有战略卓识的实干家,他有很多论述"笃行""实干"并以身示范的生动例子。为了精准扶贫,习近平总书记从南到北,从东到西,踏着晋陕黄土,穿过川黔密林,调研全国集中连片的贫困地区,详

---

① 托芘(bì):庇护。

细了解贫困户的衣食住行。在梁家河,青年习近平什么活都干,挑粪、种地、打坝等等。在博鳌亚洲论坛 2018 年年会开幕式上,习近平总书记讲:"'积土而为山,积水而为海'。幸福和美好未来不会自己出现,成功属于勇毅而笃行的人。坚持开放共赢,勇于变革创新,向着构建人类命运共同体的目标不断迈进,共创亚洲和世界的美好未来!""积土而为山,积水而为海"出自《荀子·儒效》,强调坚持不懈地努力才能够达成远大目标。2012 年 11 月 29 日,习近平总书记在参观"复兴之路"展览时也说:"实现中华民族伟大复兴去奋斗的这个历史任务,光荣而艰巨,是需要我们一代又一代的中国人,不懈地为之共同努力,所以说'空谈误国,实干兴邦'。"

为了纠正中国传统教育"舍士无学、学古入官"的极大弊端,严复曾经大力倡导实业教育。1906 年,他于上海商部高等实业学校专门针对实业教育发表演讲,强调实业教育可以祛除科举应试教育的毒瘤,可以培养民众职业自豪感和乐业奉献的精神,强化学生实业救国的观念和技能,必须引导学生精勤实干与坚毅忍耐,必须强健筋骨,注重体育。

在严复看来,教育可以养成人的第二天性,教育是清除人性黑暗和人生烦恼的过程,教育最直接的目的应该是改变"民品之劣,民智之卑",使每一个学生成人、成才,成为社会的公民和中国的国民,能够自立、自强、自治。毋庸置疑,严复这些先进的教育思想在他自己的家庭教育中有着较好运用,也可以为当今家庭教育厚植子女家国情怀,提高孩子实干本领提供有益借鉴。

(本章编撰:程升誉)

31 天地间堂堂的一个人

——梁启超《梁启超家书》①要义

● **家教要言**

"学问是生活,生活是学问。"

"几个孙子叫他们尝尝寒素风味,实属有益。"

"择交是最要紧的事,宜慎重留意,不可和轻浮的人多亲近。"

"人生在世,常要思报社会之恩。"

"做人带几分孩子气。"

"我有极通达、极健强、极伟大的人生观,无论何种境遇,常常是快乐的。"

"随便环境怎么样,都有我的事情做,都可以助长我的兴会和努力的。"

"凡着急愁闷无济于事者,便值不得急它愁它。"

"做学问,有点休息,从容点,所得还会深点。"

"我们总是做我们责任内的事,成效如何,自己能否看见,都不必管。"

● **作者简介**

梁启超(1873—1929),字卓如,号任公,又号饮冰室主人,广东新会县人,"戊戌变法"领袖,清华国学院四大导师之一。幼年时从师学习,8岁学为文,9岁缀千言,17岁中举人。中国近代著名思想家、政治家、史学家、文学家和教育家。

梁启超或叱咤政坛,或潜心学术,研究所涉极为广泛,在哲学、史学、法学、宗教学等领域均有建树,以史学研究成绩最为卓著。在语言文学方面,梁启超也具有举足轻重的影响。比如,他是中国第一个在文章中使用"中华民族"一词的

---

① 本章原典引文主要参考梁启超:《梁启超家书》,北京联合出版公司2015年版。

人;又如,他从日文汉字中受到启发,最早使用"经济""组织""干部"等词汇;再如,他在政治活动中投入大量时间后,仍然是高产作家,著述合计1400多万字,平均每年写作约40万字。

作为中国近代史上一位百科全书式的人物,梁启超在忧国忧民、勤奋著书的同时,培养了一大批优秀学生,如:诗人徐志摩、军事家蔡锷、史学家谢国桢等。梁启超也特别注重子孙后代的家庭教育,他从自己的社会际遇和人生阅历出发,以独特教育方法将自己的道德修为和智慧学识传递到儿女身上,使九个子女各有成就,创造了"一门三院士,个个皆俊才"的佳话。其长子梁思成是著名建筑学家,被誉为"中国建筑历史的宗师";二子梁思永是著名考古学家,奠定了中国科学田野考古的基础。他们于1943年同时被国民政府评选为"中央研究院"首届院士。五子梁思礼是著名火箭控制系统专家,于1993年当选为中国科学院院士。三位亲兄弟创造了"一门三院士"的奇迹,这在中国现当代史上绝无仅有,全世界也罕见。梁启超的其他子女也"个个皆俊才"。长女梁思顺编有《艺蘅馆词选》,对诗词研究颇深;三子梁思忠毕业于美国西点军校,在"一·二八"淞沪抗战前线因病早逝,为国捐躯;次女梁思庄是著名图书馆学家;四子梁思达长期从事经济学研究,心系国计民生;三女梁思懿是著名社会活动家;四女梁思宁弃笔从戎,积极抗日,是陈毅元帅麾下的一名宣传战士。

梁启超儿女们在各个领域能够取得卓越成就,不仅得益于他们个人的勤奋努力,更与梁启超的家庭教育思想与行动息息相关。比如,梁启超的子女几乎都有出国留学的经历,却在学成以后悉数归国发展,这与梁启超成功的人格教育密不可分。梁启超家庭教育把爱国主义思想贯穿始终,中、西学融会贯通,力主人生的"趣味主义"等,为后世留下了宝贵的教育思想财富。

● **经典概览**

《梁启超家书》选摘了1898—1928年间梁启超写给子女的上百封书信。这些信仅仅是其家书的一部分。1912年到1928年,思成、思永、思忠、思庄到国外学习,仅在这期间梁启超就给他们写了400余封家书。

梁启超的家书始终贯穿着对祖国无限的热爱,都致力于引导孩子们弘扬民族精神,时刻记住回报社会之恩。家书内容涉及方方面面,有时政谈论,有家事协商,也有思想交流。梁启超把个人的思想,生活的感悟,通过家书这种通俗易懂而富有人情味的方式传递给子女,为子女的成长指明方向,使其受益匪浅。他对子女们读书、写字、学习课程,选择学校、选择专业、选择职业等各方面都给予指导,但从不强迫命令。在学问研习方面,梁启超并不要求孩子们一味死读书,求取功名,而是引导儿女们求真、求博、求通,做学问"猛火熬""慢火炖",并循环"熬炖",真正学到知识。

梁启超是一位魅力无穷的父亲,又是一位杰出的人生导师和知心朋友。他的笔端饱含慈父深情,所有家书都没有严厉呵斥和长辈的居高临下。一封封家书,亲切的称呼,细致的关怀,谆谆的教诲,让一位好爸爸的光辉形象跃然纸上。儿女们向他坦诚诉说各方面困惑,并发表自己的观点,梁启超在回信中均逐个给予详尽引导和热情鼓励。他要求孩子们发扬寒士家风,常告诫子女,"生活太舒服,容易消磨志气"。他也高度关注孩子们身心健康,倡导趣味式陪伴教育,让他们全面发展,养成健全人格,无论遇到何事都能有睿智的判断,坚定的信念和勇敢不惧的精神。

● **原著选段**

"尽自己力量做去"

我常说天下事业无所谓大小,士大夫救济天下和农夫善治其十亩之田所成就一样。只要在自己的责任内,尽自己力量做去,便是第一等人物。希哲这样勤勤恳恳做他本分的事,便是天地间堂堂的一个人。

"对着月想你们"

你们到温(哥华)那天,正是十五,一路上看着新月初升直到圆时,谅来①在船上不知蹭②了多少次"江畔何人初见月,江月何年初照人"了。我晚上在院子里徘徊,对着月想你们,也在这里唱起来,你们听见没有?我多年不作诗了,君励的老太爷做寿,我忽然高兴作了一首五十五韵的五言长古,极其得意,过两天抄给你们看。

---

① 谅来:推想,想来。
② 蹭(cèng):本义是"摩擦",这里指慢慢地走,慢慢重复着低吟诗句。

"别耍孩子气"

庄庄你的信写许多有趣话告诉我,我喜欢极了。你往后只要每水船都有信,零零碎碎把你的日常生活和感想报告我,我总是喜欢的,我说你"别耍孩子气",这是叫你对于正事——如做功课,以及料理自己本身各事等,自己要拿主意,不要依赖别人。至于做人带几分孩子气,原本是好的。你看爸爸有时还有"童心"呢。你入学校,还是在加拿大好。你三个哥哥都受美国教育,我们家庭要变"美国化"了!我很望你将来不经过美国这一级,便到欧洲去,所以在加拿大预备像更好,也并非一定如此,还要看环境的利便。稍旧一点的严正教育,受了很有益;你还是安心入加校罢。至于未能立进大学,这有什么要紧?"求学问不是求文凭",总是把墙基筑得厚越好。你若看见别的同学都入大学,便自己着急,那便是"孩子气"。

"人人发挥其个性之特长"

思成和思永同走一条路,将来互得联络观摩之益,真是最好没有了。思成来信问有用无用之别,这个问题很容易解答。试问唐开元、天宝间李白、杜甫与姚崇、宋璟比较,其贡献于国家者孰多?为中国文化史及全人类文化史起见,姚、宋之有无,算不得什么事,若没有了李、杜,试问历史减色多少呢?我也并不是要人人都做李、杜,不做姚、宋,要之,要各人自审查其性之所近何如,人人发挥其个性之特长,以靖献①于社会,人才经济莫过于此。

"尽自己能力去做"

今在学校中只有把应学的规矩,尽量学足,不惟如此,将来到欧洲回中国,所有未学的规矩也还须补学。这种工作乃为一生历程所必须经过的,而且有天才的人绝不会因此而阻抑他的天才,你千万不要对此而生厌倦,一厌倦即退步矣。至于将来能否大成,大成到什么程度,当然还是以天才为之分限。我生平最服膺②曾文正两句话:"莫问收获,但问耕耘。"将来成就如何,现在想他则甚?着急

---

① 靖(jìng)献:原指臣下尽忠于君王,这里指忠诚地为社会作贡献。
② 服膺(yīng):衷心信服,铭记在心。

他则甚？一面不可骄盈自慢，一面又不可怯弱自馁，尽自己能力做去，做到哪里是哪里，如此则可以无入而不自得，而于社会亦总有多少贡献。我一生学问得力专在此一点，我盼望你们都应用我这点精神。

"你放心罢"

至于你那种改造环境的计划，我始终是极端赞成的，早晚总要实行三几年，但不争在这一时。你说："照这样舒服几年下去，便会把人格送掉。"这是没出息的话！一个人若是在舒服的环境中会消磨志气，那么在困苦懊丧的环境中也一定会消磨志气。你看你爹爹困苦日子也过过多少，舒服日子也经过多少，老是那样子，到底志气消磨了没有？——也许你们有时会感觉爹爹是怠惰了（我自己常常有这种警惧），不过你再转眼一看，一定会仍旧看清楚不是这样——我自己常常感觉我要拿自己做青年的人格模范，最少也要不愧做你们姊妹弟兄的模范。我又很相信我的孩子们，个个都会受我这种遗传和教训，不会因为环境的困苦或舒服而堕落的。你若有这种自信力，便"随遇而安"地做现在所该做的工作，将来绝不怕没有地方没有机会去磨炼，你放心罢。

"参采我那烂漫向荣的长处"

我怕你所学太专门之故，把生活也弄成近于单调，太单调的生活，容易厌倦，厌倦即苦恼，乃至堕落之根源。再者，一个人想要交友取益，或读书取益，也要方面稍多，才有接谈交换，或开卷引进的机会。不独朋友而已，即如在家庭里头，像你有我这样一位爹爹，也属人生难逢的幸福，若你的学问兴味太过单调，将来也会和我相对词竭，不能领着我的教训，你全生活中本来应享的乐趣也削减不少了。我是学问趣味方面极多的人，我之所以不能专积有成者在此。然而我的生活内容，异常丰富，能够永久保持不厌不倦的精神，亦未始不在此。我每历若干时候，趣味转过新方面，便觉得像换个新生命，如朝旭升天，如新荷出水，我自觉这种生活是极可爱的，极有价值的。我虽不愿你们学我那泛滥无归的短处，但最少也想你们参采我那烂漫向荣的长处。

"在困苦中求快活"

你和希哲都是寒士家风出身，总不要坏自己家门本色，才能给孩子们以磨练人格的机会。生当乱世,要吃得苦,才能站得住(其实何止乱世为然),一个人在物质上的享用,只要能维持着生命便够了。至于快乐与否,全不是物质上可以支配。能在困苦中求快活,才真是会打算盘哩。何况你们并不算穷苦呢!拿你们(两个人)比你们的父母,已经舒服多少倍了,以后困苦日子,也许要比现在加多少倍,拿现在当做一种学校,慢慢磨练自己,真是再好不过的事,你们该感谢上帝。

"备你们参考罢了"[1]

关于思成毕业后的立身,我近几个月来颇有点盘算,姑且提出来供你们参考——论理毕业后回来替祖国服务,是人人共有的道德责任……你们回来有什么事可以做呢?多少留学生回国后都在求生不能求死不得的状态中,所以我想思成在这时候先打打主意,预备毕业后在美国找些职业,蹲两三年再说,这话像是"非爱国的",其实也不然。你们若能于建筑美术上实有创造能力,开出一种"并综中西"的宗派,就先在美国试验起来,若能成功,则发挥本国光荣,便是替祖国尽了无上义务……这是我一个人如此胡猜乱想,究竟容易办到与否,我不知那边情形,自然不能轻下判断,不过提出这个意见备你们参考罢了。

"凡是做学问总要'猛火熬'和'慢火炖'"

你常常头痛,也是令我不能放心的一件事,你生来体气不如弟妹们强壮,自己便当自己格外撙[2]节补救,若用力过猛,把将来一身健康的幸福削减去,这是何等不上算的事呀。前所在学校功课太重,也是无法,今年转校之后,务须稍变态度。我国古来先哲教人做学问,最重优游涵饮,使自得之。这句话以我几十年之经验结果,越看越觉得这话亲切有味。凡做学问总要"猛火熬"和"慢火炖"两

---

[1] 提建议"备参考"这一尊重子辈的家教方式,伟人毛泽东也有运用。比如,1941年1月31日,他给儿子岸英、岸青写下了这样的话:"趁着年纪尚轻,多向自然科学学习,少谈些政治。政治是要谈的,但目前以潜心多习自然科学为宜,社会科学辅之。将来可倒置过来,以社会科学为主,自然科学为辅。总之注意科学,只有科学是真学问,将来用处无穷。人家恭维你抬举你,这有一样好处,就是鼓励你上进;但有一样坏处,就是易长自满之气,得意忘形,有不知脚踏实地、实事求是的危险。你们有你们的前程,或好或坏,决定于你们自己及你们的直接环境,我不想来干涉你们,我的意见,只当作建议,由你们自己考虑决定。"(《毛泽东书信选集》,中央文献出版社2013年版,第152页)

[2] 撙(zǔn)节:节制,节省。

种工作,循环交互者用去……思成,你已经熬过三年,这一年正该用炖的功夫。不独于你身子有益,即为你的学业计,亦非如此不能得益。

"失望沮丧,是我们生命上最可怖之敌"

若专为生计独立之一目的,勉强去就那不合适或不乐意的职业,以致或贬损人格,或引起精神上苦痛,倒不值得。一般毕业青年中大多数立刻要靠自己的劳作去养老亲,或抚育弟妹,不管什么职业得就便就,那是无法的事。你们算是天幸,不在这种境遇之下,纵令一时得不着职业,便在家里跟着我再当一两年学生(在别人或正是求之不得的),也没什么要紧。所差者,以徽音现在的境遇,该迎养他的娘娘才是正办,若你们未得职业上独立,这一点很感困难。但现在觅业之难,恐非你们意想所及料,所以我一面随时替你们打算,一面愿意你们先有这种觉悟,纵令回国一时未能得相当职业,也不必失望沮丧。失望沮丧,是我们生命上最可怖之敌,我们须终生不许他侵入。

● **家教指南**

自古以来,父亲在家庭教育中都扮演着极其重要而不可替代的角色。梁启超的家庭家教家风建设,是从大处着眼,小处着手,《梁启超家书》充分体现了他对子女立身治家、处事为学策略方法与价值追求的言传身教,从中能够深刻感受到父亲角色在子女成长道路上的重要作用,也可窥见梁启超平凡却又高明的教子经验。

一、慈爱与平等相伴

梁启超重视子女教育,但绝非板着面孔说教。在孩子们面前,他是良师益友,是亲切有味的父亲,是童心未泯的老顽童。他写给孩子们的家书,朴实真诚,幽默风趣。比如,对孩子们的称谓方面,梁启超一律用爱称。长女思顺叫"娴儿""宝贝思顺""顺儿"等;小儿子思礼叫"老白鼻";思懿叫"司马懿";思宁排行第六,叫"六六"。丰富有趣的爱称,映衬出梁启超的慈爱与亲切。

梁启超作为一位新旧时代之交的父亲,全然没有传统家长的独断专横式,他时时刻刻都与子女平等交流。如1926年12月,他在一封信中对思庄说:"我最希望你特别注重法文,将来毕业后最少也留法一年,你愿意吗?"其口吻全是建议和商量,让子女从心理上认可和接受。他还谈到思忠的入学:"你既学政治,那么进什么团体是免不了的,我一切不干涉你,但愿意你十分谨慎,须几经考量后方可加入。在加入前先把情形告诉我,我也可以做你的顾问。"1927年5月的一封信中,他谈到梁思成的婚姻:"我颇想你们提前办理,但是否可行,全由你们自己定夺,我断不加丝毫干涉。"作为一位父亲,梁启超完全没有家长的架子,他爱提出建议,善于把主动权交给子女,从不强加干涉。

除此之外,梁启超还常常在书信中表达对子女的思念之情,毫不掩饰自己对子女的爱,呈现非常可亲可爱的父亲形象。如1925年7月,他在信中对思庄说:"我说你'别耍孩子气',这是叫你对于正事……至于做人带几分孩子气,原是好的。你看爹爹有时还有'童心'呢!"1928年10月,梁启超在致梁思顺的信中说:"我平常想你还自可,每到病发时便特别想得厉害,觉得像是若顺儿在旁边,我向她撒一撒娇,苦痛便减少许多。"

梁启超无微不至地关注子女成长,关心子女前途,尽最大努力给子女们提供经济保障、情感支持、道德垂范,还给予他们许多宝贵的人生经验。他在家书中以一个建议者、指导者、过来人和亲密朋友的身份,具体参与子女人生价值与目标的选择过程中,他对子女人生各阶段的经历、体验和精神状态始终保持感同身受的状态。在与儿女的书信往来中,两代人互相倾诉着彼此的苦与乐,悲与欢,他们相互惦念着,鼓励着,每封信都充满了真挚的爱。这种爱具有强大力量,对孩子们的成才发展大有助益。这一切,正如梁启超1927年8月在信中所说:"像你有我这样一位爹爹,也属人生难逢的幸福。"梁启超的这种自豪,完全应该成为天底下每一位父母由衷的自豪。

二、培养孩子的"趣味主义"

梁启超终其一生都信仰"趣味主义"。他生平对于自己所做的事,总是乐此不疲,津津有味,无论日常生活,还是学术工作,他都践行着"趣味主义"。与此同时,他在家书中常以此作为言传身教的内容。梁启超曾说:"我所做的事常常失败,然而我总是一面失败一面做,因为我不但在成功里头感觉趣味,就在失败里头也感觉趣味。"他的儿女也继承了他这种思想,看定自己喜欢的,就一头扎到底。在他影响下,子女大多性格开朗,风趣幽默。梁启超希冀子女们做一个"烂漫向荣""活泼有春气"的人,远离单调的生活,远离苦恼和堕落,以一种愉悦的审美情感来享受生活乐趣,进而丰富自己的人生意义。

梁启超注重培养孩子们对知识的兴趣,尊重孩子们的个性和志愿,细致地掌握每个孩子的特点,因材施教,同时也注重培养孩子们的高尚情操。他在家书中写道:"凡人必常常生活在趣味之中,生活才有价值,若哭丧着脸挨过几十年,那么生命便成为沙漠,要来何用?""你们几时看见爹爹有一天以上的发愁,或一天以上的生气?我关于德性涵养的功夫,自中年以来很经些锻炼,现在越发成熟,近于纯任自然了,我有极通达、极坚强、极伟大的人生观,无论何种境遇,常常是快乐的。"他培养孩子乐观、豁达的性格,充分享受生命的自然淳美境界,激发他们的聪明才智,让他们发挥各自的优势。

梁启超尊重儿女们的个人选择。当他得知女儿对生物学没有兴趣时,立即写信给她,表明自己的观点和建议:"凡学问最好是因自己性之所近,往往事半功倍";"你应该自己体察作主……我很怕因为我的话扰乱了你治学线路,所以赶紧寄这封信"。梁思庄看了父亲的来信后,坚持自己的兴趣爱好,改学图书馆学,考入哥伦比亚大学,成为一名优秀的图书馆学专家。1927年8月,梁启超给孩子们写信,他担心梁思成"所学太专门",容易把生活"弄成近于单调",因此建议他增强一些"趣味"。他写道:"我是学问趣味方面极多的人,我之所以不能专积有成者在此,然而我的生活内容异常丰富……我每历若干时候,趣味转过新方面,便觉得像换个新生命,如朝旭升天,如新荷出水,我自觉这种生活是极可爱的,极有价值的。"

三、教导子女踏实治学

梁启超对儿女治学策略与方法的教导非常精当。梁启超看重的不是学习成功与否,而是治学的态度和学习的过程。他认为治学要处理好"专精"与"广博"的关系,专精离不开博通,没有广博的知识基础,专精很难深入下去;没有专精,也很难真正广博。他在家书中建议,想要具有"博的功夫",只能先选择一两种自己最感兴趣的专业去"钻","从极狭的范围内生出极博来,否则,件件要博,便连一件也博不成,这便是'好—则博'的道理。"当然,人生处处是学问,梁启超也提醒孩子们:"一个人要想交友取益,或读书取益,也要方面稍多,才有接谈交换、或开卷引进的机会。"这也是所谓"博"的指导。

在处理"专精"与"广博"的关系方面,梁启超还基于古来先哲教人做学问"最重优游涵饮,使自得之"的传统经验和自己的切身体会,提出了"猛火熬"与"慢火炖"相互交融的治学原则。他认为不管是对于身体健康还是学业精进,落实这一原则都大有裨益。他还建议子女们在学习"专门科学"外,选一两样"关于自己娱乐的学问"。他在给梁思顺的信中说:"彼宜从实际上日用饮食求学问,非专恃书本也。"①

梁启超在家书中反复强调治学是一个循序渐进的过程,需要不断积累,必须在平时细嚼慢咽中反复体味。他希望孩子们做学问要有古来先哲从容自如的境界。梁启超提醒孩子:"学问是生活,生活也是学问。"他认为自己的儿女专注于做学问,他们的学业占据了生活的绝大部分时间,做学问的过程就是生活的过程,做学问既要如同生活一般兴致盎然,也要在琐碎的生活中注意积累实践经验,为学问的升华奠定坚实基础。

四、重视子女人格培养

培养孩子的人格是梁氏家教的一大重点。梁启超时常教育子女,人生并非一帆风顺,每个人都会有身处忧患的时候,那么培养直面忧患的乐观态度就成为人生取胜的关键。梁启超注重自由的精神生活,曾说"人类精神生活不能离却物质生活而独自存在",但又确信"人类之物质生活,应以不妨碍精神生活之发展为限度,太丰妨焉,太觳②亦妨焉!应使人人皆为不丰不觳的平均享用,以助成精神生活之自由而向上"。

基于以上洞见,梁启超不仅为子女成才创造机会、提供帮助,而且使之经受必要的精神磨炼。他肯定儿女们必需的生活支出,但也常常教育子女养成吃苦的韧性,不要追求、看重物质生活。当看到长女梁思顺抱怨加拿大的生活条件后,他便写信说:"你和希哲都是寒士家风出身,总不要坏自己家门本色,才能给孩子们以磨炼人格的机会。生当乱世,要吃得苦,才能站得住(其实何止乱世为然)。一个人在物质上的享用,只要能维持着生命便够了。至于快乐与否,全不是物质上可以支配。能在困苦中求出快活,才真会打算盘哩!"

民国初年,梁启超的物质收入非常可观,但他依然要求孩子们必须守住勤苦耐劳的品质。1927年,梁思顺夫妇打算变动工作时,梁启超又对他们强调吃苦的好处:"现在处这种困境正是磨炼身心最好机会,在你全生涯中不容易碰着的。你要在这个当口做到'不改其乐'的工夫。"梁思成夫妇学成归国前,梁启超并未为其描绘美妙前景,而是告诫说:"我想你们这一辈青年恐怕要有十来

---

① 梁启超向子女的讲述,直接体现了陆游《冬夜读书示子聿》的思想:"古人学问无遗力,少壮工夫老始成。纸上得来终觉浅,绝知此事要躬行。"
② 觳(què):俭薄;简陋,引申为贫乏。

年——或者更长要挨极艰难困苦的境遇,过此以往却不是无事业可做,但要看你对付得这十几、二十年风浪不能。你们现在就要有这种彻底觉悟,把自己的身体和精神十二分注意锻炼修养。"

梁启超培养孩子人格,不但重视耐得住艰难劳苦的品性,而且时时都在强化他们的社会责任感。作为著名的政治家,梁启超一生极力主张改造社会,改善民生,振兴中华,他上过书参过政,四处疾呼终不改其志。在孩子们很小的时候,梁启超就喜欢给他们讲宋元崖山海战的故事。待他们长大懂事,梁启超便和他们讨论国家前途、民族命运。他从未放弃救国图强的信念,这种百折不回的爱国热忱和社会责任感,毫无折损地流淌到了每一位子女心中。

梁启超厚植子女爱国主义情怀并不是空洞说教。他指出:"天下事业无所谓大小,只要在自己责任内,尽自己的力量做去,便是第一等人物。"他建议孩子们选择专业和未来工作,应该与国家未来发展形势相联系,希望他们学有所成,回来报效祖国。孩子们大多也都选择了当时的冷门专业,也是国家后来发展所紧缺的专业。比如,思成选择建筑专业,思永选择考古专业,都深受父亲影响。梁启超曾写信对在美国学习的儿子思成说:"只要努力把自己学问学够了回来,创造世界才是。""回来替祖国服务,是人人共有的道德责任。"梁启超也告诉思顺:"总要在社会上常常尽力,才不愧为我之爱儿。人生在世,常要思报社会之恩。因自己地位做得一分是一分,便人人都有事可做了。"

在梁启超的教育感染下,他的9个儿女有7个留学国外,但学成后无一不回国效力。梁启超不愧为一个伟大的爱国者,也是一个名副其实的"最牛老爸",他的所有子女个个满怀感恩之心做人,以公益报国之心立世,都因其完善的人格而实现了非凡的人生价值。由此看来,父母通过不断优化自己的人格而濡养孩子美好的人格,实属家庭教育的必由之路。

(本章编撰:易娟)

32　做成个好家庭的样子

——朱庆澜《家庭教育》[①]要义

● **家教要言**

"教育子弟,能替国家养成好人民,是国家的大福气,能在家里教成好儿子,就是各家的大福气了。"

"要教儿女做那样事,总要自己先去做。"

"做成个好家庭的样子,小孩才会好的。"

"教育定要跟着小孩的程度。"

"父母要分担教育,不要叫小孩分个亲疏轻重。"

"有规矩的自由叫活泼,没规矩的自由叫放肆。"

"就是同朋友说话做事,有小孩在面前,也要格外小心。"

"家庭同学堂要一气[②]。"

"父亲要叫儿子尊重母亲,母亲要教儿子亲热父亲。"

"家里是个什么样子,小孩一定变成那个样子。"

"家庭气象,好比立个木头,小孩好比木头的影子。"

"小孩的脾气,学坏是极容易,学好是极难。"

● **作者简介**

朱庆澜(1874—1941),字子桥,浙江绍兴人。辛亥革命元老、爱国将领,国歌《义勇军进行曲》的定名者和慈善家,在中国近代史上具有一定影响。

他曾任四川新军第三十三混成协协统、第十七镇统制。辛亥革命后,任过广

[①] 本章原典引文主要参考赵忠心主编:《古今家教文萃》,湖北教育出版社1997年版。

[②] 一气:协同一致。

东省省长等职。在省长任期,他亲自撰写《家庭教育》这部著作,并捐资印刷,分发给全省家家户户。

1925年开始,朱庆澜长期从事慈善救济工作。九一八事变后,东北各地人民和一部分国民党爱国将领在中国共产党号召下组成"东北抗日义勇军",朱庆澜积极募款支持这支军队,为抗击日本侵略者作出了特殊贡献。

朱庆澜从小接受了严格的传统教育。其父朱锦堂少时通读四书五经,历任各郡县掌管刑罚的官员,因其宽厚仁爱,常年行善积德,受到民众敬重。朱庆澜深受父亲影响,母亲董氏严格的教育也使他形成了刻苦耐劳和刚勇正直的品质。

朱庆澜深知早期家庭教育对人的重要作用,也透彻了解家庭教育和国家民族利益的紧密关系。他说:"一家父母不讲家庭教育,就会把一家的儿子弄坏,家家没有好儿子,国也不成个国了。"在《家庭教育》前言中,他明确强调:"中国本是极大极强的国,因何变成这样全无出色的地位?并非国不好,实在是人不好。天生人人都是好的,所以不好的缘故,都由于自小未曾受过好的教育。照此看来,要把中国变强,非把中国的小孩好好教育起来,中国永无翻身的日子。"这些话极其通俗,但堪称远见卓识。

● **经典概览**

朱庆澜《家庭教育》一书在中国教育发展史上占有重要地位。作为一省最高行政长官亲自著书立说,深入指导民众家庭教育,朱庆澜在中国教育史,乃至世界教育史上都开了先河。这本书不属于传统家训类读物,而是大体遵循现代家庭教育学的体系,用白话文写成的家庭教育科普著作。全书语言生动,通俗易懂,老幼皆宜,同时不乏高雅与文采,很适合一般家长和热爱家庭教育事业的有识之士阅读研究。

这本书具有一定理论深度,又有很强的实践意义。全书一共谈了23个问题,从家庭教育的内涵、重要性入手,进而阐明家庭教育的根本道理,家长要以身示范,培植好"家庭气象",还紧密结合当时我国家庭教育的实际情况,介绍了家庭教育的一系列策略与方法。

朱庆澜亲自编写这本书,完全出自他强烈的爱国爱民思想。他所主张的家庭教育主要有三个特点:一是注重中华民族传统美德教育,他在概念上用了"仁、义、礼、智、信"这所谓的儒家"五常",具体内涵则结合民众生活。二是家庭教育目标内容在当时很有针对性,如"军国民""制苟且""公德"等方面。三是所有内容都贯穿着爱国主义思想。朱庆澜主张的家庭教育,即使以今天的眼光审视,其总体上也具有进步意义和先进性,可为当前家庭教育实践和理论研究提供较好参考。

● **原著选段**

"只看六岁以前家里的教法怎样"

小孩子生下来,好似雪白的丝,在家里养活六年,好似第一道染缸;六岁进了学堂,好似第二道染缸;二十岁以后,出了学堂,到世界上来同人办事,好似第三道染缸。家里六年教得好,养得好,好似白丝染成红底子。到了进学堂,再得好先生,就将那红底子好好加上一层,自然变成大红。到了世界上,哪怕遇着坏朋友、坏染缸,想把他变成黑色,他那大红的底子,一时总不得变的。如果再遇上好朋友、好染缸,不用说,自然变成真正的朱红,头等的好人了。万一在家里六年,教的法子、养的法子不好,比如白丝一下缸已经染成黑底子,进了学堂,就有好先生,想把他变成红色,那黑底子总是难退得去。就是勉强替他加上一层红色,仍旧是个半红半黑的。如果学生再遇着不热心的先生,到了世界上,再遇着坏朋友、坏染缸,将就黑底子一层一层加上黑色,自然变成永不脱色的黑青,永不回头的坏蛋了。丝总是白的,只看第一道染法何如,个个人生下来都是好的,只看六岁以前家里的教法怎样。

"这个叫做根本法"

无论讲什么教育,教育人都要将自己身子,做个样子与学生看。不能只凭一个口,随便说个道理,学生就会信的……做父母的,一天到晚同儿女在一处,一举一动,儿女都把你监管着。比如,教儿女不要吃烟,父母断断不可吃烟。如果父母吃了烟,不但叫儿女疑心,烟是吃得的,父母叫我不要吃,是骗我的,从此就不信父母的话,并且觉得烟(既)是吃不得的,父母何以要吃?一面又生出一个看不起父母的心。有了这个心,一天天就会做些不服父母、不孝父母的事。因此做父母的,要禁止儿女不要做那样事,要自己先不去做;要教儿女做那样事,总要自己先去做……要得根子好,才能开好花,结好果子;要得父母好,才能教得出好儿子。家里教小孩的法子甚多,样样都要自己先做样子,所以这个叫做根本法。根本法子一错,什么教法都是无效的。

"都是父母同老师把他聪明提前用得太早、用得太尽的缘故"

许多小孩,小时候极聪明,大了却一天笨过一天,都是父母同老师把他聪明提前用得太早、用得太尽的缘故。千里马能走千里,是说腿力长足了的时候。如果马驹子的时候,你就强(迫)着它,今天走二百(里),明天走三百(里),是个好马驹,小时候也可以勉强对付。却是腿力没有长足,提前用得太早,用得太尽,等到长大该走一千里的时候,却连一百里也走不得了。这不是马的错,却是骑马的造孽!

他有认十个字的力量,只教认五个。不但不要用尽他的力量,并且替他留点余地,叫他心里舒服。教一回懂不得,耐着心再教,不但打骂不得,并且要用好话安慰他,叫他勿着急,或是歇一会,把脑力回过来,再教再认……想到将来,已算是私心,如果因为想挣自己的名誉,就不顾儿子的死活,不管他年纪到了未有,聪明长够了未有,一味硬逼着往前进,或是把儿子聪明弄塞,或是把身体弄坏,那就是做父母的害了好孩子了。

"家庭气象要紧"[1]

"气象"就是样子。家里是个什么样子,小孩一定变成那个样子。

家庭气象,好比立个木头,小孩好比木头的影子。木是直的,影一定直;木是弯曲的,影一定弯曲,一点不会差的。父母哪怕天天教小孩和气,如果家里是个乖张的样子,小孩一定变成乖张的脾气;哪怕天天教小孩勤谨,如果家里是个懒惰的样子,小孩一定变成懒惰的脾气。

---

[1] "家庭气象"建设方面,《易经》六十四卦中的第三十七卦"家人卦"可以有很多启发,其卦辞是:"家人:利女贞。《象》曰:家人,女正位乎内,男正位乎外。男女正,天地之大义也。家人有严君焉,父母之谓也。父父,子子,兄兄,弟弟,夫夫,妇妇,而家道正。正家,而天下定矣。《象》曰:风自火出,家人。君子以言有物而行有恒。"爻辞是:"初九:闲有家,悔亡。《象》曰:闲有家,志未变也。六二:无攸遂,在中馈,贞吉。《象》曰:六二之吉,顺以巽也。九三:家人嗃嗃,悔,厉,吉。妇子嘻嘻,终吝。《象》曰:家人嗃嗃,未失也。妇子嘻嘻,失家节也。六四:富家,大吉。《象》曰:富家大吉,顺在位也。九五:王假有家,勿恤,吉。《象》曰:王假有家,交相爱也。上九:有孚威如,终吉。《象》曰:威如之吉,反身之谓也。"

这个家庭气象,不但做父母的平日要小心检查,不可做成坏样子给小孩学。凡是做伯伯、叔叔、伯娘、婶娘的,也要帮着做成一个好样子才得……做父母的想教成个小孩子,先要把一家子的弟兄妯娌,人人都劝好教好,完完全全做成个好家庭的样子,小孩才会好的;父母单是自己做个好样子,却听随一家人都做坏样子,小孩还是不会好的……不但儿子在家里,家庭气象要紧,就是儿子在胎里,父母的气象也是要紧的。不但露出面的气象要紧,就是不露面的心事,也是不能含糊随便的。

"父母要分担教育"

父母要分担教育,不要叫小孩分个亲疏轻重。家里的小孩,多半亲热母亲,疏远父亲,看重父亲,看轻母亲。这个毛病,都是做父亲的①单管教儿子,所以叫儿子看重父亲。一面却生个怕父亲的意思,不知不觉同父亲疏远起来。做母亲的单管养儿子,所以叫儿子亲热母亲,一面却生个撒娇的意思,不知不觉看轻了母亲……

这都是做父亲的忘了养儿子的本分,做母亲的丢了教儿子的本分,酿出儿子重父亲轻母亲、亲热母亲疏远父亲的毛病……要纠这个毛病,更无别的法子,做父亲的,一面教儿子,一面也要养儿子;做母亲的,一面养儿子,一面也要教儿子。父亲要叫儿子尊重母亲,母亲要教儿子亲热父亲。父母同时去教,②小孩知道做了坏事,无地可以躲藏,无人可以保护,自然不敢做坏事;父母同时去养,小孩知道父母都是我的大恩人,自然不会亲热这面,疏远那面,自然变成个孝顺儿子。

"有规矩的自由叫做活泼"

小孩的精神该教他活泼,一弄错了,就无论何事都听他自由。弄到小孩大了

---

① 有这种毛病的父亲,可以听听鲁迅富有诗意的劝诫。他说,大老虎虽然兴风狂啸,颇具王者风范,但对自己的虎崽崽还是时时回眸,万般怜爱。鲁迅写于1931年的七绝《答客诮》如下:"无情未必真豪杰,怜子如何不丈夫。知否兴风狂啸者,回眸时看小於菟。"

② 父母同时去教,主张必须一致。陶行知曾说:"中国家庭教育素主刚柔并济。父亲往往失之过严,母亲往往失之过宽。父母所用的方法是不一致的。虽然有时相成,但流弊未免太大。因为父母所施方法之宽严不同,子女竟至无所适从,不能了解事理之当然。并且方法过严则易失子女之爱心,过宽则易失子女之敬意。"[见《陶行知全集》(第1卷),四川教育出版社2005年版,第46页]

胆放肆起来,再叫他守规矩是不行了。小孩自小该教他守规矩,一弄错了,就无论何事都不准他自由。弄到小孩缩脚缩手呆板起来,再叫他活泼也是为难了。

看起来,活泼好像就是放肆,规矩好像就是呆板。哪知道有大大的分别:有规矩的自由叫做活泼,没有规矩的自由叫做放肆;不放肆叫做规矩,不活泼叫做呆板。一点界限不会错的……单拿说话来讲,小孩爱如何说,听他如何说,这叫做活泼。因为听他随便说,就连粗话横话下流混帐话都不干涉他,如此就是放肆了。不准他说粗话横话下流混帐话,叫做规矩。因为不准他说粗横下流话,就无论何种话都不准他说,好似要贴张封条在他嘴上,如此就是呆板了……父母能够看明白活泼同放肆,规矩同呆板的分别,用个适中的法子,教成个又活泼又不放肆、又规矩又不呆板的儿子,自然顶好了。如果造(做)不到,与其偏在活泼上,把儿子弄放肆了,变成个匪人,不如偏在规矩上,哪怕呆板点,终究还是个好人呢。

"养儿好比防水"

小孩在面前,父母对人说某家小孩太蠢,小孩听见这句话,就生出骄傲的心。对着人说某家父亲富贵,他儿子穿的衣服顶讲究,这句话小孩听见,又会生出羡慕虚荣体面的心。对着富贵人,父母格外恭敬,小孩看见,就会生出一种势利心。对着贫贱人,父母有意糟蹋,小孩看见,又会生出一种刻薄心。

因为这个缘故,做父母的,不但在家里一言一动要谨慎,就是同朋友说话做事,有小孩在面前,也要格外小心……一面自己言动小心,一面提防小孩误会。有时带小孩出门,更要细细察看他同别家小孩的说话举动。回到家来,先把自己小孩的说话举动,哪样好,哪样不好,好好分别指出来,好的夸奖他,不好的劝诫他。再把别家小孩言动的好丑,一一与他分别指出来,好的教他要学,丑的教他要戒。

父母能在家里用心,再能在外面用心,能谨慎自己的言动,再能察小孩的言动,这才算得尽了教儿子的本分。养儿好比防水,四方八面,但有针大一个孔,水便进来,就要即刻把他塞住,万万不能疏忽的。

"万万不可用打骂"

小孩做错事,做父母的少不了骂两句,打两下,本不是好法子。何以呢?

第一，小孩还没有分别错不错的知识。比如看见别人有好吃的东西,不告诉别人就拿来吃了。这并不是明知是盗贼行为,故意去犯的。父母不先教明白他,叫他知道这就是盗贼行为,劝他下次不要再如此。只是打骂一顿,小孩哪怕挨了打骂,仍然不晓得这就是盗贼行为,下次就难免再犯的。这就是第一个毛病。

第二，教他劝他不听,下次还有打骂的厉害法子去治他,如果动辄就用打骂,父母法子一下就用穷了。以后小孩再有大错,也无法再对付了。小孩晓得错了不过打骂,胆子就越发大了,把打骂看成寻常事,廉耻也就一日一日忘记了。打骂本望小孩好,到底教成小孩胆大不要面,这就是第二个毛病。

第三，小孩脑力未曾长足,父母望好的心事,不可太急。比如教他认个字,如果一回认不得,就打骂一顿,脑力弱的小孩,胆气也是怯的,一回打骂教他丧了气,落了脑,就是有聪明的,也被这吓吓闭住了……因为这个缘故,望小孩学好,万万不可用打骂。就是禁止小孩的过恶,也应该多教多劝。假如教了劝了,小孩不听,或是故意再犯,或是事体虽小,却是心术不好,教劝之外,实在离不了打骂,也只应该把打骂当成一个最后的法子。

"家庭同学堂一气"

小孩进了学堂,虽属学堂担任,却只担得五分,余下五分,仍然要家里父母分担才是。何以呢？小孩信老师的话,不如信父母的话。每日半日在学堂,半日在家,如果学堂里老师叫他回家温书,回到家来,父母却不督着温书,听凭他玩耍；学(堂)里老师,叫他俭省勿乱花钱,回到家来,父母却准他乱花。这样办法,老师叫往东,父母叫往西,家庭同学堂不一气,小孩将来书记不得,爱乱花钱,父母却怪老师未曾教好,老师受冤枉不要紧,孩子教坏了,父母却是后悔不及了。

因为这个缘故,家里父母定要随时同老师接头,打听学(堂)里如何教法。凡是学(堂)里叫做的,父母定要帮着老师逼小孩去做；学(堂)里不叫做的,父母定要帮着老师禁止小孩勿做。家庭同学堂一气,老师才不算自费精神,父母才不算白花学费。小孩知道无地可以躲闪,才能够一气往前学好呢。

● **家教指南**

朱庆澜在《家庭教育》这部经典中大力提倡中华民族传统美德教育,其真知灼见自成体系,既有基本规律与原则的阐述,又有操作方法与实例的介绍。审视当下家庭教育理念、父母教育水平和儿童学习生活特点可以发现,该书为现代家庭,尤其是年轻家长们提供了家庭教育的行动指南和反思参照。下面,对这部经典所论家庭教育基本原则、内容与方法略作归纳。

一、家庭教育基本原则

第一,"父母要给孩子做出样子"。这也是现代教育理论高度重视的"以身作则"。

第二,"教育定要跟着小孩的程度"。强调家庭教育必须符合儿童的年龄特征和个性特长,必须因材施教,循序渐进,量力而行,留有余力。

第三,"家庭气象要紧"。强调家庭环境与文化氛围对孩子成长具有极其重要的影响,家庭教育的重点之一是加强家风建设。

第四,"父母要分担教育,不要小孩分个亲疏远近"。为中国文化道统男尊女卑、男主外女主内、女人负责相夫教子等现象纠偏,要求父母双方必须共同抚养教育孩子,"父亲要叫儿子尊重母亲,母亲要教儿子亲热父亲"。

第五,分清活泼同放肆、规矩同呆板的界限。不放肆叫作规矩;不活泼叫作呆板;既不放肆又不呆板叫作活泼。家庭教育要在培养孩子规矩意识的过程中掌握好分寸,培养出活泼的孩子。

第六,"对着小孩,父母言动都要谨慎"。孩子时时处处"监视"着父母的言与行,"克隆"着父母的习惯与性情,为人父母者必须战战兢兢,如履薄冰。

第七,"打骂不如教劝"。打骂往往会吓着小孩,伤其自信自尊,或使其胆大包天而不要脸面,成为下流胚子,烂船当作烂船划。小孩不能分别对错知识或没有毅力管束自己,父母最好针对过错,就事论事,循循善诱。

第八,"家庭同学堂要一气",即家校达成一致性,协同育人,共同支持引领孩子健康快乐成长。

以上八个原则,堪称家庭教育的根本遵循,当今父母家长不可不高度重视,不可不一一遵循。

二、家庭教育内容与方法

(一)"仁"的教育

仁就是良心,爱人爱物之心,都是良心。做父母的要以身作则,给孩子做出"有良心"的示范。具体到生活中,家长从小就要教育孩子爱人爱物,特别提倡人与人之间相亲相爱,切忌互相欺诈、残害,大力培养互助互爱这一人类共同的美德,从小富有同情心,关爱弱者,不以强凌弱。

(二)"义"的教育

合理该做的事,拼命往前去做,就叫义。不合理不该做的事,怕羞不去做,也叫作义;如果怕惩罚而不去做,那是讲规矩、守法度,也应该肯定,但不是义。义的教育,朱庆澜主张从小事抓起。他说:"莫说赶一只狗,保护一个乞饭的是小事,有此义心,将来要他赶尽一世的恶人,保护一世的善人,也是容易的;莫说不拣一个钱是小事,有此义心,将来要他把一万银子当成一条草,不合理总不乱取,也是容易的。翻过来对面看,碰见狗咬乞饭的不理,莫说是小事,将来碰见强盗害父母也不会理的;看见路上一个钱,随便拣来,莫说是小事,将来凿开人的墙去偷,打开人的门去抢,也是做得到的。"引导孩子"义不容辞",指着一件具体的好事来讲,比那空话讲空理,小孩更容易懂,并且容易跟着去做。

(三)"礼"的教育

第一,遵循长幼次序,教育孩子要目中有尊长,在日常生活中跟着父母尊敬长辈,爱护幼小。

第二,以礼待人。即教孩子对人有礼貌。比如脱帽,是民国时期行礼的要求,脱帽的时候,眼睛定要看着行礼的人。如今,要求见人打招呼、问好,面带微笑,友善热情,进行诸如此类的礼貌教育,家长可以一面做出样子给孩子看,一面把道理说给他听。

第三,礼的种类甚多,礼多人不怪。无论吃饭、睡觉、说话、走路,无论在何地方,是何时候,对着何人,做着何事,都有各样的礼节。父母随时随地、遇人遇事,都得一一去教。中国素有"礼仪之邦"之称,家长应当立足于爱我中国文化,兴我华夏文明的高度加强孩子礼仪教育,把孩子培养成真正的中国人。

(四)"智"的教育

智就是聪明,就是有知识。小孩子"智的教育"重点之一是教孩子认字读书、识人辨物。可以先教孩子认识人和物的名目称呼。比如,"谁是伯伯叔叔,谁是哥哥姐姐,什么是茶饭菜肉,什么是衣服帽子"。再教孩子认识人和物的性质。比如,"他伯伯是他父亲的亲哥,叔叔是父亲的兄弟……茶是山上生的茶树,饭是田里种的谷米……衣服穿在身上,帽子戴在头上"。还要教孩子如何对待人,如何使用物,如何应用所学知识。比如,"对着伯伯叔叔该如何尊敬……茶要水泡,水要滚……穿衣要提领口,戴帽要看前后"。对小孩子进行"智的教育",可以由近及远,从身边的人和事教起,而后再教其他的人和事。具体教育方式应当是"指着一个人、一件物、一件事去教",因为这样,"比那翻着书才来教的,小孩格外容易懂得记得,并且一点不觉得辛苦"。简言之,生活就是学问,学问就是生活,在快乐生活中活学活用才是真正的聪明快乐。

(五)"信"的教育

诚实不欺、说话算话就是信。信的教育要求家长起码做到两点。第一,做父母的说句话,定要说出个明确的道理,叫孩子不能不信。第二,小孩说假话,哪怕说得好,也得要责备他;小孩说真话,哪怕有错处,也得夸奖他,做到是非分明,态度明朗。当然,言必行,行必果,是做父母的基本资格。

(六)"制苟且"的教育

所谓"制苟且",就是制止、禁止、纠正苟且的毛病。"苟且"的毛病主要有三:一是,只图眼前,得过且过;二是,草率、马虎、敷衍了事;三是,不循礼法,不守规矩。制止、禁止、纠正孩子这些毛病,养成做事有头有尾、严肃认真和守规矩的好习惯、好作风,是引导孩子既成人又成才的一个关键。

(七)"勤俭"的教育

勤和俭都是中华民族的传统美德。教"勤"的方法是:只要小孩力量做得到,都可以让他尝试,只要不会生病的事,都可以教他练习。不但教他要勤,并且要教他多吹吹风,多晒晒太阳,多吃些苦。教"俭"的方法是:哪怕有钱用,只叫小孩吃饱穿暖,不让他随时买些零碎吃的东西、过分追求添些好的衣服。

(八)"公德"的教育

"爱自己的心叫做私心,爱大众的心叫做公德。"树立公德心,既有利国家,也有利家庭和个人。朱庆澜说:"做父母的定要从小留神,遇见小孩起了不顾公众的心,做出不顾公众的事,勿论事大事小,都要干涉。""碰着就教,不要厌烦。自小养好这种公德心,大来不但成个爱国的好国民,也可以成个不讨嫌,不结怨,保护家门的好子孙了。"公德教育的一个关键是,设身处地引导孩子换位思考,心目中不要只知道自己,还要善于体察和关爱别人。

(本章编撰:程升誉)

33 觉醒的父母

——鲁迅《我们现在怎样做父亲》[①]要义

● 家教要言

"要发展（子女）这生命（就是进化）[②]，生物都这样做，父亲也就是这样做。"

"前前后后，都向生命的长途走去，（父母与子女）仅有先后的不同，分不出谁受谁的恩典。"

"后起的（子女的）生命，总比以前的（父母的）更有意义，更近完全，因此也更有价值，更可宝贵；前者的生命，应该牺牲于他。"

"对于子女，义务思想须加多，而权利思想却大可切实核减，以准备改作幼者本位的道德。"

"因为将来的运命，早在现在决定，故父母的缺点，便是子孙灭亡的伏线，生命的危机。"

"觉醒的人，此后应将这天性的爱，更加扩张，更加醇化；用无我的爱，自己牺牲于后起新人。"

"孩子的世界，与成人截然不同；倘不先行理解，一味蛮做，便大碍于孩子的发达。"

"父母对于子女，应该健全的生产，尽力的教育，完全的解放。"

● 作者简介

鲁迅（1881—1936），浙江绍兴人，曾用名周樟寿，后改名周树人。1902年去日本留学，原在仙台医学院学医，后因一部日俄战争纪录电影的影响，弃医从文，

[①] 本章原典引文主要参考鲁迅：《坟》，人民文学出版社2022年版。
[②] 此处夹注由鲁迅所注，本章"家教要言"栏目其余夹注由本书编者所注。

希望用文艺重塑中国人精神。

从日本回国后,鲁迅曾任南京民国临时政府和北京民国北洋政府教育部部员等职,并在北京大学、北京女子师范大学等校任教。五四运动前后,参加《新青年》杂志社工作,被誉为新文化运动主将。1926年8月因支持爱国学生运动而遭反动政府通缉,被迫先后到厦门大学、中山大学任职。1927年10月到上海,积极参加反抗国民党政府独裁统治和政治迫害的组织和活动。1936年10月,逝世于上海。

鲁迅一生在文学创作与文学批评、文化思想与文学史研究等多个领域具有重要成就。著有小说集《呐喊》《彷徨》,散文集《朝花夕拾》,散文诗集《野草》,杂文集《坟》《华盖集》等十九种,及文学史著作《中国小说史略》等,被誉为"二十世纪东亚文化地图上占最大领土的作家"。

鲁迅作为新思潮的领军人物,在中国近现代教育思想的革故鼎新方面也发挥了重要作用。早在1907年,他就提"立人"主张,强调教育必须尊重人的个性,培养具有独立思想且意志力超群的人。他希望儿童青少年要敢笑、敢怒、敢骂、敢打,有朝气,敢作敢为,不要无谓地牺牲,而要奉献国家,有所作为。他批判"中国一般的趋势"是鼓励孩子"驯良","低眉顺眼,唯唯诺诺",反对孩子"活泼,健康,顽强,挺胸仰面"。1918年,他发表中国现代文学史上的首篇白话小说《狂人日记》,大声疾呼"救救孩子",振聋发聩。在《我们现在怎样做父亲》这篇经典中,他则非常明晰地表达了破除传统父子观念,解放子女的观点。他认为孩子是国家的未来,以孩子为本位,拯救、解放、发展他们是父母的天职,也是未来中国的希望所在。

一直以来,鲁迅一直受到广泛而崇高的赞誉。毛泽东同志对鲁迅的风骨与功勋评价极高,称赞他"是伟大的文学家,而且是伟大的思想家和伟大的革命家",赞美"鲁迅的骨头是最硬的"。

● **经典概览**

《我们现在怎样做父亲》是鲁迅的一篇杂文,最早刊于1919年11月的《新青年》杂志,署名唐俟,后收入杂文集《坟》中。

这篇经典表达了鲁迅在当年那种"旧未灭而新又未生"的过渡时代针对中国传统思想文化和教育的深刻思考。其主题涉及教育,但不仅仅是教育。教育根植于社会文化土壤,在众多有识之士借用西方现代启蒙思想来反思中国传统文化之际,鲁迅对中国社会延续久远的君权、父权等也有了新的认识和发现。

承接《狂人日记》"救救孩子"的呐喊,《我们现在怎样做父亲》深刻批判传统父权及陈腐亲子观,希望将孩子从被"非人"的伦理与教育困境中解放出来,张扬个性,健康成长,以备改良社会,建设国家。这一写作意图,鲁迅在开篇就讲得比较清晰:就是要"改革家庭",针对"神圣不可侵犯的父子问题"进行改革,并且"革命要革到老子身上"。

鲁迅明确指出,中国传统家庭伦理"本位应在幼者,却反在长者;置重应在将来,却反在过去"。针对这种颠倒大义的现实,鲁迅主张家庭伦理应"以孩子为本位",父母必须理解孩子,做孩子的指导者协商者,而不是命令者,最终解放孩子,使之具有"自立的能力",成为"一个独立的人"。他直截了当地指出父亲的责任在于"保存生命""延续生命""发展生命",应该从"爱己"的立场出发,理解孩子的世界,采用指导而非命令的方式,帮助孩子锻炼自立能力等。鲁迅先生反对子女以"顺从"的内心与姿态行孝,反对流行的所谓子报父恩思想,"幼本位"是他的核心主张。鲁迅主要以进化论为参照,确立上述系列观点,以及对国人深入灵魂的传统君权、父权、亲权实施严厉批判。这在当时看来很具冲击力,甚至有些离经叛道。放到今天,这仍然能够引起广泛共鸣,并为大众提供深刻启示。

● **原著选段**

"解放子女"

论到解放子女,本是极平常的事,当然不必有什么讨论。但中国的老年,中了旧习惯旧思想的毒太深了,决定悟不过来。譬如早晨听到乌鸦叫,少年毫不介意,迷信的老人,却总须颓唐半天。虽然很可怜,然而也无法可救。没有法,便只能先从觉醒的人开手,各自解放了自己的孩子。自己背着因袭的重担,肩住了黑暗的闸门,放他们到宽阔光明的地方去;此后幸福的度日,合理的做人。

"分不出谁受谁的恩典"

单照常识判断,便知道既是生物,第一要紧的自然是生命。因为生物之所以为生物,全在有这生命,否则失了生物的意义。生物为保存生命起见,具有种种本能,最显著的是食欲。因有食欲才摄取食品,因有食品才发生温热,保存了生命。但生物的个体,总免不了老衰和死亡,为继续生命起见,又有一种本能,便是性欲。因性欲才有性交,因有性交才发生苗裔,继续了生命。所以食欲是保存自己,保存现在生命的事;性欲是保存后裔,保存永久生命的事。饮食并非罪恶,并非不净;性交也就并非罪恶,并非不净。饮食的结果,养活了自己,对于自己没有恩;性交的结果,生出子女,对于子女当然也算不了恩。——前前后后,都向生命的长途走去,仅有先后的不同,分不出谁受谁的恩典。

"应该先洗净了东方古传的谬误思想"

但可惜的是中国的旧见解,又恰恰与这道理完全相反。本位应在幼者,却反在长者;置重应在将来,却反在过去。前者做了更前者的牺牲,自己无力生存,却苛责后者又来专做他的牺牲,毁灭了一切发展本身的能力。我也不是说,——如他们攻击者所意想的,——孙子理应终日痛打他的祖父,女儿必须时时咒骂他的亲娘。是说,此后觉醒的人,应该先洗净了东方古传的谬误思想,对于子女,义务思想须加多,而权利思想却大可切实核减,以准备改作幼者本位的道德。况且幼者受了权利,也并非永久占有,将来还要对于他们的幼者,仍尽义务。只是前前后后,都做一切过付的经手人罢了。

"以幼者弱者为本位"

人类也不外此,欧美家庭,大抵以幼者弱者为本位,便是最合于这生物学的真理的办法。便在中国,只要心思纯白,未曾经过"圣人之徒"作践的人,也都自然而然的能发现这一种天性。例如一个村妇哺乳婴儿的时候,决不想到自己正在施恩;一个农夫娶妻的时候,也决不以为将要放债。只是有了子女,即天然相爱,愿他生存;更进一步的,便还要愿他比自己更好,就是进化。这离绝了交换关系利害关系的爱,便是人伦的索子,便是所谓"纲"。倘如旧说,抹煞了"爱",一味说"恩",又因此责望报偿,那便不但败坏了父子间的道德,而且也大反于做父母的实际的真情,播下乖剌的种子。

"'爱己'"

无论何国何人,大都承认"爱己"是一件应当的事。这便是保存生命的要义,也就是继续生命的根基。因为将来的运命,早在现在决定,故父母的缺点,便是子孙灭亡的伏线,生命的危机。易卜生①做的"群鬼"……也可以看出遗传的可怕。欧士华本是要生活,能创作的人,因为父亲的不检,先天得了病毒,中途不能做人了。他又很爱母亲,不忍劳他服侍,便藏着吗啡,想待发作时候,由使女瑞琴帮他吃下,毒杀了自己;可是瑞琴走了。他于是只好托他母亲了。

欧:"母亲,现在应该你帮我的忙了。"

阿夫人:"我吗?"

欧:"谁能及得上你?"

阿夫人:"我?! 你的母亲?!"

欧:"正为那个。"

阿夫人:"我,生你的人!"

欧:"我不曾教你生我。并且给我的是一种什么日子? 我不要他! 你拿回去罢!"

这一段描写,实在是我们做父亲的人应该震惊戒惧佩服的;决不能昧了良心,说儿子理应受罪。这种事情,中国也很多,只要在医院做事,便能时时看见先天梅毒性病儿的惨状;而且傲然的送来的,又大抵是他的父母。但可怕的遗传,并不只是梅毒;另外许多精神上体质上的缺点,也可以传之子孙,而且久而久之,连社会都蒙着影响。我们且不高谈人群,单为子女说,便可以说凡是不爱己的人,实在欠缺做父亲的资格。

"教这新生命去发展"

倘若现在父母并没有将什么精神上体质上的缺点交给子女,又不遇意外的事,子女便当然健康,总算已经达到了继续生命的目的。但父母的责任还没有完,因为生命虽然继续了,却是停顿不得,所以还须教这新生命去发展。凡动物

---

① 易卜生:挪威著名作家。《群鬼》是其代表剧作之一,剧中女主角阿尔文太太对荒淫无耻的丈夫逆来顺受,死守"妇道"。其子欧士华延续父亲恶习,染上了父亲遗传的病毒,医治无效而成了白痴。

较高等的,对于幼雏,除了养育保护以外,往往还教他们生存上必需的本领。例如飞禽便教飞翔,鸷兽①便教搏击。人类更高几等,便也有愿意子孙更进一层的天性。这也是爱,上文所说的是对于现在,这是对于将来。只要思想未遭锢蔽的人,谁也喜欢子女比自己更强,更健康,更聪明高尚——更幸福;就是超越了自己,超越了过去。

"用无我的爱,自己牺牲于后起新人"

所以觉醒的人,此后应将这天性的爱,更加扩张,更加醇化;用无我的爱,自己牺牲于后起新人。开宗第一,便是理解……孩子的世界,与成人截然不同;倘不先行理解,一味蛮做,便大碍于孩子的发达。所以一切设施,都应该以孩子为本位,日本近来,觉悟的也很不少;对于儿童的设施,研究儿童的事业,都非常兴盛了。第二,便是指导……长者须是指导者协商者,却不该是命令者。不但不该责幼者供奉自己;而且还须用全副精神,专为他们自己,养成他们有耐劳作的体力,纯洁高尚的道德,广博自由能容纳新潮流的精神,也就是能在世界新潮流中游泳,不被淹没的力量。第三,便是解放。子女是即我非我的人,但既已分立,也便是人类中的人。因为即我,所以更应该尽教育的义务,交给他们自立的能力;因为非我,所以也应同时解放,全部为他们自己所有,成一个独立的人。②

"解放子女的父母"

"能适于合理的生活"这事可分两层:第一,中国的社会,虽说"道德好",实际却太缺乏相爱相助的心思。便是"孝""烈"这类道德,也都是旁人毫不负责,一味收拾幼者弱者的方法。在这样社会中,不独老者难于生活,即解放的幼者,也难于生活。第二,中国的男女,大抵未老先衰,甚至不到二十岁,早已老态可掬,待到真实衰老,便更须别人扶持。所以我说,解放子女的父母,应该先有一番预备;而对于如此社会,尤应该改造,使他能适于合理的生活。许多人预备着,改造着,久而久之,自然可望实现了。

---

① 鸷(zhì)兽:猛兽。
② 鲁迅强调家长必须指导支持孩子自立以成为独立的人,这在孙中山那里有极其精简的表达和妥帖的措施。其《遗嘱》如下:"余因尽瘁国事,不治家产,其所遗之书籍、衣物、住宅等,一切均付吾妻宋庆龄,以为纪念。余之儿女已长成,能自立,望各自爱,以继余志,此嘱。"

"觉醒的父母"

总而言之,觉醒的父母,完全应该是义务的,利他的,牺牲的,很不易做;而在中国尤不易做。中国觉醒的人,为想随顺长者解放幼者,便须一面清结旧帐,一面开辟新路。就是开首所说的"自己背着因袭的重担,肩住了黑暗的闸门,放他们到宽阔光明的地方去;此后幸福的度日,合理的做人。"这是一件极伟大的要紧的事,也是一件极困苦艰难的事。

● 家教指南

超越时空,对话当下,是经典的魅力与特质。《我们现在怎样做父亲》这篇经典之作,虽距今 100 年有余,当前新时代与当初的社会背景也已大不相同,但文章完全能够跨越时间,给今天的父母带来如下启迪。

一、杜绝有恩于子女的意念

如何看待子女与自己的关系?胡适的观点值得参考。他的经典诗篇《我的儿子》[1]写道:"我实在不要儿子,/儿子自己来了。/'无后主义'的招牌,/于今挂不起来了!/譬如树上开花,/花落自然结果,/那果便是你,/那树便是我。/树本无心结子,/我也无恩于你。/但是你既来了,/我不能不养你教你,/那是我对人道的义务,/并不是待你的恩谊。/将来你长大时,/莫忘了我怎样教训儿子:/我要你做一个堂堂的人,/不要你做我的孝顺儿子。"

子女出生,是因为自身情欲与生命的延续,父母对于子女算不得什么恩情。然而在中国数千年传统思想影响下,有千千万万父母都认为自己给了孩子生命,让孩子来到这个世界,养育孩子成长,对孩子具有不尽的恩情。甚至有些父母常对儿女说:"为了你,我舍不得吃,舍不得穿,拼命地工作……"父母似乎天然地具有道德优势和话语霸权。这种家长常常忽视孩子的处境感受,一味希望孩子知恩图报。即使部分父母"无私而慷慨",也可能常说:"我不要你的回报,你也得知道你欠我的……"在父母的高位之下,孩子往往会被道德绑架。

对于父母与子女的关系,鲁迅明确指出:"前前后后,都向生命的长途走去,

---

[1] 原载 1919 年 8 月 3 日《每周评论》第 33 号,后收入中国现代新文学运动代表性诗集《尝试集》。

仅有先后的不同,分不出谁受谁的恩典。"然而,强调自己有恩于孩子的家长,总是忘不了或放不下所有的"付出"。的确,生养孩子非常辛苦,也必须付出,但这都是一定人生角色必须承担的责任。所以,养育子女,完全是义务,只应该希望子女能够健康快乐成长,做一个大写的人,而不能附加任何条件。

父母与子女之间不必也不能谈所谓恩典,那么彼此之间的关系靠什么来维系呢?鲁迅指出,要有一种绝离了交换、利害关系的天性的爱——"愿他生存;更进一步的,便还要愿他比自己更好,就是进化"。他同时指出:"因为父母生了子女,同时又有天性的爱,这爱又很深广很长久,不会即离。现在世界没有大同,相爱还有差等,子女对于父母,也便最爱,最关切,不会即离。"这种相互的、很深广很长久的、没有任何功利的"天性的爱",是一种基于生物血缘和人文伦理的永恒的纯洁之爱,是父母与子女之间共同拥有的最为宝贵的生命馈赠。

二、强化"幼者本位"的伦理立场

孟子说:"不孝有三,无后为大。"这似乎已有幼者本位思想的胚芽,但骨子里还是长者本位,因为连这生育后代这件事,也是为着对于长者的"孝"。至于"三纲"之一的"父为子纲",更是充分强调长者为尊,父母对于子女拥有绝对权威,在父母面前,子女唯"孝"至上。

立足当前,"父为子纲"的正确解读或许应该偏重一代代父亲都要无条件地为一代代儿子做出引领示范与支持帮助。然而,受中国传统"长者本位与利己思想"根深蒂固的影响,"父为子纲"的伦理体现出了"权利思想很重,义务思想和责任心却很轻"的主流倾向,有老古董甚至认为"幼者的全部,理该做长者的牺牲"。

从子女剪断脐带、脱离母体的那一刻起,便是一个完全独立的个体。父母必须尊重儿童的天性,了解他们的心理,相信孩子的潜力,找到合适的方法,协助子女依靠自我的力量创造最合适自己的生活。当前,绝大多数父母虽然摆脱了"父为子纲"的顽固羁绊,但总爱拿"为了孩子好"作为借口,将自己的所期所盼都强加于子女身上,要么提出过高的要求,要么"涸泽而渔"榨干孩子的潜能,让孩子背负沉重的负担。

鲁迅认为:"动物界中除了生子数目太多——爱不周到的如鱼类之外,总是挚爱他的幼子,不但绝无利益心情,甚或至于牺牲了自己,让他的将来的生命,去上那发展的长途。"这应该令各色的在骨子里以我为尊而毫不知觉的父母家长幡然醒悟。

《增广贤文》有言:"长江后浪推前浪,世上新人赶旧人。"新事物不断产生,旧事物不断消亡,才符合事物发展的规律,也符合人类进化的规律。因为后起之生命,必定比之前更有意义,更近完全,更有价值,更可宝贵。若以父母为本位,只重视成人发展,忽视儿童的发展,就违反了生物进化规律,进化停滞,畏缩不前,阻碍社会发展。因此,鲁迅说:"此后觉醒的人,应该先洗净了东方古传的谬误思想,对于子女,义务思想须加多,而权利思想却大可切实核减,以准备改作幼者本位的道德。"

三、做彰显"天性之爱"的觉醒父母

"天性之爱"是最能维系父母与子女之间关系的纽带。家庭教育的重点与核心工作就是编织好这根爱的纽带,彰显父母的"天性之爱",也引导孩子彰显"天性之爱"。为此,家长务必注意以下四点。

第一,爱护自己——继续生命的基础。鲁迅说,"凡不爱己的人,实在欠缺做父亲的资格"。因为父子之间有遗传,"父母的缺点,便是子女灭亡的伏线,生命的危机",为了孩子精神和体质上的健康,作为父母,妥帖地爱护自己,不抽烟,不酗酒,少熬夜,多锻炼,远离毒品危害,不害人,不损公,不贪赃,不枉法,远离道德底线,永远保持身体与德性健康是应当履行的义务和责任,这也是继续生命的基础。

第二,无我之爱——发展生命的关键。"父母对于子女应该健全的产生,尽力的教育,完全的解放。"这是父母对于子女最本能、最无私的爱。鲁迅否定旧见解中的"三年无改于父之道可谓孝",提出通过爱和教,要让子女比自己更强、更健康、更聪明高尚。当然,这不是怂恿父母一味地对子女高标准,严要求,或是舞棍弄棒让孩子必须成龙成凤。真正的无我之爱,能够让父母自己牺牲于后起新人的爱,首先是理解,理解孩子世界与成人世界的不同。其次是指导,通过协商引领孩子拥有耐劳作的体力、纯洁高尚的道德、广博自由能容纳新潮流的精神。而最重要的是第三点,解放,让孩子学会自立,对儿童进行全方位生命关照,使其成为一个独立的人。

第三,自身独立——解放子女的前提。要做解放孩子的父母,则必然要学会面对孩子独立后带给父母的空虚感。为人父母者必须具有自身"独立的本领和精神","广博的趣味"和"高尚的娱乐"。现如今,中国社会,尤其是农村地区还

有很多父母有"养儿防老"的思想,也有部分城镇父母或许无法祛除弗洛伊德所谓潜意识中的恋女、恋子情结,发自肺腑地认为子女应该留在身边,不能异地就业,不能远走高飞,导致子女不能成为独立、自主、自由、强健的人。所以,要想真正解放子女,父母必须要有预备,让自己能够拥有适应生活的本领,而且随时准备"自己背着因袭的重担,肩住了黑暗的闸门,放他们到宽阔光明的地方去;此后幸福的度日,合理的做人。"

第四,学习鲁迅——用行动成就孩子。要越过旧思想的围墙,挣脱旧观念的枷锁,确实任重而道远。做一个觉醒的父母,对待子女完全彻底地做到"义务的、利他的、牺牲的",实属不易但无比伟大。鲁迅写这篇文章的时候还未做父亲,在写作完成10年后,他和许广平有了儿子海婴。孩子的降生令鲁迅更加深入地反思父子问题,也让他很好地践行了儿童本位的教育思想。

鲁迅最看重海婴的活泼和强健。1932年3月,海婴大概2岁半,鲁迅给母亲写信,说海婴"现在胃口很好,人亦活泼,而更加顽皮"。这说明鲁迅尊重孩子的天性。同年7月,鲁迅写信给母亲说海婴"很喜欢玩耍","给他买了一套孩子玩的木匠家生,所以现在天天在敲钉"。小小孩童宣泄旺盛精力,鲁迅并未遏制。1934年5月,鲁迅给母亲写信说,海婴"日见长大,自有主意"。同年6月,鲁迅向母亲夸赞海婴"日见其长,但不胖,议论极多,在家时简直说个不歇"。但也"吐槽":"动物是不能给他玩的,他有时优待,有时则要虐待,寓中养着一匹老鼠,前几天他就用蜡烛将后脚烧坏了。"孩子"说个不歇",优待、虐待小动物,自然是孩子天性,鲁迅都欣然视之而不予强加干涉,使孩子自然生长。

1934年9月,鲁迅在给母亲的信里说海婴"每天很忙,专门吵闹,以及管闲事"。1932年5月,鲁迅在写给一位日本友人的信里说,海婴没有一件完整的玩具,"他对玩具的理论,是'看了拆掉'"。1934年2月,在写给同一位朋友的信中,鲁迅说海婴"很健康,但又非常捣蛋,在家时常有暴动之虑"。同年7月,鲁迅在写给另一位日本友人的信中则说,海婴"还发牢骚,说没有弟弟,太寂寞了,是个颇伟大的不平家"。8月,在写给友人的信中,鲁迅又说,海婴"两三日前竟发表了颇为反动的宣言,说:'这种爸爸,什么爸爸!'"10月,鲁迅又向母亲夸赞海婴:"良心也还好,好客,不小气。"还向母亲表扬海婴:"不小气,不势利,性质还总算好的。"

"无情未必真豪杰,怜子如何不丈夫。"鲁迅直到生命的最后一刻都在践行

"本位应在幼者"的思想,都在用无我之爱竭力培养儿子的活泼、健康、顽强与挺胸仰面。他"理解"孩子,只做做孩子的"指导者协商者",他"解放"孩子,"交给他们自立的能力","全部为他们自己所有,成一个独立的人"。鲁迅的身体力行,值得当今家长深度研习与全面借鉴。

(本章编撰:孙磊)

34 博爱存心,和光映面

——陶行知《陶行知家书》[1]要义

● **家教要言**

"滴自己的汗,吃自己的饭,自己的事要自己干,靠人、靠天、靠祖上,不算是好汉!"

"学生不应当专读书,他的责任是学习人生之道。"

"应守纪律的地方,绝对服从,应当自由的地方,绝对自由。"

"从家庭的小世界里把自己拔出来,投入到大的社会去。"

"宁为真白丁[2],不作假秀才。"

"拿休息来预防疲劳,重于拿休息来治疗疲劳,对于健康切勿透支。"

"思想青春,何可不变,愿师[3]少年,站在前线。"

"在'博[4]中求约[5]'和'自约返博'都是做学问必须的过程。"

"小孩子是要用各种各样的妙法教她,她方高兴学,才学得成。"

● **作者简介**

陶行知(1891—1946),安徽省歙县人,著名教育家、思想家和文学家,杰出的爱国主义者和民主主义战士。1908年考入了杭州广济医学堂;1915年入读美国哥伦比亚大学,师从著名哲学家、教育家约翰·杜威,攻读教育学博士学位;1917年秋回国,先后任南京高等师范学校教授、国立东南大学教授和教务主任

---

[1] 本章原典引文主要参考陶行知:《陶行知家书》,学习出版社2018年版。
[2] 白丁:不识字、没有文化的人。
[3] 师:学习。
[4] 博:博览群书,广泛学习。
[5] 约:择取精要,化繁为简。

等职。

面对半封建半殖民地的旧中国,陶行知立志用教育来改造社会。1917年,与蔡元培等发起成立中华教育改进社;1923年,与晏阳初等人发起成立中华平民教育促进会总会;1926年,发表《中华教育改进社改造全国乡村教育宣言》;1929年,上海圣约翰大学授予他荣誉科学博士学位,以表彰他为中国教育发展作出的特殊贡献;1931年,主编《儿童科学丛书》,创办"山海工学团"等多个工学团;1933年,与政、学两界知名人士发起成立中国教育学会;1939年,在重庆创办育才学校;1946年,在重庆创办社会大学。

1946年4月,陶行知回到上海,立即投入"反独裁、反内战"的民主斗争,在闻一多、李公朴两位著名民主斗士惨遭国民党特务暗杀而举国惊诧与愤怒之际,陶行知以"我等着第三枪"的大无畏精神顽强坚持斗争。然而,令人悲痛的是,1946年7月25日,陶行知因长期劳累过度,健康过亏,刺激过深,突发脑溢血而与世长辞,年仅55岁。

陶行知矢志不渝地推行平民教育,全心全意为中国教育探索新的出路,真可谓"捧着一颗心来,不带半根草去"。他融汇中西方教育理论,创造性地提出、践行,并在较大范围推广了中国本土化的"生活即教育""社会即学校""教学做合一"等经典教育理论,有《中国教育改造》《普及现代生活教育之路》等专著传世。

陶行知是近现代史上最具原创力、真正形成教育科学体系并影响世界、享誉国际的中国教育家。比如,日本教育学家斋藤秋男指出:"陶行知不仅是属于中国的,也是属于世界的。"美国教育学家戴维德·汉森则把陶行知作为中国唯一代表,列入"世界最具影响力的十大教育思想家"之中,与杜威、蒙台梭利等世界级著名教育大家并列。

毛泽东、董必武、宋庆龄分别盛赞陶行知是"伟大的人民教育家""当今一圣人""万世师表"。周恩来评价陶行知是"无保留追随党的党外布尔什维克"。朱德号召大家"学习陶行知全心全意为人民服务,不屈不挠的为独立和平民主而斗争的精神"。党和国家还有多位领导人高度评价陶行知:"是中国革命的教育家";"是一个前无古人的教育家,是一个时代的英雄";"真不愧'俯首甘为孺子牛','鞠躬尽瘁,死而后已'";"两千年前的孔仲尼,两千年后的陶行知"。

● 经典概览

《陶行知家书》收集了先生 1915 年到 1946 年所写的 240 封家书。在此期间,中国动荡不安,陶行知却长期离家在外,为中国教育发展和社会进步四方奔波。这一封封家书看似平淡无奇,却饱含深情,颇能鼓舞人心。他对孩子发自内心的疼爱和无微不至的关怀,对母亲满心的敬重与孝顺、牵挂,对妻子不尽的思念、关心和鼓励,以及深厚的爱国情怀、坚毅的教育理想和崇高的人生信仰,在信中都表现得比较充分。

陶行知在家书中鼓励母亲游山健体,识字写信,提醒家人尊重老人想法,还向母亲表明自己全力以赴振兴乡村教育以回报父母之爱的赤诚心志。他对妻子情深意长,嘱托她忘掉忧愁,"短短信,常常寄。没有功夫写,画几个圈儿替,免人苦相忆"。还向妻子倾诉大量生活琐事,展现了他富有情趣的个性魅力。陶行知为孩子"计深远",其家书既反复阐释做人的道理,又细致引导人生家常之事的处理。他教导儿子自己的事自己干,"健康第一,从容工作","宁为真白丁,不作假秀才","把自己的信仰树立起来"。

在家书中,陶行知称呼四个儿子小名,叫长子陶宏为桃红、次子陶晓光为小桃、三子陶刚为三桃、四子陶城为蜜桃,语言亲切友爱,简洁直白,富含鼓舞力量。陶行知疼爱儿子,但从不溺爱,在他的谆谆教诲和以身示范之下,四个儿子都主动学习进步,勇敢投入社会洪流寻求真理,为国家和民族搏击奋斗。最终,他们不负期望,在各自岗位上取得不凡的业绩,都成为拥有"人格长城"的顶天立地的人。

长子陶宏曾专门撰写文章,深情表述:"我们兄弟四人能走上正确的人生之路,完全是爸爸指引有方。"陶行知对国家、民族和人民满腔赤诚,他在家书中讲述着筹集教育善款的艰辛,传递着俭朴生活的作风、无私奉献的精神,以及言传身教的人格力量。陶行知一生办教育,爱满天下,其家书反映的家庭教育理论和实践,仅仅是他卓越成就的点滴,不过,仅仅读其家书,也完全可以由衷赞叹:"先生之风,山高水长!"

● **原著选段**

"有一定的使命"

我们生在此时,有一定的使命。这使命就是运用我们全副精神,来挽回国家厄运,并创造一个可以安居乐业的社会交与后代,这是我们对于千万年来祖宗先烈的责任,也是我们对于亿万年后子子孙孙的责任。

"儿从母亲寿辰立志"

母亲:

家中从前寄来的信,如今都收到了,并未遗失,只是来得慢些。

儿从母亲寿辰立志,决定要在这一年当中,于中国教育上做一件不可灭的事业,为吾母庆祝并慰父亲在天之灵。儿现在全副的心力都用在乡村教育上,要叫祖宗及母亲传给儿的精神,都在这件事上放出伟大的光来。儿自立此志以后,一年之中,务求不虚度一日,一日之中,务求不虚度一时;要叫这一年的生活,完全的献给国家,作为我父母送给国家的寿面,使国家与我父母都是一样的长生不老。

实验乡村师范开办费要一万五千元,经常费要一万二千元,朋友们都已答应捐助,只要款项领到,就可开办。阴历原想回家过年,无奈一切筹备事宜必须儿亲自支配,不能抽身。倘使款项早日领到,或可来京两星期。如果到了腊月廿七还没有领得完全,那年内就不能来了。好在家中大小平安,儿亦平安康健,彼此都可放心。

昨日会见冬弟,知道金弟在西安尚好,可以告慰。冬弟亦较前强壮。

桃红小桃三桃蜜桃给我的拜年片子都是很有意思很有价值,儿已经好好的保存了。

敬祝健乐。

行知
一月廿日

"一条耕田的水牛,睡在我们旁边"

母亲、纯妻、渼妹、桃红、小桃、三桃、蜜桃:

最近相片四张都收到了,令人欢喜。"大可可糖好吃",不错,让我明天再买些来。蜜桃要爸爸回家,好,爸爸就要来了。

正月初四是试验乡村师范行立础礼的一天,同时请城里的人下乡拜年。我初三晚就下乡,住在一位姓陆的家里,晚上打地铺,睡在稻草上,暖和得很,比钢丝床还有趣。我们六个人睡在一铺,一位是我自己,一位是钱向志先生,三个安徽公学的校工,还有一个,你们猜是谁?猜得着的将来可以多吃一块糖。桃红、小桃、三桃、蜜桃都猜猜看。你们怕是猜不着的。待我说来,它是一条耕田的水牛,睡在我们旁边,脾气很好,也很干净。第二天教育厅长到了,陪客的也是这位牛大哥。初四城里来了一百多人,乡下也到了二百多人,其中有一百多位小孩子。城里带了五六百件玩物来分给乡下小孩子,小孩子得了玩物都笑嘻嘻的像个活神仙样。

我是前天到上海来的,身体精神都好得很,请大家放心。

敬祝安乐!

行知
二月十一日

桃红、小桃在家,自己的事情要自己干,衣服要学洗,破了要学缝。烧菜弄饭都要学,还要扫地抹桌,有益的事都要做。

"不要你们做书呆子"

我很希望你和小桃多学做事,我的主张是:有书读的要做事,有事做的要读书。先生不应该专教书,他的责任是教人做人;学生不应当专读书,他的责任是学习人生之道。我要你们做有知识、有实力、有责任心的国民,不要你们做书呆子。

"于出头处求自由"

"在立脚点要平等,于出头处求自由。"上联是中山先生的意思,下联是我自己的意思。脚底要站得一样齐,便是真平等。最大的不平等就是这人的脚站在那人家头上。出头处要有自由,比如树木能长到百尺的,便让他长到百尺,只能长到十尺,便让他长到十尺。出头处有自由才能进步,才能生存。不许人出头,或是把人家的头压下去,使得我的头看见似乎比他高些,便是侵犯人家自由。

"做一个小孩子,要知道三件事"

蜜桃:

你的十一月四日的信收到了,我很高兴。从你的信中,我知道三桃已到屯溪。我今天也写了一封信给他,告诉他我已学会《大路歌》,并且教了许多人。现在做一个小孩子,要知道三件事。第一,做人的大道理要看得明白。第二,遇患难要帮助人;肚子饿让人先吃;没饭吃时,要想法子找出饭来大家吃。第三,勇敢。勇敢的活才算是美的活。小桃均此。祝你们努力前进!

爸爸

十一月廿九日

"勇敢的活才是美的活"

民族解放的大道理要彻底的明白。遇患难要帮助别人。勇敢的活才是美的活,勇敢的死才是美的死。晓光应当根据自己的才干,参加到民族解放的大斗争中。你在无线电已有了相当基础,希望你在这上面精益求精,到最需要的地方,最有组织的地方,最信仰民为贵的地方去作最有效的贡献。把生命的火药装在大炮里,对准这日本帝国主义轰炸。倘若把生命的火药放在炮竹里玩掉或是放在盘子里浪费掉,那是太可惜了。

长青不老歌

博爱存心,和光映面,不惑不忧,不惧不恋。学而不厌,诲人不倦,服务第一,手不释卷。思想青春,何可不变,愿师少年,站在前线。

● 家教指南

陶行知的学识风范、真情智慧及人格魅力主要体现在他努力探索中国教育新路的实践活动及系列经典著作中。阅读先生这部"短短信,常常寄"的家书,感觉一句句质朴的话语是那么亲切,从中可以清晰地感受到他的满怀爱心和报国赤忱。同时,可以发现陶行知对家庭教育一以贯之的高度重视,其家庭教育思想理念、目标内容、策略方法都值得当今家长学习。

一、读书自立

为了实施平民教育,陶行知与同仁合编了一套平民识字课本《千字课》。桃红教弟弟小桃读它,小桃又教奶奶读它。陶行知得知后,特地写信感谢:"你两个人很有功劳。一家中,我教你,你教他,他又教他。这样花不了多少工夫,可以使全家读书明理了。你两人让我发现了一个好法子,叫做连环教学法。我在南京试验这个法子,很有效验。"四个孩子年龄稍长后,陶先生也多次鼓励他们用功读书,并承诺"学习费用有我负责"。

陶行知明确要求孩子生活上要学会自立。"自己的事要自己干。衣服要学洗,破了要学缝。烧菜弄饭都要学,还要扫地抹桌,有益的事都要自己做。"接人待物也要有礼、得体。陶先生写信要求孩子收到别人送的玩具后,必须写感谢信,要及时写,写自己的心里话。他还细心提醒:"信要自己写,写在好纸上,要写得干净。"他也教导儿子给亲戚拜年的时候:"脸和手要洗得干干净净;衣服、鞋、袜都要穿得整整齐齐;话不在多,却要说得得体,说得好听。"

在谈到读书、做事、做人三者之间的关系时,陶行知写信告诉儿子:"有书读的要做事,有事做的要读书。先生不应该专教书,他的责任是教人做人;学生不应当专读书,他的责任是学习人生之道。"总之,不要做"读死书、死读书、读书死"的书呆子。

二、孝老爱亲

陶行知在家书中劝母亲多带妻子、妹妹游山健身,因为"益肺、通血脉、常游必壮"。他还鼓励母亲读《千字课》主动识字,"一来可做娱老之法,二来可以有提倡之效,三来知行写信",并且要求次子小桃教奶奶写信给他。陶行知用心体贴老人。1926年,在母亲寿辰之际,陶行知写信提醒妹妹要体贴老人可能不愿做寿,不忍"杀生必多"的心情。同时也向母亲表明"忠孝融合"的心志:"要叫这一年的生活,完全的献给国家,作为我父母送给国家的寿面,使国家与我父母都是一样的长生不老。"他把对母亲的爱转化为家国大爱,真可谓丹心报国,日月可鉴。

陶行知与妻子鸿雁传书,互诉衷肠,将小爱升华为大爱。他赞美妻子"胖时如月圆,瘦时如新月",劝慰妻子"人生遇着逆境得把忧愁忘掉"。他向妻子表白:"用全副力量帮助你建立事业和学问。"他表扬妻子写的祝寿诗好极了,进步可喜之至。他写信告诉妻子,自己要尽最大努力向西方国家的朋友呼吁,让日本不能从这些国家获得战略物资,不能继续侵略中国。他深信"日本帝国主义必败",他和妻子共同憧憬未来,商量和平降临人间之时,两人携手环游世界,并从各国大众那里"取得理想、感动力,返国帮助新中国之创造"。

陶行知对儿子的爱,切切绵绵,从不间断。他写给儿子的家书,态度和蔼可亲,没有空洞的说教,没有颐指气使,他视儿子为知心朋友,有要求总是采用商量的语气表达。儿子尚小时,陶行知除了给他们寄去书籍,还经常寄些糖果之类的东西。在信中,他说:"我寄给你们的东西,请你们放心吃!从前买可可糖送你们,我必先吃一块,看看里面坏了没有。我不希望别的报酬,只希望你们每星期写一信,告诉我玩了几个科学小把戏,做了几个科学小实验。"从中可以看出陶行知葆有一颗童心,他对儿子身体健康细致关心,对学习成长饱含期待,对下一代的科学救国高度重视。

儿子长大了,陶行知教导他们:"自己的信念未建立以前,最重要的工作是虚心热忱地把自己的信念树立起来。"还鼓励他们到最信仰民为贵的地方作最有效的贡献。当得知儿子生病的消息,他马上去信讲:"健康第一,切勿透支。有病快医,病后要养,不要爱惜钱。"

三、博爱存心

陶行知人生的座右铭是"爱满天下"。他认为拥有博爱品质的人可以青春不老,永远容光焕发。出于对亲人、对家乡、对祖国、对民族,以及千千万万孩子的爱,陶行知在中华民族处于最危急的关头,努力发展平民教育,并"甘为骆驼",奋斗终身。他在所有家书中,也希望他的儿子"捧着一颗下来,不带半根草去",为国家民族,乃至全人类奉献自己的一切。

1943年,陶行知在写给儿子陶宏的信中明确指出,人生最大的目的还是博爱。1931年秋,他写给在南京的陶晓光、陶刚的信中有一段话:"祝你们努力向科学树上攀,攀得高高的,把那肥大的果子摘下来给全世界人吃,不要只顾自己吃得一肚饱,忘了树底下的民众。你们的父亲也是你们的朋友。"

陶行知鼓励孩子基于博爱,树立大志向,他告诉刚刚成年的陶晓光:"到最需要的地方,最有组织的地方……把生命的火药装在大炮里,对准着日本帝国主义轰炸。"[1]他引导儿子"从家庭的小世界里把自己拔出来,投入到大的社会中去"寻找生活的意义,并鼓励说:"你们不是孤零零的孩子,在你们周围有着几

---

[1] 这种情怀,自古有之。比如,大诗人李商隐既有"相见时难别亦难,东风无力百花残"的绵长悱恻,又有"当为万户侯,勿守一经帙"壮志豪情。而后者,就是他对儿子的殷切激励:"儿慎勿学爷,读书求甲乙。穰苴司马法,张良黄石术。便为帝王师,不假更纤悉。况今西与北,羌戎正狂悖。诛赦两未成,将养如疮痏。儿当速长大,探雏入虎窟。当为万户侯,勿守一经帙!"(见《骄儿诗》)

百、几千、无数的孩子,都是你们的朋友,你们的同伴,你们的服务对象。"

陶行知教导儿子,每一个青年都得擅长一种外国语,"无论是学习社会科学、自然科学或是艺术、文学都得要至少一种外国语",而学习外语的目的也是完成人生大志,做到"爱满天下"。他说:"要精益求精的把俄文学到最高的境界。蜜桃也要风雨无阻的把一种外国语学好,不可间断……苏联的科学进步、发明介绍到中国来很少。你可以把这个岗位站稳。为着达到你要达到的目的,只要于民族、人类有益,我总是支持的。"

四、学做真人

良好的道德品行是一个人终生幸福的根基。陶行知说:"道德是做人的根本。根本一坏,纵然使你有一些学问和本领,也无甚用处。"他十分重视培植儿子"追求真理,学做真人"的勇毅品性。1937年11月29日,他写给四子陶城,要求孩子明白做人的大道理,要帮助苦难的人,"肚子饿让人先吃;没饭吃时,要想法子找出饭来大家吃",做人要勇敢,"勇敢的活才算是美的活"。在这里,陶行知不但讲明了做人的大道理,而且非常质朴地指出,遵循做人的大道理,就是要勇敢地做真人,做心中有他人的人,而不是虚伪自私只为自己的人。

对于做真人的勇敢,陶行知也有自己的解读。1941年,在写给次子晓光的信中诉说遇到的经济困难时,陶行知强调:"孔子说,仁者不忧,智者不惑,勇者不惧。惟其不惑所以不忧,不惧。我们追求真理,抱着为真理为民族为人类服务,有什么疑惑呢?所以我无论处境如何,心里是泰然自在,这是可以告慰的。"

更令人感动的事情发生在儿子生计艰难的1940年。当时晓光准备进成都一家无线电厂工作,厂方要求提供学历证明。晓光没有正规学历只好写信找父亲的一位朋友提供了一张晓庄学校的毕业证。陶行知知道后,立即要求儿子寄回毕业证,并明确告诫儿子:"宁为真白丁,不做假秀才。"他说,如果参加不了工作,就继续考学,要记得"追求真理做真人"这七个字,必将是"终身受用无穷"。

五、严正家风

陶行知动真格教导儿子"宁为真白丁,不做假秀才",体现了一位伟大父亲的家风坚守与人格示范,这在当今社会具有很强的警示意义。党的二十大报告要求加强家庭家教家风建设,当今父母齐家教子完全可以向陶行知借用精神利器。

家庭是孩子成长的一叶方舟,父母和孩子是一道摆渡生命的旅友。父母教育子女,其实质就是以身示范营造好这一叶方舟的精神氛围,并在与孩子共建优良家风的过程中,健康快乐成长,实现彼此生命的互动增值。陶行知教育孩子读书自立,自强不息,他自己也成为终身学习、不懈奋斗的典范。他引导儿子博爱存心,树立大志,他自己也推动了教育救国助民的伟大事业。他鼓励儿子追求真理,学做真人,他自己则成为堪为世范的一代大先生。

众所周知,家是最小的国,国是千万个家,好家风润物无声,可以融汇为全社会无边无际的和谐美满,汇聚起中华民族伟大复兴的澎湃动力。家和万事兴,家庭内部的尊老爱幼、父慈子孝、夫妻恩爱、勤俭立家、奋斗兴家、诗书传家,直接推动着全社会的诚实守信、互助友爱、与人为善、成人之美、奋发图强、美美与共,最终成就国家民族的大事业。

陶行知家风蕴含的价值理念和精神内涵,与新时代社会主义核心价值观的内涵完全相同。《陶行知家书》作为弥足珍贵的家庭教育宝典,当今为人父母者必须细细品读,深入感悟陶行知的伟大人格思想,及其卓越家风的精神内涵,主动继承弘扬其中蕴含的中华优秀传统文化,不断汲取先生的思想智慧与精神力量,全力以赴为家庭、社会,以及国家、民族培育好一代新人。

(本章编撰:张媛)

35　做父母的不得不事事谨慎

——陈鹤琴《家庭教育》[①]要义

● **家教要言**

"做父母的不得不事事谨慎,务使己身堪有作则之价值。"

"当小孩子做错了事情的时候,应当重责其事,轻责其人。"

"画图在教育上的价值很大,凡小孩子应有画图的机会。"

"做父母的不可常常用命令式的语气去指挥他们的小孩子。"

"我们应当使他(孩子)的行为不是受配于个人的感情,乃是要建筑于公共幸福之上的。"

● **作者简介**

陈鹤琴(1892—1982),著名儿童教育家、儿童心理学家,我国现代儿童教育奠基人,被誉为"儿童教育之父""中国的福禄贝尔"。1914年,陈鹤琴从清华学堂毕业赴美留学,先后获约翰·霍普金斯大学学士学位和哥伦比亚大学硕士学位。1919年,陈鹤琴回国在南京高等师范学校担任儿童心理学和教育学教授,1923年创办南京鼓楼幼稚园并任园长。后来,又在江西、上海等地办学兴教,并担任中央大学师范学院院长、南京师范学院院长等职。

通过长达70多年的教育实践探索和理论研究,陈鹤琴在儿童心理、家庭教育、幼儿和小学教育、师范教育等诸多领域取得富有开创性的系列成果,建立并完善了符合中国国情的现代儿童教育体系。陈鹤琴作为一位男性教师,却在不同时代的学生口中留下了"妈妈""外婆"的爱称。他慈爱和善,"变成小孩教小孩",终身实践着"一切为了儿童"的思想,对中国现代教育发展作出了卓越贡献。

---

① 本章原典选文主要参考陈鹤琴:《家庭教育与父母教育》,上海人民出版社2013年版。

● **经典概览**

陈鹤琴基于对儿童心理的多年研究,并在对长子陈一鸣进行长达808天的连续观察记录后,撰写《家庭教育》这部专著,总结了自己家庭教育的实验心得与经验感悟。全书包含着极为丰富的儿童生理学、心理学、教育学等学科基础知识,但语言极为通俗,案例非常生动,很直白、具体地告诉了家长怎样做父母,如何教小孩。

陈鹤琴写作《家庭教育》,正值新文化运动与新教育运动蓬勃发展之际,中国社会洋溢着倡导民主与科学、尊重儿童个性独立与解放的时代思想。在《家庭教育》中,陈鹤琴提出了科学了解儿童、尊重儿童、为儿童树立榜样等诸多民主性家庭教育原则,充分体现了他对儿童独立人格与个性化成长的高度认同与倾情促进。陈鹤琴强调儿童教育的根本在于父母教育,他在《家庭教育》中对父母提出了若干忠告,并倡导建构学习型家庭以促进父母与孩子共同成长。

《家庭教育》1925年初版时为12章,1947年再版时增补了第十三章《为儿童造良好的环境》。第一、二章讲述儿童心理和学习的特点与原则,第三至十二章归纳了教导孩子的100条原则,第十三章则重点说明父母应该为孩子营造良好的游戏、劳动、科学、艺术和阅读等环境,引导儿童快乐成长。迄今为止,该书已再版十余次。伟大的人民教育家陶行知盛赞作者"以科学的头脑、母亲的心肠做成此书",并推崇此书是"近今中国出版教育专书中最有价值之著作","是儿童幸福的源泉,也是父母幸福的源泉","愿与天下父母共读之"。

● **原著选段**

"注意小孩的动作和游戏"

总起来说,小孩子是生来好动的,以游戏为生命的。要多运动,多强健,多游戏,多快乐,多经验,多学识,多思想。所以做父母的不得不注意小孩的动作和游戏。第一,做父母的应有良好的设备,使小孩子得着充分的运动;第二,做父母的应有适宜的伴侣,使小孩子得着优美的影响。有此二者,小孩子的身体就容易强健,心境就常常快乐,知识就容易增进,思想就容易启发。

"受激励而改过"

无论什么人,受激励而改过,是很容易的,受责骂而改过,比较的是不大容易的。而小孩子尤其喜欢听好话,而不喜欢听恶言。我知道小孩子大概有这种心理的,所以以激励教育法去教训一鸣,一鸣一听见我奖励他,就很高兴地去改他自己的过失了。……用言语来激励他,使得他居于自动的地位,而且使得他很高兴地去做。多数做父母的一看就小孩子玩肮脏的东西,就不期然而然地去把它夺来,而且还要骂他,甚至于还要打他。其结果,小孩子改过的少而怨恨父母的多;即使不怨恨父母,至少也要有一点不喜欢父母了!

"己所不欲勿施于人"

不但小孩子不肯立刻停止玩弄的,就是我们成人也不肯遽尔舍弃有趣的游戏或将成的事情。比方我们正在那里打网球打得高兴的时候,忽尔来了一个人怒气冲冲地叫我们立刻回去吃饭,我们不但不肯听他的话,恐怕还要埋怨他几句。我们既然不愿意别人这样待我们,我们也应该不要这样待别人,所谓"己所不欲勿施于人"。我们成人尚且不肯遽尔停止游戏,况小孩子呢?……要知小孩子不懂喜欢做事的途径,也喜欢得着做事的结果。我们现在遽尔叫他半途中止,岂不是剥夺他对于做事成功的快乐,岂不是使他养成一种有始无终的坏习惯吗?

"教以顾虑他人的安宁之道"

今日之孩童即他年之成人。今日之孩童不能顾虑他人的安宁,则他年之成人即将侵犯他人的幸福。……顾虑别人的举动,小孩子生来是不晓得的。小孩子有好吃的东西只知自己吃,有好穿的东西,只知自己穿;要哭就哭,要笑就笑,并不能十分顾虑到什么父母,兄弟,姊妹,等等的安宁和幸福。做父母的在这个时候,应当教以顾虑他人的安宁,使他慢慢儿知道顾己顾人之道。这种教训是很容易做到,而且它的效果也很容易得到,所以做父母的要他们的小孩子将来成为有道德的人物,当小的时候即须教以顾虑他人的安宁之道。

"爱人教育"

人之爱人须要天天做的,不要我今天爱人,明天就不爱了,尤须在小的时候学习的,小的时候已经有爱人的行为,那末到了成人的时候,自然而然也能够爱人了。一个人最不好的脾气就是"利己心"太重。做无论什么事,往往以我为中心。凡有利于我者,没有不高兴去干的;无利于我者都不愿意去做,那末到了后来,"上下交争利,而国危矣"。无智识的人固然可以不必说了;就是有智识的人,就是曾经受过"高等教育"的人,一旦得志,卖国祸民,丧权辱国,种种事情,亦或有之。推其原因,大概由于他们小的时候,没有受过爱人教育的缘故,所以我们要救国保民必定从教育小孩子爱人着手,小孩子今日能爱人,他年就能够爱国了。

"除小孩子的恶"

大凡小孩子决不会无故而作恶的,作恶的原因,大概是由环境造成的。做父亲的待她太严厉,她因为恐怕受罚,作了坏事自然要说谎的;做母亲的不把食物给她吃,她因为为食欲所冲动,自然要偷食物的。倘使能够寻出小孩子作恶的原因,而且把这种原因铲灭,那末小孩子以后就不会再作恶了。如果不把她这种原因除去,而只责罚她作恶的结果,那末小孩子虽然怕你,一时不敢再作恶,但是她作恶的心依旧存在,要她以后不再作恶,是很不容易的事情。所以除小孩子的恶,不应当除其末,除本是永久的;至于除末,不过一时有效罢了。

"一人自有一人的意志"

一人自有一人的意志。做父母的不能以一己之喜怒来支配小孩子的动作,犹小孩子不能以自己之喜怒去支配他父母的动作。虽父母可以差使子女,而子女不能差使父母;然父母亦必须尊重子女的意志,断不能以一己之意志为意志,而驱使子女像牛马一样。我们中国的旧家庭对于子女是很严厉的,古有"君要臣死臣不得不死,父要子亡子不得不亡"之说,所以父权日重,而小孩子的意志日益浅薄,自由幸福也从此没有了。以喜怒来支配小孩子的动作的弊病既如上述,但是又有许多人因为溺爱他们小孩子的缘故,常常以小孩子的喜怒来支配他们自己的动作的。小孩子得到这种孝父孝母,遂成为天之骄子了。强横霸道无所不为;到了极点,则有弑母屠兄的惨剧。这种弊病在社会上也是常常看见的。所以我反对做父母的以一己之喜怒来支配小孩子的动作;我也反对做父母的以小孩子的喜怒为喜怒。

"小孩子试验物质"

小孩子不玩雪,则不知道雪是冷的,雪是遇热而融化的;不玩沙石,则不知道沙石是硬的;不剪纸,不敲钉,则不知道钉和纸的性质,锤和剪的用法。所以小孩子试验物质可以得到许多经验,长进许多智识。做父母的也未尝不喜欢他们的儿童经验丰富,智识长进;但是因为恐怕小孩子衣服弄脏,皮肤受伤,所以常常阻止他们。其实皮肤损伤时不要紧的;衣服弄湿弄脏,只要替他们换换罢了。何必阻止他们呢?化学家试验化学常常将衣服弄破,但是化学家不因此而废学;体育家运动常常将皮肤受伤,但是体育家不因此不运动。是可知受一次损伤就有一次经验,弄一次血出即长一次智识。小孩子试验物质也是这样的。常有做父母的不明了这一点去禁止他们的小孩子,真可谓"爱之而适足以害之"了。

● 家教指南

观照当下家庭教育中的亲子关系和儿童生活,陈鹤琴缜密细致的探索行动与超越时空的规律性认识,为今天的为人父母者,尤其是年轻家长们提供了家庭教育的行动指南和反思参照。细读全书可以发现,《家庭教育》这部经典的真知灼见主要集中在儿童心理、儿童学习和家庭教育原则、目标、方法等方面,现概括如下。

一、了解儿童心理是教育的逻辑起点

在《家庭教育》开篇,陈鹤琴就详细论述了"儿童的心理"。他强调,不能将孩子作为大人的附属品,应该将孩子看作独立生命的个人、社会中的独立人、国家的独立人、世界中的人。"儿童就是儿童",他们有着自己独特的精神世界。教育儿童"必须根据儿童的心理始能行之得当。若不明儿童的心理而妄施以教育,那教育必定没有成效可言的"。

陈鹤琴凭着对儿童的深刻博大之爱,以超人的顽强毅力投身充满挑战的儿童教育世界之中。通过长期观察实践,陈鹤琴总结了儿童心理特征的七种主要表现:游戏心、好奇心、模仿心、成功欲、向往户外、合群和被称赞。此外,他还专门讨论总结了小孩子惧怕心理的成因与对策。他认为,父母的暗示往往会导致小孩子的惧怕,万不可用迷信的方式恫吓儿童,更不能以父亲的名义恐吓小孩,否则小孩"以后对他父母真如小鬼对阎罗王一般"没了情感。

二、父母应该掌握儿童的学习规律

陈鹤琴讲,"初生的小孩比各种初生的动物都柔弱",需要更长时间发展各种能力。他强调,父母应该掌握儿童的学习规律,洞悉小孩感觉外界刺激、形成联念、做出动作反应等学习过程。

(一)感觉。刚生下来的小孩子能够感觉光线、食物和声音,"甚至痛、触、冷、热也能稍微感觉到"。陈鹤琴认为,父母应该依据儿童心理特点,给儿童提供优良的环境和真实的情境,让其自然而然地接受良好而正确的刺激,优化儿童的感觉。

(二)联念。陈鹤琴通过列举两个小孩子被蜜蜂刺手的情景,解释了联念的概念,论证了联念的作用。所谓联念,就是儿童把自己在外部环境中感觉到的各种刺激与自己内在的感觉联接起来,形成认识和印象。他指出:"好的刺激就得到好的印象;坏的刺激就得到坏的印象。"优化儿童联念,必须使小孩子受到"快乐的刺激",并且,"刺激发生的时间越长次数愈多,那联念也愈坚固。"

(三)动作。儿童学习的结果,往往体现为行为的变化。陈鹤琴强调,没有与事物相接触的经验,临事就不会有适当的动作反应。要在亲子体验学习活动过程中,帮助小孩子了解事物的性质,促进其动作能力的发展。陈鹤琴提醒父母,"学一定要小孩子自己学的,父母一方面不要替他学,一方面要给他学的机会就是了"。

三、父母实施家庭教育的基本原则

陈鹤琴对父母提出了一系列忠告。比如,"做父母的不得不事事谨慎,务使己身堪有作则之价值"。类似忠告,构成了家庭教育的基本原则体系。

(一)以身作则。小孩子好模仿,父母是小孩子心中的榜样。陈鹤琴指出:"要小孩子诚实,做父母的自己先要诚实,自己不诚实,小孩子断断不会诚实的。"因此,父母要努力提升自身素质,在言语行动甚至态度、思想上都要以身作则,为小孩子树立榜样。

(二)循循善诱。小孩子对好与坏、对与错的理解,都是在具体事物的处理过程中形成的。这种过程是从具体到抽象、从低级到高级的认识过程。陈鹤琴认为,父母要耐心陪伴孩子的这个过程,多用积极的鼓励,诱导孩子的热情兴趣,让儿童很高兴地去做好各种事情。

(三)严慈并施。父母既要呵护疼爱小孩子,又要立下规矩,严格要求。"事属可行,就叫他行;事不可行,禁止他行"。陈鹤琴强调,父母要正确对待儿童身上的毛病,找到作恶的原因,并把这种原因铲灭,而不能经常性实施"打骂饿腹之类的体罚",因为这会导致小孩子不以为然。

(四)公平公正。做父母"不能以面貌、资质就分出爱憎来,就做出不平的待遇来"。陈鹤琴指出,父母的袒护和宠溺往往会滋生小孩子的不良心理和行为,产生不道德的"合理感",所以,父母"不应当偏爱子女,不应当偏憎子女,须以公平正直的手段对待子女。"

四、父母实施家庭教育的核心目标

陈鹤琴指出,家庭教育应该是进步的、科学的,内容应该是健康的、积极的。他强调,少年中国的责任在今日之儿童,家庭教育必须着力培养儿童的核心素质。

(一)健康的体魄。陈鹤琴认为强健的身体是小孩子幸福的根源。他从吃喝拉撒睡等各方面入手,提出了25条养成良好卫生习惯的内容。他强调家长要创造舒适的环境保证小孩子充足的睡眠,为小孩子提供画图、剪纸、着色、穿珠、锤击、浇花以及塑泥玩沙等活动。

(二)良好的品德。陈鹤琴认为,"幼稚期是'可塑期'或'可教期'",这个时候的小孩子容易养成各种美感美德。父母应创造机会让小孩子向病人表达同情心,学会体谅他人,从小就树立为公捐躯的抱负,要"施以良好的教育,将来成为良好的国民"。

(三)科学的思维。父母的一项重要任务是用科学知识和生活经验武装小孩子的头脑,发展他们的智慧,使他们成为对国家有用的人才。陈鹤琴认为,发展儿童的智力就要培养他们观察事物、分析问题、思考问题的能力,优化思维方式。

(四)独立的精神。陈鹤琴指出,要养成小孩子独立思想,锻炼其自强精神。作为父母,应该搞清楚自己的根本责任就是帮助小孩子学会独立生活、自立做人。父母需要尽可能地提供各种方便,让小孩子接触各种有益的活动,以培养其广泛兴趣,增进各种情景下的处事能力。

五、彰显先进教育理念的具体方法

《家庭教育》基于中国本土优秀育儿传统,归纳总结了充分彰显世界儿童教育先进理念的多种具体教育方法。

（一）实地施教法。父母应该抓住小孩子的好奇心理，给小孩子布置难易适度的任务，让他们承担一些家务，在家庭生活中观察事物，在亲子活动中接触外界。"应当常常带小孩子到街上去看看，以丰富他的知识，以增进他的经验"，提高认识能力。①

（二）暗示鼓励法。父母应该多用积极的暗示引导小孩子，让他很高兴地去改自己的过失。多采用"应该"语言能够帮助小孩子形成"我应该怎么做"的基本的道德观念。陈鹤琴忠告，"做父母的要晓得小孩子是小孩子，不要以成人的标准去批评小孩子的工作才好。"对小孩子必须多给予鼓励。

（三）游戏教育法。父母应该多利用小孩子喜欢游戏、爱听赞扬话的心理激发其前进的动力。陈鹤琴指出："做父母的能够利用他这种心理，以游戏式的方法去教训他，他没有不喜欢听你的话的。"更进一步而言，父母经常带着小孩子游戏，也非常有利于他们潜能的开发。

（四）协商严管法。一方面，父母教育儿童应给彼此留有余地，避免让彼此陷入孩子不听话、大人又不知所措的窘境。另一方面，如果有充分的理由，就一定要使小孩子严格遵守，不能姑息。陈鹤琴强调，做父母的要积极营造团结友爱的家庭氛围，与小孩子成为"好伙伴""好伴侣"，家庭成员之间要做到没有隔阂地沟通感情，交流决策。

（本章编撰：李江）

---

① 有设计和准备地实地施教固然值得重视，但家庭教育更为重要的是在日常生活中葆有教育敏感。唐太宗李世民可谓家庭教育的行家，司马光《资治通鉴·唐纪十三》记载：上（李世民）谓侍臣曰："朕自立太子，遇物则诲之。见其饭，则曰：'汝知稼穑之艰难，则常有斯饭矣。'见其乘马，则曰：'汝知其劳逸，不竭其力，则常得乘之矣。'见其乘舟，则曰：'水所以载舟，亦可以覆舟，民犹如水也，君犹舟也。'见其息于木下，则曰：'木以绳则正，后从谏则圣。'"从这段话可见唐太宗不但对家庭教育的高度重视，而且遇物则诲，很注意教育方法和时机，在教育的目标内容方面，甚至做到了德智体美劳融合实施。当然，数个"则曰"也显露了古时教育的说教之弊和王公贵族的"教育过度"。由此可见，家庭教育一方面要时时施教，事事施教，处处施教，另一方面也要注意施教的限度和方式，更多引导孩子自我教育，自主成长。

36 学问第一,艺术第一,真理第一

——傅雷《傅雷家书》[①]要义

● **家教要言**

"母性的伟大不在于理智,而在于那种直觉的感情。"
"世界上最有力的论证莫如实际行动,最有效的教育莫如以身作则。"
"儿子变成了朋友,世界上有什么事可以和这种幸福相比的!"
"大小事都要对人家有交代!"
"学问第一,艺术第一,真理第一;爱情第二。"
"得失成败尽量置之度外,只求竭其所能,无愧于心。"
"人寿有限,精力也有限,要从长远着眼,马拉松才会跑得好。"
"世界上最纯洁的欢乐,莫过于欣赏艺术。"
"永远保持赤子之心,到老也不会落伍。"
"辛酸的眼泪是培养你心灵的酒浆。"
"越是心平气和,越有成绩。"
"爸爸的心老跟你在一块。"
"为学最重要的是'通','通'才能不拘泥,不迂腐,不酸,不八股;'通'才能培养气节、胸襟、目光。"

● **作者简介**

傅雷(1908—1966),字怒安,号怒庵,江苏省南汇县下沙乡(今属上海浦东新区)人。著名翻译家、作家、教育家、美术评论家,中国民主促进会的重要缔造者之一。

[①] 本章原典引文主要参考傅雷:《傅雷家书》,生活·读书·新知三联书店2019年版。

傅雷早年留学法国巴黎大学,从 1929 年到 1966 年,他一直默默深耕译海,在法国文学名著翻译方面取得了最卓越成就。同为著名翻译家的楼适夷评价傅雷:"艺术造诣是极为深厚的,对古今中外的文学、绘画、音乐各个领域都有极渊博的知识。"原国家出版局局长石西民评价傅雷:"是个有个性、有思想的铁汉子、硬汉子,他把人格看得比什么都重。"

傅雷的译作非常精彩,堪称世界文学名著翻译的高峰,其家庭教育更是取得了巨大成功。傅雷夫妇以其独特、博大、坚实的教育将两个儿子培养成才。长子傅聪,1955 年获第五届萧邦国际钢琴比赛第三名及萧邦《玛祖卡》演奏最优奖,在全球举办独奏音乐会近 3000 场,系上海音乐学院客座教授、享誉世界的"钢琴诗人"。次子傅敏,北京市中学英语特级教师,他一生勤勤恳恳,克服种种艰难困苦,在平凡的岗位里做出了不平凡的业绩。傅雷家庭教育的内容与情韵极其丰富,形式与风格极为严谨,全过程充溢着精深邃密的思想洞见,闪烁着真切感人的人性光辉。

令人痛心的是,"文化大革命"初期,傅雷遭受了迫害。1966 年 9 月 3 日凌晨,他与夫人朱梅馥一道悲愤自缢。其遗书将他们的后事安排得妥帖有序,就连家里保姆也有特别安排,专门留给她一笔钱以作失业后的过渡。此类细节,足见傅雷夫妇人格之高尚。

● **经典概览**

傅雷在与孩子,尤其是与身处海外的长子傅聪的交流过程中,写下了数百封家书。1981 年,他的次子傅敏整理编辑其中 186 封,定名为《傅雷家书》,由生活·读书·新知三联书店首次出版。这在当时是轰动全国的文化事件。

《傅雷家书》被称为现代版的《颜氏家训》,全书处处洋溢着傅雷对孩子的深切关爱和殷切教导。40 多年来,这本"充满着父爱的苦心孤诣、呕心沥血的教子篇",以其深刻独到的思想、真挚热忱的情感、清新淡雅的文笔感染了千千万万读者,也对我国广大民众的家庭教育产生了深远影响。

傅雷为使儿子学会做人并在艺术领域有所建树,就在家书中以自己的亲身经历与体验为例,教导孩子在学习和生活中认真坚强、谦和有礼,努力以自身所学回报祖国和人民。傅雷始终以"先为人,再为艺术家"的原则教育儿子,将道德教育置于首位,将做人放到做学问之前。他尤其强调道德实践,认为只明白道理而没有行动是万万不够的。所以,无论是日常生活中细小习惯的养成,还是学习过程中执着认真精神的强化,他在家书中都希望儿子付诸行动。

一封封家书就像用浓浓亲情编织的一根根丝线,线的这头是傅雷在国内的命运起伏,那头则是傅聪国外求学、追寻艺术梦想再到成名娶妻生子的成长经历。殷殷爱子之心,溢于言表。这些家书既彰显了傅雷家庭教育的深刻思想与感人实践,也在一定程度上体现了他对人生与艺术等方面的深刻思考与执着追求。傅雷虽然翻译了数十部外国文学名著,但主要表达的是原作者的思想情感,而其家书则表达了完全属于他自己的真知灼见与满怀情愫。

● 原著选段

"我不再和你说教条式的话"

从今以后,处处都要靠你个人的毅力、信念与意志——实践的意志。我不再和你说教条式的话,去年那三封长信把我所想的话都说尽了;你也已经长大成人,用不着我一再叮嘱。但若你缺少勇气的时候,尽管来信告诉我,我可以替你打气。倘若你心绪不好,也老老实实和我谈谈,我可以安慰安慰你,代你解决一些或大或小的烦恼。

"只有行动才能表明你的心迹"

自己责备自己而没有行动表现,我是最不赞成的。这是做人的基本作风,不仅对某人某事而已,我以前常和你说的,只有事实才能证明你的心意,只有行动才能表明你的心迹。待朋友不能如此马虎。生性并非"薄情"的人,在行动上做得跟"薄情"一样,是最冤枉的,犯不着的。正如一个并不调皮的人要调皮而结果反吃亏,一个道理。

"下功夫叫自己心理上松动"

只要尽量以得失置之度外,就能心平气和,精神肉体完全放松,只有如此才能希望有好成绩。这种修养趁现在做起还来得及,倘若能常常想到"文章千古事,得失寸心知"的名句,你一定会精神上放松得多。唯如此才能避免过度的劳顿与疲乏的感觉。最磨折人的不是脑力劳动,也不是体力劳动(那种疲乏很容易消除,休息一下就能恢复精力),而是操心(worry)！孩子,千万听我的话。下功夫叫自己心理上松动,包管你有好成绩。紧张对什么事都有弊无利。

"我真高兴,真骄傲"

还是我做父亲的比谁都保留,其实我也是 expect the worst, hope for the best。我是你的舵工,责任最重大;从你小时候起,我都怕好话把你宠坏了。现在你到了这地步,样样自己都把握得住,我当然不再顾忌,要跟你说:我真高兴,真骄傲！中国人气质,中国人灵魂,在你身上和我一样强,我也大为高兴。

"多多提笔"

同时一个人的思想是一边写一边谈出来的,借此可以刺激头脑的敏捷性,也可以训练写作的能力与速度。此外,也有一个道义的责任,使你要尽量的把国外的思潮向我们报导。一个人对人民的服务不一定要站在大会上演讲或是做什么惊天动地的大事业,随时随地,点点滴滴的把自己知道的、想到的告诉人家,无形中就是替国家播种、施肥、垦植！孩子,你千万记住这些话,多多提笔！

"第一坦白,第二坦白,第三还是坦白"

我认为一个人只要真诚,总能打动人的;即使人家一时不了解,日后仍会了解的。我这个提议,你觉得如何？因为我一生做事,总是第一坦白,第二坦白,第三还是坦白。绕圈子、躲躲闪闪,反易叫人疑心;你要手段,倒不如光明正大,实话实说,只要态度诚恳、谦卑、恭敬,无论如何人家不会对你怎么的。我的经验,和一个爱弄手段的人打交道,永远以自己的本来面目对付,他也不会用手段对付你,倒反看重你的。你不要害怕,不要羞怯,不要不好意思;但话一定要说得真诚老实。

"苦闷与矛盾并不可怕"

人没有苦闷,没有矛盾,就不会进步。有矛盾才会逼你解决矛盾,解决一次矛盾即往前迈进一步。到晚年矛盾减少,即是生命将要告终的表现。没有矛盾的一片恬静只是一个崇高的理想,真正实现的话并不是一个好现象。——凭了修养的功夫所能达到的和平恬静只是极短暂的,比如浪潮的尖峰,一刹那就要过去的。或者理想的平和恬静乃是微波荡漾,有矛盾而不太尖锐,而且随时能解决的那种精神修养,可决非一泓死水:一泓死水有什么可羡呢?我觉得倘若苦闷而不致陷入悲观厌世,有矛盾而能解决(至少在理论上认识上得到一个总结),那末苦闷与矛盾并不可怕。所要避免的乃是因苦闷而导致身心失常,或者玩世不恭,变作游戏人生的态度。

"时时到野外去洗掉一些尘俗气"

多亲近大自然倒是维持身心平衡最好的办法。近代人的大病即在于拼命损害了一种机能(或一切机能)去发展某一种机能,造成许多畸形与病态。我不断劝你去郊外散步,也是此意。幸而你东西奔走的路上还能常常接触高山峻岭,海洋流水,日出日落,月色星光,无形中更新你的感觉,解除你的疲劳。等你读了《希腊雕塑》的译文,对这些方面一定有更深的体会。另一方面,终日在琐碎家务与世俗应对中过生活的人,也该时时到野外去洗掉一些尘俗气,别让这尘俗气积聚日久成为宿垢。

"应酬也得有限度有计划"

在空闲(即无音乐会)期间有朋友来往,不但是应有的调剂,使自己不致与现实隔膜,同时也表示别人喜欢你,是件大好事。主要是这些应酬也得有限度有计划。最忌有求必应,每会必到;也最忌临时添出新客新事。西方习惯多半先用电话预约,很少人会做不速之客——即使有不速之客,必是极知己的人,不致妨碍你原定计划的。——希望弥拉慢慢能学会这一套安排的技术。原则就是要取主动,不能处处被动!

"多和大自然与造型艺术接触"

多和大自然与造型艺术接触,无形中能使人恬静旷达(古人所云"荡涤胸中尘俗",大概即是此意),维持精神与心理的健康。在众生万物前面不自居为"万物之灵",方能祛除我们的狂妄,打破纸醉金迷的俗梦,养成淡泊洒脱的胸怀,同时扩大我们的同情心。欣赏前人的遗迹,看到人类伟大的创造,才能不使自己被眼前的局势弄得悲观,从而鞭策自己,竭尽所能的在尘世留下些少成绩。

"一切不能急"

总之,一切不能急,越是事关重要,越要心平气和,态度安详,从长考虑,细细观察,力求客观!感情冲上高峰很容易,无奈任何事物的高峰(或高潮)都只能维持一个短时间,要久而弥笃的维持长久的友谊可很难了。我们以十二分的热情支持你,以二十四分的理智指导你,但愿你经过锻炼和考验之后,终于得到持久而可靠的幸福!

● 家教指南

随着《傅雷家书》的一版再版,傅雷家庭教育因其丰富的思想、情感与艺术内涵,以及显著的前瞻性、时代性与可借鉴性而得到国人广泛认可,也为众多家庭的子女教育提供了多方面宝贵的经验与启示。

一、父母应提升自身的教育素养

首先,父母应强化对子女教育的责任感。傅雷一生起伏跌宕,极不平顺,但不论何种情况下,他都保持着对子女教育的使命感与责任感。为了能让繁忙的傅聪多了解一些音乐家及其乐曲风格,远在万里之外的傅雷投入大量时间和精力,主动查找众多资料,系统整理并写入家信。傅聪在来信中多次提及对艺术中的希腊精神感兴趣,傅雷就特意手抄他已翻译完却不知何时能够出版的一章书稿约5万字寄给傅聪。那时,傅雷在国内的政治环境非常艰险苦闷,身体健康每况愈下,一写字就眼花流泪、腰酸背痛。然而,他在信中很少言及自己的苦衷,更多的是兴致勃勃、不厌其烦地与儿子讨论艺术。

反观当今家庭,不少父母要求孩子认真学习、加强修养,却不注重提升自我素质。有的父母终日忙于推杯换盏,有的宁愿在麻将桌前通宵达旦,也不愿陪伴孩子共读一本书或是坐在一起推心置腹地聊天。这类家长往往找借口,如"没有时间""工作繁忙",实则躲避推卸责任。傅雷认为父母是孩子成长路上的舵工,身负重大责任,但愿这种认识能够成为每一位为人父母者的共识,并如傅雷一样付诸行动。

其次,父母应成为子女成长的榜样。傅雷在信中写:"世界上最有力的论证莫如实际行动,最有效的教育莫如以身作则。"傅雷一生始终保持对事业、朋友、国家高度的责任感,在各方面都对自己有着严格的要求。傅雷一生翻译了33本文学名著,他对待每一部译作都极为细致。傅雷认为,翻译工作要做得好,必须一改再改,文字总难一劳永逸。每次翻译前,他总要把原著读上四五遍,加点注释。不但要弄懂弄通,还必须对原著的神韵风格了然于心。罗曼·罗兰的《约翰·克利斯朵夫》,傅雷从1936年一直译到1939年才结束。几年后,当他再次重读原作时,又觉得自己的理解仍然不够深刻,于是再次花费了两年时间重译。

对于人际交往,傅雷教育儿子要真诚待人,要有正气,要做真人,而他自己就是典范。留法期间,傅雷与刘海粟关系要好,回国后,刘海粟任上海美专校长,聘请傅雷当校办公室主任,但后来傅雷愤然辞职。他在《傅雷自述》中写道:"刘海粟待我个人极好,但待别人刻薄,办学纯是商店作风,我非常看不惯,等母亲一死即辞职。"对于祖国,傅雷也有着深沉、坚毅的爱。1939年,傅雷从昆明国立艺专辞职回到已被日军占领的上海,他给自己定下规矩,决不到可以看见日本宪兵而必须向其点头行礼的地方。在他心中,这种点头哈腰就是对国家的背叛。

正是因为傅雷始终坚持对事业、对朋友、对国家的问心无愧,才能成为儿子终身成长的榜样。夫人朱馥梅曾说过,傅聪的性格很像傅雷。傅雷的挚友刘杭也曾这样评价傅雷父子:"没有傅雷就没有傅聪。这不只是生物学上的理由,也是精神教育的问题。傅聪会有今日的造诣,一部分是他本身刻苦自励的成果,一部分是受傅雷人格的感化和美学的灌输。"

二、因材施教是高效教育的密码

父母必须充分了解和正视孩子的个性特征。傅雷善于发现孩子的天赋,尊重孩子的个性,不强行灌输自己的爱好,更不规定孩子的未来。傅雷认为:"天生吾人,才之大小不一,方向各殊;长于理工者未必长于文史,反之亦然;选择不当,遗憾一生。"

傅聪幼时,傅雷想让他学习美术,因为他觉得自己精通美术理论,在美术界也有众多朋友,可以给傅聪更多专业指导和帮助。一段时间后,傅雷发现傅聪学画经常心不在焉,作业也是鬼画桃符,但他并不恼怒,而是留心观察。后来发觉年少的傅聪特别喜欢音乐,只要收音机里传出乐曲的声音,生性好动的傅聪便会安静下来,侧耳细听,十分专注。

傅雷反思,不管孩子将来学哪一科目,能有一个艺术园地供其耕耘,一辈子都会受用不尽。于是,傅雷找到几位音乐界的朋友,让傅聪跟着著名音乐家雷桓学钢琴。过了几个月,傅雷问雷桓:"阿聪有没有出息?"雷桓拍拍傅聪的脑袋,说他有一对"音乐耳朵",乐感很强,能很快记住乐谱,理解作曲家的用意。听到这话,傅雷夫妇下定决心,卖掉娘家陪嫁的首饰,买了一架三角钢琴,毅然支持傅聪走上音乐之路。

尊重孩子的兴趣爱好选择合适的学习内容,根据孩子的气质类型采取相应的教育方法,傅雷的家庭教育事半功倍。为了拓宽傅聪的知识面,提升文艺修养,傅雷亲自为他编选文学教材,并亲笔用小楷端庄工整地抄好,其选文大多是中国古典文学名著。傅聪曾回忆:"父亲亲手抄给我许多诗词,我从很小就开始念,现在我还能脱口而出。"深厚的文学修养,增强了傅聪对音乐的理解和表现力,他的琴声充满诗意,获得了"钢琴诗人"的美誉。

在方法上,傅雷懂得因势利导。有一次,小傅聪正在楼下练琴,弹得兴浓,灵感顿起,不知不觉弹起了自己的调子。在楼上工作的傅雷,察觉出琴声的异样,从楼上走下来,傅聪连忙又按照琴谱弹奏。谁知傅雷反叫傅聪重复弹奏刚才的自编曲,听了一遍又一遍,并用五线谱把曲调记录下来。他觉得这是一曲很好的即兴创作,还特地给它起了个名字——《春天》,这无疑是对儿子创造力的巨大鼓舞。

傅聪后来能成为著名的国际一流钢琴家,很大程度上得益于傅雷当年对儿子意愿的尊重和因材施教。非独生子女的家庭教育,父母最要禁忌的是"一刀切",切勿将一个孩子成功的教育内容与方式复制到其他子女的培养当中。傅雷在这方面也值得学习。次子傅敏回忆说:"从小父亲对我们的教育方式就不同。他对傅聪花大部分精力,要他学这个学那个,而我呢,更多的是受学校的教育。在我中学毕业之后,父亲对我说:'你不可能和你哥哥一样,你还是老老实实当一个教师吧。'"

傅雷对兄弟俩进行此高彼低的比较实属不当,"老老实实"之类的随性措辞也欠缺考虑。不过,他对两个儿子的区别教育并非厚此薄彼,而是基于对他们的充分了解,主要是为了真正实现因材施教。傅聪有音乐天赋,他就让傅聪学琴。傅敏也曾学习音乐,向傅雷的挚友雷垣等名家大师苦学过两三年小提琴。但是,听到他想专门学习音乐时,傅雷断然否定。

傅聪也曾来信鼓励傅敏学音乐,但傅雷回复说"问题不简单",并列举了四大原因:"第一,在家不能单学小提琴,他的语文根底太差。我自己太忙,不能兼顾;第二,他至此为止在提琴方面的表现只能说中等,在家专学二三年后是否有发展可能毫无把握;第三,敏的看谱能力不强,夜长梦多,对钢琴,更渺茫;第四,截至目前为止,敏根底最好的还是自然科学与教学,至少这是在学校里有系统的训练的。倘等高中毕业以后再酌量情形决定,则进退自如。倘目前即辍学,假如过了两年,提琴无甚希望,再要回头重读正规学校,困难就多了。"

措辞之中,"根底太差""表现只能说中等""毫无把握""夜长梦多""对钢琴,更渺茫"等确实值得推敲,但傅雷对儿子的认识不可谓不深刻,研判不可谓不准确。后来,在父亲的劝导下,傅敏放弃了小提琴专业学习,直升普通高中,进一步在正规学校训练根底最好的"教学"特长。成长过程中,傅雷虽然觉得自己对傅敏"无论在学业方面,做人方面","都未尽教导之责。"但面对傅敏的种种政治困境和学业障碍,傅雷也尽力给予帮助。后来,傅敏发挥自己"根底最好的教学特长",成为北京市受人敬仰的中学英语特级教师。退休后,他专注于傅雷著作整理,最终用浩浩26卷《傅雷著译全书》呈现了傅雷的全部杰构,充分展现了作为翻译家、文艺评论家的傅雷的卓越才华与深情洞见。

三、严格要求与平等对话相统一

傅雷对孩子的要求在今天看来近乎严苛。他认为:"无论如何细小不足道的事,都反映出一个人的意识与性情。修改小习惯,就等于修改自己的意识与性情。"所以,他规定并反复训练孩子的说话和行动方式。比如,他在意儿子吃饭时的坐姿是否端正;手肘靠在桌边,是否影响了同桌的人;饭菜咀嚼,是否发出失礼的声响。傅聪不爱吃青菜,专挑肉食,傅雷就罚他只吃白饭。

上学后,傅雷只准傅聪使用铅笔、蘸水钢笔和毛笔,不许用当时在小学生中已经流行的自来水笔。傅雷的老友楼适夷曾经谈道:"我不知道傅雷有这样的禁例,有一次带了傅聪到豫园去玩,给他买了一支较好的儿童金笔,不料一回家被他父亲发现没收,说小孩子怎么能用这样的好笔……"

傅聪长大后,赴波兰留学,傅雷遥隔万里,也仍通过书信对傅聪进行事无巨细的教育,"去别人家里,围巾必须和大衣一同脱在衣帽间,手不能插在口袋里,饭桌上两手不拿刀叉时也要平放于桌面,谢幕时不能太过于严肃"等等。在理财方面,傅雷以自己和妻子数十年坚持记账的习惯为例,告诫傅聪夫妇应该有效地管理财务。在日常交往方面,傅雷夫妇所结交的朋友都是可以共患难的各领域精英,夫妇俩一直以纯洁善良的心对待朋友亲人,也严格教导孩子对恩师、朋友都应心存感恩并用行动报答。

当然,傅雷也诚心诚意地把儿子当作朋友平等对待,在相处过程中还不乏浪漫,尤其是在儿子长大之后。比如,中国父母历来很少在孩子面前直接表达爱意,可在《傅雷家书》中,"孩子""亲爱的孩子""聪""亲爱的聪",是每一封家书的起始语;"我从来都没有爱你爱的这样真切……"这样炙热的表白几乎贯穿了整本大书。

这种表白直接而感人肺腑,深沉而撼人心魄。比如,1954年1月18日家书的第一句:"聪,车一开动,大家都变了泪人儿,呆呆地直立在月台上,等到冗长的列车全部出了站方始回身。"骨肉分离时内心无限的伤怀和脆弱,很多父母对这种感情并不陌生,但表白这种情感,很不擅长。这主要原因不在所谓文学、文字功底,而在于受观念束缚,不屑或碍于面子等不愿表达。傅雷将他与孩子的离别之痛比作失恋之痛,用"胸口抽痛"和"胃里难过"去形容,用肉体的真实感受来做最纯粹的表达,并不需要过多文采,完全是"情动而辞发"。

马克思说,父母的心,是爱的太阳。可同样的太阳,如果不屑、不愿或不擅长表达爱,就很可能被乌云遮蔽了温暖的光。傅雷对孩子说:"我的心在拥抱你";"我恨不得天天在你旁边,做个监护的好天使,勉励你,安慰你……"可见,这位毫不吝啬并无限袒露自己爱意的严父,又是多么温柔可亲的"暖爸"。

养育子女的过程对父母来说是与孩子手牵手共同成长,甚至是一场自我改造。人们常说父母给予孩子生命,其实孩子也很可能给予父母新生的机会和动力。在观察和陪伴孩子生命成长的过程中,父母反省自己的过错,针对自己的固执和偏见、狭隘和莽撞勇敢道歉并用行动改正,这对孩子是平等相待,而对自己是终身教育,不断成长。

傅雷说:"尽管人生那么无情,我们本人还是应当把自己尽量改好,少给人一些痛苦,多给人一些快乐。"这既是对孩子的教育,也是对自己的鞭策。傅雷不是一个天生的慈父,他的家庭教育并非完美,早年对待儿子甚至堪称暴虐。因为自己早期苦难生活而形成的性格缺陷导致傅雷在很多时候对两个儿子的当面言谈都极不和谐,对他们也有不少暴风骤雨一样的训斥和体罚,和两个儿子都有过或长或短的剧烈矛盾对抗期。

直到后来傅聪准备前往波兰留学,他才完全意识到自己的严重错误。可贵的是,认识到错误后,他能立马改正,勇敢道歉。他向儿子书面认错甚至忏悔:"我良心上的责备简直消释不了。孩子,我虐待了你,永远对不起你,我永远补赎不了这种罪过!"他在家书中多次采用类似言辞认错,态度非常诚恳。对于傅雷这样严谨措辞的文字大家,将自己对孩子的不当言行认定为"罪过",并将由此产生的歉疚谓之"永远""永久",这实属深度自我解剖的君子之风。

当然,傅雷也是一位平凡而真实的父亲,在处理父子关系方面也有像顽皮孩童一样控制不住自己而知错不能改的时候,但是他有深刻反思的自觉,并敢于放下颜面,基于平等关系与儿子真诚沟通。1956年,傅聪回家休假后,傅雷在写给他的第一封信中说:"除了外界的原因没有能使你把假期过得像个假期以外,连我也给你一些小小的不愉快,破坏了你回家前的对家庭的期望。我心中对你始终怀着歉意。"傅雷平等对待孩子,尊重孩子,显著提高了父爱的层次,这站在儿子角度而表露的爱,完全滤去了自私的成分,自然也会更加伟大。

受几千年传统思想文化中"父为子纲"的影响,中国式父子关系向来是不平等的。然而傅雷通过不断反省与反复修正,最终在父子之间构建了一种新型的、足以使双方都无限幸福的关系。傅雷说:"我高兴的是我又多了一个朋友,儿子变成了朋友,世界上有什么事可以和这种幸福相比!"傅聪说:"父亲是我最好的老师。"他们是父子,同时亦师亦友。他们彼此坦诚交流,引领鼓励,聊生活、聊艺术,完全是忘年交。

比如,傅雷多次给儿子去信,提醒他交女朋友时必须注意表明恋爱观,留意考验对方,同时不要过于苛刻,要寻找到彼此契合、互相容忍的伴侣。得知儿子陷入失恋的痛苦中,傅雷便去信劝慰,还以自己在爱情上的深刻教训,为儿子拨开迷雾。此外,他们还在家书中谈《人间词话》,谈李白、杜甫的高下,谈鲁宾斯坦、李赫特等钢琴家的得失,谈东西方文化的性格,谈舒伯特、贝多芬、巴赫……

在这种无拘无束、肺腑相通的交流中,傅雷以自己渊博厚重的学养润泽儿子心灵,使他成长为了艺术风格独特、文化底蕴深厚的世界级钢琴大师。傅聪晚年回忆:"我对父亲最佩服的一点,是他特别善于旁敲侧击地启发人。"这"旁敲侧击"并非溢美之词,但如实表达了傅雷教子平等和谐的智慧。

四、家庭教育必须立足"人格本位"

父母要把子女的道德人格教育置于一切教育的首位,这或许也属于傅雷强调的"真理第一"的范畴。良好的人格与德性修养历来是修身的核心目标,也是齐家、治国、平天下的坚实基础。深受中国传统文化濡染的傅雷在给儿子的信中这样写道:"第一做人,第二做艺术家,第三做音乐家,最后才是钢琴家";"要做德艺俱备、人格卓越的艺术家……"傅雷在给儿媳弥拉的信中写道:"一个人一旦没有宗教信仰,道德规范自动成为生活中唯一的圭臬。"①傅雷深谙西方自由与个性解放的内涵,但他仍将对以中华传统美德为代表的道德规范的认知和恪守视为家庭教育的关键。

傅雷在1956年10月3日写给傅聪的信中表明自己一直抱着"宁天下人负我,毋我负天下人"的心态,他希望,也相信傅聪也是如此。傅雷为人正直,他厌恶与人耍手段,说话绕圈子,他要求儿子也要对人真诚。当傅聪想辞别杰维茨基教授去别处学习却不知从何说起,而写信征求傅雷建议时,傅雷告诉他:"一个人只要真诚,总能打动人……躲躲闪闪,反易叫人生疑,你要手段,倒不如光明正义,实话实说。"傅雷夫人对儿子的教育与傅雷高度一致。比如,1959年10月1日她写给傅聪的信,借用俗语"在家靠父母,出门靠朋友",告诉傅聪孤身在外,更应该多向长者学习讨教,多与朋友真诚沟通,和谐交流,切不可独来独往,要保持中国人谦虚和善的传统美德。

如果希望孩子的道德人格拥有一定高度,父母就必须突破"小我"的局限,着眼于更高的价值追求实施教育引导。② 傅雷本人具有极强的社会责任感和爱国热情,因此他引导儿子做人没有局限于笼统地讲做一个"好人",也没有局限于所谓"正派""正义"等宽泛概念。他不遗余力地引导孩子饱含一腔热血为祖国奉献、为人民服务,主动承担作为艺术家应该肩负的丰富和完善世界文化艺术的责任。

傅雷时常教育儿子要知道国家的荣辱,要以国家的利益为重。傅聪获得钢琴比赛大奖,他把这种荣誉视作国家的荣誉。儿子从波兰出走英国时,他语重心长地教育:"祖国没有忘了你。"尤为可贵的是,在那个特殊的年代,傅雷即使自己长期遭受冤屈和迫害,仍然不忘教育儿子以国家利益为重。傅聪虽然长期受到不公正待遇,并遭受了父母含冤自缢、家破人亡的沉重打击,但是他心心念念的仍然是自己的祖国。一有机会,他就为国家出力,不但在中央音乐学院举办音乐会,担任上海音乐学院客座教授,而且持续30余年在全国多地举办独奏音乐会。傅敏的爱国热情也令人肃然起敬,他在"文革"中遭遇迫害,曾两度自杀未

---

① 圭(guī)臬(niè):是古代测日影的圭表和标杆,用以比喻准则和法度。
② 陈毅在《示儿女》中特别强调:"应知重理想,更为世界谋。"这种家教格局,在大力推进人类命运共同体建设的新时代,值得每一位家长学习借鉴。

遂。但是,他长期扎根在中学里,与老师、同学情投意合,和众多优秀教师一道,"培养学生不计时间,不讲报酬,工资虽然低,可是命都舍得豁出去"。在外国人面前,他总是很响亮地说:"我是中国的一个中学教师!"

由此,不能不说,是傅雷夫妇具有高远格局的家庭教育成就了德艺双馨的钢琴大家和师德崇高、教学卓越的特级教师;不能不说,当今不少父母只把目光聚焦于孩子幼时成长和个人荣辱,多少有些短视和狭隘。"取乎其上,得乎其中;取乎其中,得乎其下",建议所有父母家长在关注孩子"哪道题不会做""每门课成绩多少""是否就读名校""是否有艺体特长"等问题的同时,能够更多关注孩子的思想品德和做人格局。

(本章编撰:徐婷)

后　记

　　本书是重庆第二师范学院与重庆市沙坪坝区树人小学校研究团队精诚合作取得的"贝根儿童教育"品牌成果，编写组由两个单位家庭教育、基础教育和语文教育研究领域的专家和名师组成，具体分工完成情况见本书各章末尾署名。全书框架结构的创建、各章内容的修改完善，以及全书统稿工作，主要由杨荣涛和任运昌负责完成。

　　中华名校重庆市树人小学历史悠久、文化厚重。学校由著名爱国实业家杨若愚于1938年在陪都重庆创办，得到了当时教育界、文化界、政商与军界一批爱国名流的大力支持和鼓励。辛亥革命元老、民主革命先驱、书法大师、教育家于右任亲笔题写校名并题词盛赞学校"乐育天下"；著名教育家、曾任清华大学校长的罗家伦主动要求填写校歌歌词以鼓舞莘莘学子"做国家的栋梁"；著名教育家、南开大学等系列名校的创办者张伯苓题词激励学校"功在百世"。另有多位名家也主动题写校训或题词相赠。新中国成立前，学校以"陪都名校"的身份成为中共沙磁区委机关所在地和重庆地下党革命活动的重要阵地，堪称群贤集结，成绩卓著，红色文化根正苗壮。新中国成立后直至21世纪以来，学校全面贯彻落实党的教育方针，传承红色基因，弘扬先贤遗志，厚植爱国乐教情怀，先后荣获"四川省首批重点小学""百面红旗单位""全国十佳标兵红旗大队""全国'十三五'教改示范基地""全国家长示范学校""全国优秀少先队集体"等共计100余项省部级以上殊荣。

　　"终身之计，莫如树人。"[①]长期以来，重庆市树人小学以习近平总书记"立德树人"的重要论述和中华伟大经典《易经》"蒙以养正"的思想精华为指导，诚心诚意地服务于每一位学生的"终身之计"，专心致志厚植学生的爱国情怀，全

---

①　《管子·权修》。

力以赴强健学生的生命之根。树人小学一个突出的教育特色是长期坚持引导学生诵读中华传统文化经典。2013年3月1日,习近平总书记参加中共中央党校建校80周年庆祝大会暨2013年春季学期开学典礼时,他对在党校学习的党员领导干部讲:"中国传统文化博大精深,学习和掌握其中的各种思想精华,对树立正确的世界观、人生观、价值观很有益处。古人所说的'先天下之忧而忧,后天下之乐而乐'的政治抱负,'位卑未敢忘忧国'、'苟利国家生死以,岂因祸福避趋之'的报国情怀,'富贵不能淫,贫贱不能移,威武不能屈'的浩然正气,'人生自古谁无死,留取丹心照汗青'、'鞠躬尽瘁,死而后已'的献身精神等,都体现了中华民族的优秀传统文化和民族精神,我们都应该继承和发扬。"对于儿童青少年通过诵读中华经典的方式继承和发扬优秀传统文化,习近平总书记深表赞许。2014年5月30日,习近平总书记参加北京市海淀区民族小学少先队主题队日活动,在倾听孩子们朗诵《弟子规》等中华经典时就很感慨:"我现在能脱口而出引用古诗典籍,很多都是小的时候背诵的,终身受益。"

认真学习贯彻习近平总书记的重要论述,树人小学编写设计了《古音童谣》(一年级上、下册)、《含英咀华》(二年级上、下册)等6套共计12册"树人学子六年间必背经典"和配套诵习资源包,每周四早上都安排有20分钟的"经典诵读"专题晨读。学校还为每册语文统编教材的8个单元配套列出一部(篇)必读经典,12册96个单元共计列出"树人学子六年间必读经典96部"。通过课内外结合、家校协同等方式,孩子们每天都在诵读《道德经》《论语》《诗经》等先秦两汉魏晋诗文、唐诗宋词元曲、明清小说,以及《弟子规》《三字经》《笠翁对韵》之类蒙学经典,每天都沉浸在翰墨书香之中,其快乐生命的德善之根、智慧之根、健康之根、和美之根、勤朴之根都得到了很好培植。本书精选的80余部中华家教经典,尤其是各单元精心摘录的"家教要言"和"原著选段",很值得广大儿童青少年反复诵读,并逐步内化于心,外显于行。

"百年树人,立己达人。"①重庆市树人小学长期坚持协同带动家庭、社会共同育人,其立德树人业绩享誉全国。在此基础上,树人小学部分正高级教师(教授)、特级教师……全国课改杰出校长、重庆市"突贡专家",以及重庆市级

---

① "百年树人,立己达人"是重庆市沙坪坝区树人小学历经80余年积累凝练而成,并笃定践行的办学理念与教育信仰。

名师、名班主任、骨干校长和博硕学位骨干教师等,满怀对中华优秀传统文化的热爱之情,以及对儿童青少年家庭教育的探索之志,积极承担了本书编撰工作。

重庆第二师范学院是以服务儿童成长发展为鲜明办学特色的高等学校,与教育部学校规划建设发展中心合作创办了全国首家"儿童教育研究院",在重庆市70余所高校中率先成立了首家"重庆市家庭教育学院"。建有重庆市人民政府授牌设立的人文社科重点研究基地"重庆市儿童教育发展研究中心""重庆市统筹城乡教师教育研究中心"等市级科研平台,以及"教育学"等重庆市重点学科、"小学教育"等国家一流本科教育专业。

"锲而不舍,止于至善",重庆第二师范学院秉承校训精神,在小学教育、家庭教育、教师教育等领域与重庆市树人小学长期开展深度合作。2022年6月以来,在重庆市儿童教育发展研究中心、重庆市统筹城乡教师教育研究中心和重庆市重点学科"教育学"建设团队、重庆市家庭教育研究所的大力资助和指导下,重庆第二师范学院相关领域一批具有教授职称和博士学位的资深专家与骨干科研人员持续参与了本书编撰工作。

本书也是重庆市社科规划英才计划项目"重庆市6—12岁儿童家庭教育现状调查与改进研究"(项目编号2022YC014)的重要成果。该课题研究和本书编撰工作得到了重庆市人民政府政策研究室、重庆市教育委员会、重庆市教育学会,以及沙坪坝区教委、教师进修学院等单位领导和处室的大力支持。重庆市渝中区、沙坪坝区、南岸区、南川区、万州区等区县10余位教育专家,以及50余所中小学、幼儿园领导与教师为本书编撰工作提供了宝贵建议。重庆市21700余名中小学、幼儿园家长为本书编撰填写了调查问卷。重庆市沙坪坝区树人小学校、重庆市树人立德小学校,以及重庆第二师范学院各位校领导,学校科研处、教务处、家庭教育学院、教师教育学院、学前教育学院、文学与传媒学院等部门单位领导与同事对本书编撰工作给予了直接的支持或指导。重庆市家庭教育研究所近20名研究员,针对古今中外大量家庭教育经典名著展开了系统深入的文献研究,并为本书经典原著的遴选、摘录和阐释作出了直接贡献。人民出版社编辑翟金明为本书编撰和出版提供了悉心指导和大力帮助。在此,谨对上述所有单位和个人表示衷心感谢!

本书编撰参阅了大量学术文献,广泛吸收了众多专家学者的研究成果,也采

后　记

纳了多位家庭教育优秀指导师、中小学幼儿园名师、卓越家长的教育教学成果，在此谨表谢意！对引用参考的文献，本书尽可能一一列出翔实信息，如有个别遗漏，敬请作者拨冗联系，我们将专致谢忱！

本书编写组

2025 年 6 月 26 日